O INGRESSO NA ESCRITA
E NAS CULTURAS DO ESCRITO
SELEÇÃO DE TEXTOS DE PESQUISA

EDITORA AFILIADA

Coordenador Editorial de Educação:
Marcos Cezar de Freitas

Conselho Editorial de Educação:
José Cerchi Fusari
Marcos Antonio Lorieri
Marli André
Pedro Goergen
Terezinha Azerêdo Rios
Valdemar Sguissardi
Vitor Henrique Paro

Dados Internacionais de Catalogação na Publicação (CIP)
(Câmara Brasileira do Livro, SP, Brasil)

Ferreiro, Emilia
 O ingresso na escrita e nas culturas do escrito : seleção de textos de pesquisa / Emilia Ferreiro ; tradução de Rosana Malerba. -- São Paulo : Cortez, 2013.

 Título original: El ingresso a las culturas de lo escrito
 Várias colaboradoras.
 Bibliografia
 ISBN 978-85-249-2029-5

 1. Alfabetização 2. Alfabetização digital 3. Escrita 4. Leitura 5. Pedagogia I. Título.

13-04428   CDD-372.4

Índices para catálogo sistemático:
1. Alfabetização : Ensino : Educação 372.4

EMILIA FERREIRO

O INGRESSO NA ESCRITA E NAS CULTURAS DO ESCRITO
SELEÇÃO DE TEXTOS DE PESQUISA

tradução de
Rosana Malerba

1ª edição
2ª reimpressão

Título original: El ingreso a las culturas de lo escrito
Emilia Ferreiro

Capa: de Sign Arte Visual, sobre foto gentilmente cedida
     por Blanca Charolet
Preparação de originais: Solange Martins
Revisão: Ana Paula Luccisano
Composição: Linea Editora Ltda.
Coordenação editorial: Danilo A. Q. Morales

Nenhuma parte desta obra pode ser reproduzida ou duplicada
sem autorização expressa da autora e do editor

© 2013 by Autora

Direitos para esta edição
CORTEZ EDITORA
Rua Monte Alegre, 1074 – Perdizes
05014-001 – São Paulo – SP
Tel. (11) 3864-0111   Fax: (11) 3864-4290
E-mail: cortez@cortezeditora.com.br
www.cortezeditora.com.br

Impresso no Brasil – abril de 2023

Sumário

Introdução Geral 9

Lista de colaboradoras 19

PARTE 1

1. As inscrições da escrita
   Emilia Ferreiro 25

2. A diversidade de línguas e de escritas: um desafio pedagógico para a alfabetização inicial
   Emilia Ferreiro e Lilia Teruggi 37

PARTE 2

3. A desestabilização das escritas silábicas: alternâncias e desordem com pertinência
   Emilia Ferreiro 63

4. Identidades e diferenças na escrita em papel e em computador nas primeiras etapas do processo de alfabetização
   Claudia Molinari e Emilia Ferreiro 77

5. A distinção palavra/nome em crianças de 4 e 5 anos
   Emilia Ferreiro e Sofía Vernon 101

6. A escrita dos números de dois dígitos em crianças de 4 e 5 anos
   Mónica Alvarado e Emilia Ferreiro 129

PARTE 3

7. Entre a sílaba oral e a palavra escrita
   Emilia Ferreiro 155

8. A distinção entre o oral e o escrito nos textos narrativos infantis
   Emilia Ferreiro 175

9. Desenvolvimento da escrita e consciência fonológica: uma variável ignorada na pesquisa sobre consciência fonológica
   Sofía Vernon e Emilia Ferreiro 191

10. A escrita das sílabas CVC e CCV no início da alfabetização escolar. A omissão de consoantes é uma prova da incapacidade para analisar a sequência fônica?
    Emilia Ferreiro e Celia Zamudio 219

PARTE 4

11. Nem tudo é ortográfico na aquisição da ortografia
    Emilia Ferreiro 247

12. A fronteira entre o ortográfico e o tipográfico no início do período alfabético. Relações insuspeitas entre maiúsculas e minúsculas
    Celia Díaz-Argüero e Emilia Ferreiro 273

13. O diálogo nos quadrinhos. Como escolher a pontuação apropriada?
    María Angélica Möller e Emilia Ferreiro 293

PARTE 5

14. A "mise en page" no contexto da informática: os problemas do pesquisador
    Emilia Ferreiro 325

15. Do texto contínuo ao formato gráfico. Soluções das crianças para a poesia tradicional e a obra teatral
    Emilia Ferreiro e Marina Kriscautzky 335

16. As crianças como editoras de um texto publicitário
    Mónica Baez e Emilia Ferreiro 361

17. Produção e revisão de epígrafes em situação didática com crianças de 7 e 9 anos
    Mirta Castedo e Emilia Ferreiro 385

PARTE 6

18. Acerca de rupturas ou continuidades na leitura e escrita
    Emilia Ferreiro 423

19. Alfabetização Digital. Do que estamos falando?
    Emilia Ferreiro 445

Bibliografia 471

Introdução Geral

Emília Ferreiro

O escrito, onipresente no espaço público das sociedades urbanas pré-informatizadas, invadiu agora os espaços privados. *Procura na Internet!* é a resposta óbvia a uma demanda de informação, qualquer que seja sua origem: desde uma tarefa escolar até o pagamento de impostos. A tradicional pergunta de início de conversa telefônica (*tudo bem?*) foi substituída por outra, que supõe o celular, em qualquer de seus formatos, como o instrumento idôneo: *onde você está?* Um novo gesto instalou-se: os visitantes, depois de cumprimentar, perguntam onde há uma tomada para carregar algum dos múltiplos dispositivos eletrônicos que levam em seus bolsos ou em suas mochilas.

Como tudo está mudando, impõe-se uma pergunta: os processos psicológicos de apropriação do escrito estão mudando substancialmente com os novos suportes de escrita (monitores)? Assistimos, sem dúvida, a mudanças radicais na maneira como a escrita se instala no mundo social. Assistimos, também, às mudanças radicais na apresentação e circulação dos textos. Na internet há dados escritos (verdadeiros ou falsos), assim com há imagens fixas ou em movimento e sons musicais. As interfaces entre esses diferentes tipos de dados é algo radicalmente novo, que dá aos textos uma peculiar instabilidade.

Sem dúvida, muitas e importantes são as mudanças que experimentamos e continuaremos experimentando em relação aos novos modos de circulação do escrito. Do ponto de vista da criança como sujeito social, sua relação com o escrito está mediada agora pelos adultos que manipulam monitores de todos os tamanhos e não apenas livros. No entanto, do ponto de vista da criança como sujeito cognoscente, as perguntas básicas com relação ao escrito subsistem. Por exemplo: qual a relação entre o escrito e a língua oral? O que da oralidade reaparece na representação escrita e sob que forma? Quais das múltiplas segmentações do que é dito são pertinentes ao passar à escrita? O que da oralidade convencional fica fora do escrito?

Este é um livro de pesquisa no qual continuam sendo exploradas as dificuldades que as crianças do nosso tempo devem enfrentar para entender o escrito em suas múltiplas manifestações. Fazemos isso sem ignorar as mudanças tecnológicas. Ao contrário, em vários capítulos utilizamos novos recursos tecnológicos como instrumentos de pesquisa, bem como novas tarefas e problemas que esses recursos tecnológicos permitem suscitar.

* * *

Nenhum dos livros que publiquei pode ser chamado de "livro fácil, de divulgação". E, no entanto, tiveram leitores e continuam tendo. Este livro também não é um livro fácil, mas a voz e a escrita das crianças estão presentes como nos livros anteriores, o que garante que um primeiro nível de compreensão e empatia se dê através desses casos concretos para logo enfrentar as exigências da interpretação teórica, sem a qual esses exemplos ficam no nível de curiosidades, dados isolados que podem ser recordados, mas não ajudam a construir teoria.

Não é um livro de divulgação e também não é um livro didático, mesmo que as preocupações sobre a didática e sobre as políticas educativas jamais estejam ausentes. De fato, os capítulos 2 e 17 apresentam dados obtidos através de intervenções didáticas específicas, dados que não poderiam ter sido obtidos de outra forma. Mas os livros propriamente didáticos se caracterizam por oferecer soluções, enquanto este livro — inclusive nos dois capítulos mencionados — oferece elementos de reflexão e problematização sobre assuntos urgentes da alfabetização no diverso mundo contemporâneo (capítulo 2) ou sobre a importância da interação entre as crianças para conseguir uma escrita satisfatória com propósitos comunicativos (capítulo 17).

* * *

O foco do livro são as pesquisas que se colocam perguntas básicas, que subsistem a um programa de pesquisa em contínua reestruturação: a psicogênese da língua escrita (incorporando agora os recursos tecnológicos próprios da época).

As primeiras etapas continuam sendo cruciais. A **Parte 2** deste livro (capítulos 3 a 6) está dedicada a tentar entender o que ocorre nas conceitualizações das crianças, em vários domínios: a distinção entre escrita de nomes e escrita de números compostos nos reserva muitas surpresas de grande relevância teórica (capítulo 6), enquanto o contraste palavra/nome (capítulo 5) nos leva a considerar respostas de crianças pequenas que estabelecem distinções muito distanciadas do chamado "senso comum". Nesses capítulos, vemos como as crianças elaboram ideias totalmente originais para resolver esses problemas. Não são ideias peculiares de crianças individualizadas, mas ideias que as crianças de certo nível de desenvolvimento compartem, sem o saber, com outras crianças do mesmo nível de desenvolvimento.

O capítulo 4 utiliza o computador em sua função de processador de palavras, para dar sentido à reescrita de uma lista de palavras. Essas escritas colocam em evidência os problemas de identidades e diferenças que crianças aos 4 ou 5 anos são capazes de enfrentar. O capítulo 3 teoriza sobre estes dados (e outros dados similares) pondo ênfase na noção de centração cognitiva, fazendo uso de uma metáfora musical para tentar compreender dados surpreendentes de um momento peculiar do período silábico, em que a busca de letras pertinentes e a ordem destas entram em conflito, fenômeno que chamamos de "desordem com pertinência".

A **Parte 3** ocupa-se de problemas relativos à relação entre as unidades de análises inferiores à palavra na oralidade e na escrita. A sílaba é uma unidade espontânea na oralidade, mas entre sílabas orais e palavras escritas a relação é sumamente problemática, particularmente quando são propostas atividades de contagem (capítulo 7). As publicações sobre a chamada "consciência fonológica" (*phonological awareness*) foram extremamente numerosas e continuam gerando debates que concernem às intervenções educativas nas etapas iniciais: é preciso treinar as crianças a decompor oralmente as palavras em fonemas, no nível oral, antes de enfrentar o escrito? Recordemos que na tradição anglófona a leitura precede a escrita e essas pesquisas não se separam dessa tradição. Ao contrário, do nosso ponto de vista teórico as primeiras tentativas de escrita devem ser levadas muito a sério, porque a escrita consiste em colocar letras em certa ordem e, portanto, propicia uma atitude analítica sobre os componentes da palavra. Neste estudo pioneiro para a época (capítulo 9) exploramos a relação entre os níveis evolutivos de produção de escritas e as possibilidades de recorte oral das palavras, encontrando relações muito estreitas entre escrita e recorte oral. Trata-se de um artigo que foi muito citado, mas só se encontrava disponível em inglês; agora poderá ser consultado com maior facilidade. O mesmo problema é retomado em etapas um pouco mais avançadas (capítulo 10) a propósito da escrita de sílabas mais difíceis, que se separam do modelo consoante-vogal (com consoantes em posição coda ou com ataques compostos).

Um capítulo desta Parte 3 é sensivelmente diferente dos outros porque se ocupa da produção textual abordando um tema pouco estudado: em que medida as variantes dialetais refletem-se na escrita? Essa pergunta foi colocada em relação aos problemas de ortografia, mas neste caso (capítulo 8) focalizamos um tema diferente: o uso dos pronomes de segunda pessoa, com suas formas verbais associadas, que são cruciais na escrita dos diálogos. Os textos produzidos são reescritas da história tradicional de Chapeuzinho Vermelho, parte de um *corpus* comparativo extenso (espanhol, português, italiano) que deu origem a um livro em três versões — uma em cada língua — ao que fazemos referência em vários capítulos deste novo livro (Ferreiro, Pontecorvo et al., 1996).

O *corpus* a que acabamos de fazer referência serviu para colocar de uma maneira original alguns problemas ortográficos. A **Parte 4** deste livro começa com o capítulo 11, que tem um título provocante: "Nem tudo é ortográfico na aquisição da ortografia". Esse capítulo e o seguinte (capítulo 12) não se ocupam das regras ortográficas tradicionais, mas de localizar o domínio do ortográfico com relação a outros domínios pouco ou nada explorados: as regras gráficas de composição de grafemas próprias de uma língua e as variações tipográficas das letras.

A **Parte 4** conclui com dados de pesquisa sobre a pontuação (capítulo 13). Este é um tema vasto, de grande importância, que exige uma tomada de posição do pesquisador acerca da normatividade da pontuação, posto que a pontuação pode ser considerada também como um espaço de liberdade (muitos escritores contemporâneos usam abundantemente essa liberdade). De fato, se deixamos de lado dois casos claramente normativos (a vírgula que separa elementos de uma lista e a maiúscula que segue o ponto), o resto é matéria de controversas. Por exemplo, a fronteira entre pergunta e exclamação se problematiza quando se trata de uma expressão de surpresa ou de um início interrogativo que deve ser interpretado como uma ordem encoberta. Os sinais propriamente expressivos (¡!/¿?) são abundantes nos diálogos e particularmente nas histórias em quadrinhos. É exatamente disto que trata este capítulo 13. As crianças foram convidadas a refletir sobre a pontuação apropriada para uma história em quadrinhos. Nesta e em outras pesquisas entrevistamos pares de crianças. O uso de pares é um recurso metodológico que permite que as crianças explicitem com mais pertinência as razões que justificam certa decisão, já que explicar a um colega — sobretudo quando ele não compartilha da mesma opinião — faz muito mais sentido que explicar a um adulto que supostamente "já sabe". (Nas conclusões do capítulo 15 teorizamos sobre as consequências, para o resultado obtido, do trabalho em pares.)

A **Parte 5** começa com a colocação de problemas que só podem ser apresentados com a ajuda dos novos recursos da informática. Os "nativos digitais" (crianças que nasceram com os computadores já instalados na sociedade e que, progressivamente, foram se empossando do teclado e seus comandos, antes da proliferação dos monitores sensíveis ao toque) podem resolver na tela problemas que antes estavam fora de seu alcance. Um desses problemas é a formatação de um texto. O formato é uma das propriedades gráficas dos textos. Alguns tipos de texto têm formatos próprios: a poesia se caracteriza por linhas curtas; as obras teatrais utilizam recursos para distinguir a intervenção dos diferentes atores de suas respectivas falas, além de outros recursos para indicar os movimentos em cena e os "modos de dizer".

No capítulo 15 exploramos os recursos gráficos utilizados pelas crianças para apresentar no monitor, com um formato adequado, textos conhecidos como poesias e obras teatrais, enquanto no capítulo 16 não trabalhamos com formatos previamente conhecidos, mas textos com formato livre: textos publicitários. De fato, o texto publicitário não tem um formato preestabelecido, mas tem uma clara intenção comunicativa: converter o destinatário em um consumidor, para o qual são utilizados diversos mecanismos de sedução. São textos que contêm informações que devem ser apresentadas de maneira hierarquizada para maximizar a oferta, minimizando o seu custo. As crianças têm, neste caso, grande liberdade para inventar formatos e para nos mostrar, ao fazê-lo, de que forma compreendem as propriedades discursivas desses textos. A formatação, assim apresentada, torna-se uma interessante maneira de valorizar a compreensão leitora, muito distanciada das tradicionais perguntas escolares (quem? quando? onde? como?).

Este mesmo capítulo 15 começa com uma colocação técnico-teórica que consideramos inovadora, referente às consequências que tem para a análise dos dados a formatação dada às produções das crianças. Todos nós, pesquisadores, atualmente utilizamos recursos informáticos. No caso de textos infantis, uma primeira operação consiste em transcrevê-los e esta operação está longe de ser mecânica: requer uma grande quantidade de tomada de decisões que não colocamos aqui porque foram publicadas recentemente (Ferreiro, 2008). O foco deste breve capítulo 14 está em um problema que parece menor, mas que está carregado de consequências: como definir linhas gráficas que permitam analisar os textos infantis sem trair as intenções do produtor desse texto?

No capítulo 17 desta Parte 5, trabalhamos com um texto peculiar: a epígrafe. Essas epígrafes foram produzidas no contexto escolar, como parte de uma série de intervenções didáticas colocadas e conduzidas com propósitos específicos e um produto final: apresentar um álbum de fotos. As crianças produziram e revisaram suas próprias epígrafes, assim como as de seus colegas. Quais são os efeitos da revisão com relação à primeira escrita? O que as crianças aprendem ao revisar os textos? Na prática tradicional, há um único revisor autorizado: o docente. Socializar o papel do revisor é uma decisão que tem enormes consequências na dinâmica do grupo escolar, mas também na ideia que adotamos sobre a responsabilidade do escritor, qualquer que seja sua idade. De fato, qualquer texto, para passar do estado de primeiro rascunho ao estado de texto publicável (no sentido de "texto que chega a ser público", qualquer que seja o meio ou a superfície escolhida) deve ser revisado. A revisão permite articular dois olhares diferentes sobre o mesmo objeto: a do produtor, que pode confundir facilmente suas intenções comunicativas com as realizações efetivas, e a desse mesmo produtor quando, algum tempo depois, adota a posição de leitor. No grupo escolar, além disto, há tantos leitores potenciais quanto crianças (sem esquecer a figura do docente, também um leitor que se pergunta sobre o que considera desviante, confuso, ausente ou redundante...).

* * *

O livro se abre com um primeiro capítulo de caráter teórico e se encerra com dois ensaios que colocam problemas mais ligados à compreensão dos requisitos da alfabetização no mundo contemporâneo. Estamos imersos em uma das maiores revoluções que já foram produzidas na história das práticas de leitura e escrita, na produção e circulação dos textos, na própria ideia de texto e de autor. A alfabetização escolar deverá levar isto em conta porque a distância entre as práticas tradicionais, por um lado, e as solicitações sociais, bem como as expectativas juvenis e infantis, por outro, está tomando proporções abismais.

* * *

Além de apresentar novos dados sobre os problemas vinculados ao acesso das culturas do escrito, este livro contribui para defender as ideias construtivas sobre o desenvolvimento cognitivo. Sobre este ponto é conveniente nos determos porque a palavra "construtivismo" tem mais de um referente teórico. Uma visão supersimplificada (uma caricatura, de fato) costuma opor o socioconstrutivismo, inspirado nas ideias de Vigotski, ao construtivismo (aparentemente individual) de Piaget. O certo é que, para ambos, o componente sócio-histórico é essencial, ainda que não se refiram ao mesmo quando falam de "o social". Onde diferem drasticamente é na pergunta fundamental: o que é que se constrói? Uma resposta fácil consiste em dizer "constrói-se conhecimento". Mas, em que consiste esse conhecimento? Trata-se de um conhecimento conceitual ou procedimental? O primeiro deles requer, segundo Piaget, severos processos de reorganização de construções prévias internas, aos que o sujeito cognoscente, qualquer que seja sua idade, não está disposto a se comprometer à primeira objeção que lhe é apresentada. As objeções que outros colegas ou o adulto apresentem podem ser o ponto de partida de um processo de natureza propriamente psicológica. Está claro que os conhecimentos de todos nós, que falamos neste livro, têm sua razão de ser nos intercâmbios sociais: a linguagem é interação, e a língua escrita — mesmo que não guarde uma relação especular com a língua oral — é um produto social que se materializa em objetos e superfícies inexistentes fora da sociedade. Mas a apropriação desses objetos sociais não se resolve em uma mera internalização sem construção e reconstruções conceituais. Este livro é um novo testemunho da dificuldade dessas construções e reconstruções ao longo do desenvolvimento. Também é um testemunho das ideias originais das crianças que não podem, de maneira alguma, explicar-se por um mecanismo de internalização sem assimilação (com sua contrapartida inevitável: a acomodação). É, adicionalmente, um testemunho da necessidade das crianças de encontrar relações significativas e coerência interna entre as soluções que propõem e as ideias que sustentam. Por essa mesma necessidade de coerência, rechaçam, às vezes, o ensinamento dos adultos...

* * *

Boa parte do trabalho de um pesquisador consiste em formar novos pesquisadores. Tenho a sorte de trabalhar em uma instituição (o Cinvestav do México) que se dedica a fortalecer a pesquisa de seus professores, os mesmos que formam novos pesquisadores no exercício de sua prática. Dez dos capítulos deste livro estão assinados por mim e por ex-alunas. Quando se trata de trabalhos que apresentam resultados parciais de uma dissertação de Mestrado ou tese de Doutorado, a prática acadêmica é colocar em primeiro lugar o nome do mestrando ou doutorando, seguido do nome do orientador da tese. Quando se trata de colaboração de um aluno ou ex-aluno em outros projetos de pesquisa, não se aplica esta restrição.

A lista destas ex-alunas, acompanhada da data de obtenção do grau e sua instituição atual de adscrição, aparece em uma lista específica. Merece menção especial Lilia Teruggi — coautora de uma parte do capítulo 2 —, que não foi minha aluna mas seguiu muito de perto minhas publicações; além disto, ela compartilha comigo e com algumas de minhas ex-alunas fortes vínculos profissionais e afetivos.

Sinto-me orgulhosa de poder reunir neste volume um conjunto de profissionais que sem dúvida continuarão contribuindo com a pesquisa dos processos de alfabetização e formarão outros pesquisadores, seguindo essa cadeia de filiações que garante a continuidade de uma linha teórica.

* * *

Esta obra aparecerá quase simultaneamente em espanhol e em português. Agradeço à Cortez Editora a oportunidade de me dar total liberdade para compor este volume. Agradeço a Siglo XXI Editores pelo prazer de voltar a publicar no México, em uma casa editorial que me permitiu, em 1979, dar a conhecer meu primeiro livro sobre temas de alfabetização inicial, ao qual seguiram outros; todos eles continuam no catálogo depois de várias reimpressões.

Tive a oportunidade de falar para os editores em várias oportunidades, e o penúltimo capítulo deste livro restitui um texto inédito, apresentado ante um congresso de editores. As casas editoriais estão sofrendo profundas transformações e tanto Cortez como Siglo XXI conseguiram, surpreendentemente, conservar sua independência. São casas editoriais que sabem perfeitamente que um leitor não é simplesmente um consumidor. Seus diretores estão convencidos, como eu, da necessidade de articular os esforços de todos os envolvidos na formação de leitores, desde as etapas iniciais, para que o direito à alfabetização se converta em uma realidade, particularmente neste século XXI, em que o acesso à cultura letrada se transformou e tornou-se mais complexo.

México [D.F.], janeiro de 2013.

Lista de colaboradoras (ex-alunas)

ALVARADO, MÓNICA

Doutorado em Ciências com área de concentração em Pesquisa Educativa (DIE-CINVESTAV), México. Tese orientada por Emilia Ferreiro (outubro, 2002). Professora da "Facultad de Psicologia", Universidad Autónoma de Querétaro, México.

E-mail: monicalvarado@yahoo.com

BAEZ, MÓNICA

Doutorado em Ciências com área de concentração em Pesquisa Educativa (DIE-CINVESTAV), México. Tese orientada por Emilia Ferreiro (janeiro, 2009). Diretora do "Programa de Estudios sobre Alfabetización y Interculturalidad", Centro de Estudios Interdisciplinarios (CEI), Universidad Nacional de Rosario, Argentina.

E-mail: monicaobaez@yahoo.com.ar

CASTEDO, MIRTA

Doutorado em Ciências com área de concentração em Pesquisa Educativa (DIE-CINVESTAV), México. Tese orientada por Emilia Ferreiro (junho, 2003). Diretora da "Maestría en Escritura y Alfabetización", Facultad de Humanidades y Ciencias de la Educación, Universidad Nacional de La Plata, Argentina.

E-mail: mirtaunlp@gmail.com

DÍAZ-ARGÜERO, CELIA

Doutorado em Ciências com área de concentração em Pesquisa Educativa (DIE-CINVESTAV), México. Tese orientada por Emilia Ferreiro (junho, 2001). Pesquisadora do "Centro de Linguística Hispánica", Instituto de Investigaciones Filológicas, Universidad Nacional Autónoma de México (UNAM).

E-mail: celyaz@yahoo.com

KRISCAUTZKY, MARINA

Doutorado em Ciências com área de concentração em Pesquisa Educativa (DIE-CINVESTAV), México. Tese orientada por Emilia Ferreiro (dezembro, 2000). Coordenadora de "Tecnologías para la Educación", Dirección General de Cómputo y de Tecnologías de Información y Comunicación (DGTIC), Universidad Nacional Autónoma de México (UNAM).

E-mail: mkriscau@unam.mx

MOLINARI, CLAUDIA

Mestrado em Ciências com área de concentração em Pesquisa Educativa (DIE-CINVESTAV), México. Tese orientada por Emilia Ferreiro (junho, 2007). Professora da "Facultad de Humanidades y Ciencias de la Educación", Universidad Nacional de La Plata, Argentina.

E-mail: claudiamolinari55@gmail.com

MÖLLER, MARÍA ANGÉLICA

Doutorado em Psicologia, Universidad Nacional de Córdoba, Argentina. Tese orientada por Emilia Ferreiro (março, 2011). Professora da "Facultad de Psicología", Universidad Nacional de Córdoba, Argentina.

E-mail: moller@psyche.unc.edu.ar

VERNON, SOFÍA A.

Doutorado em Ciências com área de concentração em Pesquisa Educativa (DIE-CINVESTAV), México. Tese orientada por Emilia Ferreiro (junho, 1997). Professora da "Facultad de Psicología", Universidad Autónoma de Querétaro, México.

E-mail: sofiavernondocs@gmail.com

ZAMUDIO, CELIA

Doutorado em Linguística de "El Colegio de México". Tese orientada por Luis Fernando Lara e Emilia Ferreiro (agosto, 2004). Professora da "Escuela Nacional de Antropología e Historia" (ENAH), México.

E-mail: celyaz@prodigy.net.mx

Colaboradora especial

TERUGGI, LILIA

Professora do "Dipartimento di Scienze della Formazione", Università degli Studi di Milano (BICOCCA), Itália.

E-mail: lilia.teruggi@unimib.it

PARTE 1

1
As inscrições da escrita

Emilia Ferreiro

Conferência proferida em 15 de março de 2007, na Universidade Nacional de La Plata, Argentina, durante o ato de entrega do título de *Doutora Honoris Causa*.

Meu objeto de estudo é a escrita, um objeto de interesse de múltiplas disciplinas e, ao mesmo tempo, terra de ninguém. Em primeiro lugar para os historiadores, que têm nos documentos escritos a matéria-prima de sua disciplina; arqueólogos e epigrafistas procuram incansavelmente testemunhos escritos; linguistas e filólogos trabalham sobre documentos escritos. Um linguista, mesmo quando se interessa exclusivamente pela língua oral, transcreve os registros de oralidade e esta operação não se resolve com uma técnica refinada, implica uma dimensão teórica, nem sempre explícita.

Por acaso há alguma disciplina científica alheia às práticas vinculadas à escrita? Os cientistas comunicam seus resultados por escrito, publicam, discutem os trabalhos de outros — cada vez menos em contextos orais e mais por escrito. Um lugar emblemático dos recintos universitários é a biblioteca, um conjunto ordenado de escritos onde se acumulam livros, revistas, teses e documentos.

A escrita concerne a todos nós, contudo não há uma disciplina que se ocupe dela. A partir de um olhar ingênuo seria possível argumentar que não há disciplina que se ocupe da escrita porque não é mais do que uma técnica, uma técnica imperfeita de transcrição dos sons em grafias. Efetivamente, a escrita muitas vezes foi tratada (e maltratada) assim.

No entanto, na memória mítica dos povos que deram origem a sistemas autóctones, a escrita aparece regularmente como produto da inspiração divina: presente dos deuses, invenção de um soberano ou vidente inspirado pelos deuses.

Revelação mítica ou, em termos modernos, invenção. Mas, que tipo de invenção foi essa tão variada em suas realizações, tão multiforme em termos puramente gráficos, tão temida pelos que sofrem seus efeitos e tão elogiada pelos que a praticam?

É uma técnica com valor estritamente instrumental, que produz uma mudança de modalidade sensorial, tornando visível o audível? É comparável a outras técnicas que foram se aperfeiçoando através da história? Pode-se realmente falar em evolução histórica da escrita? É evidente que os escritos circularam entre os povos e cada novo encontro linguístico ocasionou uma modificação do sistema original, para se adaptar às peculiaridades da língua do povo que a acolhia. Mas isto não é diferente de outras situações de contato e mudança linguística. A mudança linguística é analisada sem direção predeterminada — exceto algumas trocas fonéticas previsíveis —, tanto que a história da escrita costuma ser apresentada como uma evolução que se destina ao alfabeto, como sua etapa suprema de realização.

A história, com fins de divulgação, conta que primeiro veio o pictograma, cujos traços foram sendo paulatinamente estilizados até dar lugar às formas abstratas, origem das letras atuais. Do concreto ao abstrato. Porém, esta parte da história não se sustenta: as formas abstratas são contemporâneas das figuras de animais nas cavernas do paleolítico superior; os hieróglifos egípcios mostram uma trama intrincada de desenhos com valor fonético, coexistindo com marcas não figurativas de valores idênticos; os glifos maias talvez sejam o exemplo mais conclusivo da coexistência das mais variadas formas — figurativas ou não — para expressar em sílabas as palavras gravadas na pedra. A dificuldade para inventar formas gráficas não foi um obstáculo para desenvolver escritas.

A história das grafias, por mais interessante que seja, é a parte mais superficial da história da escrita. De fato, a escrita não é simplesmente um conjunto (idealmente finito) de formas gráficas. Essas formas combinam entre si através de regras precisas e se distribuem na superfície escolhida de forma bem determinada. Nenhuma escrita deixa ao acaso a disposição das marcas na superfície escrita. Sucessão, ordem, regras de composição, espaços cheios e espaços vazios. Os sistemas de escrita mantêm as marcas sob controle rigoroso.

Como se apresenta a evolução dos sistemas de escrita nos textos de divulgação? Um único vetor parece dar conta do que ocorreu através dos séculos: a busca de um meio cada vez mais econômico e preciso para alcançar uma comunicação eficiente. Caso se trate de uma técnica, é normal pensar que ela se desenvolva no sentido da economia de meios e da eficiência de funcionamento.

À primeira vista parece convincente: os ideogramas dão lugar aos logogramas; em seguida descobre-se que as palavras têm segmentos silábicos e aparecem os silabogramas, com os que se reduz notavelmente o número de signos; para reduzir ainda mais este número, as sílabas se segmentam em fonemas consonânticos e o gênio marítimo dos fenícios leva esta escrita consonântica através do Mediterrâneo. Sabe-se que marinheiros são pessoas propensas a encontrar novidades. Seduzidos pela inovação desta escrita, os gregos se limitaram a acrescentar-lhe as vogais. Assim, nasce a escrita alfabética, elegante e eficiente, a primogênita nascida desse encontro entre fenícios e gregos.

A esta versão abreviada da evolução da escrita, subjazem cinco dificuldades consideráveis. Em primeiro lugar, considera a passagem da escrita mesopotâmica à grega deixando marginalizadas as escritas asiáticas, em particular a chinesa. Com seu impacto no Japão e na Coreia, a escrita chinesa desempenhou durante séculos, na Ásia, o papel que o latim teve na Europa.

Em segundo lugar, supõe que os habitantes dessas épocas históricas podiam ter acesso, sem maiores dificuldades, às unidades fonéticas da língua, enquanto a pesquisa psicolinguística contemporânea mostra que isto é impossível para adultos analfabetos (inclusive poetas praticantes de tradições orais). Mais ainda, esse "fonema prático", concretizado em uma letra, teve que esperar mais de vinte séculos para chegar a ser teorizado, o que deveria ser objeto de reflexão.

Em terceiro lugar, se a escrita alfabética fosse o ápice do desenvolvimento, só seria esperado um aperfeiçoamento dos princípios alfabéticos na longa história que vai da origem grega à expansão na Europa. No entanto, o que se observa é um foneticismo sempre defeituoso, compensado por múltiplos dígrafos e diacríticos e, o que é notável, a introdução paulatina de procedimentos ideográficos em sistemas de base alfabética (línguas com muitas palavras homófonas — por exemplo, o francês — marcam na escrita diferenças de significado, apesar da similaridade fônica).

Em quarto lugar, as pesquisas mais recentes evidenciam que nenhum dos sistemas de escrita original é "puro". Mesmo o sistema cuneiforme mesopotâmico é uma mistura de logogramas, signos com valor silábico e signos categoriais silenciosos.

Em quinto lugar, uma constatação de fato: esta visão evolucionista supõe que, uma vez conhecedores das vantagens inerentes à escrita alfabética (como redução do número de caracteres e simplicidade de código), os usuários de outros sistemas se submeteriam a esta inovação técnica. Em qualquer parte do mundo novas invenções técnicas substituem as antigas, o que não ocorre com a escrita: China e Japão estão bem conscientes de como funciona a escrita alfabética, mas preferem manter seus próprios sistemas de escrita, apesar de explícitas pressões internacionais. Ambos os países deram mostras suficientes de sua capacidade para assimilar e mesmo liderar as mudanças tecnológicas da modernidade globalizada. Como já se disse reiteradamente, se seus sistemas de escrita fossem apenas tecnologias ineficientes para traduzir sons em formas visíveis, já os teriam abandonado há muito tempo. A persistência desses sistemas suscita reflexão. Por acaso não será a definição de escrita, usada no chamado "mundo ocidental", insuficiente e marcadamente localista? A forte identificação de um povo com sua escrita, ou com certas marcas peculiares, não será o indicativo de que a escrita de uma língua, uma vez consolidada, é muito mais que uma técnica utilitária? (Pensemos na identificação dos hispânicos com a letra "ñ" e na dos franceses com o acento circunflexo.)

* * *

Disse que meu objeto de estudo é a escrita. Sim, mas a escrita em movimento, nesse incessante processo de reconstrução pelo qual o sistema de marcas social e culturalmente constituído se transforma na propriedade coletiva de cada nova geração.

Para compreender este processo de apropriação, foi necessário renunciar à visão da escrita como técnica (ou "código de transcrição", se preferir) e despojar-se de toda ideia instrumental. Foi necessário tornar complexa nossa própria concepção da escrita, para compreender o processo de alfabetização, para entender o que as crianças estavam nos dizendo.

Da mesma forma que a história da escrita através dos povos e dos séculos não é redutível a um percurso linear guiado pela eficiência e simplicidade da transcrição dos enunciados orais, os processos de apropriação da escrita pelas crianças também não podem se caracterizar como uma progressão do simples (fonemas ou sílabas) ao complexo (orações ou textos), do concreto (o desenho) ao abstrato (as letras).

A escrita como objeto de conhecimento. Talvez esta tenha sido a contribuição central do nosso trabalho de pesquisa. Estudos iniciados em Buenos Aires e levados adiante em Genebra e no México, lugares para onde nos conduziu o exílio. Crianças argentinas, suíças e mexicanas contribuíram, sem saber, com uma reflexão que se propagou a outros territórios, graças a colegas entusiastas e às participantes do grupo argentino original, que também sofreram as desventuras do exílio. Hoje podemos afirmar que crianças de países tão diferentes como Brasil, Grécia, Venezuela ou Itália manifestam uma atitude reflexiva frente à escrita. Compreendem muito cedo tratar-se de marcas com alto valor social agregado, uma vez que os adultos guardam e protegem cuidadosamente certos documentos escritos, porque demonstram a maior seriedade e preocupação — em todo caso, envolvimento — com relação a certas comunicações escritas que não estão destinadas às crianças.

Para os pequenos, de três a cinco anos, a escrita não é um instrumento, mas um dado do meio social que precisa ser transformado em um observável. Um dado do meio social: a escrita, presente no meio urbano, entra no espaço doméstico mesmo que somente através das embalagens comerciais.

O escrito é um conjunto de marcas não figurativas, organizadas prolixamente em linhas e cadeias gráficas emolduradas por espaços em branco, marcas que suscitam de forma misteriosa uma oralidade adulta com alto grau de estranhamento léxico e sintático. Um adulto lê o jornal e diz, em voz alta: "O vencimento é na próxima segunda. Não haverá prorrogação". O que uma criança de quatro ou cinco anos compreende ao ouvir este ato de fala, produto de uma leitura que não está destinada a ela? A atitude dos adultos indica que ela acaba de ouvir algo sério, ou seja, da ordem do real, não do "como se"; aquele "como se" que se instaura na ficção, quando algum desses mesmos adultos lê uma estória para ela. A escrita tem o poder de suscitar certas ações e reações emocionais que, mesmo incompreensíveis, contribuem para constituir, desde o início, uma consciência confusa sobre uma ambivalência fundamental dos usos sociais do escrito. A escrita tem um duplo valor social, por um lado, como meio para o exercício da autoridade, do poder; por outro, como jogo de linguagem, a ficção literária ou a poesia.

Desde suas origens mais remotas, os sistemas de escrita aparecem associados aos centros urbanos hierarquicamente organizados (falo dos sistemas de escrita, não das diversas marcações que os precederam). Era uma escrita controlada pelo poder (econômico, político, jurídico e religioso). Os escribas, autores materiais das marcas escritas, eram escravos, funcionários ou artesãos prestigiosos, autorizados inclusive a assinar algumas de suas preciosas produções. Mas o discurso que podia ser escrito era controlado pela autoridade. Em particular, o discurso gravado na pedra ou pintado sobre os muros de construções monumentais podia ter um duplo destinatário: as potências do além (por exemplo, as escrituras, nas tumbas dos faraós egípcios, destinadas a garantir o trânsito do dignitário morto a sua nova morada) ou o povo iletrado, testemunha muda e contemplativa dos muros entalhados, onde são exibidas as façanhas de um soberano que legitima seu poder pelo simples fato de ordenar essa escrita. Uma escrita destinada a ser exibida e admirada, mas não compreendida.

Nos usos modernos, o exercício do poder e a escrita continuam estreitamente ligados. Leis, decretos, regulamentos são atos de escrita. A identidade das pessoas está garantida por uma série de documentos escritos, bem como as propriedades e títulos acadêmicos. As grandes religiões do livro sacralizam os textos que lhes dão origem. Nenhuma esfera do poder está alheia à escrita: o poder do voto popular se expressa em um bilhete escrito depositado em uma urna. Todas estas são escritas do SE, da verdade, como opostas ao "como se", ao valor lúdico ou estético desse mesmo sistema de escrita quando é usado para outros fins. (Não me refiro, aqui, à verdade científica, nem à verdade revelada, mas aos usos sociais que definem como "verdade" o que está escrito de certa maneira, em certos tipos de documentos.)

Por acaso as crianças são sensíveis a esta relação privilegiada da escrita com a verdade? Ou, por terem sido expostas à literatura de ficção, desde muito pequenas, pensam que qualquer coisa pode estar escrita, alheias às dimensões de verdade/falsidade, que acabo de evocar?

Santiago, com três anos recém-cumpridos, olha as letras impressas na parte de trás de um carrinho de brinquedo e afirma, com tom marcadamente sentencioso: "Aqui tem letras. Dizem o que é". O próprio Santiago afirma que nas letras que acompanham a imagem de um cachorro dizem: "Cachorro, como ele se chama". A escrita é uma coisa séria, pois serve para demarcar uma das propriedades mais importantes dos objetos, que o desenho não consegue apreender: seu nome. Todas as crianças, como Santiago, pensam que a escrita serve para marcar o nome verdadeiro das coisas.

Nadine, menina genebrina de quatro anos, escreveu, a sua maneira, vários enunciados. Por razões que tornariam muito extensa uma explicação, pedimos que ela escrevesse *Não há pássaros* [*Il n'y a pas d'oiseaux*]. Nadine coloca a menor pressão possível com o lápis sobre o papel e desenha algumas letras. Olha o resultado e diz: *Não vai* [*Ça ne va pas*]. Tenta novamente, tratando de colocar menos pressão ainda, mas o resultado não a convence. Perguntamos por que não vai e Nadine responde: "porque se veem as letras" [*Parce qu'on voit les lettres*]. Ou seja, Nadine tenta desenhar letras invisíveis porque a escrita não pode refletir a ausência do que efetivamente existe.

Diante da mesma tarefa, Lisandro, mexicano de quatro anos, diz algo sensacional: "tenho que fazer letras tortas para não há pássaros"(*las letras de no hay pájaros las tengo que hacer chuecas*), impondo-se a quase impossível tarefa de fazer torcidas, mal desenhadas, as letras cujo traçado mal consegue dominar. Porque letras verdadeiras não servem para expressar a falsidade.

Muito antes do ensino fundamental, as crianças construíram conceituações a respeito da escrita que correspondem a vários registros. Por um lado, trabalharam cognitivamente sobre as propriedades formais do sistema (as regras de composição dos elementos do sistema, assim como a relação entre sequências bem construídas e unidades da língua oral). Por outro, trabalharam cognitivamente sobre o modo de existência da escrita na sociedade. As crianças que acabo de citar não se referem às funções instrumentais da escrita, como ampliar a memória e comunicar a distância. Estão nos falando de uma relação que não é instrumental em sentido estrito: a relação da escrita com a verdade.

Temos que auxiliar essas crianças em seu caminho para a alfabetização, mas levando em conta sua inteligência e não as tratando como ignorantes. Elas colocam questões legítimas — algumas delas de grande relevância epistemológica — ao pensar a escrita; a mesma escrita reduzida, banalizada e deformada pela tradição escolar, que converte didaticamente um objeto cultural complexo em um instrumento de codificação rudimentar.

Alfabetizar, sim, mas sabendo que a criança, sujeito da aprendizagem, é um ser pensante; que a ação educativa pode apelar para sua inteligência, exatamente para não inibir a reflexão nascente. Alfabetizar também jovens e adultos, mas deixando de lado a expressão que nos convida a "combater ou erradicar o analfabetismo adulto", porque não há nada para se combater. A linguagem militar, ou médico-militar, associada a estas expressões é inadequada. O analfabetismo não é uma praga, nem um vírus. É uma das manifestações mais evidentes da marginalização e da pobreza.

A América Latina ostenta um recorde do qual não devemos nos vangloriar. Um informe do World Bank de outubro de 2003, sobre "Desigualdade na América Latina e Caribe", aponta que nossa região é, entre todas as regiões do mundo, a que apresenta a maior desigualdade. Somente a África, ao sul do Saara, apresenta condições similares. E isto é válido para qualquer dos indicadores concebíveis: o decil mais rico da população concentra quase a metade da receita total dos países (48%), enquanto o decil mais pobre tem um magro 1% (1,6%), acompanhado de elevadíssimos índices de mortalidade infantil e escassa escolaridade.[1]

A desigualdade tem duas caras neste continente: a escandalosa pobreza de muitos e a não menos escandalosa riqueza de alguns poucos. Há apenas uma semana, em 8 de março, a revista *Forbes* publicou sua lista anual dos multimilionários e, segundo esta publicação, "a riqueza dos milionários na América Latina é de 242 bilhões de dólares, o que supõe um crescimento de 27% em relação à lista de 2006". Uma das notas da revista tem um título que me limito a citar, "Há mais multimilionários na terra do que nunca" [*There are more billionaires on Earth than ever before*], porque a lista tem 946, incluindo os 178 recém-chegados ao "clube".

Nestas condições escandalosas de desigualdade é preciso localizar o analfabetismo, não para esperar que a alfabetização surja como resultado inevitável da aspirada e sempre distante redução das desigualdades, mas para compreender melhor as dificuldades de uma alfabetização condicionada pela pobreza, o trabalho manual extenuante (que inclui crianças) e as necessidades urgentes da sobrevivência cotidiana. Nestas condições, a vontade individual não é suficiente.

Não vou aprofundar este assunto, que apenas evoco para expor de que maneira, em meu pensamento, as considerações teóricas se entrelaçam com as solicitações sociais. Os processos de apropriação da escrita constituem um assunto apaixonante do ponto de vista teórico, mas seu interesse não se reduz ao âmbito acadêmico. Muitas decisões de política educacional dependem da maneira como esse processo é concebido.

Sinto-me privilegiada por trabalhar em um campo onde confluem múltiplas disciplinas, sem ainda ser um território propriamente interdisciplinar. Digo às novas gerações que resta muito por pesquisar e espero que esta universidade se constitua num polo de formação de futuros pesquisadores dos processos de alfabetização. Acredito ter contribuído para renovar a esfera do saber, precisamente por ter podido dar destaque ao ignorado, ao ausente, ao sem voz: o sujeito da alfabetização.

Vocês estão neste ato, que agradeço profundamente, fazendo homenagem à minha obra, uma obra certamente ainda incompleta. Mas, da minha parte, quero prestar duas homenagens. Em primeiro lugar, a todas as crianças que, sem saber, me ensinaram tanto: crianças próximas e distantes, crianças pobres e marginalizadas e crianças que crescem entre livros e leitores. Indígenas e mestiças. Falantes de várias línguas. Todas elas ávidas por entender o mundo onde lhes correspondeu crescer. A escrita faz parte deste mundo.

Também quero prestar homenagem ao meu mestre, Jean Piaget, que me deu o andaime teórico sem o qual eu teria sido incapaz de escutar essas crianças e de teorizar sobre suas vozes e seus gestos gráficos. O debate teórico sobre a escrita nunca esteve no centro das preocupações do meu mestre, mas acredito que o que consegui fazer se situa na continuidade de seu grande projeto epistemológico.

Nota

1. A situação não mudou substancialmente. O Informe Regional sobre Desenvolvimento Humano para a América Latina e Caribe 2010 do PNUD (Nações Unidas) começa da seguinte maneira: "A América Latina e o Caribe é a região mais desigual do mundo. A desigualdade não só é alta, mas também muito persistente."

2

A diversidade de línguas e de escritas:
Um desafio pedagógico para a alfabetização inicial

Emilia Ferreiro e Lilia Teruggi

Introdução — Emilia Ferreiro
Segunda parte — Emilia Ferreiro e Lilia Teruggi
Observações finais — Emilia Ferreiro

Original em francês publicado na revista eletrônica *Lettrure* (revista da Association Belge pour la Lecture), n. 2, 2012.

Tradução ao espanhol de Emilia Ferreiro, a partir da qual foi realizada a tradução ao português.

INTRODUÇÃO

Emília Ferreiro

Estamos em uma época na qual o elogio da diversidade é ouvido em qualquer parte. Resulta "politicamente correto" mostrar atitudes positivas frente à diversidade. No entanto, do discurso aos fatos há uma distância considerável.

Elogio da diversidade biológica. A televisão difundiu imagens impressionantes das consequências da destruição do hábitat de múltiplas espécies de plantas e animais. No entanto, a depredação continua em regiões do planeta onde os interesses meramente econômicos dominam, apesar dos discursos que circulam nessas mesmas regiões.

Diversidade cultural, exibida como um bem em si mesmo, apesar de todos os mal-entendidos e conflitos no âmbito da vida cotidiana. Porque é fácil celebrar as diferenças num nível que eu chamaria "folclórico": nem todos nós temos o mesmo calendário, nem todos celebramos do mesmo modo no âmbito familiar, a cozinha nos diferencia, como a vestimenta. Isto não coloca problemas demais... exceto quando se trata do véu islâmico. Então o tom do debate aumenta e se torna áspero.

A escola pública está equipada para se encarregar da diversidade crescente? Dispõe de instrumentos técnicos adequados para transformar os discursos bem-intencionados em práticas eficazes?

ESCOLARIDADE E DIVERSIDADE DE LÍNGUAS

Recordemos que, em suas origens, não se trata de elogiar a diversidade. Pelo contrário, trata-se de lutar contra as diferenças. O exemplo da França é bem conhecido. No começo da escolaridade obrigatória, conseguir que as crianças aprendessem a língua nacional era dever da escola, por boas razões: tinha que formar o cidadão, dar-lhe sentido de pertencer a um único país, unificado através de uma mesma língua. Era preciso lutar contra as línguas regionais, qualificadas pejorativamente como *patois*. Uma língua, uma nação. O valor simbólico da língua nacional inclui também a escrita. Uma mesma escrita, uma mesma língua escrita, uma nação.

Inclusive na atualidade há exemplos que seguem no mesmo sentido. Em vários estados dos EUA, o medo de perder a identidade por razões demográficas se expressa através de instrumentos que colocam o bilinguismo em desvantagem, seja por parte dos alunos — com severas restrições à aprendizagem na língua de origem —, seja por parte dos docentes, com limitações para exercer a profissão seja aos que não têm um sotaque "inglês" nativo. (Digo que se trata de medo da perda de identidade por razões demográficas porque o último censo mostra que, pela primeira vez, as crianças "brancas" de menos de cinco anos correspondem a menos da metade de sua faixa etária).

Bilinguismos

O bilinguismo de nascimento — às vezes multilinguismo — é a situação normal da maioria das crianças do planeta Terra. Para constatá-lo basta analisar um mapa da distribuição geográfica das línguas. Claro que há (sempre houve) línguas dominantes e línguas dominadas. Uma criança bilíngue alemão-inglês terá mais chances de ter êxito neste mundo que uma boliviana também bilíngue, mas quechua-aymara.

Estamos em uma época de deslocamentos massivos de populações que — por razões políticas ou simplesmente econômicas — tentam viver em países que, no imaginário coletivo, têm a imagem do paraíso. As oportunidades para se converter em bilíngue ou trilíngue aumentam. Os estrangeiros chegam com suas crianças que frequentemente tornam-se os primeiros "tradutores" entre a escola e a família. As crianças intérpretes. Um tema de pesquisa importante, mas pouco estudado.

É preciso reconhecer que a pesquisa em psicolinguística é guiada por certos preconceitos, como ocorre em outros domínios. O monolinguismo de nascimento é considerado como a situação normal e, portanto, a mais estudada. As outras situações são vistas, de certo modo, como anomalias devido às circunstâncias, não como um tema privilegiado para a pesquisa.

Qual é a relação entre multilinguismo e alfabetização? Em 1951, a Unesco pôs em evidência as vantagens de se alfabetizar em língua materna e os esforços neste sentido são bem conhecidos, desde então. Mais de quarenta anos depois, em 1995, o Instituto Unesco para a Educação, com sede em Hamburgo, fez um balanço das experiências realizadas, sobretudo na África, e pôs em evidência uma importante mudança de perspectiva, presente desde o título do livro resultante deste encontro internacional: *Por uma cultura multilíngue da educação* (Ouane, 1995). Duas citações para evidenciar o tom do debate: "O multilinguismo é, antes de mais nada, uma realidade, a da diferença e da riqueza cultural, mas uma realidade que coloca também problemas políticos, socioculturais, tecnolinguísticos e educativos" (Prefácio, p. xiii); "A diversidade, de fato, nem sempre é uma diversidade na igualdade, ou seja, equidade nas diferenças" (p. 8).

De fato, todo tipo de barreiras deve ser superado, inclusive nos casos mais favoráveis a esta "alfabetização em língua materna" (digamos, de passagem, que é preferível evitar a expressão "língua materna" por duas razões importantes. Em primeiro lugar porque, em uma época de feminismo militante, ocorre que os homens também reivindicam o direito sobre a primeira língua de seus filhos. Em segundo lugar, porque esta expressão, em particular, não atende às necessidades do multilinguismo. Portanto, é preferível falar de "língua ou línguas de berço" ou mesmo de "línguas de nascimento").

As línguas nativas minoritárias

O multilinguismo é frequente em todos os continentes, mas há países da Ásia, África e América Latina que têm situações particularmente difíceis. Contar as línguas não é tarefa fácil. Como estabelecer a fronteira entre uma variante dialetal e uma diferença de línguas? As discussões linguísticas sobre este tema se multiplicam. Intervêm, além disto, as atitudes sociolinguísticas das populações envolvidas nos debates. Por exemplo, em 2006, o México declarava ter umas 50 línguas nativas. De repente, declara-se que existem 364 línguas nativas; declaração que coincide com uma mudança de governo a nível nacional (http://www.inali.gob.mx/). Como é possível uma mudança tão surpreendente nas cifras? A solução é simples: todas as variantes dialetais foram promovidas à categoria de línguas (tsotsil do norte, do leste etc.). Isto pode satisfazer aos grupos minoritários, mas tem terríveis consequências no plano educativo.

Que eu saiba, não houve uma manipulação dessa dimensão das cifras nos países africanos. Há muito tempo diz-se que existem mais de 400 línguas na Nigéria, mais de uma centena na Tanzânia, cerca de uma centena na Etiópia e umas 50 no Quênia. A situação é similar na Ásia: mais de 400 línguas na Indonésia e cerca de 400 na Índia (país que, além disto, expõe uma dezena de antigos sistemas de escrita). Na América Latina, o Peru encabeça a lista com mais de 100 línguas, seguido por vários países que têm quase 50 línguas. Como alfabetizar na língua de nascimento nestas condições?

Claro que o número de línguas é uma coisa e a quantidade de indivíduos que falam essas línguas é outra. Não só a quantidade, mas também o *status* social e econômico dessas populações. Há línguas da América cujos falantes conseguiram um nível cultural e econômico tal que podem "se fazer escutar" pelos demais. Por exemplo, em Yucatán (México) existe uma Academia da Língua Maya. Esses falantes estão orgulhosos de uma longa tradição literária. Todos são bilíngues. Mas outras línguas da mesma família linguística pertencem a grupos economicamente tão oprimidos que a desaparição da língua é quase inevitável.

Há línguas minoritárias com longa tradição de escrita, tanto quanto há grupos para os quais a escrita em sua própria língua é uma imposição que vem de fora, trabalho de linguistas e de pregadores do Evangelho. Neste segundo caso, os falantes estão mais dispostos a aprender a escrever na língua dominante (a da administração e do poder político), já que as tradições orais lhes bastam para sustentar os compromissos mútuos.

Para alfabetizar na língua de berço, não basta estar de acordo sobre o alfabeto a ser utilizado. Isto é assim porque nenhuma escrita reflete a fala em suas contínuas transformações. A escrita representa a língua, uma entidade abstrata, potente meio de identificação social. Para passar da fala à língua é preciso um esforço de objetivação que concede estabilidade ao discurso oral, efêmero por natureza. A escrita é, ao mesmo tempo, produto deste esforço de objetivação e a condição que permite a comparação, a discussão, ou seja, atividades propriamente metalinguísticas que, por sua vez, dão lugar a níveis crescentes de reflexão. Isto é certo para os povos e também para a criança em processo de desenvolvimento.

Uma visão da alfabetização limitada demais, como a aprendizagem de um código de correspondências grafofônicas, impediu ver a complexidade da tarefa. Agora sabemos que a alfabetização é um longo processo que começa muito antes dos seis anos e que continua muito além da educação obrigatória. Um longo processo cujo objetivo é a formação de cidadãos que possam circular nas complexidades da cultura escrita sem temor, com confiança e curiosidade. Ainda que fosse preferível falar de "culturas do escrito", no plural.

Vivemos em um mundo confuso, onde os nacionalismos mais estreitos coexistem com a possibilidade de constituir, via internet, comunidades virtuais de todo tipo, incluídas as comunidades de aprendizagem.

O amigo, o colega, o companheiro, podem se encontrar a milhares de quilômetros, ao passo que o vizinho do bairro é um desconhecido. Enquanto isto, talvez os estrangeiros tenham se convertido em alguns desses vizinhos desconhecidos. Estrangeiros que provavelmente têm família e filhos. Filhos que irão à escola pública. Essas crianças vão ser alfabetizadas na língua de berço? De modo algum. Em parte porque pertencem a comunidades linguísticas muito diferentes (não é raro encontrar umas vinte nacionalidades diferentes em escolas públicas da Europa). Por outro lado, a escola pública quase nunca é bilíngue, ainda que se promova a aprendizagem de outras línguas. Mas ter uma L2 localizada em lugares bem controlados do currículo é muito diferente de enfrentar os problemas da bialfabetização ou alfabetização bilíngue.

A declaração da Unesco, à qual aludi, não se refere às crianças estrangeiras, legais e ilegais, na Europa. É possível tentar dar pouca visibilidade a essas crianças, justamente para que se assimilem o mais rápido possível ao grupo. Mas também é possível tomar uma decisão oposta: dar maior visibilidade a essas crianças para fortalecer sua possível contribuição à aprendizagem dos outros, da maioria.

É o que veremos na segunda parte deste trabalho, focada na utilização positiva das diferenças de línguas e de escritas na alfabetização inicial. O que antecede tenta localizar os exemplos que veremos à continuação, em um contexto mais amplo, com a finalidade de evitar duas atitudes opostas e igualmente inúteis do ponto de vista educativo: por um lado, ignorar as diferenças e tratar todas as crianças do mesmo modo, qualquer que sejam as diferenças de origem; ou mesmo, no extremo oposto, celebrar a diversidade em ocasiões específicas, sem que a diversidade mesma, com os aspectos dramáticos que lhe são próprios, entre verdadeiramente no dia a dia das aprendizagens escolares.

SEGUNDA PARTE

Emilia Ferreiro e Lilia Teruggi

Vamos apresentar alguns exemplos surpreendentes extraídos de uma série de experiências didáticas elaboradas com a finalidade de encontrar formas alternativas de atuar na alfabetização inicial, levando seriamente em conta o multilinguismo existente nas escolas da comunidade europeia. Os desafios são: transformar esta diversidade das línguas de nascimento das crianças em tema de trabalho pedagógico e considerar a diversidade como um dado positivo para a alfabetização inicial.

As experiências foram conduzidas em escolas municipais da cidade de Turim, ao norte da Itália, sob a direção de Lilia Teruggi.[1] Livros escritos em várias línguas e em vários sistemas de escrita foram colocados em circulação nas classes das crianças de quatro e cinco anos. Procuraram nessas outras línguas, de preferência, histórias tradicionais bem conhecidas pelas crianças italianas. A leitura em voz alta era frequente, em italiano e em outras línguas, convidando os pais de crianças estrangeiras a participar. As crianças eram estimuladas a explorar diversas escritas. Tanto as italianas como as estrangeiras (bilíngues em diferentes proporções) tinham oportunidade de escrever com frequência. As educadoras eram capazes de reconhecer, nessas produções infantis, os diferentes níveis de conceitualização da escrita.

À continuação, poderemos nos aproximar da voz dessas crianças de Turim falando italiano. Vamos apresentar extratos de longas observações realizadas em diferentes grupos escolares, em sua maioria com crianças de 4 e 5 anos.

OS ASPECTOS GRÁFICOS DAS ESCRITAS

A observação atenta do material escrito leva as crianças a fazerem descobertas.[i]

Matteo	non lo so, io non conosco queste scritte	[não sei, não conheço esta escrita]
Francesca	anch'io non le conosco	[nem eu conheço]
Rocco	ma non c'è la mia lettera, la R	[mas não tem minha letra, o R]
Matteo	non c'è neanche la M	[não tem nem o M]
Matteo	questa è una scritta e questa è un'altra (confrontando i due libri) sono diverse	[esta é uma escrita e esta é outra (comparando os dois livros), são diferentes]
Francesca	la nostra scritta è in italiano	[a nossa escrita é em italiano]

As crianças procuram a inicial dos seus nomes (Rocco procura R e Matteo procura M). Não encontram essas letras conhecidas, mas continuam explorando.

A ORDEM DAS PÁGINAS

Matteo compara o livro em italiano e o livro em árabe e descobre algo extraordinário:

Matteo	questo libro lo apri diverso!	[este livro abre diferente!]
Educadora	*ci stai dicendo che questo libro lo apri diverso, ti puoi spiegare meglio?*	*[você está dizendo que este livro abre diferente, como assim?]*
Matteo	questo si apre cosi (libro in arabo, ordine coretto) e questo cosi (libro italiano, ordine coretto) e vuol dire che è diverso!	[este se abre assim (livro em árabe, na posição correta) e este assim (livro em italiano, na posição correta), e quer dizer que é diferente!]

---

[i] Em todos os fragmentos de diálogo evitamos as maiúsculas iniciais porque se trata de intercâmbios que se encadeiam, às vezes rapidamente. Em itálico, as intervenções das educadoras. Entre ( ) as observações pertinentes. Entre [ ] a tradução em português. Em negrito, expressões particularmente interessantes.

LÍNGUAS DIFERENTES E TRADUÇÃO

Em outro grupo, as crianças tentam relacionar escritas diferentes com as diversas línguas:

Sara	non capisci perché si scrive diverso, è un altro modo di scrivere	[não entende porque se escreve diferente, é outra maneira de escrever]
Ilaria	si, perché noi parliamo l'italiano perché siamo in Italia e in Francia si parla il francese	[sim, porque nós falamos o italiano porque estamos na Itália e na França se fala francês]
Federica	sono due **modi diversi di parlare**	[são dois modos diferentes de falar]
Alex	**anche di scrivere**	[de escrever também]

Quando a educadora (bilíngue) lê em voz alta a mesma história, primeiro em italiano e depois em português, as crianças conseguem expressar reflexões muito pertinentes sobre a tradução:

Giovanni	ho capito, ma certo è scritta in un'altra lingua!	[entendi, mas claro, está escrito numa outra língua!]
Cristina	si, si, è in inglese	[sim, sim, é em inglês]
Giorgio	no, no, è in francese	[não, não, é em francês]
Giovanni	forse è spagnolo	[talvez seja espanhol]
Educadora	*ma come avete fatto a capire?*	*[mas como fizeram para descobrir?]*
Cristina	l'ho capito perché una parla in italiano e l'altra in un'altra lingua	[percebi porque uma fala em italiano e outra numa outra língua]
Giorgio	lo abbiamo capito quando la maestra l'ha letta	[percebemos quando a professora leu]
Educadora	*ma perché?*	*[mas por quê?]*
Giovanni	perché **hai cambiato la voce**	[porque você mudou a voz]
Daniele	**non la voce, ma il suono delle lettere**	[não a voz, mas o som das letras]
Coco	ha ragione Daniele, **la voce della maestra è sempre uguale**	[Daniele tem razão, a voz da professora é sempre igual]

A tradução é um assunto que permite às crianças admitir facilmente que é possível transmitir o mesmo conteúdo em uma ou outra língua e que, portanto, diversas línguas são igualmente aptas à comunicação. Os dois exemplos seguintes também estão centrados neste problema.

Lucas é um menino peruano de cinco anos que quer escrever uma carta para seus avós que vivem no Peru. A educadora propõe que outras crianças o ajudem. Lucas escreve e os outros dois colaboram com sugestões e comentários. A carta (em italiano) está quase terminada quando, de repente, Lucas se detém e exclama: "Esperem! Meus avós não falam italiano!" Seus companheiros resolvem o empecilho: "Terminamos em italiano e depois você coloca em peruano."

Segundo exemplo. A tarefa consiste em escrever um cartaz para convidar os pais a uma festa escolar. As crianças discutem sobre o conteúdo do cartaz, combinam, insistem na importância de pôr a data e hora (com um belo fragmento onde discutem se a hora — cinco e meia da tarde — deve ir com letras ou com números). Finalmente começa a escrita do cartaz, mas então...

Dalila	adesso però manca in straniero…	[mas agora falta em estrangeiro…]
Educadora	e come possiamo fare? Qualcuno di voi sa scrivere in straniero?	[e como podemos fazer? Algum de vocês sabe escrever em estrangeiro?]
Sara	possiamo chiedere a qualche bambino straniero anche delle altre classi, magari ci riesce!	[podemos pedir a qualquer criança estrangeira, mesmo das outras classes, talvez possamos!]
Alberto	e ma ce ne vogliono tante perché filippini africani arabi rumeni e altri….	[é, mas há tantos porque filipinos, africanos, árabes, romenos e outros…]

As crianças decidem pedir a Marcelo, um menino peruano. Marcelo aceita. Explicam o que ele deve fazer e ditam (em italiano). Marcelo escreve com rapidez (sua escrita corresponde a um nível pré-alfabético). Quando termina, Alberto propõe:

Alberto	possiamo chiedere a Sara lei è del Marocco, così lo scrive in arabo…	[podemos pedir a Sara que é do Marrocos, assim escreve em árabe]
Educadora	mi sembra una buona idea, voi cosa ne pensate?	[me parece uma boa ideia, o que vocês acham?]
Todos	sì, va bene!	[sim, está bom!]

Sara aceita. As crianças ditam para ela (em italiano). A escrita de Sara é similar ao árabe, do ponto de vista figural.

Diferenças e semelhanças entre as escritas

Para concluir, a educadora sugere que as crianças comparem os três textos (o do grupo, em italiano, o de Marcelo e o de Sara):

Dalila	sono diversi!	[são diferentes!]
Sara A.	sono diversi, è vero ma questa (arabo) sono ancora più diverse dalle altre!	[são diferentes, é verdade, mas esta (árabe) é ainda mais diferente que as outras!]
Educadora	*e come mai secondo voi?*	[e por que, você acha?]
Carola	perché lì in quel paese scrivono così, con dei rotolini…!	[porque lá naquele país escrevem assim, com os rolinhos...!]
Sara A.	le altre non hanno i rotolini, vedi questa (spagnola) è quasi uguale alla nostra!	[os outros não têm os rolinhos, veja esta (espanhola) é quase igual à nossa!]
Todos	e sì infatti si vede!	[é sim, de fato se vê!]
Alberto	questa in italiano ha delle lettere, questa in spagnolo anche ha delle lettere ma le parole sono diverse e se le provi a leggere non si capisce cosa c'è scritto, l'ultima invece sembrano in corsivo, ma un corsivo arabo che non possiamo capire mica siamo arabi!	[esta em italiano tem letras, esta em espanhol também tem letras, mas as palavras são diferentes e se tenta ler não se entende o que está escrito, a última (árabe) ao contrário parece letra cursiva, mas uma cursiva árabe que não podemos entender nada sem sermos árabes!]
Educadora	*e già bravi, mi sembrano delle buone osservazioni, c'è qualcuno che vuole dire ancora qualcosa?*	[muito bem, me parecem boas observações, tem alguém que ainda queira dizer qualquer coisa?]
Giovanni	questa (spagnolo) assomiglia a quella italiana, **vedi ci sono le lettere ma lì le mettono vicine diverse** e così sembrano parole diverse ma non so se poi sono diverse o se noi non le sappiamo leggere....	[esta (espanhola) se parece com aquela italiana, veja existem as letras, mas se junta diferente e assim parecem palavras diferentes, mas não sei se então são diferentes ou se nós não as sabemos ler...]
Carola	poi vedi però in queste due (italiano spagnolo) ci sono i numeri uguali, vedi 5 e 2, in arabo non c'è ne sono, solo i tondini, forse i numeri si fanno così!	[mas então veja nestas duas (italiano e espanhol) os números são iguais, veja 5 e 2, em árabe não, há apenas as hastes, talvez os números sejam feitos assim!]

Giovanni fica atento à ordem das letras dentro de uma mesma sequência e põe em palavras o resultado de sua comparação com uma expressão excelente: "lettere vicine diverse". Ou seja, letras parecidas às do italiano, mas a maneira de juntá-las em uma sequência é diferente. Trata-se de uma descoberta extraordinária para uma criança de cinco anos. Giovanni consegue expressar uma lei geral: um sistema de escrita é algo mais que um conjunto de grafemas já que, além disto, é preciso levar em consideração as regras de composição desses grafemas.

Vimos essas crianças enfrentarem tarefas de comparação que superam, em muitos sentidos, as tarefas habituais de discriminação perceptiva. A escola tradicional separa e diferencia para facilitar a tarefa das crianças. Nos exemplos que acabamos de apresentar, ocorre exatamente o contrário. Solicita-se às crianças que encontrem, por conta própria, as semelhanças e diferenças em um universo confuso porque, uma vez aberto o universo das escritas, é difícil imaginar onde as variações terminam. Há tantos estrangeiros, cada um com sua forma de escrever, conforme expressa Alberto: "mas há tantos porque filipinos, africanos, árabes, romenos e outros..." Eventualmente algumas crianças tentam englobar todas as diferenças em uma noção única: "escrever em estrangeiro". Mas já possuem uma clara percepção das variações porque sabem que há múltiplas maneiras de ser estrangeiro.

As educadoras escutam

As crianças trabalham sob o olhar atento de educadoras que falam pouco: elas se limitam a ampliar a voz de uma criança que acaba de dizer algo muito importante, a solicitar justificativas ou explicações suplementares, a verificar se há concordância ou discordância no grupo, a sugerir um esforço de reflexão extra, a propor novos desafios.

As crianças sabem que estão sendo escutadas não só pela educadora, como também pelos colegas, o que é muito importante. Quando se sabe estar sendo escutado, não se diz qualquer coisa: reflete-se, escolhem-se as palavras. Isto ocorre com os adultos e também com as crianças.

Letras idênticas, línguas diferentes

Voltemos ao problema anterior: as mesmas letras, combinadas de forma diferente, definem escritas distintas. No fragmento seguinte, a educadora propõe um grande desafio às crianças: se as letras são iguais, por que não podemos ler (no sentido de compreender)? A educadora convida as crianças a olharem um novo livro, escrito em francês: *Le Petit Prince* [*O Pequeno Príncipe*].

Educadora	bambini guardate il libro che ho portato oggi	[crianças, vejam o livro que trouxe hoje]
Matteo	queste lettere esistono anche in Italia	[estas letras existem também na Itália]
Matilde	queste lettere sono di Torino	[estas letras são as de Turim]
Educadora	*bambini ma se queste lettere sono uguali alle nostre perché noi non riusciamo a leggerle?*	[crianças, mas se estas letras são iguais às nossas, por que não podemos lê-las?]
Giovanni	perché sono messe in un altro modo	[porque são colocadas de outra maneira]
Ivan	**le lettere sono uguali ma non la scritta**	[as letras são iguais, mas a escrita não]
Matteo	qualcuna è al contrario, qualcuna no è, allora diventa difficile leggerle	[algumas estão ao contrário, algumas não estão, então fica difícil ler]
Rachele	**sono messe così perché qualcuno ha dimenticato di metterle nel modo giusto**	[estão postas assim porque alguém se esqueceu de colocá-las do jeito certo]
Giovanni	no! Sono state messe così perché lo scrittore è francese	[não! Foram colocadas assim porque o escritor é francês]
Matteo	i francesi non scrivono come gli italiani	[os franceses não escrevem como os italianos]
Rachele	**loro mettono le lettere in disordine così noi italiani non capiamo niente**	[eles colocam as letras em desordem e assim nós italianos não entendemos nada]

Ivan expressa, com grande precisão e poucas palavras, esta distinção fundamental entre o conjunto de formas e as leis de composição: "le lettere sono uguali ma non la scritta". Recordemos a expressão de

Giovanni, de outro grupo: "lettere vicine diverse". No entanto, Rachele tem outra opinião: ao invés de reconhecer ordens de composição diferente, ela fala de desordem ("lettere in disordine") suspeitando más intenções.

Le Petit Prince é francês...

A história do Pequeno Príncipe dá oportunidade para muitas outras reflexões. À continuação, as crianças fornecem informações que obtiveram em suas casas. Matteo insiste que o livro está em francês e a educadora intervém:

Educadora	e come si fa a capire che è una lingua francese?	[e como se faz para saber que está em língua francesa?]
Giovanni	perché c'è il disegno del piccolo principe che parla solo in francese	[porque tem um desenho do Pequeno Príncipe que só fala em francês]
Educadora	come mai questo personaggio parla solo in francese?	[por que este personagem só fala em francês?]
Matteo	perché l'ha scritto uno scrittore che abita in Francia, io a casa ho un libro del piccolo principe scritto in francese	[porque foi escrita por um escritor que mora na França, em casa eu tenho um livro do Pequeno Príncipe escrito em francês]
Micol	allora il piccolo principe è nato in Francia	[então o Pequeno Príncipe nasceu na França]
Giovanni	ma il mio libro è scritto in italiano. Sono sicuro, perché quando papà me lo ha letto parlava in italiano	[mas o meu livro está escrito em italiano. Tenho certeza, porque quando o papai leu para mim falava em italiano]
Matilde	ci saranno due principi! Uno nato in Italia e l'altro nato in Francia	[haverá dois príncipes! Um nascido na Itália e o outro nascido na França]
Rachele	questo è il principe nato in Francia perciò hanno scritto il libro con le parole francesi	[este é o príncipe que nasceu na França portanto escreveram o livro com palavras francesas]

Deixamos atrás o nível das letras e suas combinações para entrar no conteúdo da história. As perguntas fundamentais são as seguintes: uma história traduzida é a mesma história conhecida? É a mesma história mesmo que mudem as palavras? O personagem principal da história conserva sua identidade?

Acabamos de ver que o Pequeno Príncipe se desdobrou: um príncipe francês e outro italiano. Bela conciliação. Multiplicar os príncipes não coloca muitas dificuldades. Mas, o que vai acontecer com um personagem único como Pinóquio que, além disto, é cem por cento italiano?

Pinóquio é italiano...

Em um dos grupos há uma criança romena que trouxe uma versão romena do Pinóquio. A educadora convida as crianças a olhar o livro:

Aya	sono scritte in rumeno	[está escrita en romeno]
Educadora	perché?	*[por quê?]*
Aya	l'ha portato Matteo perché è rumeno	[o Matteo trouxe porque é romeno]
Alessandro	in italiano perché Pinocchio è italiano. Non ci può essere un altro Pinocchio. No perché c'è soltanto questo Pinocchio	[em italiano porque Pinóquio é italiano. Não pode haver outro Pinóquio. Não porque não tem nenhum Pinóquio além deste]
Rebecca	in italiano perché l'hanno scritto gli italiani la storia di Pinocchio	[em italiano porque a história do Pinóquio foi escrita por italianos]
Alice	è scritta in rumeno, perché ci sono dei segni diversi e perché l'ha portato Matteo, la storia di Pinocchio esiste in tutti i paesi	[está escrita em romeno, porque tem símbolos diferentes e porque o Mateus trouxe, a história do Pinóquio existe em todos os países]
Matteo	è Pinocchio, è scritta in rumeno, le letterine sono diverse perché hanno queste (con il dito indica Ş À)	[é Pinóquio, está escrito em romeno, as letrinhas são diferentes porque têm isto (indica com o dedo os diacríticos que afetam Ş e A)]
Rebecca	la storia di Pinocchio è bella, l'hanno passata in tutti i paesi per i bambini così la mamma poteva leggerla	[a história de Pinóquio é bonita, ela foi passada em todos os países para as crianças, assim a mamãe podia lê-la]

Alessandro expressa em termos convincentes o sentido de identidade evocado pelo personagem Pinóquio: "Pinocchio è italiano. Non ci può essere un altro Pinocchio. No perché c'è soltanto questo Pinocchio". Vê-se de imediato a diferença entre os príncipes que podem se multiplicar com facilidade (porque, além disto, o Pequeno Príncipe não é de origem italiana) e o personagem único com nome próprio. Rebecca reproduz, com outras palavras, o argumento de Alessandro. É Alice quem tenta uma conciliação, proclamando a universalidade de Pinóquio. Esta proposta de Alice inspira Rebecca, que muda de opinião com a seguinte intervenção: Pinóquio é universal sem ter perdido nada de sua origem italiana. A história de Pinóquio é universal graças à tradução ("l'hanno passata in tutti i paesi"). Conseguiu a universalidade graças a sua beleza, uma beleza que é obra de italianos. (Pode-se observar, além disto, que Rebecca, que não contribui com argumentos originais, é capaz de dar uma força de expressão singular aos argumentos expressados pelos outros colegas.)

Tradução e identidade da história

A educadora, então, regressa a problemas de identidade da história e as crianças deixam de lado a história como tal (que não foi lida em romeno) e limitam-se aos indicadores gráficos e materiais:

Educadora	questa storia è uguale alla nostra?	[esta história é igual à nossa?]
Matteo	è diversa perché **la scrittura è diversa**	[é diferente porque a escrita é diferente]
Rebecca	è diversa **perché è scritta in un altro modo**	[é diferente porque está escrita de outra maneira]
Aya	cambia, perché è scritta in rumeno, quindi **si cambiano le lettere**	[muda, porque está escrita em romeno e então as letras mudam]
Alessandro	è diversa, la storia non è uguale perché **cambia il libro**	[é diferente, a história não é igual porque muda o livro]
Alice	è uguale alla nostra perché **le figure del libro sono uguali alle nostre**	[é igual à nossa porque as figuras do livro são iguais às do nosso]

(As trocas de ideias continuam sem chegar a um acordo. Não era intenção da educadora resolver a questão, uma questão que, por outro lado, não tem uma resposta unívoca.)

É importante apreciar a quantidade de problemas que foram colocados em torno da identidade (ou melhor, problemas de alteridade com relação à identidade) a propósito das semelhanças e diferenças entre as grafias, as imagens, o livro enquanto objeto, o conteúdo da história...

Estas crianças têm a vantagem de serem italianas. Não têm medo de dizer em voz alta o que pensam (como ocorre com crianças de outras latitudes). Trata-se de crianças fora do comum? Conhecemos bem essas escolas e sabemos que são crianças normais colocadas em situações fora do comum, porque se trata de educadoras convencidas do potencial do pensamento infantil. As crianças pequenas são capazes de raciocinar sobre problemas muito difíceis, porque sua tarefa não é nada menos do que compreender o mundo onde lhes corresponde crescer, este lugar que está bem longe de ser simples e organizado. Mais ainda: as educadoras estão convencidas da utilidade de levar as crianças a pensar sobre a escrita, porque isso contribui para a alfabetização inicial. Elas propõem desafios e não têm medo de deixar as crianças falarem e escutá-las.

As crianças estrangeiras

O último exemplo que apresentaremos não tem uma proposta da educadora como ponto de partida, mas uma conversa entre meninas. Um grupo misto de crianças de quatro e cinco anos espera o começo de certa atividade. A educadora escuta uma conversa entre Stella e Margherita, ambas de quatro anos:

Stella	nel mondo ci sono tanti bambini stranieri, lo sapete?	[no mundo tem tantas crianças estrangeiras, você sabia?]
Margherita	certo, e sono tutti diversi! L'abbiamo detto in classe!	[sim, e são todos diferentes! sim, dissemos em classe!]

Stella e Margherita estão falando de dois temas cruciais: ser estrangeiro e ser diferente. Que relação as crianças poderão estabelecer entre esses temas? A educadora tira proveito desta conversa espontânea e se atreve a propor uma atividade não planejada, convidando as outras crianças para se juntarem à discussão:

Educadora	che discorso interessante... Ma chi sono i bambini stranieri?	[que conversa interessante... Mas, quem são as crianças estrangeiras?]
Giovanni	quelli che vengono da altri paesi credo!	[acho que aqueles que vêm dos outros países!]
Alberto	beh, non proprio... perché **anche noi possiamo diventare stranieri**	[ah, não exatamente... porque nós também podemos virar estrangeiros]
Educadora	avete sentito cos'ha detto Alberto? voi cosa ne pensate?	[vocês escutaram o que o Alberto falou? o que vocês acham?]
Claudia	gli stranieri sono quelli che vengono da un altro paese!	[os estrangeiros são aqueles que vêm de um outro país!]
Margherita	beh si da altre città, se però andiamo in un altro paese anche noi siamo stranieri!	[ah, sim, de outra cidade, mas se vamos para outro país nós também somos estrangeiros!]
Alberto	era quello che avevo intenzione di dire io... Se vado a Londra loro sono inglesi e allora io sono straniero!	[era isso que eu queria dizer... Se vou a Londres, eles são ingleses e então eu sou estrangeiro!]

Giovanni (5 anos) responde à pergunta da educadora com uma espécie de definição estândar, mas Alberto (5 anos) coloca de imediato a relatividade dessa caracterização ("anche noi possiamo diventare stranieri"). Ser estrangeiro não é uma propriedade intrínseca de alguns indivíduos, mas uma posição social com relação aos outros, o que é bem identificado por Margherita (4 anos), enquanto Cláudia (4 anos) se limita a repetir a definição estândar. Mas há um garoto no grupo, Alberto, que promete conduzir a discussão para novos rumos. Vejamos como segue o intercâmbio de ideias:

Educadora	c'è qualcuno che vuole aggiungere qualcosa?	[há alguém que queira acrescentar alguma coisa?]
Stella	ogni bambino è diverso perché hanno mamme diverse… non solo straniere!	[cada criança é diferente porque tem mãe diferente… não só estrangeiras]
Filippo	beh certo	[ah, certo]
Alberto	interessante questo!	[interessante isto!]
Todos	sì!	[sim!]
Filippo	però gli stranieri hanno mamme straniere!	[mas os estrangeiros têm mães estrangeiras!]
Claudia	ma anche le nostre mamme sono diverse!	[mas até nossas mães são diferentes!]
Stella	anche se siamo italiani! Se tu le guardi sono tutte diverse!	[até se somos italianos! Se você olha, elas são todas diferentes!]
Giovanni	allora siamo tutti stranieri?	[então somos todos estrangeiros?]
Stella	non saprei…	[não saberia…]

Neste ponto são as meninas que convidam os colegas a refletir sobre outro tema que estava colocado desde o começo: as relações entre o estrangeiro e a diversidade. A intervenção inicial de Stella é muito apreciada pelo grupo. Nós, italianos, somos todos diferentes, todas as mães são diferentes entre si, portanto a diferença não é exclusiva do estrangeiro. Giovanni, muito preocupado, coloca a pergunta perturbadora: "allora siamo tutti stranieri?". O reconhecimento da diversidade no grupo ao qual pertence põe em questão "a diversidade" como critério fundador da distinção entre Nós e os Outros.

Ao chegar a esse ponto, Alberto tenta formular uma distinção crucial, muito difícil de conseguir em termos infantis:

Alberto	forse dipende da come uno si guarda!	[talvez dependa de como a gente se olha!]
Educadora	*mi spieghi meglio cosa vuoi dire?*	*[me explica melhor o que quer dizer?]*
Alberto	che ci sono stranieri e diversi che non sono uguali! Cioè **stranieri è un po' diverso da diversi**	[que há estrangeiros e diferentes que não são iguais! Ou seja, estrangeiros é um pouco diferente de diferentes]
Educadora	*ma cosa vuol dire allora essere diversi?*	*[mas o que quer dizer, então, ser diferente?]*
Stella	che ognuno ha il suo modi di dire! Ognuno può parlare con modi diversi!	[que cada um tem o seu modo de dizer! Cada um pode falar com jeito diferente!]
Margherita	vuol dire che siamo tutti fatti diversi con capelli diversi e facce diverse!	[quer dizer que somos todos feitos diferentes, com cabelos diferentes e rostos diferentes!]
Filippo	però possiamo anche avere capelli uguali... Se siamo stranieri forse dobbiamo per forza essere diversi...	[mas podemos até ter cabelos iguais... Se somos estrangeiros, talvez tenhamos (obrigatoriamente) de ser diferentes...]
Alberto	no, io credo che stranieri è un'altra cosa da diversi!	[não, eu acho que estrangeiros é outra coisa que diferentes!]

Com a dificuldade, própria de sua idade, em colocar um pensamento muito elaborado com palavras, Alberto consegue dizer ao grupo o que pensa: "stranieri è un po'diverso da diversi". No entanto, Alberto ultrapassa a tal ponto os colegas que não consegue, neste tema tão difícil, um retorno apropriado (como conseguiu poucos minutos antes, conforme vimos no fragmento anterior: o fato de viajar, de mudar de país, obriga a revitalizar a noção de estrangeiro).

Graças a estas crianças, acabamos de fazer um longo percurso: começamos com o reconhecimento das variações gráficas dos caracteres e as mudanças no modo de composição desses caracteres; passamos pelos problemas de identidade da história e dos personagens em relação à tradução; terminamos com reflexões propriamente filosóficas sobre a alteridade.

OBSERVAÇÕES FINAIS

Emilia Ferreiro

As crianças que citamos têm apenas quatro ou cinco anos. Já manifestam uma forte identidade italiana (o exemplo de Pinóquio é muito eloquente). Mas se trata de uma identidade em vias de elaboração. Vivem na Itália, onde vivem também "os outros", os estrangeiros, os distintos, os que são diferentes.

Quis apresentar escolas que se fazem cargo desta diversidade de uma maneira não superficial, que não é banal, nem festiva ou folclórica. Levam a diversidade a sério. Não se trata de modelos para copiar, mas de exemplos que suscitam a reflexão.

Para respeitar o outro em condições de igualdade é preciso conhecê-lo. Neste caso, através de suas formas de escrever. A escrita destas crianças (em italiano) vai se construindo em constante relação com as escritas "dos outros", em uma busca contínua de semelhanças e diferenças, que não se limita aos aspectos gráficos do traçado.

Não se trata de imitar a escrita dos outros. Vimos com clareza: quando estavam fazendo um cartaz para convidar os pais para uma festa, as crianças desse grupo procuraram as outras crianças potencialmente capazes de fazê-lo em outra língua (um peruano para que escrevesse em espanhol; uma marroquina para que escrevesse em árabe). Ninguém tentou imitar essas escritas. Foram procurar a competência requerida "no outro", o estrangeiro.

A própria escrita é parte importante da identidade coletiva. A própria escrita vai se construir em um intercâmbio constante entre dois níveis de estranhamento: a escrita própria, que ainda não desvela suas leis de construção (porque essas crianças apenas começam a compreender o sistema alfabético) e as escritas "dos outros" com um nível de opacidade ainda maior.

Dar visibilidade aos estrangeiros, sem estigmatizá-los, não é tarefa fácil. Também não é fácil fazer-se cargo dos estrangeiros, sem perder de vista que se trata de uma escola italiana.

O francês tem dois termos para designar aquele que não é o sujeito do discurso: *autrui* versus *autre*. *Autrui* é meu próximo, ainda que seja diferente de mim; é um próximo que comparte modo de pensar, valores, sentimentos, em escala local ou virtual (comunidades da internet). *Autre* está vinculado com a noção de alteridade: é um distante do ponto de vista geográfico e/ou cultural (Jodelet, 2005).

Com *autrui* as semelhanças são colocadas em destaque, enquanto que na alteridade são as diferenças. O protótipo do *autre* (*alter*) é o estrangeiro para quem os sentimentos negativos podem ir do desprezo ao racismo. Mas, em certas ocasiões, ocorre exatamente o contrário: o estrangeiro encarna qualidades positivas que podem chegar à idealização. Nos casos extremos (racismo ou idealização) o sujeito está mal localizado em relação a sua própria identidade social: uma identidade defensiva (racismo) ou uma identidade negativa (idealização do outro, do *alter*). Existem notáveis exemplos históricos (e atuais) dessas duas posições extremas.

Colocar as crianças em uma situação de confronto contínuo poderia ter tido efeitos negativos. Dois desses efeitos potenciais deram espaço a muitas sessões de reflexão para a equipe que conduziu estas experiências pedagógicas.

a) As crianças italianas teriam mais dificuldades para distinguir as formas-letras que correspondem a sua língua? A resposta acabou sendo claramente negativa. Os níveis evolutivos de conceitualização da escrita aparecem nestas crianças, mas elas avançaram mais rápido aos níveis fonetizantes, em comparação com crianças que não tiveram a oportunidade de ter experiências com escritas diferentes.

b) Que vantagem as crianças italianas levam deste confronto entre escritas? Vimos fragmentos de observações em que as crianças realizam intenso trabalho analítico quanto à presença ou ausência de um ou outro grafema, da ordem de leitura, da ordem de composição dos grafemas etc. Mas os efeitos também aparecem em idades superiores. Por exemplo, em um caso documentado, vemos crianças de seis anos trabalhando em uma questão difícil da ortografia do italiano: as consoantes duplas (*doppie*). Fazem isso a partir de uma palavra encontrada em um texto em espanhol. A palavra que lhes chama a atenção é LLAMA [lhama] (substantivo). As crianças comentam que não pode ser uma palavra italiana, segundo eles as consoantes duplas nunca aparecem no início, nem no final de uma palavra. A professora propõe que verifiquem essa afirmação, através da exploração de textos variados na biblioteca. Terminam formulando uma série de regras muito acertadas sobre um tema que, no currículo escolar, aparece alguns anos mais tarde.

Em conclusão, ao menos sobre estes dois pontos, a presença de estrangeiros representou uma vantagem para as crianças italianas. Uma pedagogia da alteridade (Abdallah-Pretceille, 1997) parece não somente possível, mas vantajosa com relação à alfabetização inicial.

Tive a intenção de suscitar a reflexão fazendo ouvir a voz das crianças. Porque as crianças são capazes de refletir sobre o escrito. Saibamos ouvir suas vozes.

Nota

1. Agradecemos a participação de Mary Casano, educadora responsável por recolher os dados.

PARTE 2

3

A desestabilização das escritas silábicas:
alternâncias e desordem com pertinência

Emilia Ferreiro

Este texto é uma reelaboração da conferência, apresentada em março de 2009, na Universidade Nacional de La Plata, na Argentina, no encerramento das Jornadas comemorativas dos 30 anos da revista *Lectura y Vida*. Publicado com o mesmo título na: *Revista Latinoamericana de Lectura (Lectura y Vida)*, ano 30, n. 2, p. 6-13, 2009.

Uma primeira tradução ao português foi publicada na edição especial da revista *Nova Escola*, 2012. A presente constitui nova tradução.

INTRODUÇÃO

Em 1979, foi publicado no México o livro *Los Sistemas de Escritura en el Desarrollo del Niño*.[1] Os dados apresentados nessa obra haviam sido recolhidos em Buenos Aires e arredores, em uma época particularmente inóspita para os habitantes do país. Esses dados foram analisados no exílio por Ana Teberosky (em Barcelona) e por mim (em Genebra) quando ainda não havia *e-mail*, escâner, nem os recursos de comunicação a distância aos quais estamos acostumados hoje.

Nesse livro se defendia, entre outras teses, uma particularmente atrevida: para tratar de entender a escrita alfabética, as crianças hispanofalantes passam por um período silábico. De fato, inventam uma escrita silábica onde cada letra escrita corresponde a uma sílaba oral. No período de apogeu destas construções silábicas, aparecem letras pertinentes para cada sílaba. Em espanhol, as letras pertinentes privilegiadas são as vogais.[2]

Nessa obra sustenta-se o seguinte: *A criança abandona a hipótese silábica e descobre a necessidade de fazer uma análise que vá "além" da sílaba pelo conflito entre a hipótese silábica e a exigência de quantidade mínima de grafias* (ambas as exigências puramente internas, pois são hipóteses originais da criança) *e o conflito entre as formas gráficas que o meio propõe e a leitura dessas formas gráficas em termos da hipótese silábica* (conflito entre uma exigência interna e uma realidade exterior ao próprio sujeito) (cap. 5, p. 196).

De acordo. Mas o que quer dizer *fazer uma análise que vá "além" da sílaba*? É basicamente correto o que se diz ali (ainda que devesse ter posto palavras gráficas no lugar de formas gráficas). Correto, mas insuficiente. Nesse fragmento só se fala dos conflitos, mas não se diz nada a respeito das formas peculiares de analisar a sílaba em função da escrita, próprias do momento crítico de crise da hipótese silábica. Será que se passa do período silábico ao alfabético porque se abandona a análise oral em sílabas e passa-se a uma análise em sequências de fonemas? O período seguinte (que chamamos silábico alfabético) parece indicar que isto não ocorre, já que as produções deste momento da evolução são mistas por natureza: algumas sílabas são escritas com uma única letra, como no período precedente, mas outras sílabas são escritas com mais de uma letra, anunciando, ao que parece, o abandono da análise silábica.

Recentemente comecei a prestar atenção a certos processos de produção que podem nos colocar na trilha de um novo modo de compreensão deste período de transição. Dois exemplos servem para enfocar a questão.

Maria (5 anos) vai escrever a palavra *sopa*. Vai dizendo as sílabas enquanto escreve as vogais correspondentes. O resultado é OA. Maria observa o resultado e diz "me faltam". Típica situação onde o requisito da quantidade mínima se impõe. O interessante é que Maria, procurando outras letras para colocar, não repete nenhuma das anteriores, mas repete "so-pa", enquanto põe as consoantes correspondentes a estas sílabas. (De fato, repete várias vezes "so" antes de colocar o S e várias vezes "pa", antes de pôr o P, como se procurasse estas letras.) O resultado é OASP. Todas as letras da palavra estão ali, mas em desordem. Maria não consegue ler o que escreveu. Poderíamos dizer que analisou as vogais, os núcleos vocálicos das sílabas e depois os ataques[3] consonantais. Esta descrição, no entanto, parece-me incorreta. Como veremos, trata-se sempre de representar a sílaba, a mesma unidade, mas a partir de perspectivas diferentes, de ancoragens diferentes. O que Maria produz são duas escritas silábicas justapostas.

Um caso extraordinário é **Santiago**, também de cinco anos (capítulo 4 neste volume). A esta criança se solicita que escreva uma lista de compras, primeiro no papel e depois no computador. Dois destes pares de sílabas são notáveis. Santiago já sabe que não se pode escrever somente com vogais. Produz SA, no papel, e OD, no monitor, para *soda*; escreve SAM, no papel, e ALE, no monitor, para *salame*. Se Santiago conhece todas as letras de soda e salame, porque não consegue colocá-las juntas? Chamamos este fenômeno de alternâncias grafofônicas. Como explicá-lo? Creio que presenciamos a alternância de centrações cognitivas sobre dois aspectos da unidade sílaba. A sílaba oral é considerada a partir de duas ancoragens diferentes. As letras escolhidas correspondem a essas duas ancoragens. A centração no "aspecto vocálico" da sílaba é seguida de uma centração no "aspecto consonântico" da mesma sílaba. A mesma sílaba é ouvida "a partir de outro lugar". (Ouvida e "vista", porque a escrita permite vê-la.)

NOVOS DADOS DE INVESTIGAÇÃO

As crianças que estão me ajudando a entender este frágil, mas importante momento da evolução são de La Plata, Argentina. Elas têm cinco anos e foram entrevistadas por Andrea Ocampo e Graciela Brena, com a supervisão e apoio de Claudia Molinari.

Estas crianças frequentam duas escolas diferentes, mas semelhantes quanto ao modo de introduzir a cultura escrita. Não preciso detalhar aqui suas características, somente enfatizar que a análise da oralidade decorre do confronto com desafios colocados pela escrita ou pela leitura. Estas crianças estão acostumadas a justificar suas produções porque habitualmente escrevem em conjunto ou em pequenos grupos, e porque o confronto de diferentes soluções para um mesmo problema de escrita é habitual. Os últimos dados obtidos são do final do ano escolar de 2008. Ainda nos resta muito por analisar, mas alguns resultados são suficientemente claros para serem publicados, pois me parecem muito importantes.

Selecionamos crianças que, ao início do ano escolar, escreviam bem o próprio nome, mas escreviam qualquer outra palavra usando quase exclusivamente vogais (vogais pertinentes). Propusemos a essas crianças que escrevessem uma lista de palavras particularmente difíceis: 15 palavras em uma sessão (o que é muito), todas dissílabas (que são particularmente difíceis pelo requisito da quantidade mínima) e, além disto, dissílabas com uma sílaba que os docentes classificam como "complexas": CVV,[4] como na primeira sílaba da palavra *piano*,[5] CVC, como na primeira sílaba da palavra *torta* [bolo]; CVVC, como na primeira sílaba da palavra *fiesta* [festa].[i]

Ao longo do ano escolar, foram feitas três entrevistas individuais. Quinze crianças foram acompanhadas em 2007 (com foco em sílabas CVV) e outras 15 em 2008 (com foco em sílabas CVV e CVVC).

A tarefa consistia em escrever uma lista de palavras, mas os elementos da lista estavam inseridos em uma mininarrativa onde se fala da preparação de uma festa, com um baile, a escolha de uma rainha que receberá um colar de pérolas de presente... As palavras *fiesta, baile, reina, collar, perlas* [festa, baile, rainha, colar, pérolas] fazem parte da lista. O objetivo do procedimento era garantir que as crianças compreendessem as palavras que iam escrever.[6]

Por que apresentar palavras tão difíceis a criancinhas de cinco anos? A proposta pode parecer absurda. De fato, se entrevistamos crianças que ainda não resolvem a escrita de sílabas CV com as duas letras necessárias, o que esperamos que elas façam com as sílabas complexas? É exatamente disto que se trata em uma pesquisa psicogenética e psicolinguística (já que não tentamos levar a cabo uma pesquisa didática). Precisamos verificar se as crianças, ao longo do ano escolar, ignoram as dificuldades dessas sílabas (reduzindo-as primei-

---

[i] Com o objetivo de minimizar interferências na leitura e evitar possíveis confusões devido à proximidade do português e do espanhol, as traduções, ao português, dos termos espanhóis referidos no texto original aparecerão entre colchetes [ ]. (N.T.)

ro a V e logo, eventualmente, a CV) ou se enfrentam essas dificuldades e qual o resultado disto.

Recordo a célebre *boutade* — frase irônica, provocativa — de um brilhante colaborador de Piaget, Pierre Gréco, que disse em uma conferência: "A um psicólogo que trabalha com a teoria psicogenética, pode-se pedir que nos diga como um bebê anda de bicicleta". Pois bem, queremos ver de que modo as crianças, que não conseguem escrever CV (ainda não podem caminhar), resolvem sílabas complicadas (andam de bicicleta).

SÍLABAS COM DITONGO (CVV)

Nem todas as sílabas complicadas são igualmente difíceis. Um dissílabo é difícil, mas se o dissílabo contém um ditongo, pode se transformar em um trissílabo, acentuando as duas vogais (*pia-no* converte-se em *pi-a-no*), com o que se pode escrever IAO, superando ao mesmo tempo os requisitos quantitativos e qualitativos próprios deste período. As crianças se dão conta desta possibilidade?

Algumas delas escrevem estes dissílabos com ditongo como se fossem trissílabos, e colocam as três vogais pertinentes. Estas crianças, ao longo do ano, começaram a incorporar consoantes à sua escrita. Entre uma entrevista e a seguinte, registramos dois fenômenos particularmente importantes: (a) desaparecimento do ditongo ao aparecerem as primeiras consoantes; ou (b) o ditongo subsiste, mas em desordem, quando aparecem as primeiras consoantes.

Vejamos um exemplo de desaparecimento do ditongo ao aparecerem as primeiras consoantes. **Uriel** escreve *radio* [rádio], ao longo do ano escolar, da seguinte maneira: AIO → ROO → RIO (as setas indicam o intervalo entre uma entrevista e outra). O ditongo se perde ao aparecer a primeira consoante. R não é o ataque da sílaba, mas outra maneira de escrever a sílaba *"ra"*, primeiro com A e logo com R. Na última entrevista, o ditongo reaparece; a renúncia momentânea à variedade interna havia deixado Uriel insatisfeito. Parece-me difícil afirmar que Uriel pôde analisar o ditongo e, poucos meses depois, foi incapaz de analisá-lo. Creio que o que ocorre tem pouco a ver com as possibilidades de análise oral de fonemas. O problema está em outro lugar.

Em outros casos, as vogais do ditongo subsistem, mas em desordem. Por exemplo, a escrita da palavra *radio*, feita por **Julieta** na segunda entrevista: AIO → RIDO → RADIO.

É importante fazer um registro meticuloso de tudo que ocorre durante o processo de produção para compreender por que essas letras pertinentes, mas em desordem, satisfazem as crianças. Por exemplo, **Michaela** (3ª entrevista) vai escrever *baile* e começa com as vogais AE. Olha o resultado enquanto diz *"bai, bai... la ve corta"* [bai, bai... o vê][7] e a intercala: AVE. Volta a considerar o resultado enquanto diz *"bai-le... le falta la ele"* [bai-le... falta o ele] e acrescenta ao final. O resultado é AVEL, que ela lê sem problemas, apontando duas letras para cada sílaba. Está satisfeita porque as letras são efetivamente pertinentes. A ordem dentro da sílaba não importa.

SÍLABAS COM CONSOANTES EM POSIÇÃO CODA (CVC)

O aparecimento das consoantes, em posição coda, costuma estar acompanhado de graves problemas de desordem com pertinência. A palavra *torta* foi proposta nas duas primeiras entrevistas. Milagros e Valentina escreveram TROA na segunda entrevista, mas chegaram a este resultado através de processos diferentes.

Milagros começa escrevendo OAA e comenta *"dos a... está complicado"*.ⁱⁱ Lê o resultado *"to-o...or-ta"*. Em função desta leitura, tenta pôr OOA, revisa o que escreveu previamente e vê que já usou OOA para *"collar"*. Deixa OAA, insatisfeita. Na segunda entrevista, antecipa *"como Tomás, la te y la o (TO) y la a (A)"*. O resultado é TOA. Leitura de controle: *"tor... y la erre"*, acrescenta o R ao final. O resultado é TOAR (desordem com pertinência). Nova leitura de controle: *"tor-tar... ah! la erre acá"*. Volta e escrever: TROA (desordem com pertinência, com o R inserido fora de lugar, mas "dentro" da sílaba a qual pertence).

Na primeira entrevista, **Valentina** começa a aceitar duas letras para não repetir vogais. Escreve OA. Na segunda entrevista verbaliza enquanto escreve: *"to, la te (T) torrr, la erre (R) tor-ta, la a (A)"*. O resultado é TRA. Começa a leitura de controle: *"tor... la o"*. Intercala esta vogal. O resultado é TROA (desordem com pertinência, como Milagros).

Vejamos um exemplo do que pode ocorrer com uma palavra no plural, *"perlas"* [pérolas], já que ambas as sílabas apresentam codas (R e S, respectivamente). Tomás é um menino que utiliza consoantes desde a primeira entrevista e está muito atento à representação das codas. Em todas as entrevistas escreve esta palavra com letras pertinentes, mas em desordem: PRES → REAS → PRSA // PRLSA (barra dubla indica mudança durante a mesma sessão). A escrita da segunda entrevista (REAS) é particularmente notável porque Tomás escreve as duas codas, mas nenhuma das duas consoantes em posição de ataque. Detalhadamente, a produção é assim: na primeira entrevista Tomás antecipa oralmente *"per, per, perlas, la pe y la erre"* (PR) *"la e"* (E) *"ese"* (S). O resultado é PRES, que ele lê apontando duas letras por sílaba. Na segunda entrevista também antecipa enquanto escreve: *"la erre y la e* (RE) *las, la a* (A) *per-las, ese* (S)*"*. O resultado é REAS. Na terceira

---

ⁱⁱ Em português seria "dois a... está complicado". A partir deste comentário, encontraremos outras frases nas quais as crianças falam os nomes das diferentes letras, em espanhol, enquanto as escrevem e/ou refletem onde colocá-las, como é o caso de L = *ele*, T = *te*, R = *erre*, S = *ese*, P = *pe*. (N.T.)

entrevista, antecipa duas letras por sílaba: *"per* (PR) *las* (SA) *Ahí está"*. Lê o resultado, PRSA como "perlas" (duas por sílaba), e conclui *"la ele delante de la ese"*. Intercala esta letra. O resultado é PRLSA. Realiza a leitura de controle: *"pr* (PR) *las* (LSA)". Mostra-se muito satisfeito com o resultado.

SÍLABAS COM DITONGO E CODA (CVVC)

Uma das palavras propostas, *"fiesta"* [festa], tem uma sílaba inicial particularmente difícil, com ditongo e consoante S em posição coda. **Uriel** escreve assim: IEA → IEA → ETA // FSA. As escritas das duas primeiras sessões são idênticas, mas na terceira, há uma mudança considerável. O primeiro recorte oral é *"fies-ta"* e corresponde à produção ETA. Ao verificar sua produção, Uriel faz outro recorte *"fi-es-ta"*, rejeita o que tinha escrito e produz FSA (lê uma letra por sílaba). Indicação importante de evolução: há mais consoantes que vogais nesta última produção.

Camila, na terceira entrevista, apresenta-nos um exemplo expressivo. Diz: *"con efe"* [com F] e escreve FETA. Lê: *"fi-es"* (sobre as primeiras duas letras) e conclui: *"me falta la ese"*. Insere a letra e fica FETSA. Começa a ler: *"fi... me falta la i"*. Insere o I e fica FEITSA. Confere novamente: *"fi... tengo que sacar la E"* [fi... tenho que tirar o E]. Esta vez decide reescrever a palavra e o resultado é FITA. Começa a ler: *"fies... me falta la ese"*. Insere o S na mesma posição de antes. Fica FITSA. Camila, cansada, renuncia a uma leitura analítica e lê *"fiesta"*, sem segmentações, deslizando o dedo sobre as letras em um gesto contínuo. A série de transformações de Camila é a seguinte: FETA // FETSA // FEITSA // FITA // FITSA.

Todo o trabalho de Camila fica na primeira sílaba, a sílaba difícil. A segunda sílaba, bem resolvida no início, fica desarticulada devido a todo esse trabalho. Durante a ação de escrever, Camila intercala sem ordenar. É a leitura que impõe a busca de uma ordem, porque na oralidade as sílabas não são permutáveis. Camila insere letras, o que é um sinal de grande progresso. Mas, uma coisa é perceber que a sílaba /fies/ tem um I e um S, e algo muito diferente é saber exatamente onde pôr estas letras. Camila sabe que devem ir "dentro", mas ainda não sabe se vai "antes de" ou "depois de".

A ESCUTA DA SÍLABA COMO UM ACORDE MUSICAL

Para compreender o que está acontecendo (compreendê-lo do ponto de vista do sujeito em evolução), proponho deixar momentaneamente de lado as teorias fonológicas da sílaba que não podem dar conta destes processos porque não estão pensadas em termos evolutivos. Pensemos na escuta musical de alguém que não é músico profissional.

Posso escutar uma obra orquestral (uma sinfonia de Haydn ou de Mozart, por exemplo) pondo atenção à linha melódica geral, às mudanças de intensidade, às mudanças rítmicas. A obra musical é produzida por todos os instrumentos da orquestra e posso escutá-la como um objeto único, mesmo sabendo que diferentes instrumentos contribuem para ela, mas sem pôr atenção particular em nenhum deles.

Mas posso ter uma escuta da mesma obra focada nas cordas (os instrumentos indispensáveis da orquestra) ou focada alternativamente nas cordas e nos instrumentos de sopro. Ter uma escuta que diferencie cordas e sopros, porém integrados na sonoridade plena da orquestra, é muito difícil para alguém que não seja músico profissional.

A analogia me parece útil para compreender esse momento preciso da evolução. Da centração privilegiada nas vogais (as cordas que vibram) passa-se a escutar o mesmo acorde musical procedente de outros instrumentos (não vogais). São centrações alternadas, incompatíveis entre si: uma ou outra, mas não as duas ao mesmo tempo. Parece-me que as crianças escutam a sílaba como se fosse um acorde musical produzido por vários instrumentos. É a escrita que obriga a considerar esses sons simultâneos como se fossem sucessivos.

As alternâncias com pertinência (caso Santiago, escrita de *soda* e *salame*) expressariam o momento das centrações excludentes sobre os instrumentos que participam do acorde musical (as cordas e os sopros, ou seja, as vogais e as consoantes). Essas centrações alternadas podem aparecer na mesma escrita (caso Maria, escrita de *sopa*), como agregados sucessivos. Depois percebem que no acorde musical (a sílaba) há sons que estão ali dentro e, por isto, começam a intercalar. Colocam dentro, não "antes de" nem "depois de". Não se pode passar imediatamente de "está dentro" para "está antes de" ou "depois de". No caso da sílaba, isto é tão ou mais difícil quanto no de outros domínios do desenvolvimento cognitivo.

Omissões e desordem, dois elementos clássicos do diagnóstico de dificuldade de aprendizagem. Mas estas crianças são perfeitamente normais. Neste estudo, todas as crianças produziram escrita com letras pertinentes, porém em desordem, em quantidade variável (mínimo uma vez e máximo oito em cada sessão de 15 palavras). Para compreender o que fizeram é evidente que não basta analisar o produto final. É preciso compreender o processo e saber com precisão o que dizem enquanto agregam, apagam, substituem ou intercalam letras. Saber se continuam modificando a primeira produção ou se decidem reescrever. A observação dever ser detalhada e a análise sumamente cuidadosa.

OBSERVAÇÕES FINAIS

Nas escritas silábicas, a fronteira silábica fica marcada, já que, quando se lhes permite escolher, as crianças preferem caracteres separados e cada letra, separada das outras, corresponde a uma sílaba. Na escrita alfabética esta fronteira desaparece. Parte da dificuldade reside no desaparecimento dessa fronteira.

A passagem do "saber fazer" no plano da ação verbal ao "pensar a respeito" dos elementos do produto dessa ação verbal é, nada mais e nada menos, que a transformação da linguagem — instrumento de ação — em objeto de reflexão. É preciso colocá-la fora de si mesmo e dos outros falantes. Tirá-la do contexto comunicativo e concebê-la como um objeto a ser considerado em si mesmo e por si mesmo. A grande dificuldade reside em que não se trata de um objeto do mundo físico ou cultural que preexiste à ação do sujeito sobre esse objeto. A língua oral existe à medida que existem atos de fala.[8]

Descobrir que os objetos têm partes e que as partes dos objetos são classificáveis e ordenáveis é algo que as crianças de 4-5 anos já fizeram com outros objetos do mundo físico ou cultural. Através de sua ação no mundo, descobriram também que as propriedades dos objetos completos não coincidem necessariamente com as propriedades das partes. Agora devem fazê-lo com a língua oral. A escrita ajuda as crianças nessa análise, desde que seja uma construção autêntica e não uma cópia.

Propus deixar de lado, provisoriamente, as teorias fonológicas. As teorias fonológicas da sílaba são o que são: modelos teóricos que nos ajudam a problematizar essa unidade (a sílaba), quanto às suas possíveis distinções internas. Não são modelos do desenvolvimento e, muito menos, das etapas mais instáveis desse desenvolvimento. Nós, psicolinguistas, não podemos nos limitar a ver quais modelos de análise da sílaba se ajustam aos nossos dados. Não podemos ignorar esses modelos. Mas também não podemos forçar os dados evolutivos para que se ajustem a um modelo sincrônico. Por respeito às análises linguísticas (mas reconhecendo sua "im-pertinência" para compreender a evolução), sugiro procurar analogias na música, analogias que têm seu correlato na teoria psicogenética sobre outros domínios.

Por outro lado, que informação estes dados acrescentam sobre as relações de precedência ou sucessão entre oralidade e escrita nestes momentos da evolução? Já sabemos que os modelos hegemônicos dizem que as crianças devem ser capazes de analisar a oralidade em termos de sequências de fonemas para compreender a escrita alfabética (*phonological awareness* — consciência fonológica). Eu propus que a escrita alfabética é a que obriga a adotar uma atitude analítica com relação à fala (Ferreiro, 2002).

No entanto, não se trata de substituir um modelo unidirecional por outro igualmente unidirecional (como sugere Olson, 1996). O ponto de partida para a análise da fala é a escrita socialmente constituída, bem como a escrita produzida pelas crianças. Mas indicar o ponto de partida não equivale a predeterminar o rumo das análises posteriores.

Os exemplos que analisei mostram ações em ambos os sentidos porque "a oralidade" não é um objeto único, nem sequer no âmbito da palavra: a oralidade analítica que busca na segmentação silábica as letras pertinentes não é o mesmo que a oralidade verificadora (leitura) ou a oralidade confirmatória (que também é leitura).

Por sua vez, "o escrito" também não é um objeto único, nem sequer ao nível da palavra: há escritas que se impõem ao sujeito, como se fossem imodificáveis, tanto como tentativas de escrita, provisórias, disponíveis à modificação (nem sempre afortunadas).

Temos visto vários casos onde a interação oral/escrito ocorre em ambos os sentidos (do oral ao escrito e do escrito ao oral). Mencionar uma interação em ambos os sentidos não explica nada, mas ao menos previne contra a tentação de substituir um modelo tradicional unidirecional (oral → escrito) por outro igualmente unidirecional (escrito → oral).

Parece-me que compreender, em todos seus detalhes, estes momentos de transição e, em particular, essa "desordem com pertinência" que tratei de expor, é crucial para entender as dificuldades e as especificidades da alfabetização. Porque mostra, além disso, as dimensões propriamente dramáticas do processo, um processo que está longe de ser linear, ou seja, por adições sucessivas. Ao abandonar a escrita com simples vogais, ao começar a introduzir consoantes, as crianças não estão acrescentando letras "alegremente". A introdução das consoantes desorganiza o sistema anterior e as crianças devem empreender a penosa tarefa de enfrentar os desafios de encontrar uma nova organização. Essa nova organização impactará ao mesmo tempo a oralidade analítica e a escrita reflexiva.

Notas

1. No Brasil este livro recebeu o nome de *Psicogênese da língua escrita*, publicado em 1985.

2. Dados posteriores, obtidos por pesquisadores independentes, puseram em evidência escritas silábicas em italiano, português, catalão, francês, inglês e grego.

3. Na teoria hierárquica da sílaba, usam-se denominações que podemos utilizar como termos meramente descritivos: o núcleo da sílaba é a vogal. Se há uma consoante prévia à vogal, diz-se que está na posição "ataque" (o ataque pode ser composto). Se na mesma sílaba há uma consoante depois da vogal, diz-se que está na posição "coda". A palavra TREM, monossílaba, tem como núcleo a vogal E, tem um ataque composto e uma coda.

4. C é a abreviatura de consoante e V de vogal.

5. Em espanhol, esta palavra é dissílaba: *pia-no*.

6. Muitos pesquisadores preferem utilizar pseudopalavras, com as quais se controlam melhor as variações de estímulo. A consequência inevitável deste procedimento é colocar-se fora do sistema da língua, já que as pseudopalavras, como o nome indica, carecem de uma propriedade fundamental das palavras: ter significado.

7. Em espanhol, as letras **b** e **v** são pronunciadas da mesma forma, no entanto, recebem nomes diferentes: em grande parte da América, o **b** é chamado de *"be larga"* [bê comprido] e o **v** *"be corta"* [bê curto]; na Espanha, são chamadas respectivamente de "be" e "uve".

8. O termo francês *actions langagières* é mais apropriado que o espanhol (*actos de habla*), que parece traduzido do inglês *speech acts*.

4

Identidades e diferenças na escrita em papel e em computador nas primeiras etapas do processo de alfabetização

Claudia Molinari e Emilia Ferreiro

Artigo publicado na *Revista Latinoamericana de Lectura (Lectura y Vida)*, ano 28, n. 4, p. 18-30, dez. 2007.

INTRODUÇÃO

Desde a aparição e rápida disseminação dos procedimentos informatizados para ler, produzir e fazer circular textos a distância, os ensaios que anunciam novas formas de ler e escrever se multiplicaram (Chartier, R.; 2000; Chartier, A. M. e Hébrard, 2002; Chartier, A. M., 2004; Numberg, 1998). É discutível que o hipertexto, por si só, faça desaparecer a leitura linear (Ferreiro, 2004, 2006), mas é inegável que há novas formas de escrever, favorecidas pelos recursos de selecionar, cortar e colar. Os processadores de texto incrementaram de forma relevante os graus de liberdade do produtor para corrigir, mover, inserir, usar variantes tipográficas e decidir a aparência gráfica de um texto. Esses comandos são tão fáceis de usar que crianças dos primeiros anos de ensino fundamental podem fazê-lo eficazmente para diferentes tarefas, como a revisão de um texto (Luquez e Ferreiro, 2003) ou para dar o formato gráfico adequado a diferentes tipos de texto (capítulos 14 e 15 neste volume).

Os computadores invadiram rapidamente os espaços públicos e ocupam os espaços privados. Não ignoramos que o acesso a esta tecnologia está longe de ser um bem comum para o total da população. Mas também é preciso reconhecer que as crianças "informáticas nativas", ou seja, as novas gerações que nasceram com esta tecnologia já instalada na sociedade, procuram e encontram vias de acesso através de circuitos extraescolar e extrafamiliar. Mesmo crianças pequenas, de centros urbanos, sabem que os computadores servem para se conectar à internet (um mundo misterioso de localização incerta), bem como para escrever e enviar mensagens que chegam muito rapidamente ao destinatário, onde quer que se encontre.

As vantagens do processador de textos se manifestam desde que as crianças tenham um primeiro nível de compreensão do modo de funcionamento do sistema alfabético (etapas iniciais do período alfabético). Mas, o que sabemos dos usos de um teclado associado a um processador de textos nas etapas prévias do processo de alfabetização?

Em uma época em que todo tipo de efeito quase mágico é atribuído às novas tecnologias da informação e comunicação (TICs), será possível observar avanços conceituais em crianças em períodos pré-alfabéticos, ao usar o teclado? Ou, do contrário, as crianças vão escrever "no mesmo nível" em que o fazem com instrumentos tradicionais (lápis e papel)? É possível, também, matizar uma dicotomia tão drástica. Em um dos trabalhos já citados (Ferreiro, 2001) conclui-se que: "o meio não pode criar, por si só, uma diferenciação inexistente. Mas permite expressar um trabalho conceitual que a produção manuscrita oculta".

Poderia acontecer que o contraste entre escrita manual e escrita com computador nos permitisse colocar em evidência fatos que, sem esse contraste, permaneceriam ocultos.

POPULAÇÃO ESTUDADA E TÉCNICA EMPREGADA

Trabalhamos em um jardim de infância público da cidade de La Plata, Argentina,[1] onde as atividades de produção e interpretação de textos são habituais. Durante todo o ano são propostas situações de leitura, pelo professor, tanto de ficção literária como de textos informativos. Cuida-se da qualidade e variedade dos livros que estão disponíveis na biblioteca institucional e na biblioteca da classe. As crianças são estimuladas a tentar ler por si mesmas, bem como produzir, discutindo em pequenos grupos, sob orientação da professora. Também compõem textos em situações de ditado coletivo à docente. Todas as crianças desenvolvem atividades habituais de cópia e reconhecimento do próprio nome com propósitos comunicativos diversos. O uso de letra de forma maiúscula é predominante nas tarefas de escrita, mas as crianças têm acesso a outras variantes tipográficas através dos textos impressos.

As crianças de cinco anos frequentavam a sala de informática, uma vez por semana, para desenvolver ali alguma situação de ensino planejada pela docente. Por exemplo, utilizavam o processador de textos para escrever as respostas de um conjunto de adivinhações que formariam parte de uma recopilação. Isto é importante porque leva em conta o tempo de exploração do instrumento, caso se proponha o teclado e o monitor às crianças que não tenham tido contato prévio com esta ferramenta de escrita.

A população que frequenta a instituição é de classe média. Todas as crianças selecionadas atendiam a uma condição comum: escrita convencional do próprio nome com autonomia, sem necessidade de ter o modelo presente. Mas deviam diferir entre si na escrita de outros nomes comuns. Selecionamos um total de 25 meninos e meninas distribuídos da seguinte forma: nível pré-silábico (avançado), nível de transição silábico-inicial, nível silábico estrito, nível silábico-alfabético e nível alfabético (inicial). No total, cinco níveis e cinco crianças em cada nível. Consideramos em pré-silábico avançado as crianças que apresentam escritas diferenciadas (diferentes séries de letras para palavras diferentes), com controle quantitativo e variedade interna (não repetem a mesma letra em posição contígua). Consideramos em nível alfabético as crianças que solucionam, com duas letras pertinentes, as sílabas consoante-vogal (CV) das palavras ditadas. Não colocamos nenhuma restrição adicional relativa ao conhecimento de letras pelo nome ou sua apropriada utilização. Isto porque, na instituição selecionada, é muito difícil encontrar crianças com escrita silábica que não utilizem as vogais pertinentes (ou seja, os que em outras publicações chamamos "silábicos sem valor sonoro convencional"). Inclusive as crianças com escrita pré-silábica utilizam ocasionalmente letras pertinentes em algumas das palavras.

O total de 25 crianças selecionadas compreende 14 meninos e 11 meninas, provenientes de quatro salas de jardim de infância, com idade média de cinco anos e oito meses. Foram entrevistados individualmente, em um lugar tranquilo, dentro da instituição, utilizando gravador para registrar os comentários verbais das crianças e notas de campo para registrar as sinalizações. Durante a tarefa, não foi dada nenhuma ajuda às crianças. O adulto se limitava a estimulá-las a prosseguir, "como você achar que dever ser", mas fazendo "o melhor que puder".

O contraste entre uma escrita manual e outra em computador obriga a ter nas duas superfícies (papel e monitor) as mesmas unidades para poder comparar adequadamente. Sabe-se bem que, nos níveis iniciais, o desempenho mais analítico das crianças é obtido quando se lhes solicita que escrevam listas de palavras (por oposição a um texto contínuo). Por esta razão, em nosso estudo, solicitamos a escrita de uma lista de compras para o supermercado, primeiro de forma manual e, imediatamente depois (na mesma sessão), no computador. Esta lista começava com uma palavra tetrassílaba (*mayonesa*) [maionese],[i] seguida de uma trissílaba (*lechuga*) [alface], logo uma dissílaba (*jamón*) [presunto] e uma monossílaba (*sal*) [sal]. Todas as sílabas estão compostas por uma consoante seguida de uma vogal (CV), exceto o monossílabo (CVC) e a segunda sílaba da palavra dissílaba (também CVC). Para as crianças de nível silábico e níveis subsequentes foram acrescentadas duas palavras, antes do monossílabo: uma trissílaba com um ditongo (*ravioles*) [raviólis] e uma dissílaba com sílaba inicial CVC (*carne*) [carne]. Evitamos especificamente palavras com a mesma vogal em sílabas sucessivas.

---

[i] Entre [ ] encontra-se a tradução ao português de cada palavra utilizada no estudo. (N.T.)

Em todos os casos a lista ditada terminava com duas palavras vinculadas ao próprio nome de cada criança: uma palavra em que a sílaba inicial coincidia com a sílaba inicial do próprio nome e outra onde só coincidia a consoante inicial. Por exemplo, para um menino chamado Simón foram pedidas as palavras *sifón* [sifão] e *soda* [soda]; a outro, chamado Valentín, foram propostas as palavras *vaso* [copo] e *vino* [vinho], sempre tentando manter a alternativa ortográfica presente no próprio nome. No caso de outros nomes próprios, as coincidências entre as sílabas iniciais foram parciais, por exemplo: para Lautaro foi proposta *lápices* [lápis no plural]; para Francisco foi pedido que escrevesse *frazada* [cobertor].

As palavras foram ditadas uma a uma e, se necessário, repetidas. Depois de cada produção, pedia-se à criança que as lessem, indicando onde estava lendo com o dedo. Primeiro escreveram em papel branco tamanho A4, com sete linhas divisórias para que cada palavra ficasse claramente separada da anterior. Utilizaram lápis e borracha, com a ressalva de que podiam corrigir apagando ou riscando. Uma vez finalizada a lista, o papel escrito ficava fora da vista da criança e ela era convidada a escrever a mesma lista no computador, com as palavras ditadas da mesma forma e mesma ordem. O teclado estava bloqueado em maiúsculas, a fonte Verdana predeterminada, tamanho 16, zoom 100%. Ao finalizar cada produção, solicitava-se o uso da função *enter*, de tal forma que as palavras ficavam em coluna e todas visíveis no monitor, para garantir uma apresentação similar à lista manual.

Havíamos verificado previamente que as crianças conheciam as teclas de retrocesso e apagar, teclas que várias delas utilizaram no decorrer da produção no computador. Finalizada a escrita de cada palavra, solicitava-se a interpretação sobre sua imagem no monitor (por exemplo, "lê a palavra que você escreveu apontando com o dedo *maionese*"). Não foi possível utilizar o *mouse* para sinalizar porque estas crianças não tinham destreza suficiente com essa ferramenta, o que é normal para a idade.

ANÁLISE E RESULTADOS

O primeiro resultado contundente é que nenhuma criança mudou radicalmente seu modo de produção (considerando o total das mesmas) ao escrever com o teclado. Isto não quer dizer que as produções sejam sempre idênticas, como veremos a seguir, mas as mudanças não correspondem a uma passagem ou troca de um nível de conceitualização a outro. Por outro lado, considerando detalhadamente cada um dos pares de palavras escritos (no papel e no computador), em uns poucos podemos constatar certo progresso, enquanto em outros, pelo contrário, poderíamos falar de um retrocesso em relação à produção em papel.

À continuação, *os pares de palavras serão nossa unidade de análise*, tal como foram escritos no papel e depois no computador. Deve-se recordar que as crianças não escreveram pares de palavras, mas duas listas idênticas (em nível oral). Os pares — nossa unidade de análise — são resultado do agrupamento dos dados.

1) PARES COM IDENTIDADE TOTAL

Os pares com identidade total (ou seja, as mesmas letras na mesma ordem) só começam, evolutivamente, quando aparecem produções de tipo silábico. É compreensível que seja assim, já que a partir das escritas silábicas as crianças estão em condições de monitorar seu próprio processo de produção, particularmente quando utilizam vogais pertinentes para os núcleos de cada uma das sílabas.

Javier é uma criança fora do comum porque consegue escrever todos os pares com identidade total, utilizando exclusivamente as vogais. Suas produções são as seguintes (à continuação, a palavra ditada aparece em itálico, depois a produção no papel e, separada por barra, a produção no computador que, no caso de Javier, é idêntica).

mayonesa [maionese]	AOEA/AOEA
lechuga [alface]	EUA/EUA
ravioles [raviólis]	AOE/AOE
jamón [presunto]	AO/AO
carne	AE/AE
sal	AA/AA
jarra	AA/AA

Esse procedimento rigoroso garante a identidade dos pares, mas deve enfrentar duas situações conflitantes: perda da variedade interna (*sal* fica escrita AA) e perda da variedade relacional (*sal* e *jarra* ficam escritas da mesma forma, com duplo A). Javier tem consciência de ambas as dificuldades. Ao escrever *sal* diz: "sa...sal...¿la /a/ sola?...¿la /a/ y la /a/?... para mí me parece la /a/ y la /a/"[2] [sa... sal... o /a/ sozinho? o /a/ e o /a/?... eu acho que o /a/ e o /a/]. Ao escrever a palavra seguinte, *jarra*, também com duplo A, adverte a entrevistadora: "explicale a la maestra que acá dice 'jarra' porque si no no se va a dar cuenta... acá hay dos A y acá también". [explique à professora que aqui diz 'jarra' porque, se não, não vai perceber... aqui tem dois A e aqui também]. A entrevistadora sugere que ele tente descobrir uma maneira de diferenciar essas duas escritas iguais para palavras diferentes, mas Javier não encontra nenhuma solução.

É mais difícil encontrar identidade total quando são utilizadas consoantes. Um caso único de identidade total utilizando somente consoantes é a escrita silábica de Celina para a palavra *mayonesa* [maionese]: MGNS/MGNS.

Mais frequente é a identidade total com predomínio de vogais e alguma consoante. Francisco, por exemplo, consegue identidade total na palavra *lechuga* [alface]: QUA/QUA (com leitura silábica, ou seja, uma letra para cada sílaba), mas neste caso o Q é uma forma gráfica que lhe serve para representar qualquer sílaba. Na palavra precedente (*mayonesa*), diz: "ma...la /a/... yo... ¿cuál es?... ¡ah! con el palito" [ma...la /a/... yo... qual é?... ah! com palito] e escreve AQ; em *lechuga* [alface] diz: "¿cuál es la 'le'? ¡ah!" [qual é a 'le'? ah!] e escreve Q; na palavra seguinte, *ravioles*, volta a utilizar Q para a sílaba 'les'.[3]

Nos outros pares de identidade total com uso de consoantes, já nos aproximamos de produções do tipo silábico-alfabética, porque uma das sílabas está representada com CV. Um exemplo é Felipe Ignacio, que ao escrever *fécula* [fécula] — palavra com a primeira sílaba do seu nome — consegue produzir (neste único par) uma identidade total: FEUA/FEUA.[4]

Tomás também resolve com identidade total o par de palavras que começa com a sílaba inicial do seu nome, *tomate*: TOMT/TOMT. Mas o próprio Tomás já havia conseguido identidade total em duas palavras precedentes:

jamón [presunto]   GMO/GMO
carne   CNE/CNE

As escritas de tipo silábico-alfabético com predomínio de consoantes e identidade total dos pares são escassas. Alguns exemplos excelentes são os seguintes:

ravioles   RABLS/RABLS   (Gabriela)
ravioles   RIOLS/RIOLS   (Felipe)
carne   CNE/CNE   (Felipe)
carne   KNE/KNE   (Celina)

As identidades totais predominam nas escritas de tipo alfabético. De fato, dos 44 pares escritos alfabeticamente, 40 têm identidade total. A alternativa ortográfica escolhida no papel pelas cinco crianças, que têm o total de suas produções em nível alfabético, é mantida por essas mesmas crianças quando escrevem no teclado. A presença, no teclado, de consoantes que podem ser substituídas umas pelas outras (como B/V, Y/LL, J/G)[ii] não suscitou, nestas cinco crianças, nenhuma reflexão ortográfica. Isto é surpreendente e será discutido nas conclusões. Assim, registramos pares com identidade total como os seguintes:

mayonesa	MALLONESA/MALLONESA	(Clara)
mayonesa	MAYONESA/MAYONESA	(Belén)
ravioles	RAVIOLES/RAVIOLES	(Clara)
ravioles	RABIOLES/RABIOLES	(Belén)
jamón	JAMON/JAMON	(Belén)
jamón	GAMON/GAMON	(Delfina)

2) PARES SEM IDENTIDADE GRÁFICA

O caso oposto ao que acabamos de apresentar é o dos pares sem identidade. Estes pares aparecem, como era previsível, predominantemente nas crianças de nível pré-silábico, porque elas não têm forma de monitorar seu processo de produção.

Juan Martín é um menino cujos pares carecem de identidade. Ainda que algumas letras se repitam porque cada palavra escrita tem muitas letras, isto não ocorre na mesma posição. Também não há dados da entrevista que permitam pensar que esta criança está tentando repetir alguma sequência. Alguns dos seus pares sem identidade gráfica são os seguintes:

mayonesa	INUDARTMNT/AWEFGYJIMBK
lechuga	OLTRDPJ/JOLMHBGYFROE
sal	CTROTNMNTIT/NJBGFRF

[ii] Cada par corresponde a letras com sons idênticos e/ou semelhantes em espanhol. (N.T.)

Em crianças de nível silábico inicial, com mais controle sobre a quantidade de letras que vão escrever, também registramos alguns pares sem identidade gráfica. Por exemplo:

| jamón | ELAS/MOIH | (Dolores) |
| sal | TAU/IDO | (Clara) |

Os pares sem identidade gráfica desaparecem, no caso desta pesquisa, a partir do momento em que temos escritas do tipo silábico estrito, porque todas as crianças escrevem com várias letras pertinentes (sobretudo vogais, mas também algumas consoantes).

3) PARES COM IDENTIDADE PARCIAL

As identidades parciais podem ser meramente gráficas ou grafofônicas. Por prudência, falaremos de identidades grafofônicas parciais quando, no par, coincidem letras na mesma posição e essas letras são pertinentes para a palavra que está sendo escrita.

Já dissemos que, nas condições didáticas antes referidas, inclusive as crianças de nível pré-silábico são capazes de utilizar letras pertinentes em algumas de suas produções, particularmente no início da palavra. De fato, só registramos no total do corpus dois pares onde há identidade da letra inicial sem que essas letras sejam pertinentes para a palavra. Estes dois casos de identidade parcial meramente gráfica são os seguintes:

| sal | NFPI/NBGOD | (Guillermina) |
| jamón | FACB/FOU | (Clara) |

Em todos os casos em que a identidade parcial se limita à letra inicial, há claros indícios de busca da letra pertinente (identidade parcial grafofônica). Por exemplo, quando Lautaro produz *mayonesa*, escreve este par: MAPNIÑ/MTYHISREG. Em ambas as produções, Lautaro anuncia que a palavra começa com "o eme", e em ambos os casos lê a sílaba "ma" apontando M, realizando depois um silabar oral com ajustes na sinalização para abranger todas as letras escritas.

Na produção da última palavra ditada, Simón mostra intenção clara de colocar uma letra pertinente no início e no final. Escreve *soda* como: OUALEA/OLAUBRA. Na escrita manual, inicia com OUALE, olha o resultado e diz "la /a/ me faltó" [faltou o a], acrescentando ao final. No computador, começa dizendo "so...o", escreve OLAUBR, olha o resultado e diz "me faltó la /a/", e acrescenta. Trata-se de uma escrita com vogais pertinentes nas posições extremas. O resto das letras não está ali para representar uma sílaba, mas apenas dando consistência gráfica ao escrito. Observe que, dentre as letras intermediárias, há também três coincidências (U, A, L), mas elas não estão na mesma ordem (UAL/LAU) e, conforme assinalamos, por prudência nos limitaremos a considerar como identidades parciais as mesmas letras na mesma ordem.

Em escritas do tipo silábico estrito também podemos observar identidades grafofônicas parciais limitadas à letra inicial ou mesmo à inicial e à final:

lechuga	EUA/EOF	(Clara)
ravioles	ROL/RTL	(Carmela)
ciruela	SRA/SHA	(Celina)

Nestes três exemplos, a escrita manual pode ser considerada mais evoluída, do ponto de vista qualitativo. De fato, Clara coloca no papel as três vogais pertinentes (EUA), entretanto só a inicial está correta no computador. Carmela e Celina também colocam três letras pertinentes na escrita manual (duas consoantes e uma vogal) enquanto no computador, somente as consoantes inicial e final são pertinentes.

Como se pode ver através de todos os exemplos, as identidades grafofônicas parciais são de diversos tipos: identidades unicamente de vogais, de consoantes, ou de consoantes e vogais; identidade de uma única letra em pares, com quantidade reduzida ou com muita quantidade de letras; identidade de todas as letras menos uma etc. Ao final deste trabalho as agrupamos, sem ignorar suas diferenças.

4) PARES COM ALTERNÂNCIAS GRAFOFÔNICAS

Os pares que vamos apresentar agora constituem o principal achado desta pesquisa. Começamos por um exemplo marcante, o de Santiago, que merece ser apresentado com detalhe e na ordem em que as palavras foram escritas (todas suas escritas são de tipo silábico):

mayonesa	MHES/MSNS
lechuga	LUG/LUA
ravioles	RVL/ROL
jamón	AO/AO
sal	SL/AS
soda	**SA/OD**
salame	**SAM/ALE**

Indicamos em negrito as letras que merecem atenção particular. Vamos de uma em uma. O par *mayonesa* poderia ser considerado como um par com identidades parciais de letra inicial e final. Santiago escreveu, no papel, MH, enquanto ia dizendo "ma... ma... la eme (escreve M e continua soletrando) yo... creo que la hache muda";[iii] a mesma sílaba "yo", no computador, dá lugar ao seguinte comentário: "yo... yo... no creo que ponga la /o/..." (descarta explicitamente a vogal e põe S). Ambas as produções são lidas silabicamente (uma sílaba em cada letra).

[iii] A constante repetição de que o H é mudo ("hache muda") em espanhol, feita pelas professoras, faz com que as crianças repitam "hache muda" como se fosse o nome completo da letra. (N.T.)

A segunda sílaba é problemática durante o processo de construção: não sabendo qual colocar, Santiago recorre a "la hache muda" [ao agá mudo], na escrita manual, e no computador recusa explicitamente a vogal correta. O mais interessante é a quarta sílaba, porque aqui temos, no papel, o E, e no computador, o N, ou seja, as duas letras da sílaba "ne". Na palavra seguinte, *lechuga*, a última sílaba é resolvida, no papel, com a consoante correta (ele diz: "ga... ga... la ge"), e no computador com a vogal correta. O mesmo ocorre com *ravioles*, na segunda sílaba. Nestas três primeiras palavras temos identidades grafofônicas parciais, mas há algo mais que esta denominação não chega a captar.

Ao chegar ao primeiro dissílabo (*jamón*), Santiago mostra sua insatisfação, porque prefere colocar três letras e não só duas (diz: "ja... ja...mo...¿dos palabras son?") [ja... ja... mo... são duas palavras?]. Com a expressão "duas palavras", Santiago se refere às sílabas, termo que desconhece. Limita-se estritamente às vogais e não consegue uma identidade total do par. Nega-se a escrever o dissílabo (*carne*) e enfrenta o monossílabo muito incomodado: "sa... al... ¡otra vez dos palabras!" [sa... al... outra vez duas palavras!], e põe SL sem mais comentários; no computador diz: "sa... a... (A).. sal... voy a poner algo más porque no puede ser (AS)" [sa... a... (A)... sal... vou pôr algo mais porque não pode ser (AS)]. Entre as duas escritas do monossílabo temos todas as letras que efetivamente estão em *sal*, e esta escrita, com os critérios anteriores, deveria aparecer como um par sem identidade, o que também não seria adequado.

Finalmente, com *soda* e *salame* temos algo completamente novo: cada uma das sílabas é resolvida com uma letra pertinente (tanto na escrita manual como no computador), mas as letras estão alternando rigorosamente. Todas as letras da palavra aparecem, mas sempre uma por sílaba. Estamos longe das escritas sem identidade que descrevemos previamente. Por isso, nas escritas silábicas estritas, decidimos chamar de **alternância grafofônica** a escrita sucessiva de um segmento silábico de uma mesma palavra com letras pertinentes, mas de tal modo que, das possíveis letras de uma sílaba, apareça somente uma, em uma primeira realização, e somente outra, em uma segunda realização.

Estas letras representam a mesma sílaba, mas com realizações gráficas alternativas. Temos um caso paradoxal de **identidade fônica (silábica) sem identidade gráfica**.

Outras crianças produzem escritas silábicas com alternâncias grafofônicas, porém limitadas a uma letra da sequência (como nas três primeiras escritas de Santiago, que acabamos de ver). Por exemplo, Tomás escreve:

lechuga   **LUA/EUA** (alternância na sílaba "le")
tallarines [talharim]   **ASIN/ASIE** (alternância na sílaba "nes")[5]

Nas escritas silábicas estritas, as alternativas são apenas qualitativas, mas no início das escritas silábico-alfabéticas aparece um fenômeno similar, ainda que com alternâncias que são, ao mesmo tempo, quantitativas e qualitativas. Vejamos dois exemplos:

lechuga   **LUG/LUGA**   (Celina)
felpudo   **FUO/FLUO**   (Felipe Alberto)

Em ambos os casos a primeira escrita (manual) é estritamente silábica. Além disto, todas as letras são pertinentes. Na escrita em computador, uma das sílabas aparece com duas letras pertinentes, enquanto as outras sílabas são escritas com uma só letra. Estes dois exemplos podem ser considerados avanços, neste par específico, de uma escrita silábica a uma silábico-alfabética. Por outro lado, o exemplo de Felipe Alberto é singular, já que consegue escrever as duas consoantes de uma sílaba CVC, "fel", o que é pouco frequente em escritas deste nível.

Alguns pares combinam vários tipos de fenômenos, como no exemplo seguinte, de Gabriela:

mayonesa   **MCONES/MRNSA**
golosinas [guloseimas]   **GOLSN/GOLOSIA**

No par *mayonesa* aparecem duas sílabas, no papel, representadas com duas letras cada uma (CO = "yo", NE = "ne"), mas na escrita com o teclado, só a última sílaba está representada com duas letras (SA = "sa"). No par *golosinas*, apenas a primeira sílaba está representada alfabeticamente na primeira versão (papel), enquanto na versão do teclado, as três primeiras estão representadas. As alternâncias são as seguintes: NE/N ; S/SA (em *mayonesa*); L/LO ; S/ SI ; N/A (em *golosinas*).

Defenderemos, nas conclusões, o interesse de considerar as alternâncias qualitativas próprias do nível silábico como um antecedente evolutivo destas **alternâncias — ao mesmo tempo qualitativas e quantitativas — próprias das escritas silábico-alfabéticas**. Por essa razão, estabelecemos o seguinte critério: nas produções silábico-alfabéticas chamaremos de alternâncias grafofônicas a escrita sucessiva (no tempo) de um segmento silábico da mesma palavra com letras pertinentes, de modo que das possíveis letras de uma sílaba, apareça só uma delas na primeira realização e mais de uma na segunda realização (ou o inverso).

Em escritas silábico-alfabéticas, registramos algumas alternâncias grafofônicas de um tipo particular, que chamaremos **alternâncias grafofônicas ortográficas**. Vejamos dois exemplos:

carne **KAN/CANE** (Gabriela)
vaso   **VACO/BSO** (Valentín)

No par escrito por Gabriela aparece a alternância final N/NE, idêntica às já analisadas. Mas a alternância inicial K/C é de outro tipo, já que as duas letras são pertinentes, mas só uma é ortográfica. No par escrito por Valentín a situação é mais complicada: a alternância inicial VA/B é, ao mesmo tempo, uma alternância quantitativa (2 letras/1 letra) e qualitativa (V/B). A segunda alternância (C/S) é mais difícil de valorizar. Sabemos que muitas crianças conhecem os dois valores fônicos possíveis da letra C, sem ainda conhecer contextos onde esta letra equivale a K e os contextos onde equivale a S. Valentín é uma destas crianças porque, na escrita do par *sal* escreve CALA/SALA. Acreditamos que, do ponto de vista da criança, a segunda sílaba de *vaso* também se trata de uma alternância ortográfica.

5) DISTRIBUIÇÃO DOS PARES DE PALAVRAS

Apresentamos vários exemplos para que seja apreciada a variedade de respostas que estamos agrupando sob a denominação "escritas com alternâncias grafofônicas". Na Tabela 1 aparece a distribuição das respostas nas categorias antes mencionadas. Para dar destaque às "alternâncias grafofônicas" há uma coluna específica para elas. Apenas uma alternância deste tipo é suficiente para que o par seja computado nesta categoria. Nesta mesma coluna se incluem as alternâncias grafofônicas ortográficas (muito escassas neste corpus).

TABELA 1
Frequência dos pares de palavras segundo o nível de escrita e as categorias de análise

Pares escritos de maneira...	Pares sem identidade	Pares com identidade parcial	Pares com identidade total	Pares com alternâncias grafofônicas	Totais
pré-silábica	20	10	0	0	30
silábica inicial	8	14	0	0	22
silábica estrita	0	19	18	12	49
silábica-alfabética	0	7	10	16	33
alfabética	0	3	40	1	44
Totais	28	53	68	29	178

Na Tabela 1 apresentamos os números absolutos porque não nos interessa a frequência relativa de aparição, já que o *corpus* é reduzido, mas a relação entre os cruzamentos vazios e cheios. Pode-se observar que quando os pares escritos são do tipo pré-silábico, existem apenas duas possibilidades: pares sem identidade parcial (esta última limitada, na maioria dos casos, à letra inicial). Nas escritas de transição ao nível silábico (silábico inicial) ocorre o mesmo, mas as identidades parciais aumentam e ditas identidades podem se referir tanto ao início como ao final de uma sequência gráfica.

As produções silábicas estritas (no caso da presente pesquisa, com emprego de letras pertinentes para quase todas as sílabas) introduzem duas novidades: os pares com identidade total e os pares com alternâncias grafofônicas. Estas alternâncias perduram nas escritas de tipo silábico-alfabético, mas desaparecem no caso das escritas alfabéticas (com uma única exceção).

6) DADOS ADICIONAIS SOBRE AS ALTERNÂNCIAS GRAFOFÔNICAS

No caso das alternâncias que aparecem nas escritas silábicas estritas, uma pergunta interessante é se, na primeira escrita, aparece a vogal da sílaba e no computador aparece a consoante. Se fosse assim, poderíamos dizer que a dificuldade reside em evocar a forma correta; ao ver a consoante no teclado, a criança identifica-a e seleciona. Registramos um total de cinco ocasiões em que as crianças escreveram antes a vogal e, logo, a consoante. Exemplos: E e, logo, N para a sílaba "ne"; A e, logo, D para a sílaba "da". O interessante é que registramos um total de dez ocasiões (o dobro) onde ocorre o contrário: primeiro escreveram a consoante e, posteriormente no teclado, escolheram a vogal. Exemplos: J e, logo, A para a sílaba "ja"; S e, logo, O para a sílaba "so"; N e, logo, E para a sílaba "ne".[6]

Portanto, estas alternâncias grafofônicas do nível silábico acabam sendo ainda mais interessantes, já que parecem proceder de crianças que podem evocar a consoante e a vogal pertinentes dessas sílabas. Se conhecem todas as letras da sílaba, por que se limitam a colocar só uma delas? A força da hipótese silábica para guiar a produção escrita é impactante.

Passemos, agora, às alternâncias próprias das escritas silábico-alfabéticas. Aqui as perguntas interessantes são as seguintes: Predominam os casos onde aparecem uma única letra da sílaba na escrita manual e as duas letras da sílaba na escrita no computador? Se fosse assim, na escrita manual aparece preferencialmente a consoante ou a vogal?

Temos nove casos registrados onde aparece só uma letra da sílaba na escrita manual e duas letras no computador. Por exemplo: S e, logo, SA, para a sílaba "sa"; N e, logo, NE para a sílaba "ne"; G e, logo, GA para a sílaba "ga". Em oito, desses nove casos, aparece a consoante na escrita manual e a consoante seguida da vogal no computador. Por tanto, temos uma situação similar à observada nas escritas de nível anterior.

Mas também temos registrado o caso inverso: duas letras na escrita manual e só uma no computador (para a mesma sílaba). Isto ocorreu em seis casos. Por exemplo: YO e, logo, Y para a sílaba "yo"; RA e, logo, R para a sílaba "ra"; NE e, logo, N para a sílaba "ne".

As frequências respectivas (9 ocorrências contra 6) não nos autorizam a indicar nenhuma tendência. Mas o simples fato de ter registrado alternâncias onde só uma das letras já utilizadas na escrita manual aparece na escrita através do teclado parece-nos bastante sugestivo: as escritas silábico-alfabéticas não se convertem em alfabéticas simplesmente porque são colocadas todas as letras à disposição das crianças.

7) PARES DE PALAVRAS COM OSCILAÇÕES NO MODO DE CONSTRUÇÃO

Em palavras com sílabas CV, temos apenas quatro palavras cujo modo de construção não correspondente exatamente ao mesmo nível. A lista completa é a seguinte:

mayonesa	MONA/MSNSA	(Felipe Alberto)
lechuga	LUG/LUGA	(Celina)
cera	SAR/SA	(Celina)
vaso	VACO/BSO	(Valentín)

No primeiro exemplo (Felipe Alberto) aparece uma escrita estritamente silábica no papel, enquanto no teclado, consegue desdobrar a última sílaba (SA), o que é um avanço, ainda que exista um retrocesso na representação silábica da segunda sílaba (a vogal correta é substituída por uma consoante não pertinente). Celina apresenta uma composição estritamente silábica em *lechuga*, mas consegue desdobrar a última sílaba no computador. Em *cera* ocorre o contrário: na escrita manual, consegue identificar a consoante da segunda sílaba (ainda que a posponha à vogal) enquanto no computador a composição é totalmente silábica. Valentín é um caso muito interessante: tem uma escrita alfabética no papel (aceitando que C é uma variante alfabética de S) e uma silábico-alfabética no monitor. Além disto, no par aparecem duas alternâncias ortográficas: V/B e C/S.

É evidente que, em três destes quatro casos, estamos na tênue fronteira que separa uma escrita silábica estrita de outra silábico-alfabética (com apenas uma sílaba representada com duas letras). Os rótulos dão a impressão de descontinuidade em um processo que, como sabemos, é um contínuo em que os avanços momentâneos e os retrocessos, também momentâneos, são típicos dos momentos de transição. O que também fica evidente é que a ferramenta informática, por si só, não gera avanços. Em dois, dos quatro pares apresentados, a produção no papel tem "algo mais" que a produção no monitor.[7]

Deixemos claro, finalmente, que na Tabela 1 os pares que apresentavam alguma discrepância no modo de composição (como o caso LUG/LUGA para *lechuga*) foram contabilizados na linha correspondente à produção mais avançada (neste caso, silábico-alfabética). A coluna, para todos eles, é a de "pares com alternâncias".

CONCLUSÕES

Retomemos as perguntas iniciais. Em primeiro lugar, quisemos verificar se, ao utilizar o teclado, as crianças em níveis de conceitualizações pré-alfabéticas mostrariam avanços conceituais. A resposta é claramente negativa. As crianças que estão em condições de monitorar seu próprio processo (particularmente as de nível silábico estrito e as de nível alfabético inicial) escolhem cuidadosamente as letras e não se distraem com as opções que o teclado lhes apresenta. As que parecem se distrair com a variedade oferecida no teclado são as de níveis pré-silábicos, exatamente as que carecem de critério para saber quais letras colocar e para quem, eventualmente, as letras aparecem no monitor conforme sua proximidade no teclado. Isto não quer dizer que estas crianças percam controle ao escrever com o teclado. Todas elas foram observando o resultado que aparecia no monitor e mantiveram o critério de variedade interna, apagando as letras que apareciam repetidas por toque reiterado sobre a mesma tecla.

Este resultado é previsível. Os níveis de conceitualização da escrita não são dependentes do instrumento eventualmente utilizado para produzir as marcas. Esses níveis expressam algo muito profundo: a maneira em que se concebe um sistema de marcas socialmente constituído.[8]

No entanto, a escrita sucessiva da mesma lista de palavras em duas superfícies e com dois instrumentos diferentes nos permitiu evidenciar certos fatos que permaneciam ocultos sem este contraste. Referimo-nos, especificamente, às alternâncias grafofônicas. Sobre isto, é necessário fazer um esclarecimento. O contraste papel/monitor constituiu uma desculpa razoável para obter a produção da mesma lista de palavras na mesma sessão. É possível que resultados similares tivessem sido obtidos confrontando escritas sucessivas na mesma superfície (seja no papel ou no monitor). O que nos importa é conhecer quais são as condições que permitem à criança recuperar o modo de construção de uma série gráfica.

Uma coisa é necessitar de letras diferentes (ou as mesmas, mas em outra ordem) para que, no escrito, possam ser lidas palavras diferentes. Outra coisa é que sejam necessárias exatamente as mesmas letras, na mesma ordem, para que se possa ler a mesma palavra. O segundo não deriva do primeiro, em termos evolutivos. Os critérios para estabelecer diferenças são sempre menos equívocos que os critérios para estabelecer identidades, em todos os campos do conhecimento e, neste caso, a situação não é menos confusa: é preciso aprender que as variedades tipográficas e as alternâncias maiúsculas/minúsculas não alteram as identidades, apesar das mudanças gráficas efetivamente observadas.

As identidades parciais, observadas desde níveis pré-silábicos, mostram-nos que as crianças tentam repetir a mesma série de letras e é extraordinário que possam recuperar alguns elementos da primeira escrita ao tentar a segunda, com um intervalo de vários minutos e, sobretudo, depois de ter escrito muitas outras palavras. Talvez isto explique por que as crianças de nível alfabético não exploram alternativas ortográficas, mas se atêm rigorosamente à alternativa que escolheram na primeira produção.

Mas, o que acontece com as alternativas grafofônicas? De alguma forma já as conhecíamos, sem tê-las nomeado dessa maneira. De fato, quando as crianças obtêm, involuntariamente, a mesma escrita para palavras diferentes e confrontam-nas, podem ocorrer várias coisas, entre elas a produção de uma alternância grafofônica. Um exemplo entre centenas: uma criança de nível silábico que escreveu gato e pato com AO, ao ver o resultado pode modificar a segunda escrita e convertê-la em PO, produzindo neste caso a alternância grafofônica A/P. (Claro que podem fazer muitas outras coisas, incluindo deixar as escritas como estão, por mais insatisfatórias que acabem sendo.)

Agora sabemos que essas alternâncias grafofônicas, para representar a mesma sílaba, aparecem também no período silábico, sem a intenção de gerar uma representação diferenciada, mas ao contrário, para escrever a mesma palavra. O caso de Santiago é exemplar porque nos mostra que conhece todas as letras das palavras *salame* e *soda*, mas ainda não pode pôr duas letras para cada sílaba, porque isto vai contra a hipótese silábica com a qual se sente seguro de saber o que está fazendo.

É provável que estas letras alternativas, para o mesmo segmento silábico, expressem as possibilidades das crianças deste nível de se centrarem cognitivamente não só no núcleo vocálico, mas também no ataque consonântico de cada sílaba. Tratar-se-iam de centrações sucessivas, sem coordenação, que provavelmente aparecem no final do período silábico, expressando o mais avançado que se pode alcançar nesse período e preanunciando sua própria crise.

As coordenações (momentâneas, não sistemáticas) caracterizariam as escritas subsequentes (silábico-alfabética) nas quais em alguns momentos — mas através de todas as sílabas da palavra — consegue-se perceber, na representação escrita, elementos CV (ataque e núcleo). Neste sentido, as alternâncias grafofônicas do período silábico parecem-nos constituir o nexo, até agora faltante, entre o período silábico e o silábico-alfabético (um dos "elos perdidos", em termos evolutivos?). Uma análise teórica mais detalhada sobre esta filiação excede os limites deste capítulo.

Notas

1. Jardim de Infância da Escola Graduada "Juaquín V. González". Universidade Nacional de La Plata.

2. Para transcrever as verbalizações das crianças, utilizamos as seguintes convenções: quando estão nomeando uma vogal, colocaremos essa vogal entre barras; as sucessivas verbalizações aparecerão separadas por reticências, qualquer que tenha sido a duração da pausa entre ambas.

3. "A crença de que existe uma letra que corresponde a um som silábico (que existe um 'tá', um 'me'), muitas vezes leva as crianças a incorporar consoantes que conhecem somente pela forma. Nestes casos, as crianças não têm a certeza de ter colocado a letra adequada, mas as utilizam mesmo assim e as mesmas passam a funcionar como curingas silábicos. Estes curingas são, em última instância, um caso particular do uso de letras na função de substitutas, porque as colocam para substituir uma letra que as crianças estão certas de que deveria ir na palavra escrita, mas que não sabem qual é" (Quinteros, 1997, p. 39).

4. Felipe Ignacio é uma criança cujas quatro primeiras palavras (tanto na escrita manual como no computador) são de nível silábico inicial. Mostra um avanço notável nas duas últimas palavras que escreve, exatamente as que têm semelhança sonora com o início de seu próprio nome. Este avanço, registrado na escrita manual, susten-

ta-se na escrita no computador. É um caso, entre vários, em que é preciso distinguir entre a valorização do total da produção da criança (neste caso, uma criança com escrita silábica inicial, em transição ao nível silábico estrito) e a valorização de cada um dos pares que produz.

5. As interpretações que as crianças atribuem a estes pares fornecem dados complementares. Em todos os casos as alternâncias grafofônicas não são consideradas como opções equivalentes, pois ao atribuir significado, as crianças afirmam que só dizem a palavra ditada em um dos dois termos do par. As diferenças gráficas se impõem e prevalece a ideia de que a identidade gráfica total garante a identidade de significação. Isto indica que se trata de soluções sucessivas, impossíveis de coordenar entre si.

6. Na Tabela 1, aparecem 12 pares escritos de maneira silábica estrita e, aqui, estamos falando de 15 ocorrências de alternâncias grafofônicas, porque algumas escritas apresentam mais de una alternância.

7. Os dados que possuímos sobre outro tipo de sílabas (CVV e CVC) são muito esporádicos e não nos autorizam a extrair nenhuma conclusão. Outras pesquisas, centradas nessas sílabas, seriam necessárias. No corpo do texto, mencionamos o caso de Felipe Alberto, que escreve a primeira sílaba de felpudo com a alternância F/FL. É preciso acrescentar à lista mais duas ocorrências. Na escrita de carne, Gabriela escreve o par KAN/CANE. A primeira sílaba é CVC, mas ela a representa como CV, com uma alternância ortográfica; a segunda sílaba apresenta uma alternância igual às já analisadas. Valentín, ao contrário, escreve este par como XRNE/KERNE. A consoante "difícil" da sílaba (o R, na posição coda) já havia sido identificada na primeira escrita. O computador lhe permite encontrar a consoante inicial (o ataque), que provisoriamente havia representado com um X, e acrescenta a vogal dessa sílaba, ainda que não se trate da vogal correta.

8. A interação precoce com diferentes instrumentos e superfícies de escrita ofereceu às crianças deste estudo a possibilidade de pôr em jogo suas ideias sobre o sistema de escrita. A partir desta frequência no uso da ferramenta informática — e não em sua ausência —, tiveram oportunidades de resolver os problemas que a escrita lhes coloca; não sozinhos, mas no âmbito de intervenções didáticas específicas. Não há razões para pensar que o processador de texto não deva ser introduzido precocemente na educação inicial. A interação com o processador pode oferecer às crianças boas oportunidades para aprender o sistema de escrita, em situações de produção que levem em conta as práticas sociais. Faz-se necessário contar com pesquisas específicas para saber como as crianças resolvem problemas de escrita com este recurso informático (em cada um dos níveis de conceitualização e em situação escolar) e sob que condições didáticas a aprendizagem é favorecida.

5

A distinção palavra/nome em crianças de 4 e 5 anos

Emilia Ferreiro e Sofía Vernon

Publicado originalmente em:

FERREIRO, E.; VERNON, S. La distinción palabra/nombre en niños de 4 y 5 años. *Infancia y Aprendizaje*, n. 58, p. 16-28, 1992.

INTRODUÇÃO

Este trabalho está orientado por duas indagações:

a) Sabemos que o termo PALAVRA é de difícil compreensão para as crianças de 4 e 5 anos. Será que elas dispõem de algum outro termo para se referir às unidades de linguagem?

b) Que efeitos se obtêm ao incorporar a possibilidade de escrita, assim como objetos com e sem textos impressos, em uma indagação sobre léxico metalinguístico?

A literatura sobre consciência (meta)linguística, nos últimos vinte anos, é variada e abundante. O objetivo deste trabalho não é apresentar uma revisão crítica dessa literatura.

Bowey, Tunmer e Pratt (1984) assinalam sagazmente que os estudos sobre a noção de palavra, enquanto unidade de linguagem oral, não devem ser confundidos com a compreensão do termo metalinguístico PALAVRA. Desde os famosos trabalhos de Downing (1969, 1971), o estudo particularizado de Berthoud-Papandropoulou (1980) e os volumes destinados ao tema por Downing e Valtin (1984), Tunmer, Pratt e Herriman (1984) e Yaden e Templeton (1986), o temo palavra é que foi objeto de uma atenção particularizada e aparece regularmente nos comandos empregados pelos pesquisadores.

Fica clara a relevância dos estudos sobre a compreensão do termo PALAVRA para direcionar a ação pedagógica nos inícios da alfabetização. No entanto, a pesquisa que aqui apresentamos não está orientada por preocupações pedagógicas. Trata-se de saber se, em oposição à grande variedade de referentes que parece recobrir o termo PALAVRA aos 4 e 5 anos, outros termos alternativos poderiam ter uma gama de referentes menos ampla, chegando inclusive a um relativo consenso entre as crianças.

O termo NOME constitui uma possível alternativa, que nos foi sugerida por duas vias independentes. Por um lado, desde o início das pesquisas sobre a psicogênese da língua escrita (Ferreiro e Teberosky, 1979), observamos o seguinte: ao tentar empregar uma ordem neutra para pedir às crianças que escrevam algo pertinente relacionado com uma imagem, utilizávamos expressões como "Escreva algo que combine com este desenho", ou "Coloque algo com letras para este desenho". Invariavelmente, as crianças traduziam nossa ordem por: "Quer que coloque o seu nome?".

Por outro lado, no livro clássico de Piaget (1926), *La représentation du monde chez l'enfant*, encontramos a seguinte observação:

> A *palavra* talvez seja um conceito mal definido entre as crianças (pelo menos até os 7-8 anos), o *nome*, pelo contrário, é um conceito muito claro. Todas as crianças que questionamos sabem o que é um nome. Dizem: é para chamar (p. 54).[1]

Esta observação é utilizada por Piaget unicamente para justificar a possibilidade de empregar esse termo ("nom", nome) em sua indagação. Piaget não se preocupa, nesse trabalho, em questionar uma possível distinção entre NOME e PALAVRA, mas em estudar as ideias infantis sobre a origem dos nomes.

Será que os nomes são unicamente "para chamar"? Remetem-se, de preferência, a nomes próprios? Efetivamente, no uso cotidiano do espanhol e do português, as perguntas "qual é o seu nome?" e "como você se chama?" são praticamente equivalentes. Em todo caso, nos usos escolares e familiares de falantes de 4 ou 5 anos, é provável que o sejam. Também é certo que, nos usos cotidianos adultos, NOME remete de maneira preferencial a nomes próprios de pessoas ou animais domésticos, ainda que se estenda facilmente a títulos de livros, filmes, programas de TV etc.[2] Existe, no entanto, uma expressão coloquial particular — "Não tem nome o que fez!" — que não remete a um nome próprio nem a uma frase nominal que funcione como tal.[3]

Quando passamos ao domínio dos objetos inanimados, a pergunta "como se chama?" continua sendo válida, mas remete a nomes comuns que, em outros contextos, podem funcionar como nomes próprios.[4]

Em sentido técnico, PALAVRA remete a substantivos. Mas no uso cotidiano o termo PALAVRA tem múltiplas acepções... "Que palavra você disse?" e "Essa é uma palavra feia" podem se aplicar a qualquer classe de palavras. "Dou minha palavra" equivale a uma promessa formal. "Vou dizer em duas palavras" equivale a um enunciado breve, mas quase sempre com mais de duas palavras.

A situação é ainda mais confusa quando se refere à relação entre os termos PALAVRA/NOME e o escrito. À medida que os nomes (substantivos) são um subconjunto de palavras, e à medida que a escrita alfabética atual costuma identificar os brancos como separadores de palavras, um falante alfabetizado tem a impressão de que, quando escrevemos, "escrevemos as palavras que dizemos". Está claro que a escrita impõe sua própria definição de PALAVRA aos falantes, a ponto de convencê-los de que essa definição de palavra — a da escrita — corresponde à noção intuitiva ou natural de PALAVRA.

A criança de quem estamos falando (4 ou 5 anos) não compreende ainda as relações precisas entre oralidade e sistema de escrita mas, ainda que não comparta as ideias dos adultos, já pode ter (melhor dito, tem, se cresceu no meio urbano) uma reflexão sobre as marcas gráficas que são a escrita. Desde muito cedo as crianças elaboram critérios de legibilidade ou interpretabilidade. Ditos critérios, postos em evidência inicialmente em espanhol (Ferreiro e Teberosky, 1979), foram corroborados logo em outras línguas (por exemplo, em italiano por Pontecorvo e Zucchermaglio, 1988; em hebreu por Tolchinsky, 1990). Esses critérios concernem a distinções quantitativas (quantidade mínima de caracteres-letras) e qualitativas (variação interna de ditos caracteres) (cf. Ferreiro, 1984).

Para compreender as respostas das crianças é preciso referirmos à exigência de quantidade mínima. As crianças das idades que estudamos pensam que uma letra isolada "não diz nada", portanto não serve para ler. Usaremos a seguir a designação *elementos não interpretáveis* para tentar captar este modo particular de conceber a escrita que permite, entre outras coisas, manter uma clara distinção entre os elementos que servem para constituir totalidades e as próprias totalidades (série de letras ordenadas). São somente estas últimas que funcionam como *objetos substitutos*, as que "podem dizer algo" (cf. Ferreiro, 1982, para uma análise da passagem das letras enquanto objetos-em-si às letras enquanto objetos substitutos).

TÉCNICAS UTILIZADAS

Utilizamos, com todas as crianças, entrevistas individuais, conduzidas com método clínico-crítico. As crianças atendidas foram entrevistadas em uma sala de pré-escolares. Elas frequentavam cinco jardins de infância (2 públicos e 3 particulares) da cidade do México, em áreas de classe média. Todas as crianças eram pré-alfabéticas com relação às suas produções escritas (avaliadas em um contexto independente do aqui referido), e a maioria delas era pré-fonetizantes (Ferreiro, 1988).

Segundo o modo de iniciar a entrevista, distinguimos duas técnicas que chamaremos de técnica desenhos e técnica objetos. Em ambos os casos havia lápis e papel sobre a mesa, ao alcance das crianças, desde o início da entrevista, e indicava-se que elas podiam usá-los quando quisessem.

TÉCNICA DESENHOS

Na técnica desenhos (referida a partir de agora como TD), a pesquisadora iniciava a entrevista desenhando um objeto (um gato ou uma casa, como primeiro desenho) e perguntava à criança, nesta ordem:

O que é?
Como se chama?
Tem nome?

A entrevista prosseguia com outros desenhos produzidos pela criança ou pelo adulto, de acordo com as respostas obtidas. Posteriormente se perguntava:

Você sabe o que é uma palavra?
Qual seria uma?

Escolhemos estas perguntas para evitar comandos sugestivos como "Diga uma palavra" ou "Mostre-me uma palavra", que poderiam incitar a criança a dar respostas centradas no oral (Diga...) ou no gráfico (Mostre-me...).

TÉCNICA OBJETOS

Na técnica objetos (referida a partir de agora como TO), a pesquisadora começava a entrevista mostrando uma coleção de nove objetos diversos (tesouras, copos, frascos de remédio, pássaro de madeira, doce, clipe, lápis). Quatro deles tinham letras impressas ou gravadas. Dois pares de objetos (dois copos e dois frascos de remédio) eram idênticos, exceto porque um dos objetos de cada par tinha letras impressas (etiqueta de produto medicinal) ou gravadas (copo plástico). Mostrando os objetos, faziam-se as mesmas perguntas que no caso da TD, ou seja: O que é? Como se chama? Tem nome? Posteriormente, perguntava-se sobre o termo PALAVRA COMO NA TD.

Com a TD, entrevistamos 29 crianças (média de idade 4;8) e com a TO, 19 crianças (média de idade 5;2).[5]

ANÁLISE DOS DADOS

O primeiro dado importante é que as mudanças de técnica não introduziram modificações importantes nas respostas. Em outras palavras, as crianças podem ser classificadas nos grupos que mencionamos a continuação, independentemente da técnica de entrevista utilizada.

Ao perguntar sobre a expressão SE CHAMA e os termos NOME e PALAVRA na mesma sessão, obrigamos as crianças a diferenciá-los, bem como relacioná-los. Que diferenciações elas foram capazes de fazer? Uma primeira classificação das respostas nos permite distinguir:

a) crianças que manifestam a possibilidade de diferenciar os três termos (a seguir, para abreviar: **tricotomias**);

b) crianças que manifestam uma distinção dicotômica, ao igualar dois dos termos propostos e diferenciá-los do terceiro (a seguir, para abreviar: **dicotomias**);

c) crianças que não conseguem uma diferenciação clara entre esses termos (claro, nos limites de nosso questionamento).

Na Tabela 1 se apresenta a distribuição das crianças entrevistadas nestes três grupos.

TABELA 1
Distribuição das crianças segundo a técnica utilizada e a quantidade de distinções estabelecidas

	Técnica desenhos TD	Técnica objetos TO	Total
3 distinções (tricotomias)	11 (38%)	6 (32%)	17 (35.4%)
2 distinções (dicotomias)	16 (55%)	12 (63%)	28 (58.3%)
Sem distinção	2 (7%)	1 (5%)	3 (6.3%)
Total	29 (100%)	19 (100%)	48 (100%)

TRICOTOMIAS

Estes são os casos mais interessantes já que conseguem diferenciar suas respostas segundo o termo envolvido na pergunta.

Em quase todos os casos (16/17), respondem à pergunta "Como se chama?" com o substantivo comum ou genérico do objeto ou desenho em questão (se chama copo, gato etc.). Isto não tem nada de surpreendente. O que é surpreendente é que quase todas as crianças (16/17) propõem para NOME um referente que não é oral, mas escrito. Para eles, o nome é uma série de letras onde "diz" como se chama. A distinção oral/escrito acaba sendo, assim, o resultado definitório da diferenciação entre SE CHAMA e O NOME.

A consequência desta distinção é a seguinte: embora todos os objetos SE CHAMEM de certa maneira, nem todos têm NOME. Vejamos dois exemplos.

FERNANDO (TD — 5;1)
    O que é? (Desenho de uma casa)
    Uma casa
    Como chama esta casa?
    Sapataria
    E tem nome?
    Não
    Podemos pôr um?
    Sim (escreve seis grafias)
    Esse é o nome da casa?
    Sim
    O que diz?
    Casa

VÍCTOR (TO — 5;6)
    (Os objetos são apresentados um a um)
    O que é este?
    Copo, copo, tesoura, frasco, lápis, um periquito, um doce...
    Este copo tem nome? (copo sem letras)
    Não tem
    E a tesoura?
    Não tem
    E este frasco? (frasco com letras)
    Sim, tem
    Qual é?
    (aponta a etiqueta com letras)
    E este frasco? (frasco sem letras)
    Não (= não tem nome)
    Não tem nome?
    Não
    E o lápis?
    (Explora-o, encontra letras) *Sim*
    (Continua da mesma maneira com os outros objetos)
    Você me disse que este frasco não tinha nome. Como se chama?
    Que tem remédios
    Esta tesoura também não tinha nome. Como se chama?
    Tesoura
    E o lápis, como se chama?
    Pois, lápis (com entonação e gestos que indicam pergunta tonta)

É importante observar a sensibilidade destas crianças frente às mudanças nas perguntas. Fernando usa o nome comum com o artigo (*uma casa*) para o pedido genérico de denominação e o mesmo nome, mas sem artigo, para interpretar sua escrita. O mesmo menino procura um nome especial de casa (*sapataria*) para responder como se chama. No entanto, esse nome especial não serve para NOME: este último precisa ser realizado graficamente. Víctor é particularmente explícito. Explora os objetos procurando letras para saber se têm NOME. A pergunta sobre como se chama lhe parece uma reiteração da precedente (*que tem remédios* no lugar de *frasco*).

Dezesseis crianças deste grupo propõem nomes comuns (com ou sem artigo) para dizer como se chamam os objetos ou os desenhos. Somente uma menina (Mariana, TD — 4;7) inventa um nome próprio para o desenho do gato (que é *um gato* mas se *chama Titi*).

Dezesseis crianças deste grupo concordam em procurar (nos objetos) ou produzir (para o desenho) um referente escrito que seja seu NOME. Este consenso desaparece diante do termo PALAVRA que coloca sérias dificuldades e gera ambiguidades nas respostas.

Para a maioria das crianças deste grupo (11/17, ou seja, 65%), o termo PALAVRA tem como referente o que nós adultos indicaríamos com o termo *letra* (termo que nem todos usam, e às vezes confundem com *números*, tal como evidenciamos em trabalhos anteriores (Ferreiro e Teberosky, 1979, cap. II). Trata-se de nomes de letras dados oralmente ou de letras produzidas graficamente: formas gráficas isoláveis e nomeáveis, mas não objetos substitutos (no sentido indicado previamente). Vejamos alguns exemplos, começando por Alejandro, que produz uma dessas grafias que "não dizem nada".

ALEJANDRO (TD — 4;11)
 Você sabe o que é uma palavra?
 Uma letra
 Qual será uma palavra?
 (desenha a letra N)
 O que diz?

Não diz nada
Faz outra palavra
(desenha d)
Como diz?
Seis
Não entendi; como diz?
Palavra

MARISOL (TO — 5;0)
Você sabe o que é uma palavra?
*A xis é uma letra. A roda é um **o**. As do **i** é uma palavra e a... e a... o número... este... **o** também é uma palavra*

VÍCTOR (TO — 5;6)
Você sabe muitos nomes, verdade?
Sim
E palavras?
(assente) *a, i, o, u, seven e já*
Podem-se escrever as palavras?
(assente) *como esta* (desenha um círculo)
Essa é palavra?
Sim
Vejamos, outra
(desenha S)
E esta palavra sozinha se pode ler?
Pa-la-vra (silabando enquanto repassa o traçado da letra S)

Estes exemplos são suficientemente claros e não requerem maiores comentários. Essas letras isoladas podem ser nomeadas, mas não são nomes, porque ali "não diz nada". Só quatro crianças deste grupo vinculam PALAVRA com situações de enunciação. Apesar de usarem verbos como platicar [conversar], preguntar [perguntar] ou fazer uma promessa [prometer], encontram grande dificuldade para se expressar. Os casos mais explícitos são os seguintes.

SAÚL (TD — 5;1)
   Uma palavra é que você quer, que iam...
   Como qual seria uma palavra?
   Como conversar
   Explique-me melhor
   Uma palavra como que querem conversar e querem dizer uma palavra
   Você se lembra de alguma?
   Meu pai me disse que ia para o trabalho, ia vir minha mãe que estava na minha casa e minha irmã
   Tudo isso é uma palavra?
   Sim, isso me disse meu pai que é uma palavra

ANGÉLICA (TD — 4;9)
   Sabe o que é uma palavra?
   (Não responde)
   Como que pode ser uma palavra?
   ... Quando perguntam algo
   Como o quê?
   Como se aconteceu alguma coisa com alguém e alguém lhe pergunta
   Como o quê?
   Como que a castigaram

RICARDO (TO — 4;10)
   Como qual é a palavra?
   Como fazer uma palavra, como fazer uma promessa
   Vamos ver, explique-me
   Meu irmão me deu uma caderneta de presente e disse que me apostava. Isso é uma promessa

Estes resultados são similares a alguns dos obtidos por Berthoud-Papandropoulou (1980) em seu estudo sobre a noção de PALAVRA. Ela também encontra definições de palavra como *falar* e como *letras* (embora assinale que esta última resposta é mais frequente em crianças de 6 e 7 anos). Esta autora cita vários exemplos inteiramente similares aos que reportamos aqui (p. 73 e 76), inclusive um caso de introdução espontânea da denominação "nom" [nome]:

> Sabe o que é uma palavra?
> *Sim*
> O que é?
> *Uma letra, e depois um nome*
> O é uma palavra?
> *Sim... não*
> Como você faz para saber?
> *Porque tem duas letras*[i]
> Com duas letras tem uma palavra?
> *Não, tem que ter mais.*[6]

O que nos interessa enfatizar aqui é o seguinte. Para quase todas as crianças que conseguem tratar de forma diferenciada as três expressões envolvidas, há consenso em referir NOME como cadeias gráficas que reúnem as condições de interpretação (quantidade mínima e variação interna) e em responder como SE CHAMA com um nome oral. No que se refere à PALAVRA, ao contrário, não há consenso, o termo suscita, além disto, grandes dificuldades, como no exemplo seguinte:

> ESDRAS (TD — 4;10)
> Sabe o que é uma palavra?
> *A boca*
> Qual outra?
> *O ouvido*
> Essa é uma palavra?
> (Assente) *o ouvido, digo... a letra com que dizem **a***
> Essa é um...
> (Interrompe) *com a que dizem crocodilo*
> Não entendo. Explica bem o que é uma palavra

---

[i] As respostas das crianças pesquisadas fazem sentido, uma vez que o artigo "o" em espanhol seria EL e em francês IL, portanto duas letras. (N.T.)

Que se eu... que se eu... se eu disse um som, de se disse crocodilo
Vamos ver, diga-me uma palavra
A
Diga outra palavra
E
Outra
Este... u, e, i, o
As palavras podem ser escritas?
Não... porque se fazemos a boca, se faz sozinha
Como assim?
Que se fazemos somente a boca, e uma letra... se faz o som. Mas como eu não posso fazer a boca... somente a letra
Se coloco assim uma letra (escreve i), isto é uma palavra?
Sim
Ou seja, quando você diz é a boca e o som, mas quando se escreve a palavra é somente uma letra...
Sim (como dizendo: Por fim me entendeu!)

Por outro lado, o uso do verbo falar não remete necessariamente a situações discursivas. No exemplo seguinte — que, além disso, é similar a outros já apresentados deste grupo de tricotomias — PALAVRA é exemplificada através de nomes próprios pronunciados.

RODRIGO (TD — 4;9)
Que é? (Desenho de uma cadeira)
Uma cadeira
Tem nome?
Não
Podemos pôr um?
Sim (escreve quatro letras TLPU)
O que diz?
Cadeira
Esse é o nome?
Sim

Como se chama a cadeira?
Cadeira, chama-se cadeira!
(..........)
Você sabe o que é uma palavra?
Sim, falar
Como qual seria uma palavra?
Juan Pablo
Outra palavra
Demián
Outra
Luis

Algo similar ocorre com Afonso (TD — 5;2), que explica PALAVRA com nomes comuns de familiares: É um pai... uma mãe e uma tia... e um tio.

Só nos resta apresentar o único caso de comportamento tricotômico onde NOME não corresponde ao escrito. Trata-se de Ricardo (TO — 4;10), para quem NOME corresponde a nome próprio. Por isso, o único dos objetos apresentados que pode ter nome é o pássaro de madeira, para o qual propõe *Martín*. Uma casa desenhada não tem nome nem se pode pôr *porque não é um menino, é uma casa*. Quando lhe perguntam que nomes conhece, ele dá uma longa lista de nomes próprios. Esses nomes também podem ser escritos, mas não é necessário o escrito para que um ser vivo (ou sua representação figurada) tenha nome. Os outros objetos não têm nome, mas se chamam *remédio, caneta, tesoura* etc. Ricardo estabelece uma distinção tricotômica baseada fundamentalmente no oral: NOME é nome próprio; SE CHAMA é nome comum e PALAVRA é fazer uma promessa, como já vimos no fragmento da entrevista apresentado previamente.

DICOTOMIAS

Este é o comportamento mais frequente nas idades estudadas e o que oferece maiores variações, dependendo de quais são os termos que conduzem a respostas similares.

A primeira questão que devemos nos colocar é saber se algum(s) dos termos remete(m) ao escrito por contraposição ao oral, ou se a escrita não chega a ser utilizada como um critério definitório. A resposta é clara: a escrita é o referente obrigatório de um dos termos da dicotomia para 15 crianças, ou seja, um pouco mais da metade deste grupo. Doze, destas 15 crianças, definem NOME como uma sequência de letras onde se diz o nome comum ou genérico do objeto ou desenho em questão, e o diferenciam de SE CHAMA somente quanto à oposição oral/escrita. Vejamos um exemplo:

MÓNICA (TO — 5;6)
(Os objetos são apresentados um a um)
Como se chama?
Tesoura, um copo, um passarinho
Alguma destas coisas tem nome?
Não
Isto como se chama? (frasco de remédio com etiqueta)
Remédio, e tem nome sim
Qual é o nome?
Não sei ler
Este tem nome? (frasco de remédio sem etiqueta)
Não
Que é preciso fazer para que tenha nome?
Um papelzinho
Precisa um papelzinho, alguma coisa mais?
Um papelzinho, a tesoura para recortar
Que mais precisa?
Um lápis
Coloque o nome
(escreve RPIGSNO)
Como diz?
Remédio (apontando o texto; logo acrescenta, sem apontar) ... *para os senhores que estejam mal*

Mónica, como outras três crianças deste grupo, distingue entre SE CHAMA (oral) e NOME (escrito), mas respondem reiteradamente *não sei* frente às solicitações sobre PALAVRA. Trata-se, pois, de uma dicotomia por impossibilidade de tratar o termo mais difícil entre os propostos: PALAVRA.

Dez crianças deste grupo respondem com o nome genérico ou comum (oral) às perguntas sobre SE CHAMA e PALAVRA, enquanto exigem o escrito para usar o termo NOME. Há casos interessantes em que a escrita define a passagem entre PALAVRA e NOME. Para Violeta, as palavras são ditas, mas também podem ser escritas, só que, ao escrevê-las, deixam de ser palavras e convertem-se em nomes.

>   VIOLETA (TO — 5;2)
>   Como qual seria uma palavra?
>   ... *Raiozinhos*
>   Outra
>   *Tabiques... suéter*
>   Por que "suéter" é uma palavra?
>   *Porque dizem*
>   Se digo "mesa", é palavra?
>   *Sim*
>   As palavras podem ser escritas?
>   *Sim*
>   Vejamos, escreva uma
>   (escreve MEA)
>   O que você escreveu?
>   *Mesa*
>   E isto (o escrito) o que é da mesa?
>   *Suas letras*
>   Mas o que da mesa?
>   *Para que saibam seu nome*
>   É nome ou palavra, ou as duas coisas?
>   *Nome*
>   E se digo "mesa"?
>   *É uma palavra*
>   Se disser "porta", o que é?
>   *Palavra*
>   E assim? (escreve PORTA)
>   *Seu nome*

Somente três crianças deste grupo estabelecem a dicotomia fazendo referência exclusiva ao oral: para Nadia e Pablo NOME remete a nome próprio, enquanto SE CHAMA e PALAVRA remetem ao nome comum; Jennifer, por sua vez, faz algo similar, mas agrupando NOME e SE CHAMA ao redor do nome próprio e reservando PALAVRA para o nome comum.

Vejamos como último exemplo, um caso claro em que a referência à escrita está ausente:

CLAUDIO (TD — 5;2)
    O que é? (desenho de uma casa)
    Uma casa
    Como se chama esta casa?
    Pois, casa!
    E tem nome?
    Não
    Poderíamos colocar um nome?
    Não porque as casas não têm nome
    O que é? (desenho de um gato)
    Um gato
    Como se chama este gato?
    Não sei... Poncho
    E tem nome?
    Claro que os gatos têm nome!
    Qual é o seu nome?
    Têm um montão... como Bi, Pi, ou Benji... Em um cachorro puseram Benjamín

A dificuldade para explicar este grupo reside no fato de que há um maior número de variações que no caso das tricotomias. De fato, se o termo NOME fica isolado, há duas possibilidades principais: ou remete ao escrito, ou remete ao nome próprio. Se o termo PALAVRA é o que fica isolado, há duas possibilidades principais: pode ser nome comum (oral ou escrito) ou letras (nomeadas ou escritas). (A referência a situações de enunciação aparece só três vezes e de maneira muito mais confusa que no grupo anterior.) A expressão SE CHAMA, por sua vez, nunca fica isolada em um tratamento dicotômico. Mas, segundo se fixe a NOME ou a PALAVRA, ficará vinculada a um nome próprio ou um nome comum (ainda que sempre do lado da oralidade).

IMPOSSIBILIDADE DE DIFERENCIAR OS TERMOS

Somente três crianças se localizam aqui. Nos três casos, PALAVRA fica sem definição (a única resposta às perguntas reiteradas é *não sei*). Os termos NOME e SE CHAMA remetem ao nome comum ou genérico oral, nos dois casos e, no terceiro, esse NOME pode ser oral ou escrito.

A Tabela 2 resume as referências ao escrito no total da amostra, conservando a classificação nos três grupos já analisados. A coluna **Escrito não relevante** agrupa aqueles casos em que PALAVRA ou NOME podem ser ditos ou escritos, sem que o escrito tenha consequências para a aplicação de um ou outro termo. A coluna **Escrito distintivo** agrupa aqueles casos em que um dos termos se define em relação com a escrita. Em *todos* os casos em que as crianças recorrem ao escrito como propriedade distintiva, é o termo NOME que remete ao escrito enquanto sequência de letras interpretáveis, *nunca* a uma letra isolada.

TABELA 2
Classificação das crianças segundo referências ao escrito para estabelecer dicotomias ou tricotomias

	Sem referência ao escrito	**Escrito não relevante**	**Escrito distintivo**
Tricotomias	—	1	16
Dicotomias	3	10	15
Sem distinção	2	1	—
Total	5 (10%)	12 (25%)	31 (65%)

Como se pode observar na Tabela 2, a utilização do escrito como critério distintivo para diferenciar NOME de outras expressões metalinguísticas aparece em uma quantidade considerável de crianças.

No que precede, classificamos todas as crianças segundo a última distinção (dicotômica ou tricotômica) à que chegaram. Na maioria dos casos as respostas iniciais não foram modificadas ao longo da entrevista. Houve, no entanto, seis casos em que foram produzidas mudanças: duas crianças iniciam com uma dicotomia e terminaram com uma tricotomia (um TD e outro TO); três crianças iniciam com uma dicotomia e terminam também com uma dicotomia, mas agrupando diferentemente os termos em questão (2 TD e 1 TO); uma criança (TO) inicia com uma indistinção e conclui com uma dicotomia. Uma vez mais, notamos que a técnica utilizada não é responsável por ditas mudanças.

A RESPEITO DO CARÁTER SUGESTIVO DA ENTREVISTA

Toda indagação relativa à terminologia metalinguística pode ser considerada sugestiva, e neste sentido, o presente trabalho não se diferencia muito de outros que pedem exemplos de palavras, definições de palavras ou identificação de palavras. A presença de lápis e papel à disposição pode ser considerada uma sugestão muito forte. No entanto, foi esta presença que permitiu evidenciar a quantidade considerável de crianças que recorrem à escrita para se referir a NOME. Se a presença de instrumentos de escrita é sugestiva, pode-se dizer que sua ausência também o é, já que sugere que basta falar para definir esses termos (coisa que nossos dados ajudam a pôr em dúvida).

Finalmente, é o fato de ter obtido respostas muito diferentes com a mesma técnica o que nos permite afirmar que são os sujeitos que determinam os limites da sugestão. Vejamos dois casos extremos. Raymundo nunca faz referência à escrita:

> RAYMUNDO (TD — 4;8)
> O que é? (desenho de uma casa)
> *Uma casa*
> Como se chama?
> *Casa*
> Tem nome?
> *Sim, só casa*
> (E assim continua com outros desenhos, logo desconhecendo o termo PALAVRA)

O caso oposto é Fernando, que supera nossas previsões com relação à vinculação necessária entre NOME e ESCRITA. Vejamos:

> FERNANDO (TO — 5;1)
> A cadeira tem nome?
> *Sim* (apontando a etiqueta colada com o nome da criança que se senta nela)
> E os carros, têm nome?
> *De corridas* (= os carros de corridas, que efetivamente levam todo tipo de propaganda escrita)
> E as árvores, têm nome?
> *Não*
> E você, tem nome?
> *Não*
> Não? Não tem nome?
> *Não tenho nome* (procura na roupa a identificação com seu nome e não encontra)
> Ah! Você está procurando o nome
> *Ahã... Mas descolou*
> (Esclarecemos que, somente em um dos jardins de infância escolhidos costumam colocar, em cada criança, uma identificação em forma de cartão aderido à roupa)

DISCUSSÃO DE RESULTADOS

O primeiro resultado que importa destacar é que obtivemos uma grande concentração nas respostas para o termo NOME, que contrasta com a dispersão (ou, se preferir, variedade) de respostas para o termo PALAVRA. Além disto, as negativas ao responder (reiterados *não sei*) aparecem com o termo PALAVRA. Estas negativas podem ser devidas a que foi o último termo proposto, ou mesmo a que é o mais difícil de tratar. Suspeitamos disto, já que muitas crianças que deram respostas positivas para ambos os termos tiveram mais dificuldade para expressar suas ideias sobre PALAVRA, como mostram os exemplos que apresentamos.

Nossa intenção não é estabelecer uma hierarquia entre as respostas obtidas. A distinção entre crianças que conseguem tratar de maneira diferenciada as três expressões envolvidas (como SE CHAMA, NOME e PALAVRA) e as que isolam uma delas enquanto tratam as outras duas como equivalentes, é uma distinção que nos parece pertinente para apresentar os resultados obtidos. Também não tentamos, porque não seria adequado classificar as respostas em corretas ou incorretas, por várias razões. Em primeiro lugar, porque o termo PALAVRA não tem uma definição técnica unívoca (ver qualquer dicionário de Linguística ou Filologia ou textos de linguistas contemporâneos, como por exemplo, Martinet, 1966). Em segundo lugar, pela variedade já indicada na Introdução de seus usos na comunicação oral. No escrito, a melhor definição continua sendo "série de letras separadas de outras por espaços em branco".[7]

Só podemos dizer que a maioria das crianças, ao tentar se expressar sobre o termo PALAVRA, distancia-se do esperado para um adulto, restringindo excessivamente o campo de referência (letras, mas não série de letras) ou ampliando-o excessivamente (situações enunciativas ou de interlocução).

Não pretendemos ter acrescentado muito ao nosso conhecimento prévio sobre o termo PALAVRA em pré-escolares. Mas esperamos ter evidenciado que há alternativas para se estabelecer um diálogo metalinguístico com crianças de 4 ou 5 anos e que o termo NOME parece ter um significado compartido entre elas.

Os dados que aqui apresentamos permitem também uma releitura de dados clássicos da literatura sobre o assunto. Já vimos um exemplo de Berthoud-Papandropoulou, onde a criança utiliza espontaneamente o termo NOME, fazendo referência ao escrito e à quantidade de letras necessárias. No livro já citado de Piaget (1926), encontramos vários exemplos nos quais as crianças pesquisadas falam espontaneamente da escrita (p. 58-65). Vejamos alguns deles:

> FERT (7 anos) (pesquisado sobre o nome de Salève, montanha próxima a Genebra)
> Como começou esse nome?
> *Com uma letra*
> De onde vinha essa letra?
> *Do nome*
> E esse nome?
> *Da montanha*
> Como veio o nome da montanha?
> *Com uma letra*
> E a letra de onde vinha?
> *Da montanha*[8]

Ali o adulto interrompe e passa ao nome das nuvens, considerando provavelmente o raciocínio como circular. Não seria se consideramos que o menino está pensando em NOME em termos de escrita: o nome começa por uma letra, que é parte do nome, sendo este último um conjunto de letras.

> STEI (5;6)
> Você tem nome?
> *Sim, André*
> (...)
> Para que serve ter um nome?
> *Porque por fora são vistos todos os nomes*[9]

Piaget comenta: "Stei acha que basta olhar para 'ver' seu nome!".[10] No entanto, *por fora são vistos todos os nomes* poderia ser uma clara referência à exterioridade da escrita. Os nomes, enquanto sequências de caracteres gráficos, fazem parte do mundo externo.

> MART (8;10). (a propósito do nome do sol)
> Como se viu que o sol se chama assim?
> *Viu-se*
> O que se viu?
> *O sol*
> Mas o seu nome, como se soube?
> *Viu-se*
> O que se viu?
> *Seu nome*[11]

Este caso é similar ao anterior e poderia ser interpretado da mesma maneira: o nome se vê, porque as letras escritas fazem parte do mundo visível. Não seria, pois, necessário pensar em um "nome invisível", conforme sugere Piaget quando diz:

> Sim, para estas crianças, basta olhar as coisas para ver seu nome, não devemos acreditar de forma nenhuma que, para elas, o nome está inscrito de alguma forma sobre as coisas. [...] O nome está, pois, no objeto, não como se fosse uma etiqueta colada no objeto, mas na qualidade de caráter invisível (p. 62-63).[12]

Em um único exemplo apresentado nesse texto, Piaget entrevista fazendo referência à escrita. Trata-se do mesmo FERT, já mencionado.

> Diga, onde está o seu nome?
> *Assim me chamaram*
> Sim, mas onde está o seu nome?
> *Está escrito*
> Onde?
> *No livro*

(...)
E por que o nome das nuvens está nas nuvens?
Porque são cinza
A palavra 'lago', onde está?
Em cima
Por quê?
Porque não está dentro
(...)
Mas a palavra 'lago' está em cima... O que quer dizer isso? Está escrito?
Não[13]

Note-se que, neste fragmento, o entrevistador começa questionando pelo próprio nome do menino e FERT é explícito: seu nome está escrito em um livro. Logo, considera que o nome das nuvens está dentro, sem que se possa esclarecer de que maneira está dentro. Ao passar para lago, o entrevistador muda a pergunta: pergunta pela PALAVRA lago — não pelo NOME — e talvez por isso FERT nega a referência à escrita.

Voltando aos nossos resultados, seria possível dizer que as crianças pesquisadas vinculam NOME com a escrita porque os adultos lhes disseram: "Escrevo o seu nome para você" (dentro ou fora do contexto escolar). Não temos dados precisos sobre isso, mas ainda supondo que seja assim, isto não resolve o problema. Estas mesmas crianças, que requerem uma quantidade mínima de caracteres para que algo escrito possa ser lido e que exigem que não haja letras repetidas, constroem esquemas interpretativos a respeito da escrita que não derivam diretamente da experiência (Ferreiro, Pontercorvo e Zucchermaglio, 1987). O problema geral colocado pelas explicações que remetem, sem rodeios, à experiência direta é: por que alguns dados da experiência são incorporados facilmente e outros são rejeitados reiteradamente?

Sugerimos, pois, que o escrito pode ter um papel muito importante na objetivação do oral e, portanto, na aquisição da terminologia metalinguística. Por que pensar que o vocabulário metalinguístico é adquirido exclusivamente em uma situação oral ou extraescrita? As crianças que estudamos, como a imensa maioria dos sujeitos que outros psicólogos estudaram, são crianças que crescem em ambientes alfabetizados, onde a presença e a utilização do escrito é parte do cotidiano. Neste sentido, seria crucial estudar a aquisição do vocabulário metalinguístico e as noções envolvidas em crianças pertencentes a populações sem tradição escrita.

Sugerimos, também, que estudar a compreensão dos termos metalinguísticos em tarefas que obriguem as crianças a comparar estes termos entre si é de grande interesse, ao invés de propor tarefas isoladas, assim como não restringir o questionamento neste domínio aos termos que parecem mais pertinentes aos adultos.

Notas

1. Original francês: "Or, si le mot est peut-être, chez les petits, un concept mal défini (du moins avant 7-8 ans, ...), le nom est, au contraire, un concept très clair. Tous les enfants que nous avons vus savent ce que c'est qu'un nom: c'est, disent-ils, 'pour appeler'" (p. 54).

2. Por exemplo: Que lindo nome tem esse livro! Que nome para um programa! (em sentido elogioso ou pejorativo). Mas também: Como se chama o livro que você me recomendou? Como se chama o último filme de X?

3. A paráfrase mais adequada dessa expressão seria: Não há forma de nomear o que fez. Ou mesmo: Não há palavras para falar disso.

4. Quando perguntamos sobre a marca de um automóvel, um computador, um aparelho de TV ou uma pasta dental, a pergunta aceitável é "que carro (pasta dental, TV etc.) é?" e não "qual é seu nome?", ainda que os especialistas em propaganda tenham pensado nos nomes desses produtos enquanto nomes próprios.

5. Utilizamos a convenção habitual para indicar a idade das crianças entrevistadas. Por exemplo, 4;8 indica 4 anos e 8 meses.

6. Original francês: "Tu sais ce que c'est un mot? — Oui — C'est quoi? — Une lettre, et puis c'est un nom — IL c'est un mot? — Oui... non — Comment tu sais? — Parce qu'il y a deux lettres — Deux lettres ça fait un mot? — Non, faut en avoir plus" (p. 73 y 76).

7. Em um simpósio (Catach, 1988, p. 76) Florian Coulmas pergunta a Pierre Achard: Você conhece alguma definição de *frase* que seja melhor que *um conjunto de palavras entre dois pontos*? Ou uma definição de *palavra* melhor que *conjunto de letras entre dois espaços*? Achard responde: Não. Pelo contrário, tenho a impressão de que a existência, em nossa formação discursiva, da frase e da palavra no escrito, tem consequências epilinguísticas no que concerne ao sujeito que se expressa oralmente.

8. "FERT (7 ans) [à propos du Salève] Comment il a commencé ce nom? — Par une lettre — Puis cette lettre elle venait d'où? — Du nom — Et ce nom? — De la montagne — Comment le nom est venu de la montagne? — Par une lettre — Elle venait d'où cette lettre? — De la montagne" (p. 58)

9. "STEI (5,6): Tu as un nom? — Oui: André — [...] À quoi ça sert d'avoir un nom? — Parce qu'on y voit dehors tous les noms" (p. 58).

10. "Stei croit donc qu'il suffit de regarder pour 'voir' leur nom!"

11. "MART (8;10) [À propos du nom du soleil] Comment on a vu que le soleil s'appelait comme ça? — On a vu — Qu'est-ce qu'on a vu? — Le soleil — Mais son nom, comment on l'a su? — On a vu — Qu'est-ce qu'on a vu? — Son nom (p. 63).

12. "En effect, si, pour ces enfants, il suffit de regarder les choses pour voir leur nom, il ne faut nullement croire que, pour eux, le nom est inscrit en quelque sorte sur la chose. [...] Le nom est donc dans l'objet, non à titre d'étiquette collée contre l'objet, mais à titre de caractère invisible" (p. 62-63).

13. "Dis-moi, oú il est, ton nom? — On m'a nommé — Oui, mais où est ton nom? — C'est écrit — Où? — Sur le livre — [...] Et pourquoi le nom des nuages est dans les nuages? — Parce qu'ils sont gris — Et le mot lac où il est? — Dessus— Pourquoi? — Parce qu'il n'est pas dedans. [...] Mais le mot lac est dessus... Qu'est-ce que ça veut dire? C'est écrit? — Non" (p. 65).

6
A escrita dos números de dois dígitos em crianças de 4 e 5 anos

Mónica Alvarado e Emilia Ferreiro

Versão ampliada e traduzida do artigo:

ALVARADO, M.; FERREIRO, E. Four-and five-year old children writing two digit numbers. *Rivista di Psicolinguistica Applicata*, v. II, n. 3, p. 23-37, 2002.

Foram incorporados e traduzidos alguns gráficos e fragmentos do capítulo publicado como:

FERREIRO, E. Letters and numbers in early literacy. In: GOODMAN, Y.; MARTENS; P. (Eds.). *Critical issues in early literacy*. Mahwah, N.J.: Lawrence Erlbaum, 2007.

Tradução ao espanhol por Emilia Ferreiro.

INTRODUÇÃO

A maior parte das pesquisas sobre a aquisição dos números esteve focada nos aspectos lógico-matemáticos ou mesmo nos recursos gráficos para representar quantidades. No entanto, os números também são palavras da língua com determinadas particularidades. Não é o mesmo analisar um número como 27 em "veintisiete" [vinte e sete] ou em "vein-ti-sie-te" (equivalente inglês "twenty-seven", "twen-ty-se-ven"). De acordo com as línguas, as partes silábicas ou as morfêmicas podem ter maior ou menor saliência (Menninger, 1969/1992; Barriga, 1998).

Neste trabalho apresentamos dados relativos à evolução simultânea da análise oral dos números, em relação com sua representação escrita. Para compreender de que maneira as crianças escrevem palavras, não devemos lhes pedir que escrevam letras isoladas. Da mesma forma, a produção de números isolados pode ser insuficiente e mesmo enganosa.

Para compreender os mecanismos constitutivos da escrita, foi crucial pedir às crianças que escrevessem o que ainda não haviam aprendido a escrever. Supomos que algo semelhante poderia ocorrer com os números. Pedir para as crianças a escrita de números compostos (além dos dígitos) poderia ser um bom recurso para saber de que maneira analisam as partes dos nomes dos números e de que maneira usam os números que conhecem para escrever números desconhecidos. Para facilitar uma centração nos nomes dos números, decidimos trabalhar com nomes de números fora de um contexto de contagem ou de qualquer referência quantitativa, o que nos afasta dos desenhos de pesquisa mais utilizados na literatura (por exemplo, Hughes, 1986; Pontecorvo, 1985; Sinclair, 1988).

Também sabemos que, nos níveis iniciais de aquisição da escrita, as crianças podem analisar mais adequadamente palavras que enunciados. Uma lista de elementos semanticamente relacionados é o melhor tipo de texto para observar quão analíticas podem ser as crianças ao tentar escrever palavras. Isto nos levou a propor uma lista de números de telefones com seus nomes correspondentes (tais como "polícia", "hospital"). A maneira de agrupar os números para dizê-los ou ditá-los é uma prática cultural variável no tempo e em localidades do mesmo país. No contexto cultural ao qual as crianças pesquisadas pertencem, os números de telefone eram ditos dois a dois, ou seja, na categoria das dezenas.

Os nomes de números superiores aos dígitos podem se formar seguindo uma regra de formação (em espanhol "treinta y dos, treinta y tres... cuarenta y uno" etc.; em inglés "twenty-one, twenty-two... thirty-one" etc.; em português "vinte e um, vinte e dois... trinta e um etc.). Estes são os nomes regulares. Outros nomes são imprevisíveis (em espanhol "once, quince"; em português "onze, quinze"; em inglês "eleven", por exemplo). Outra maneira de classificar os nomes dos números é em termos de "transparência", ou seja, a possibilidade para o ouvinte encontrar pistas dos números incluídos dentro de um nome de número composto. Nesse sentido, o número 18 em espanhol é transparente porque dizemos "diez y ocho" ["dez e oito"]. Mas a transparência depende do conhecimento do nome dos "nós" do sistema decimal: "treinta y dos" é inteiramente transparente para quem já sabe que "treinta" está relacionado com "tres" no nível das dezenas. Caso contrário, este número é só parcialmente transparente. É importante levar isto em conta quando tentamos entender uma progressão evolutiva.

Vários autores (Miller e Stigler, 1987; Miura, 1987; Nunes e Bryant, 1996) indicam que a regularidade nos nomes dos números é um fator importante tanto na aprendizagem da contagem como na escrita de números de dois dígitos. Nunes e Bryant (1996, cap. 3) apresentam o caso do japonês e afirmam que este sistema transparente facilita tanto a contagem como a leitura e a escrita de quantidades. No entanto, parece que estão fazendo referência a uma versão simplificada do uso real dos nomes dos números (Taylor e Taylor, 1995). Em geral, estes autores estão mais interessados nos fatores que facilitam a escrita correta dos números compostos. Outros autores (por exemplo, Lerner e Sadovsky, 1994) estudam as produções das crianças no contexto de intervenções didáticas, prestando particular atenção às produções desviantes. À continuação, levaremos em consideração a variável "transparência", mas nosso foco não está nas respostas corretas, mas no processo construtivo que conduz à escrita de números desconhecidos e na análise oral envolvida.

PROCEDIMENTO

Fizemos entrevistas individuais com 25 meninos e meninas (média de idade 5 anos 2 meses) em duas instituições pré-escolares da cidade de Querétaro, México. Propusemos que escrevessem uma lista de "números de telefones de emergência" e que o fizessem da melhor maneira possível. A lista se compunha de cinco nomes (bombeiro, polícia, hospital, pizzas,[1] mecânico) com os números de telefone correspondentes, com seis dígitos cada um, organizados em pares de acordo com a forma em que se "diziam" os números de telefone nessa localidade, no momento do estudo. Os nomes e os números foram ditados como se fosse uma agenda telefônica, por exemplo: "bomberos, treintaiseis, once, veiticinco" [bombeiros, trinta e seis, onze, vinte e cinco], fazendo uma pausa nos lugares indicados por uma vírgula. (Ver Tabela 1.)

TABELA 1
Lista de nomes e números de telefone ditados
(Em negrito estão destacados os números transparentes)

Bombeiros	**36** 11 **25**
Polícia	15 **82** 20
Hospital	**18** 04 40
Pizzas	14 **39 93**
Mecânico	12 **57 63**

A lista de números de dois dígitos inclui oito nomes de números transparentes (36, 25, 82, 18, 39, 93, 57, 63) e seis não transparentes (11, 15, 20, 40, 14, 12). Inclui também um par que foi ditado como números isolados (04). Cada número de telefone tem um ou dois nomes de números transparentes, mas nunca três.

A entrevistadora dava à criança o tempo de que precisasse para escrever. Uma vez que a criança dava por terminada sua escrita, pedia-se a ela que lesse o escrito, ou seja, que interpretasse cuidadosamente todos os elementos gráficos, apontando com o dedo ao mesmo tempo.[2] As entrevistas individuais foram conduzidas com método clínico, tentando compreender as razões das escolhas infantis.[3]

A escrita das palavras que antecedem o número telefônico nos permitiu determinar o nível de conceitualização de cada criança, seguindo os parâmetros originalmente apresentados em Ferreiro e Teberosky (1979) e as revisões posteriores (Ferreiro, 1997a). As 25 crianças foram, de fato, selecionadas por acaso, sem que procurássemos encontrar cinco crianças em cada um dos níveis indicados na Tabela 2. Nesta tabela, e à continuação, "Silábico 1" indica crianças que escrevem uma letra para cada sílaba (correspondências quantitativas), mas qualquer letra para qualquer sílaba (ausência de correspondências qualitativas); "Silábico 2" refere-se a crianças que apresentam escritas de tipo silábico com correspondências quantitativas e qualitativas. O período pré-silábico é um período prolongado; neste estudo escolhemos crianças que se encontram no limite superior de dito período, ou seja, crianças que controlam a quantidade de letras em cada nome escrito e que procuram diferentes combinações de letras para os diferentes nomes que escrevem.

TABELA 2
Média de idade e níveis de conceitualização da escrita das crianças entrevistadas

Nível de escrita	Número das crianças	Média de idade
Pré-silábico	5	4;10
Silábico 1	5	5;1
Silábico 2	5	4;10
Silábico-Alfabético	5	5;3
Alfabético	5	5;6
Total	**25**	**5;2**

RESULTADOS

O primeiro resultado importante é que todas as crianças, independentemente de seu nível de conceitualização de escrita, escreveram os nomes com letras e os números de telefone com números.

O segundo resultado importante (e inesperado) é o seguinte: recordemos que todos os números de telefone eram de seis dígitos, mas foram ditados como números compostos, agrupados de dois em dois; resulta que 345 dos 350 nomes compostos ditados foram escritos utilizando somente dois dígitos. Esses dígitos podiam ser corretos ou incorretos, mas eram dois.

Vejamos de que maneira os diversos grupos de crianças resolveram a tarefa.

1. *Números escritos por crianças que escrevem e leem outras palavras sem fazer correspondências entre letras e segmentos sonoros* (N = 5)

Como já dissemos, essas crianças apresentam o modo típico de escrever da última fase do período pré-silábico. Elas usam dois critérios principais para escrever uma lista de nomes: quantidade mínima e máxima de letras (neste caso, não menos que três e não mais que cinco) e variedade qualitativa interna (não repetir uma mesma letra nessas séries de quatro ou cinco elementos). Inclusive quando o repertório de letras disponíveis é limitado, elas conseguem escrever cada nome com uma combinação diferente. Por exemplo, Julián (4;8)[4] escreveu {natj, taJn, atJoi, Jtni, tAaj} para todos os nomes, nessa ordem (Ilustração 1). Todas as crianças deste grupo escreveram da esquerda para a direita.

ILUSTRAÇÃO 1
Julián (4;8) Nível pré-silábico avançado

hatj	60 1151	Bombeiros	36 11 25
tajn	02031	Polícia	15 82 20
atJoi	8l8 30	Hospital	18 04 40
Jthi	2)70 30	Pizzas	14 39 93
tAaj	11 71 31	Mecânico	12 57 63

Como essas crianças escreveram os números de dois dígitos? Também foram escritos da esquerda para a direita. Com os números transparentes, começaram pelas unidades (o 6 em 36, por exemplo) e, logo, acrescentaram algo que corresponde à parte desconhecida (para nós, as dezenas). O que acrescentaram foram números, mas não qualquer número. Por exemplo, o próprio Julián escreveu na segunda posição exclusivamente zero e um. No grupo total, esses números (0 e 1 segunda posição) foram os mais comuns. Vamos chamá-los de *números curingas* porque ocupam o lugar da parte desconhecida do número; são, portanto, números que podem receber qualquer valor, segundo as circunstâncias. No grupo das crianças de nível pré-silábico, os curingas foram utilizados 38 vezes: o número 1 foi utilizado 19 vezes; o número 0 foi utilizado 14 vezes; apenas em 5 oportunidades apareceram outros números em qualidade de curingas. Vejamos com mais detalhe o caso de Julián (ver Tabela 3a).

TABELA 3A
Escrita de *números transparentes* de duas crianças da mesma idade, porém em diferentes níveis de desenvolvimento

Números ditados	Julián (pré-silábico) 4;8	Miguel (Silábico 1) 4;8
36	60	06 ←
25	51	05 ←
82	20	12 ←
18	81	08 ←
39	71	09 ←
93	31	13 ←
57	70	17 ←
63	30	03 ←

TABELA 3B
Escrita de *números não transparentes* de duas crianças da mesma idade, porém em diferentes níveis de desenvolvimento

Números ditados	Julián (pré-silábico) 4;8	Miguel (Silábico 1) 4;8
11	11	11
15	10	10
20	01 → 31	10
40	30	20
14	11	10
12	21	20

Julián escreveu todos os números transparentes da seguinte maneira: primeiro o número que era capaz de identificar pelo nome (para nós, corresponde às unidades), e os números que escreveu são corretos (exceto no caso de 39, onde colocou 7, porque não conhecia a forma gráfica do "nove"). Por exemplo, 25 é "veinte y cinco", "cinco" é conhecido e escrito de imediato, enquanto "veinte" é desconhecido; esta parte do nome do número necessita de outro número, tanto o número 0 quanto o número 1 são bons candidatos. Julián explica isto assim: *Então é de cinco {5} e assim {1}*.[5] Julián é ainda mais explícito quando consegue explicar o procedimento geral que utiliza: *Se é vinte e sete, você põe o sete, se é vinte e três você põe o três e assim por diante, você presta atenção em qual diz*.[i] Fica claro que Julián está fazendo uma análise de cada número em duas partes.

Com os números não transparentes, Julián tem mais problemas porque não é capaz de identificar, na pauta oral, nenhuma pista

---

[i] Original em espanhol: "Si es veintisiete le pones el siete, si es veintitrés le pones el tres y así, te fijas cuál dices." (N.T.)

confiável (ver Tabela 3b). Então, escolhe 1 e 0 nas três combinações {10}, {01} e {11} como possíveis candidatos para receber a interpretação desejada. Note que Julián evita a combinação com dois zeros 00, da mesma forma que todas as outras crianças. Em três ocasiões — e por razões diferentes — aparecem outros números como curingas. Julián escreve doze como {21} dizendo: "é do dois {2} *e assim* {1}", tratando este número não transparente como se fosse transparente. (Vamos nos ocupar do número 12, no total da nossa amostra, na última parte da nossa análise.)

Para compreender por que Julián escreve {31} para "veinte", precisamos considerar um fragmento da entrevista. Pedimos a Julián que escrevesse o telefone da polícia (15 82 20). Julián escreve o 15 como {10}, dizendo:[ii] É destes... acho. O que segue é 82 e ele diz: É do dois {2}, *vê, agora sim você disse. E este* {0}. O último número é 20 e Julián observa de imediato: *Agora você não falou*. Tenta a combinação {01}, mas ao ver o resultado total {102001}, diz: *Pura repetição* (referindo-se a dois zeros em posição contígua). Então substitui {01} por {31}. O resultado final é {102031}. O primeiro uso do 3 como curinga sugere a necessidade de evitar repetições, mas ao tê-lo feito, o 3 se converte em um possível curinga a ser usado em outras ocasiões. Quarenta foi escrito como {30}, enquanto Julián dizia: *Agora o difícil, eu acho... eu acho que é assim*. Julián não é um caso excepcional. Pelo contrário, é um caso representativo da busca de soluções consistentes que as crianças procuram obter.

Quando se trata de ler suas produções, as crianças deste grupo utilizam os mesmos procedimentos para nomes e números: ambos são interpretados como uma unidade, sem distinções entre as partes constitutivas, de tal modo que não chegam a perceber que os numerais utilizados para a parte conhecida do número não foram escritos no lugar adequado. Não observamos correções subsequentes à interpretação de um número escrito, tal como apareceu em crianças de níveis mais avançados de conceitualização da escrita.

[ii] As falas da criança, que aparecem neste trecho, no original são: "Es de estos... creo." "Es del dos {2}, ves, ahora sí lo dijiste. Y este {0}." "Ahora no lo dijiste." "Puro repetido". (N.T.)

2. Números escritos por crianças que escrevem e leem outras palavras fazendo corresponder uma sílaba a cada letra (N = 10)

Dentro deste grupo temos dois subgrupos, cinco crianças em cada um, segundo a utilização pertinente ou não das letras (Silábicos 1 e 2). No entanto, com relação à escrita dos números, comportam-se como um grupo único. Algumas particularidades os distinguem do grupo pré-silábico que acabamos de apresentar. Estas particularidades são visíveis nas Tabelas 3a e 3b, nas quais Miguel (da mesma idade que Julián) é apresentado como exemplo deste grupo.

Todas as crianças de nível silábico analisam explicitamente os nomes que vão escrever (quer sejam nomes de números ou não). Quando escrevem os nomes dos donos dos telefones, fazem uma análise silábica, prestando atenção ao primeiro segmento da palavra, em seguida ao segundo e assim por diante. Só quando encontram uma solução gráfica para o primeiro segmento oral prosseguem com o segundo.

Pelo contrário, a segmentação oral dos nomes dos números não ocorre por sílabas sucessivas. Estas crianças começam identificando uma parte conhecida (por exemplo, *"seis"* em 36), elas escrevem este número e logo regressam ao fragmento inicial, que pode ter mais de uma sílaba. Estas crianças são sensíveis às correspondências entre partes orais e a escrita, tanto para nomes como para números. Enquanto as crianças de nível pré-silábico podiam considerar {60} como uma boa representação para 36, sem que o lugar do 6 tenha importância, as crianças do nível silábico preferem {06}, fazendo um uso similar dos curingas, mas preservando a posição da parte conhecida do número composto. Por isto, em alguns casos escrevem da direita para a esquerda, deixando antecipadamente um espaço à esquerda; em outros casos escrevem da esquerda para a direita, mas ao ler decidem permutar a posição do números. Por exemplo, Manuel (5;8, Silábico 1) escreve {60} para 36; quando lê diz:[iii] *Trinta* (apontando o 6) *e seis* (apontando o 0) *Ai! Não ficou. Está ao contrário* (muda o zero de lugar para obter 06). Vejamos o caso de Miguel (ver Ilustração 2 e Tabelas 3a e 3b).

[iii] Falas da criança neste trecho, como aparecem no original: "Treinta" (apontando o 6) "y seis" (apontando o 0) "¡Ay! No me quedó. Está al revés" (muda o zero de lugar para obter 06). (N.T.)

ILUSTRAÇÃO 2
Miguel (4;8) Nível silábico 1

EIM 06 oi o5	Bombeiros	36 11 25
IMUE 10 12 10	Polícia	15 82 20
09i 8o#2o	Hospital	18 04 40
IMi b OP/3	Pizzas	14 39 93
EIUI ZoiP3	Mecânico	12 57 63

Miguel escreve as palavras trissílabas com três letras e as tetrassílabas com quatro letras. Todas são lidas silabicamente;

[EIM]   bom-be-ros
[IMUE] po-li-cí-a
[ogi]   hos-pi-tal
[EIUl] me-cá-ni-co

A única exceção a estas correspondências quantitativas é a palavra dissílaba "pizzas", que é escrita com três letras ao invés de duas, em virtude do princípio de quantidade mínima (Ferreiro, 1997a). Quando se trata de escrever números, Miguel demonstra conhecer a forma gráfica de todos os dígitos (inclusive o 9). No caso da escrita de números transparentes, os números escritos na 2ª posição (à direita) são todos corretos, enquanto os números escritos em 1ª posição (à esquerda) são exclusivamente zero ou um (curingas). Estes números compostos não são lidos silabicamente, mas morfemicamente: *treintai-seis, veinti-cinco, ochentai-dos* etc.

Miguel escreveu todos os números transparentes da direita para a esquerda (indicado por ← nas Tabelas) e todos os números não transparentes da esquerda para a direita. Os comentários de Miguel são similares aos de Julián (pré-silábico). Por exemplo, diz:[iv] V*inte e cinco é de cinco* {5} *e assim* {0}. A única — mas importante — diferença é que o número conhecido é escrito em segunda posição, à direita, e isso ocorre porque estas crianças leem o resultado procurando uma correspondência entre as partes orais e escritas dos números. Elas acham inaceitável dizer "cinco" ao apontar o zero ou o um, porque sabem qual é o cinco; no entanto, é possível dizer "veinti" [vinte] (um número desconhecido) apontando um curinga. De fato, 42 dos 80 números transparentes de todo o grupo foram escritos da direita para a esquerda.

No grupo que estamos considerando, os curingas foram utilizados 40 vezes ao escrever números transparentes: o zero foi usado 24 vezes e o número 1 foi usado 15 vezes. (Somente em um caso o número 7 foi usado como curinga.) No grupo pré-silábico os números 0 e 1 foram utilizados com frequência similar; no grupo silábico observamos uma clara preferência pelo zero.

Com os números não transparentes, a escrita deste grupo de crianças é similar à do grupo anterior (ver Tabela 3b), mas a maneira de ler o resultado obtido é inteiramente diferente, porque estas crianças tentam uma leitura silábica. Por exemplo, Miguel lê silabicamente "quince", *quin-ce,* escrito {10}. O mesmo ocorre com *vein-te* e *on-ce*. No caso de Miguel, a escrita dos números não transparentes se realiza ao início com os mesmos curingas (zero e um). Logo aparece outro curinga, o 2. O primeiro 2, em qualidade de curinga, parece ligado a uma necessidade de diferenciação, porque a sequência {10} já tinha sido usada para representar "veinte" [vinte] e não podia ser usada para

---

[iv] Fala da criança no original: "Veinticinco es de cinco {5} y así {0}." (N.T.)

representar "cuarenta" [quarenta] (a parte final de dois números de telefone consecutivos). A segunda aparição de 1, em qualidade de curinga, é similar ao que foi observado em Julián: o nome "doce" [doze] começa com "dos" [dois], ou seja, o nome do dígito 2. Muitas crianças escreveram 12 com um 2 inicial por esta razão; Miguel é uma delas.

Observemos que os números 9 e 4 apresentam sempre uma orientação não convencional. Esta é a maneira pela qual Miguel escreve estes números. Pedimos a todas as crianças que apresentaram escritas não convencionais, que os escrevessem isoladamente, em outra folha, porque precisávamos diferenciar claramente entre rotações intencionais e não intencionais. Este dado é crucial para interpretar as respostas que apresentamos a seguir.

3. Números escritos por crianças que escreveram outras palavras com níveis de escrita mais avançados (níveis silábico-alfabético e alfabéticos) (N = 10)

Dentro deste grupo temos dois subgrupos com cinco crianças em cada um. O subgrupo "alfabético" está composto por crianças que realizam uma representação fonológica dos nomes ditados (sem considerar o uso de alternativas ortográficas convencionais). O subgrupo "silábico-alfabético" corresponde a crianças que oscilam entre uma segmentação silábica e uma fonológica. Ambos os subgrupos se comportam como um único grupo no que concerne à escrita de números.

A grande diferença entre este grupo e o precedente reside em dois aspectos aparentemente opostos. Por um lado, estas crianças sabem escrever convencionalmente uma maior quantidade de números compostos; por outro, inventam uma nova solução para os números desconhecidos: ao invés de utilizar números curingas (que não desaparecem, mas se reduzem drasticamente) modificam a orientação dos números correspondentes às dezenas, com uma rotação de 90° sobre o eixo vertical. Vejamos um exemplo (Johnatan, 5;4, escrita alfabética).

Ao pedir a Johnatan que escreva 36, diz: *Trein-ta-i-seis. Ah, es de seis {6}. Treintai... Treinta es creo de tres* (coloca um 3 rotado à esquerda do 6). A entrevistadora pede-lhe que escreva só 3 na parte inferior da página. Johnatan o faz bem, enquanto diz:[v] *Bem fácil*. Então, fazem-no comparar as duas escritas de 3 e o menino explica: *Este é de três* (o 3 isolado) e *este do trinta e seis. Este sozinho é de três, assim sozinho três e este de cima quando se parece ao três.* A entrevistadora pergunta: trinta e seis se parece ao três?, e Johnatan explica: *Se dizem trin, trin, ouve?, se parece. Tre, trin, três. Então é dos que se parecem ao três.* Johnatan utiliza argumentos similares no caso de vários outros números compostos. Utiliza rotações voluntárias para os números que correspondem às dezenas ao escrever 25, 39, 93 e 57.

Javier (5;11, nível silábico-alfabético, Ilustração 3a) mostra soluções idênticas às de Johnatan, com explicações similares para os números invertidos, confirmadas pela Ilustração 3b.

ILUSTRAÇÃO 3A
Javier (5;11). Nível silábico-alfabético

	Bombeiros	36 11 25
	Polícia	15 82 20
	Hospital	18 04 40
	Pizzas	14 39 93
	Mecânico	12 57 63

---

[v] As falas originais da criança, que aparecem traduzidas neste trecho, no original são: "Bien fácil." "Este es de três" (o 3 isolado) "y este del treintaiseis. Este solito es de tres, así solito tres y este de arriba cuando se parece a tres." "Si dicen trein, trein, ¿oyes?, se parece. Tre, trein, tres. Entonces es de los que se parecen a tres." (N.T.)

ILUSTRAÇÃO 3B
Números isolados escritos por Javier

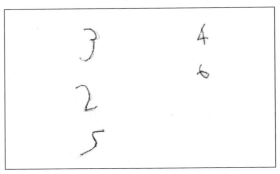

A qualidade gráfica da produção de Javier é baixa, mas seu nível de raciocínio sobre os números é muito alto. Por exemplo, para escrever 25 precisa um 2 rotado que, enquanto forma gráfica, aproxima-se ao 5, o que acaba incomodando e, por isso, explica:[vi] *É do vinte e do cinco, é do vinte que se coloca como dois e do cinco porque você diz vinte e cinco.* Perguntam-lhe: Então 25 se coloca com 2 e 5? Javier rejeita essa interpretação dizendo: *Não, com vinte e cinco.* Podemos afirmar que as rotações de Javier são intencionais porque pode escrever os números 3, 2, 5 e 4 com a orientação convencional, quando se tratava de números isolados (Ilustração 3b).

Estas rotações intencionais são bastante frequentes no grupo: aparecem em 29 dos 80 números transparentes que foram escritos (11 no subgrupo silábico-alfabético e 18 no subgrupo alfabético).[6] Também aumenta a frequência da escrita da direita para a esquerda para estes mesmos números, com respeito ao grupo anterior. (Neste grupo observamos que dos 80 números transparentes, 56 foram escritos da direita para a esquerda, ou seja, 70%, enquanto no grupo anterior, o de escritas silábicas, a porcentagem é de 52,5%). O único número que

---

[vi] Original: "Es del veinti y del cinco, es del veinti que se pone como dos y del cinco porque dices veinti-cinco." (...) "No, con veinti y cinco". (N.T.)

todas as crianças, exceto uma, escreveram da esquerda para a direita foi 18. Várias crianças sabiam de antemão como escrevê-lo. No entanto, este mesmo número aparece às vezes escrito com três dígitos: {108}; apareceu em três ocasiões neste grupo e somente uma vez no grupo anterior, de escritas silábicas.

Ter informação sobre como escrever um número foi causa de dificuldades adicionais na hora de lê-lo. Isto fica muito evidente no caso do número 12. Por exemplo, Monse (5;7, subgrupo de escritas alfabéticas) escreveu 12 convencionalmente, mas tentou lê-lo silabicamente: *dos* (apontando o 1) *se* (apontando o 2). ¡*Ay, no, cómo!* Foi-lhe perguntado se tinha certeza de que a escrita estava correta e respondeu: *Si, pero no lo puedo leer, digo dos y no es el dos, está del otro lado.* [Sim, mas não consigo ler, digo dois e não é o dois, ele está do outro lado.]

DISCUSSÃO E INTERPRETAÇÃO GLOBAL DOS RESULTADOS

Há três aspectos muito surpreendentes nos resultados obtidos que merecem ser relacionados através de três gráficos. O Gráfico 1 mostra que só as crianças do grupo pré-silábico e uns poucos do grupo seguinte (Silábico 1) localizam a parte conhecida dos números compostos transparentes à esquerda. O mesmo gráfico mostra que crianças de ambos os grupos silábicos (Silábico 1 e Silábico 2) corrigem a posição desse dígito quando leem o resultado (indicado como esq → dir no gráfico).

GRÁFICO 1
Localização de dígitos correspondentes a unidades em números
de dois dígitos transparentes (frequências totais)

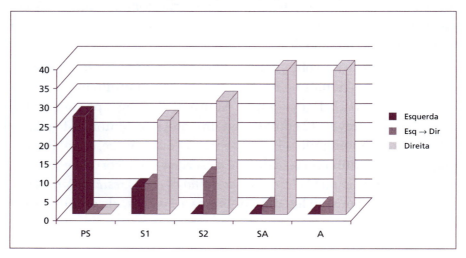

GRÁFICO 2
Números usados como "curingas"

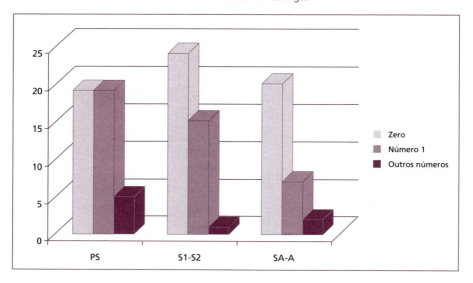

GRÁFICO 3
ROTAÇÕES INTENCIONAIS EM DÍGITOS CORRESPONDENTES A DEZENAS
EM NÚMEROS DE DOIS DÍGITOS TRANSPARENTES (FREQUÊNCIAS TOTAIS)

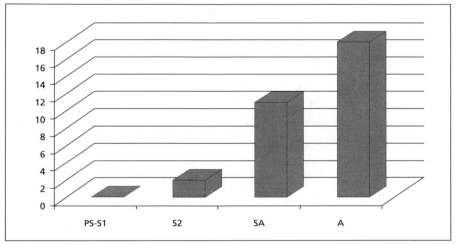

O Gráfico 2 mostra que os curingas preferidos são os números um e zero, com tendência maior ao zero que se instala progressivamente, a ponto de a utilização de outros números no papel de curinga quase desaparecer. Isto é incrível, já que o um e o zero são os números mais problemáticos, do ponto de vista cognitivo: o zero não é realmente um número porque não serve para contar; o um não é um número em sentido pleno porque não indica uma quantidade, mas um exemplar único.

Mais relevante ainda é o que o Gráfico 3 coloca em evidência: a rotação intencional dos números se incrementa à medida que avança o nível conceitual das crianças. Longe de constituir uma anomalia, essas rotações intencionais colocam em evidência o esforço realizado pelas crianças para produzir formas que continuem sendo números, mas que expressem relações de semelhança e diferença com os primeiros dígitos. As rotações intencionais concernem ao 3 de 36 e 39, ao 5 de 57, ao 6 de 63 e ao 9 de 93. Ninguém pode ter-lhes ensinado essas rotações. É claramente uma invenção infantil.

Tentaremos agora resumir a evolução conjunta do sistema gráfico alfabético (SGA) e do sistema gráfico numérico (SGN), tal como resulta da análise dos resultados que apresentamos.

a) No momento culminante do período pré-silábico há um avanço do SGN em relação ao SGA. O conjunto de formas gráficas do SGN é ao mesmo tempo menor que o conjunto das letras e mais estável, já que os números não têm variantes maiúsculas e minúsculas e sua forma sofre poucas variações tipográficas ou de estilos gráficos individuais. Além disto, cada número tem um nome vinculado com seu significado numérico, coisa que não ocorre com as letras. Em outras palavras, o SGN é de natureza ideográfica e, por esta razão, as correspondências entre formas e significados são mais fáceis de compreender. Isto nos permite supor por que os números são utilizados corretamente antes do que as letras. Combinações de letras produzem palavras e combinações de números produzem outros números (números compostos). Todas as crianças que participaram deste estudo puseram dois números para escrever números superiores aos primeiros dígitos. O que surpreende é que os nomes escritos não são analisados neste nível, enquanto os números escritos o são, já que para escrever 36 como {60}, as crianças devem ter reconhecido um "seis" no nome do número. A natureza composta dos números ditados foi reconhecida. As crianças identificaram duas partes: uma conhecida e outra desconhecida. Esta análise teve consequências no processo de escrita, mas não na leitura. Ao ler, estas crianças fazem o mesmo com nomes e números, ou seja, realizam uma leitura sem decomposição. A posição do elemento curinga não constitui um problema, porque as partes identificadas ainda não são partes ordenadas.

b) No nível silábico a situação muda totalmente. A escrita de palavras se realiza através de uma cuidadosa decomposição da emissão em sílabas. Estas sílabas estão rigorosamente ordenadas, já que não têm significado por si mesmas, mas uma ordem diferente das mesmas sílabas pode dar como resultado outra palavra. Isto tem consequências na interpretação dos números escritos. Estas crianças podem começar fazendo a mesma análise que os pré-silábicos (uma parte conhecida e outra desconhecida), mas, ao ler analiticamente, detectam a impossibilidade de dizer "seis" enquanto apontam o um ou o zero. Então mudam a posição dos dígitos. Portanto, não só trabalham com partes, mas com partes ordenadas. As partes ordenadas da emissão devem corresponder às partes escritas. Progressivamente, as crianças conseguem antecipar a posição da parte desconhecida e escrevem da direita para a esquerda, deixando um branco para ser preenchido com um curinga.

Estes curingas vão se restringindo progressivamente. No período pré-silábico, o zero e o um já eram os curingas preferidos, mas outros números podiam cumprir uma mesma função. No período silábico, o uso do zero é mais frequente que o do um, e esta preferência pelo zero vai aumentar no período seguinte. As razões para preferir o zero como curinga são duas: por um lado, o zero foi — historicamente falando — um número muito difícil de aceitar como tal, e continua sendo em termos de evolução psicológica já que uma "quantidade zero" é, de fato, uma ausência de quantidade, e também porque quando contamos começamos com o um. Por outro lado, o nome "zero" não aparece no nome de nenhum outro número composto. Mesmo um número escrito com muitos zeros, como "mil" ou "milhão", não tem o nome "zero" dentro de sua denominação.

c) Quando as crianças começam a compreender os princípios do SGA, prestam especial atenção às correspondências qualitativas entre letra e segmentos da emissão oral. Procuram letras apropriadas para as semelhanças e diferenças percebidas. Isto tem consequência na escrita dos números. O uso de curingas é reduzido porque agora tentam encontrar números pertinentes através de semelhanças orais. Por exemplo: *Tre, trein, tres, entonces es de los que se parecen a tres* (Johnatan, já citado). O problema é que, tentando encontrar um "treinti", um "treinta" [trinta] que acaba sendo parecido, mas diferente do "tres", deparam-se com um conjunto restrito de formas gráficas. As formas do SGN não permitem variações; as formas do SGA, sim, permitem variações.[7] Um número restrito de formas, sem variantes, constituiu um facilitador no começo; isto mesmo se converte agora em uma restrição. Para superá-la, as crianças inventam novas formas através de uma rotação dos números já conhecidos.

Ao mesmo tempo, as crianças recebem informação do meio social sobre os números da primeira dezena (10, 11, 12...) e também sobre as dezenas seguintes (20, 30...) sem as unidades. O problema consiste no modo de assimilar esta informação. Por exemplo, aparece uma nova solução {108} para escrever 18. Esta solução é instável porque as crianças já sabem que estes números são escritos com dois dígitos. Elas reconhecem duas partes no nome do número (dez e oito). Por que escrever três elementos gráficos? Só porque o ideograma de "dez" já é conhecido e vai seguido do ideograma de "oito". Acreditamos que é preciso ter cautela e não interpretar estas soluções como a manifestação de uma compreensão da natureza aditiva do sistema numérico.

Para terminar, precisamos reconsiderar nossa definição de transparência para que sirva a fins evolutivos. Por exemplo, 12 é opaco, mas as crianças, em geral, trataram-no como um número transparente, começando com um {2} e continuando com um curinga, depois de uma análise do nome em duas partes: *dos-se*.

Se nossa interpretação é correta, o SGA e o SGN (ambos em evolução) estão fortemente vinculados por um processo dinâmico que supõe múltiplos conflitos devido a influências recíprocas. Não nos parece apropriado pensar no desenvolvimento dos números em um módulo isolado (Tolchinsky, 2003). Números e letras interagem entre si, durante o desenvolvimento, de uma maneira que está longe de ser trivial.

Notas

1. "Pizzas" significam, neste caso, as que são entregues em domicílio. Foi incluída uma lista de "números telefônicos de emergência" por sugestão das próprias crianças.

2. Como veremos, esta instrução é ignorada pelas crianças que se encontram em níveis inferiores de conceitualização da escrita.

3. Alguns resultados preliminares desta pesquisa foram publicados em Alvarado e Ferreiro (2000).

4. A idade de cada criança será indicada por dois números separados por um ponto e vírgula. O primeiro número corresponde aos anos, o segundo aos meses. Dentro do texto, as produções escritas pelas crianças aparecem entre chaves { }.

5. "Assim" é uma expressão dêitica, utilizada pelas crianças exclusivamente para se referir aos curingas.

6. Murrone (2001) trabalhou um problema similar com crianças italianas. Esta autora reporta números com justificativas inteiramente similares às das crianças mexicanas. Ditas rotações foram produzidas por crianças maiores que as da nossa amostra, ou seja, crianças de 5 ou 6 anos. Infelizmente, no estudo de Murrone, as crianças escreveram somente seu próprio número de telefone. Isto nos impede de fazer comparações sistemáticas devido à variabilidade dos números escritos e à falta de controle da variável "transparência", uma variável de suma importância conforme pudemos observar em nossa pesquisa.

7. Brizuela (1997) refere-se a um caso muito sugestivo de um menino que procura um "upper case three" [3 maiúsculo] para escrever a parte "thirty" [trinta] de 33.

PARTE 3

7
Entre a sílaba oral e a palavra escrita

Emilia Ferreiro

Publicação original feita em 2000, *Infancia y Aprendizaje*, n. 89, p. 25-37.

O estudo das segmentações dos textos de escritores debutantes (crianças e adultos) em palavras gráficas é uma importante fonte de informação para nos aproximarmos da complexa história da noção de palavra. De fato, duas possibilidades extremas são teoricamente possíveis: ou há uma noção prévia de palavra, que simplesmente se aplica à escrita (concepção tradicional da primacia do oral sobre o escrito, em todos os níveis), ou a noção de palavra se constitui através da escrita (funcionando como modelo para a análise da fala, na perspectiva sustentada por Olson, 1996).

Em função dos dados psicogenéticos disponíveis, nenhuma destas interpretações é inteiramente correta. Sabemos que o termo "palavra" não tem um referente unívoco em períodos pré-alfabéticos (capítulo 5 neste volume). Em certas situações é possível evidenciar que o protótipo de palavra escrita corresponde a entidades que podem se desprender do fluxo da fala, frente às quais a pergunta "que é?" tem sentido (tipicamente, palavras com conteúdo semântico pleno, por contraste com artigos, pronomes clíticos, preposições e algumas conjunções). Sabemos, por outro lado, que a normalização da segmentação gráfica é um fato recente na história da escrita ocidental (Parkes, 1993; Saenger, 1997; Desbordes, 1990).

No entanto, a indagação psicológica sobre a noção de palavra continua sendo, de forma persistente, tributária de uma ideia pré-escritural, ou seja: apresentam-se enunciados orais e solicita-se às crianças que digam quantas e/ou quais palavras escutaram, com a ideia de que a "unidade palavra" preexiste à escrita, qualquer que seja o tipo de palavra em questão. Contudo, os resultados são coincidentes sobre um aspecto da questão (Gombert, 1990): antes dos 6-7 anos as crianças têm sérias dificuldades para aceitar como "palavras" aquelas que não possuem um conteúdo semântico pleno. Uma ideia exaustiva de "palavra" (tal como a escrita o prescreve, em sua normatividade presente) acaba sendo suspeitosamente contemporânea com o início da alfabetização escolar.

Nossos dados empíricos e nossa interpretação teórica nos levam a afirmar que existe uma noção pré-alfabética de palavra (limitada às emissões já indicadas); o processo de alfabetização obrigará a redefinir essa noção para aceitar outra que é a imposta pela escrita (séries de letras separadas por espaços em branco, qualquer que seja o *status* sintático, semântico ou referencial dessas expressões).

O problema que queremos abordar neste capítulo é o seguinte: ainda supondo que é a escrita que obriga a redefinir a noção pré-alfabética de palavra, não sabemos se o efeito da escrita sobre a fala é imediato ou se, apesar de escrever alfabeticamente, as crianças têm, durante certo período, dificuldades para homologar as unidades "palavras" de ambos os níveis (oral e escrito).

Para verificá-lo, escolhemos uma situação experimental muito utilizada na literatura psicolinguística: contar as palavras. Esta técnica, que foi empregada exclusivamente em nível oral, foi adaptada conforme descrevemos adiante, em uma série de três formatos experimentais.[1] O elemento comum aos três formatos é o tipo de sujeito a ser entrevistado: através de um ditado coletivo, feito em situação escolar, identificamos ao início da 2ª série do ensino fundamental (em escolas públicas da cidade do México) aquelas crianças que escrevem alfabeticamente, mas que ainda apresentam oscilações na segmentação gráfica das palavras. Eliminamos os que segmentavam convencionalmente, bem como aqueles que apresentavam uma quantidade excessiva de hipossegmentações (próximas a *scriptio continua*, o que é relativamente fácil de observar quando a letra escolar tem caracteres separados — tipo imprensa simplificados — como é o caso na tradição escolar do México). Tudo o que diremos à continuação se aplica, portanto, a este momento peculiar da aprendizagem da língua escrita, quando as crianças compreenderam os princípios de uma escrita alfabética, mas resistem (com boas razões!) a aceitar propriedades do sistema que não correspondem aos princípios alfabéticos, a separação de palavras gráficas e as alternâncias ortográficas são algumas destas "incongruências" de nossos sistemas alfabéticos.

SITUAÇÃO EXPERIMENTAL 1

Escolhemos refrãos próprios da tradição oral para serem apresentados como enunciados a serem memorizados. (Ver lista no Anexo 1.) Depois de uma etapa de sondagem, selecionamos seis refrãos com léxico acessível e que se situavam entre os mais fáceis de memorizar pelas crianças. A vantagem dos refrãos parece-nos residir no fato de que não são construções *ad hoc* feitas pelo experimentador, mas mostras da "sabedoria popular". Da mesma forma que a poesia, não podem ser parafraseadas, mas devem ser repetidas como são. Ainda que não se recupere o sentido metafórico, é possível uma interpretação literal, graças ao léxico.

Os refrãos foram gravados por uma pessoa com formação linguística que teve o cuidado especial ao dizê-los usando "uma só emissão de voz". As crianças os escutavam, um por vez, na ordem indicada no Anexo 1. Despois de escutá-los, deviam repeti-los para estarmos certos da boa retenção na memória imediata.

Meninos e meninas foram entrevistados individualmente nos primeiros meses do ano escolar. O experimentador teve cuidado especial em utilizar somente o termo "palavra" ao longo de toda entrevista. Dentro de um esquema predeterminado, utilizamos momentos de entrevista livre para compreender melhor a razão das respostas inesperadas ou aparentemente contraditórias.

Quarenta meninos e meninas, de três escolas públicas da cidade do México, foram designados ao acaso a um dos seguintes grupos:

Grupo A — Considerando o primeiro refrão, deveriam contar as palavras que haviam escutado (dizendo quais eram); logo procederiam à escrita e contagem das palavras escritas (sublinhando se preciso). Com o segundo refrão, escreviam, contavam a partir do escrito e logo realizavam a contagem oral.

Grupo B — Com o primeiro refrão, deviam realizar a escrita e a contagem das palavras escritas (sublinhando se necessário); logo, a escrita era retirada e solicitava-se que fizessem a contagem oral. Com o segundo refrão realizavam a contagem oral antes de escrevê-lo e contar o escrito.

A única diferença entre os dois grupos consiste no ponto de partida. Logo, a ordem de apresentação vai sendo alternada.[2]

O resultado mais notório é que apenas cinco crianças (de um total de 40) conseguiram, na primeira tentativa, fazer coincidir a contagem oral com a contagem a partir do escrito. A grande maioria apresenta uma discrepância evidente entre ambas as contagens. A tendência geral é encontrar mais "palavras" quando se diz o refrão que quando se escreve. Em casos extremos, uma das quantidades pode chegar a duplicar a outra (15 a 7, por exemplo).

Quinze crianças escreveram corretamente todos os refrãos, mas apenas cinco delas correspondem às mencionadas anteriormente: coincidência imediata entre a contagem oral e a escrita. As crianças que escrevem corretamente (antes ou depois da contagem oral) mas não reencontram as mesmas "palavras" no oral, o fazem porque agrupam elementos nominais e/ou verbais (por exemplo, *ojosquenovem* [olhosquenãoveem]) ou porque segmentam em sílabas algumas das palavras (por exemplo, *ca-ma-rón* [ca-ma-rão]).

A tendência a trabalhar com sílabas (ainda que as chamem "palavras") no nível oral é tão forte que 11 crianças fazem uma silabação sistemática e exaustiva, em todos os refrãos que lhes foram apresentados, e 15 utilizam a silabação, embora não tão sistematicamente.

Portanto, 65% desta mostra encontra e conta sílabas (sempre ou com bastante frequência) ao procurar palavras no nível oral.

As 11 crianças que utilizaram a contagem silábica sistemática apresentam escrita com hipossegmentações (ou seja, união inadequada de palavras), mas a maioria destas "uniões inadequadas" se encontra em lugares previsíveis. De acordo com pesquisas prévias (Ferreiro, Pontecorvo et al., 1996), os lugares previsíveis são os seguintes: dois pronomes clíticos juntos (*se lo*, refrão **c**); preposição e artigo (*por la*, refrão **e**); preposição e substantivo (*en casa*, refrão **a**); pronome clítico e verbo (*se lava*, refrão **a**); negação e verbo (*no ven*, refrão **d**). É evidente que a combinação de contagem silábica sistemática e hipossegmentação na escrita é o que leva às discrepâncias mais marcadas, conforme ilustra o seguinte exemplo de *Rodolfo*:

Refrão **a**
Contagem oral: *el-pez-por-la-bo-ca-mu-e-re, são 9.*
Escrita: *el pes porla boca muere. São 5.*
Pesquisadora: Ficaram 5 e antes você contou 9. Pode ser, 5 e 9?
Rodolfo: *Ahã*

Refrão **b**
Escrita: *el que tiene mas saliba traja maspinole*
Contagem escrita: *São 8* (ao contar separa as duas últimas)
Contagem oral: *el-que-ti-e-ne-mas-sa-li-va-tra-ga-mas-pi-no-le. São 15.*
Pesquisadora: E quanto você escreveu?
Rodolfo: *Oito*
Pesquisadora: E como fica isso?
Rodolfo: *Como?*
Pesquisadora: Pois você escreveu 8 palavras e logo disse que contou 15.
Rodolfo: *Ahã*
Pesquisadora: Você escreveu e disse a mesma coisa. Certo?
Rodolfo: *Sim*
Pesquisadora: E podem ser 15 e 8 palavras?
Rodolfo: *Sim*

Diante de tamanha disparidade nas contagens, Rodolfo se limita a constatá-la, sem mostras de problematização, aceitando que o termo *palavra* não tem o mesmo referente quando se aplica ao oral ou quando se aplica ao escrito.

Este é um tipo de reação observada. Outro tipo de reação consiste em mostrar surpresa, a partir da qual algumas crianças se limitam a constatar uma discrepância não antecipada e outros procuram, de alguma forma, compensar essa diferença (ainda que quase nunca o consigam). Finalmente, outros dizem que algo está mal porque deve haver o mesmo número (embora nem sempre consigam superar o problema). As dificuldades para resolver o problema ficam bem exemplificadas por *Salvador*:

Refrão **e**
Escrita: Correta. Conta seis palavras e antecipa que serão seis também ao contá-las oralmente.
Pesquisadora: Diga quais são.
Salvador: *el-pez-por-la-bo-ca-mu-e-re. Ai, são nove!*
Pesquisadora: Pode ser que escreva seis e ao contá-las sejam 9?
Salvador: *Não*
Pesquisadora: Conte-as outra vez!
Salvador: *el-pez-por-la-bo-ca-mu-e-re* (grande surpresa)
Pesquisadora: Por que isso?
Salvador: *Eu achava que eram seis... e são nove!*

O que é que leva a esta preeminência da sílaba como "unidade contável" no nível oral? Algumas das crianças que, ao invés de dividir em sílabas, recorrem a unidades maiores que a palavra, dividem os refrãos em grupos rítmicos (por exemplo: *camarón/queseduerme/selolleva/lacorriente* [camarão/quedorme/élevado/pelacorrente]). A silabação também é claramente rítmica. Considerando que os refrãos têm essa característica, e com o objetivo explícito de verificar a possível influência dos ritmos internos dos refrãos na presença de silabação, realizamos a seguinte experiência.

SITUAÇÃO EXPERIMENTAL 2

No ano seguinte, no início do período escolar, escolhemos, com critérios similares, 24 meninos e meninas de escolas públicas, com 7 anos (2ª série de ensino fundamental), constituindo os mesmos grupos A e B, propondo tarefas similares, mas desta vez com orações impessoais, que tentam refletir enunciados de caráter "público", mas que carecem das características rítmicas próprias dos refrãos; por exemplo, *el que vive de su trabajo es honrado* [quem vive do seu trabalho é honrado]. A lista com os seis enunciados se encontra no Anexo 2. A falta de homogeneidade deve-se ao fato de que tentamos fazer com que tivessem uma estrutura sintática similar à dos refrãos anteriores. Solicitamos à mesma pessoa que havia gravado os refrãos que fizesse a gravação destes enunciados.

Não é necessário apresentar aqui os detalhes destes novos resultados. Basta indicar que a silabação oral se apresentou novamente, nos grupos A e B, com todas as orações utilizadas.

Uma vez descartada a variável "estrutura rítmica dos refrãos" como possível causa da aparição da silabação oral, decidimos realizar uma nova experiência.

SITUAÇÃO EXPERIMENTAL 3

Na mesma época do ano escolar (ou seja, um ano calendário mais tarde) escolhemos, com os mesmos critérios, 20 meninos e meninas que participaram de um esquema simplificado: somente quatro refrãos (os que haviam tido melhor retenção na memória imediata), dois dos quais se iniciam com artigo e substantivo e dois com um substantivo (ver lista no Anexo 3). Formamos os mesmos grupos A e B, desta vez, porém, *a apresentação não foi oral, mas por escrito*. Quer dizer, as crianças deviam ler os refrãos, ao invés de escutar uma gravação. As segmentações nas palavras grafadas foram, portanto, oferecidas de imediato, como parte do estímulo visual e não como inferências a partir do oral. Com esta nova experiência esperávamos poder responder às seguintes hipóteses alternativas:

a) o escrito (lido) serve como modelo para a análise do oral, tanto quanto para a análise do escrito, uma vez que o escrito convencional está presente;

b) o escrito (lido) não é modelo para a análise do oral até que a criança consiga conceitualizar os espaços em branco da escrita como fronteiras que redefinem sua ideia pré-alfabética da noção de "palavra".

Nesta experiência descartamos, por outro lado, a confusa interface entre oralidade (alheia) e escrita (própria), colocando-nos desde o início no domínio do escrito (embora não possamos descartar, obviamente, a interface entre a própria oralidade da criança e sua própria escrita). Para evitar possíveis interferências, nos abstivemos de apresentar questões de averiguação até o final da entrevista. Apenas perguntamos se era possível obter resultados discrepantes cada vez que isto ocorria (por exemplo: Pode ser sete e onze?).

O resultado mais impactante é o seguinte: apesar da apresentação por escrito das palavras grafadas, a silabação oral não desaparece. Sete crianças de um total de 20 (35%) recorrem de maneira predominante à silabação oral, com discordâncias características com a escrita (prévia e posterior). Se somamos a estas as duas crianças que começam penosamente desta maneira, mas que conseguem avançar de cara à definição "oficial" (ou seja, escrita) da palavra, temos quase a metade (45%) recorrendo à silabação oral.

Os resultados podem se apresentar de diversas formas, mas talvez uma das mais ilustrativas seja a que corresponde à Tabela 1.

TABELA 1
Relação entre a quantidade de refrãos, em que a quantidade de palavras foi contada convencionalmente (+) no escrito e no oral. Em cada célula consta o número de crianças.

ESCRITO	ORAL					
	4+	3+	2+	1+	0	Total
4+	1		2		2	5
3+		2		1	2	5
2+			1	1		2
1+				1	1	2
0				1	5	6
Total	1	2	3	4	10	20

Nesta tabela cruzamos a quantidade de refrãos escritos convencionalmente (segundo a norma ortográfica atual de separação de palavras) com uma contagem oral similar (com um critério estrito). Como se pode observar, apenas uma criança escreveu e contou da mesma maneira (convencional) os quatro refrãos. Trata-se, talvez, de uma criança mal selecionada ou de alguém que avançou entre o momento da seleção e o dia da entrevista individual. O importante da tabela reside nas outras colunas. Como se pode observar, há 9 crianças (de um total de 20) que escrevem todos os refrãos, ou todos menos um, de forma convencional, mas que não reencontram essas mesmas unidades no oral (linhas 4+ e 3+ da coluna "Escrito" somam 10, mas é preciso excluir a criança que tem valores 4+ no escrito e no oral). Porém, não há nenhuma criança que tenha contado convencionalmente as unidades "palavra" no oral (ao menos em três dos quatro refrãos) e que tenha escrito de maneira não convencional.

Os dados se concentram massivamente no lado direito da tabela (com relação à diagonal), o que indica que a quantidade de refrãos com segmentações corretas no escrito é superior à quantidade de refrãos segmentados da mesma forma no nível oral.

Para nossa análise, são particularmente importantes os casos em que todas as escritas estão corretas e nenhuma contagem oral coincide com o que eles próprios leram (no modelo) e escreveram (na ausência do modelo). Temos, neste caso, duas crianças (Jéssica e José Carlos). *Jéssica* manifesta uma dissociação total entre as unidades do oral e as do escrito. Todas as contagens orais de Jéssica são silábicas e todas suas escritas são convencionais. Quando começa a escrever o refrão, antecipa que vai encontrar a mesma quantidade de unidades no oral, mas sempre encontra muito mais (no refrão **b**, escreve e conta 9 no escrito, mas descobre 15 no oral; no refrão **d** escreve e conta 8 palavras, antecipa 8 no oral e obtém 12). Jéssica acha que deveria obter o mesmo número e, quando lhe perguntamos, ao final da tarefa, qual seria o número correto, diz: *Quando as escrevemos. Porque assim estamos contando.*

O caso de *José Carlos* é diferente: começa com uma tarefa de escrita, mas só sublinha as palavras plenas (ou seja: *ropa, sucia, lava, casa*) e logo expressa oralmente estas mesmas quatro palavras. Quando deve começar a contagem oral, a tarefa se faz quase impossível; termina agrupando (por exemplo: *camarón-queseduerme-selolleva-lacorriente)*; escreve com segmentações corretas, mas só sublinha as palavra plenas (*camarón, duerme, lleva, corriente*). Obtém, finalmente, uma certa correspondência com o número de unidades que diz (agrupando) e as que obtém sublinhando. Nega que as palavras não sublinhadas sejam "palavras". Perguntamos o que são e ele responde com extrema franqueza: É que eu não sei o que é.

Reencontramos, então, já no nível da escrita alfabética, os requisitos pré-alfabéticos de palavra (somados a um requisito gráfico adicional: têm poucas letras).

Assinalemos que este tipo de resposta já havia aparecido durante a experiência 1, conforme mostra o seguinte fragmento de entrevista com *Daniela,* que escreve corretamente o refrão *"La ropa sucia se lava en casa"* [Roupa suja se lava em casa]:

Pesquisadora: ¿Cómo sabes dónde hay que separar? [Como você sabe onde se deve separar?]

Daniela: *Cuando acaba una palabra dejo un espacio y empiezo con otra palabra.* [Quando acaba uma palavra, deixo um espaço e começo com outra palabra.]

Pesquisadora: ¿Cómo sabes cuáles son las palabras? [Como você sabe quais são as palavras?]

Daniela: *Leyéndolas.* [Lendo.]

Pesquisadora: ¿"La" es una palabra? ["A" é uma palavra?]

Daniela: *No* [Não]

Pesquisadora: ¿No es palabra? [Não é palavra?]

Daniela: *Bueno, sí... Pues es que es muy cortita.* [Bom, sim... Pois é que é muito curtinha.]

Pesquisadora: ¿"se" es una palabra? ["se" é uma palavra?]

Daniela: ¿Se?... *Sí es una palabra (dudando). Bueno, "la" es una palabra pero cortita como la "se".* [Se... sim, é uma palavra (duvidando). Bom, "a" é uma palavra, mas curtinha como a "se".]

Pesquisadora: ¿Cuál es la diferencia entre "la", "se" y "ropa", "lava"? [Qual é a diferença entre "a", "se" e "roupa", "lava"?]

Daniela: *Es que no son así como "casa", no son así cosas, no son cosas, son letras nada más.* [É que não são assim como "casa", não são assim, coisas; não são coisas, são letras, nada mais.]

Daniela consegue expressar, de maneira bastante clara, quais são suas dificuldades: gráficas (muito poucas letras) e semânticas (não remetem a "coisas", não têm referente, são letras nada mais). A exigência de quantidade mínima (Ferreiro e Teberosky, 1979) que desempenha um papel tão decisivo na evolução pré-alfabética da escrita (Ferreiro, 1988) continua vigente no início da escrita alfabética, convertendo-se em uma das razões pelas quais é tão difícil generalizar o termo palavra a tudo aquilo que as crianças devem segmentar para se acomodar (no sentido piagetiano) ao modelo externo, um modelo que ainda não conseguem assimilar porque requer uma reelaboração de esquemas conceituais prévios.

CONCLUSÕES

Queremos considerar agora os dados obtidos à luz de três problemas diferentes, mas relacionados: as dificuldades conceituais próprias da noção de palavra; a contagem de palavras como situação específica; a hipótese do escrito como modelo de análise da fala.

I) AS DIFICULDADES CONCEITUAIS PRÓPRIAS DA NOÇÃO DE PALAVRA

Só um psicolinguista que ignore a história da escrita poderia se surpreender com estas dificuldades. As dificuldades para conseguir uma definição de palavra válida para todas as línguas são bem conhecidas (Blanche-Benveniste, 1998, cap. 3; Fruyt e Reichler-Béguelin, 1990; Reichler-Béguelin, 1992). Também é conhecido o rechaço dos linguístas deste século à utilização de uma noção que, em suma, parece ter um *status* intuitivo, pré-teórico (Pergnier, 1986; Malkiel, 1970, Martinet, 1966). Por outro lado, a evolução histórica das segmentações do texto na tradição ocidental é uma história apaixonante, que é contemporânea a todas as histórias relacionadas: a introdução de sinais de pontuação, a alternância de maiúsculas e minúsculas e a utilização do espaço vazio como um signo pleno, elas se entrelaçam em um processo intrincado de criação de um espaço visual repleto de indicações extra-alfabéticas para o leitor; ou melhor, para uma nova definição da atividade do leitor (Cavallo e Chartier, 1997; Saenger, 1997; Catach, 1994; Illich, 1993).

As dificuldades históricas para diferenciar estas unidades gráficas e as dificuldades da teoria linguística para conceitualizá-las não são similares às das crianças, mas elas ajudam a entender que as crianças, ao tentarem encontrar o referente conceitual do termo "palavra", não estão enfrentando dificuldades infantis, mas dificuldades adultas.

2) A CONTAGEM DE PALAVRAS COMO SITUAÇÃO ESPECÍFICA

Nenhuma proposta experimental é neutra. Contar quantas e quais palavras aparecem no oral supõe aceitar que a oralização é segmentável em unidades às quais podemos aplicar o termo "palavra". Mas, como são produzidas as unidades contáveis em nível oral? No caso da oralidade, a criança não tem diante de si unidades ordenáveis a partir de sua própria ação, mas deve produzi-las para poder contá-las. Desde as clássicas análises de Piaget e Szeminska, sobre a gênese do número na criança (1941), sabemos que a ação de contar exige considerar como equivalentes os objetos contados, apesar de reconhecer diferenças entre eles. Este processo de "igualar no pensamento e através da ação" é o que provavelmente incita a busca de "unidades equivalentes" na produção oral. De fato, como é possível comparar, em nível oral, unidades tão diferentes em seu desenvolvimento temporal como *camarón* [camarão] e *que*? Pelo contrário, a segmentação *ca-ma-ron* produz três unidades inteiramente equiparáveis a *que, se, la*, no mesmo refrão.

No entanto, essas unidades privilegiadas em nível oral não são aplicáveis, de imediato, ao escrito, já que uma escrita, produzida segundo esses mesmos critérios "contáveis", produz resultados incompatíveis com o critério de quantidade mínima (que como já vimos, continua tendo vigência ainda que cumpra diferentes funções durante a evolução psicológica). O resultado escrito de uma segmentação silábica não é aceitável, conforme expressa *Salvador* (situação experimental 1), a quem foi proposta uma escrita segundo a contagem silábica, que ele acabou de realizar e considera que não ficou boa: *Não, está tudo separado, não se entende nada. Vão pensar que é abecedário.*

A escrita fixa a unidade palavra, dando-lhe um corpo gráfico que não nos permite pensar nela como independente e diferenciada do fluxo da fala. Para uma percepão adulta, o que se junta ao dizer se separa ao escrever. Para as crianças pode resultar exatamente o contrário. Como disse *Salma*, que recorre à silabação oral: *As palavras se juntam quando eu as escrevo. Se separam* (ao dizê-las).

Não há, então, razão intrínseca para pensar que as unidades do oral e do escrito devam ser as mesmas quando se trata de contar. Podemos utilizar o mesmo termo, mas as crianças de 7 anos já encontraram necessariamente muitos casos de homofonia com diferença referencial e o termo "palavra" poderia ser mais um caso desta série.

3) A HIPÓTESE DO ESCRITO COMO MODELO PARA A ANÁLISE DA FALA

Nossos dados sustentam, globalmente, dita hipótese. As crianças confiam mais no escrito que no oral. Em suas próprias palavras: (Tá bom) *quando as escrevemos* (Alma, situação experimental 3); (Ao escrevê-las) *me daria conta de quantas são* (Juan Carlos, situação experimental 1). Alejandro (situação experimental 3) acha quase impossível começar pela contagem oral: resiste, pede que lhe permitam ver o modelo escrito, pede um lápis para escrever.

No entanto, subsiste a pergunta: a escrita se converte em um modelo de análise do oral de imediato ou é preciso um certo processo para que isso ocorra? Nossos dados sugerem a segunda alternativa. Nas três experiências é muito mais frequente encontrar crianças que escrevem de forma correta, sem conseguir ajustes com a contagem oral, que o contrário.

Tudo isto faz supor que o ajuste escrito/oral não é imediato. É possível que este tempo de ajuste seja de poucos meses (nossos dados são transversais e não permitem supor a duração deste período), mas isto não reduz sua importância teórica. Um modelo, qualquer que seja, precisa ser interpretado para ser utilizado. Nossos dados mostram tentativas de ajuste ao modelo, mas essas tentativas, sem conceitualização nova, não garantem estabilidade.

Mais ainda, alguns dos dados recolhidos, durante a primeira experimentação, sugerem que não se trata somente de assimilar um modelo, mas de construir um novo observável, o que é cognitivamente diferente. Alguns dos dados recolhidos durante a primeira experimentação sugerem que, quando o modelo de segmentação do escrito se transfere ao oral, são "escutadas" pausas onde só há uma emissão contínua. Em algum momento da entrevista, perguntou-se a 36 crianças, das 40 da mostra da situação experimental 1: "¿escuchaste que la persona que grabó se paró en alguna parte o lo dijo todo junto?" [você escutou que a pessoa que gravou parou em alguma parte ou falou tudo junto?]. Usando de propósito a expressão "se paró" que significa deter-se, ou ainda "separó", no sentido de separar unidades; ambos os sentidos são indistinguíveis no nível oral. Das 36 crianças, 21 (58%) afirmam que a pessoa que gravou o refrão o fez sem pausas. Mas o que nos parece significativo é que no resto (ou seja, aqueles que afirmam que "se paró" ou "separó") estão os que apresentam escrita mais convencional. Não só dizem que escutaram que foi dito *em pequenas partes, as palavras separadas, parando pouco a pouco, em cada palavra*, além disto, insistem neste ponto apesar de ouvir novamente a gravação ou, inclusive, depois de uma forte sugestão em sentido contrário. Vejamos dois exemplos:

Samuel (experiência 1) (Escrita correta)

Pesquisadora: Em la grabadora, ¿lo fueron diciendo separado, con espacios, o todo corrido? [No gravador, foram falando separado, com espaços, ou tudo corrido?]

Samuel: *Lo dijeron con espacios.* [Falaram com espaços.]

Pesquisadora: ¿Dónde? [Onde?]

Samuel: (lê corretamente, em voz alta, o que escreveu, fazendo pausas entre cada palavra.)

Pesquisadora: Vamos a oírlo otra vez. [Vamos ouvir outra vez.] (Repete a gravação)

Samuel: *Lo dijo con espacios.* [Falou com espaços.]

José (experiência 1) (Escrita correta)

Pesquisadora: En la grabadora, ¿cómo lo oíste? [Como você ouviu no gravador?]

José: *Con espacios.* [Com espaços.]
Pesquisadora: Vamos a escucharlo otra vez, porque yo oí que lo dijo junto. [Vamos ouvir outra vez, porque eu ouvi que falou junto.]
(Repete a gravação)
José: *Yo oí que lo dijo separado.* [Eu ouvi que falou separado.]

Ao que tudo indica, a aceitação das segmentações convencionais da escrita implica a construção de um novo observável, através da atribuição das segmentações à realidade escutada. Quando começamos a escutar o oral em termos de "palavras ditas", começamos, ao mesmo tempo, a construir observáveis sem nenhuma base sensorial de sustentação. Dito de outra maneira, começamos a analisar o que foi ouvido em termos de palavras, porque atribuímos as segmentações do escrito a essa mesma realidade.

A objetivação como produto da atribuição de propriedades extraperceptivas à realidade. Um tema ideal para uma reflexão epistemológica que concorda com a teoria de Piaget.

Em todo caso, o resultado claro de nossos dados é que não basta a apresentação do modelo externo. Para que este modelo possa se constituir realmente como modelo, deve poder ser assimilado pelo sujeito em desenvolvimento.

Conclusão: é certo que a escrita define (em um momento dado de sua evolução histórica) o que é ou não é uma palavra. O problema seria simples se estivéssemos diante de dois momentos contrastantes da evolução psicológica: ausência da noção de palavra/introdução da noção de palavra através da escrita. O problema é mais complexo, há uma noção pré-alfabética de palavra, que será colocada em crise pela escrita (uma vez compreendidos seus princípios alfabéticos). Reorganizar uma noção prévia não é o mesmo que adquirir, pela primeira vez, uma distinção ignorada. Se é certo que aceitar a noção de palavra da escrita exige a construção de novos observáveis (expressos na atribuição das segmentações à realidade escutada), então o problema não seria somente psicológico, mas também epistemológico.

Notas

1. Uma parte dos resultados das experiências 1 e 2 foi publicada previamente em Ferreiro (1997b e 1998). Os dados correspondentes à situação 3 são publicados aqui pela primeira vez. Parte deste trabalho foi realizada dentro do projeto 211085-5-4724H, financiado pelo Conselho Nacional de Ciência e Tecnologia do México.

2. A estrutura desta experiência incluía outros tipos de tarefas. Para uma apresentação completa, ver Ferreiro (1997b). Todas as crianças trabalharam com seis refrãos, mas nem todas fizeram a mesma tarefa com cada um deles. No que se refere especificamente à tarefa de contagem de palavras, a metade da amostra (20 crianças, dez do grupo A e dez do grupo B) teve quatro oportunidades de contagem, trabalhando com os quatro primeiros refrãos, enquanto as 20 restantes tiveram duas oportunidades de contagem, trabalhando com os dois últimos refrãos.

ANEXO 1
Lista de refrãos[i] apresentados oralmente

Situação experimental 1

a) La ropa sucia se lava en casa. [Roupa suja se lava em casa.]
b) El que es buen gallo donde quiera canta. [Quem pode, pode, quem não pode, se sacode.]
c) Camarón que se duerme se lo lleva la corriente. [Camarão que dorme a onda leva.]
d) Ojos que no ven corazón que no siente. [O que os olhos não veem o coração não sente.]
e) El pez por la boca muere. [O peixe morre pela boca.]
f) El que tiene más saliva traga más pinole. [Quem tem mais saliva, engole mais paçoca.]

ANEXO 2
Lista de refrãos apresentados oralmente

Situação experimental 2

a) La piñata se rompe en la fiesta. [A pinhata é quebrada na festa.]
b) El que vive de su trabajo es honrado. [Quem vive de seu trabalho é honrado.]
c) Caminar todos los días es bueno para la salud. [Caminhar todos os dias é bom para a saúde.]

---

[i] O refrão do item "b" não possui equivalente exato em português, por esta razão optamos pelo refrão de uso nacional, cujo sentido é o mais aproximado daquele utilizado na pesquisa.

No refrão do item "f", a palavra *pinole* refere-se a um doce tipicamente mexicano à base de farinha de milho, cuja textura é muito similar à paçoca de amendoim. Por esta razão, optamos por uma tradução mais literal no intuito de preservar a ideia original. (N.T.)

d) Coches que no se afinan no deben circular. [Carros desregulados não devem circular.]
e) El pez nada con las aletas. [O peixe nada com as barbatanas.]
f) El que coma más frijoles tendrá más dulces. [Quem comer mais feijão vai ganhar mais doces.]

ANEXO 3
Lista de refrãos apresentados por escrito

Situação experimental 3
a) La ropa sucia se lava en casa. [Roupa suja se lava em casa.]
b) Camarón que se duerme se lo lleva la corriente. [Camarão que dorme a onda leva.]
c) El pez por la boca muere. [O peixe morre pela boca.]
d) Ojos que no ven corazón que no siente. [O que os olhos não veem o coração não sente.]

8

A distinção entre o oral e o escrito nos textos narrativos infantis

Emilia Ferreiro

Publicado originalmente em:

FERREIRO, E. La distinción oral-escrito en los textos narrativos infantiles. *Textos de Didáctica de la Lengua y de la Literatura*, n. 17, p. 9-19, 1998.

Durante anos sustentou-se a ideia de que as crianças escrevem mal porque "escrevem como falam". No entanto, em recente trabalho sobre a escrita da estória de Chapeuzinho Vermelho, produzida por crianças de sete a oito anos da Itália, Brasil, México e Uruguai (Ferreiro, Pontecorvo et al., 1996), analisamos ditos textos em sua própria especificidade, sem confiar em uma distinção entre oralidade e escrita que é, no mínimo, frágil e difícil de sustentar (cf. Blanche-Benveniste, 1997; Gadet, 1996, entre outros).

Neste trabalho analisaremos uma nova subamostra de Chapeuzinho que constitui um caso particularmente claro para decidir entre formas orais e escritas, já que se refere, ao mesmo tempo, ao pronome pessoal e à forma do verbo em 2ª pessoa do singular. É bem difundido o fato de que, na capital da Argentina, não existe o pronome TÚ em língua oral, mas o vos com uma modificação concomitante da forma verbal (TENÉS, derivado de TENÉIS, no lugar de TIENES).[1]

Através de ferramentas de informática do sistema TEXTUS,[2] analisamos um corpus de 120 textos de Chapeuzinho Vermelho, escritos por crianças de 1ª e 2ª séries do Ensino Fundamental de Buenos Aires, de escolas públicas, com população de classe baixa ou média baixa, bem como escolas particulares, com população de classe média ou média alta.

Neste trabalho faremos referência unicamente ao uso dos tempos verbais associados ao pronome vos (2ª PESSOA DO SINGULAR) em oposição ao uso do tú, bem como à aparição de ambas as formas pronominais.[i]

---

[i] Considerando que o português não conta com duas formas correspondentes à 2ª pessoa do singular, como é o caso do "tú" e "vos" do espanhol, uma tradução jamais revelaria a mesma

A pergunta a ser pesquisada é a seguinte: *As crianças vão dar preferência ao uso das formas em* TÚ *ou em* VOS *nos fragmentos de discurso direto da estória?*

No espanhol oral de Buenos Aires, o pronome TÚ não existe, está associado aos livros editados na Espanha ou, mais recentemente, às telenovelas de outros países latino-americanos. Portanto, qualquer aparição desta forma deve ser considerada como uma tentativa de se distanciar da oralidade local e escrever "língua escrita", ou ao menos "língua teatral".

PRECAUÇÕES METODOLÓGICAS

A maioria dos verbos utilizados pelas crianças nesta estória se diferencia somente quanto ao lugar da sílaba tônica entre a variante considerada estândar e a de Buenos Aires. Por exemplo: *(tú) toma vs. (vos) tomá; (tú) anda vs. (vos) andá*. Mas as crianças usam poucos acentos gráficos, o que torna praticamente impossível dizer se quiseram utilizar uma ou outra forma no caso de certos imperativos (*toma, anda, pasa*) ou em formas interrogativas bastante frequentes nesta estória (*¿qué llevas? vs. ¿qué llevás?; ¿cómo te llamas? vs. ¿cómo te llamás?*). O escasso uso de acentos gráficos pode ser verificado em todos os textos recolhidos tanto em Buenos Aires, como em Montevidéu e na cidade do México.

Dentro da estória, as oposições que procuramos ocorrem especialmente no penúltimo e decisivo episódio, o encontro da Chapeuzinho com o lobo vestido de avó, onde a fórmula do diálogo canônico *¿por qué tienes las orejas tan largas?* [POR QUE TENS AS ORELHAS

---

riqueza de nuances do original, elemento primordial para este estudo. Por esta razão, optamos por manter os fragmentos originais em análise, oferecendo, em letras menores, entre parênteses, a tradução mais próxima para cada exemplo. Além disto, somente como recurso ilustrativo, utilizamos as formas de tu (para "tú") e você (para "vos"), uma vez que não cumprem, em português, a mesma função que os dois pronomes do espanhol. (N.T.)

TÃO COMPRIDAS?], repetida tantas vezes quantas são as partes do corpo nomeadas, fornece um contexto apropriado à oposição de *(tú) tienes vs. (vos)tenés*, mesmo no caso de omissão do acento gráfico.

Outro contexto propício corresponde a um episódio anterior que é o encontro de Chapeuzinho com o lobo no bosque. A menina pode perguntar ao lobo ¿quién eres (tú)? [QUEM ERES?] ou ¿quién sos (vos)? [QUEM É?]. O lobo, por sua vez, ao propor uma corrida, pode fazê-lo com "¿quieres... (tú)?" [QUERES?] ou com ¿querés...(vos)? [QUER?].

Finalmente, outro contexto propício à decisão entre as possíveis formas a serem utilizadas, com a ausência de acento gráfico, encontra-se no início da estória, quando a mãe dá instruções a Chapeuzinho. A mãe pode dizer *ve a llevar...* [VÁ LEVAR...], utilizando uma forma de imperativo inexistente no espanhol oral da região em foco, onde o equivalente seria *andá a llevar* [VAI LEVAR]. A aparição desta última forma não indica a preferência pela forma oral, devido ao problema do acento gráfico aludido anteriormente, mas a ocorrência da forma alternativa "ve" é uma indicação de utilização do TÚ e as formas verbais a ele associadas. Finalmente, a mãe pode recomendar *ten cuidado* (tú) [TEM CUIDADO] ou *tené cuidado (vos)* [TENHA CUIDADO], oposição confiável mesmo com a ausência do acento gráfico.

ANÁLISE DOS DADOS

Com base nestes critérios, classificamos os textos coletados nas seguintes categorias:

- Textos em que só aparecem as formas verbais associadas ao pronome TÚ, acompanhadas ou não de outras impossíveis de definir devido à falta do acento gráfico.
- Textos em que só aparecem formas verbais associadas ao pronome VOS, com a mesma ressalva.

- Textos em que ambas as formas se alternam.
- Textos em que não são utilizados verbos que permitam uma decisão razoavelmente embasada.

A distribuição dos textos, segundo estas categorias, apresenta-se no Gráfico 1, onde as colunas marcadas como *tienes* ou como *tenés* indicam o uso destas formas contrastantes, exclusivamente neste verbo ou também em outros verbos. Conservamos também a distinção dos textos segundo a série escolar e grupo social (a2b = Argentina, 2ª série, classe baixa; a2m = o mesmo, porém classe média etc.). Se deixarmos de lado os textos da última categoria, os resultados são ainda mais claros (ver Gráfico 2).

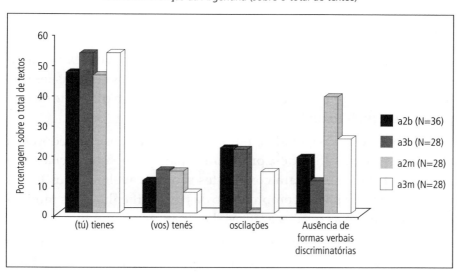

GRÁFICO 1
Uso de formas verbais correspondentes a TÚ/VOS nos textos de crianças da Argentina (sobre o total de textos)

GRÁFICO 2
Uso de formas verbais correspondentes a TÚ/VOS nos textos de crianças
da Argentina (sobre o total de textos com formas discriminatórias)

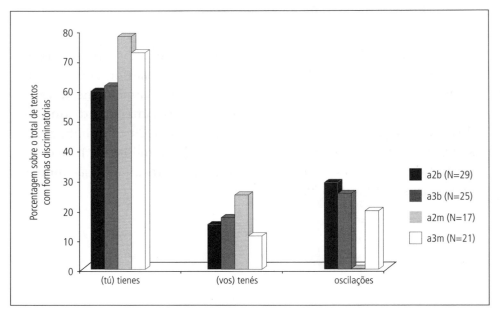

O resultado é claro e ilustrativo: na maior parte dos textos, tanto de 2ª como de 3ª série, de ambos os grupos sociais, as crianças tentam fazer os personagens falarem, por escrito, de maneira diferente da que prescreve o padrão oral local.

Embora estes resultados, em si, sejam muito esclarecedores, a análise detida dos 18 textos, produzidos pelo grupo que oscila entre ambas as formas, mostrará como estes são provavelmente os textos mais reveladores para a compreensão das reais dificuldades e motivações envolvendo as opções gráficas das crianças.

Um primeiro tipo de dificuldade se refere ao procedimento de crianças que colocam na boca do mesmo personagem, no mesmo fragmento de discurso direto, ambas as formas para o mesmo verbo, como ocorre no seguinte fragmento de Karina (a2b):[3]

¿que ojos tan grandes
para mirarte o verte mejor?
¿que oreja tan grande que tenes
para escucharte mejor?
¿que nariz tan grande que tienes
para olerte mejor?
¿que boca tan grande
para comerte mejor?

[que olhos tão grandes / para te olhar ou te ver melhor? / que orelhas tão grandes tens / para te escutar melhor? / que nariz tão grande tem para te cheirar melhor? / que boca tão grande para te comer melhor?]

Karina utiliza pontos[ii] de interrogação de maneira frequente nestas primeiras etapas, para abrir e fechar o turno completo de pergunta e resposta (cf. cap. 4 em Ferreiro, Pontecorvo et al. 1996). O importante é observar, neste fragmento, que na primeira intervenção de Chapeuzinho (sobre os olhos) não aparece nenhum verbo conjugado; na segunda intervenção (orelha) utiliza a forma habitual da língua oral *tenés*, sem o acento gráfico; na terceira (nariz) utiliza a forma que corresponde ao TÚ (tienes); a dúvida deve ter sido muito grande, uma vez que Karina se abstém de utilizar qualquer forma verbal definida na última intervenção (boca). Portanto, neste fragmento, temos a seguinte sequência: 0 — tenés — tienes — 0.

No fragmento que segue, de Cecílio (a2b), a incerteza quanto às formas se manifesta nos pronomes pessoais, junto com uma utilização de futuro simples (alheio à oralidade). Neste caso convém conservar as linhas gráficas do original:

[ii] Nos textos escritos em espanhol, é usado um ponto de interrogação invertido (¿) indicando o início de uma frase interrogativa e outro ponto, na mesma posição usada em português (?), indicando seu final. Este procedimento, verificado também em frases exclamativas (¡!), tem a finalidade de representar graficamente, para o leitor, o momento que deve ocorrer mudança na entonação durante a leitura. (N.T.)

> y el lobo le dijo vamos a ver quien llega
> mas primero yo o vos tu iras por el camino largo le
> dijo el lobo a caperucita roja y tu y yo
> por el camino corto
>
> [e o lobo lhe disse, vamos ver quem chega / mas primeiro eu ou você tu irás pelo caminho longo lhe / disse o lobo para Chapeuzinho Vermelho e tu e eu / pelo caminho curto]

Além da dúvida sobre os pronomes, resolvida ao final através do TÚ, é importante notar, neste caso, uma dupla menção do falante, que antecede a enunciação e que logo se insere entre duas partes do discurso do mesmo falante. Esta segunda menção (medial, ou se preferir, ao mesmo tempo posposta e anteposta com relação a duas partes da enunciação do mesmo falante) é um recurso próprio da língua escrita. Temos, neste caso, um recurso de repetição (analisado no cap. 5 de Ferreiro, Pontecorvo et al., 1996) do tipo:

> y el lobo le dijo... le dijo el lobo...
>
> [e o lobo lhe disse... lhe disse o lobo...]

Do total de 18 textos, em que aparece uma oscilação ente *TÚ/VOS*, há cinco onde essas oscilações ocorrem na enunciação de um mesmo falante em um mesmo episódio da estória e, de modo geral, parecem evidenciar casos de incerteza. Mas, em um destes textos, a oscilação não pode ser atribuída à insegurança, mas às intenções estilísticas claras (Maria Soledad, a3b):

> hola abuelita que nariz tan grande que tienes
> para olerte mejor,
> que boca tan ¡pero vos no sos mi abuelita sos el lobo!
>
> [oi vovozinha, que nariz tão grande tens / para cheirar melhor / que boca tão... mas não é minha avózinha, é o lobo!]

A passagem do (tú) *tienes* ao (*vos*) *sos* coincide com o descobrimento da real identidade do interlocutor. Deve-se observar também a expressão incompleta "*que boca tan...*", à qual não pode ser atribuída descuido, mas uma intenção clara de marcar a ruptura entre o cumprimento do ritual do diálogo canônico e a restituição súbita da identidade do camuflado.

Nos textos restantes, deste grupo oscilante, o uso das formas em TÚ está reservado a um dos personagens, enquanto o outro é quem usa as formas em vos. Tenhamos em conta que, ao escrever esta estória, as crianças não eram obrigadas a utilizar o discurso direto com todos os personagens. Nesta linha de análise, podemos constatar as seguintes possibilidades:

A) O lobo é o único que utiliza as formas em vos (4 TEXTOS), o que parece razoável, considerada como uma forma de "linguagem corrente" (ou seja, pouco refinada), colocada na boca de um animal que, quase por definição, não poderia utilizar uma forma refinada. O texto de Gisela (a2b) é um bom exemplo. O lobo usa vos ao se dirigir a Chapeuzinho enquanto a menina usa formas canônicas de TÚ para se dirigir àquela que supõe seja sua avó:

> se aparece el lobo y le dice
> ¿Queres que te acompañe?
> bueno contesto Caperucita.
> El lobo le dice
> Vos anda por ese camino y yo por este
> ....
> ¡Qué orejas tan grandes tienes abuelita!
> para oírte mejor
> ¡Qué nariz tan grande tienes abuelita!
> para olerte mejor

[aparece o lobo e lhe diz / Quer que te acompanhe? / bom respondeu Chapeuzinho. / O lobo lhe diz / Você vai por esse caminho e eu por este / [...] / Que orelhas grandes tens vovozinha! / para te ouvir melhor / Que nariz tão grande tens, vovozinha! / para te cheirar melhor]

B) O lobo é o único que utiliza formas em TÚ (2 textos). Isto parece ocorrer nos casos em que se enfatiza o lobo como sedutor e não como animal feroz, o que constitui uma das opções disponíveis para se contar esta estória. Há dois outros textos em que o lobo se expressa usando a forma TÚ, mas outros personagens da estória também o fazem.

Virgínia (a3b) escreve uma estória particularmente complexa, com pontuação abundante, menções ao falante posteriores à locução do mesmo, léxico refinado e explicitação das intenções do lobo em discurso direto (*O lobo pensou:*). Em seu texto, ao se encontrar com o lobo no bosque, Chapeuzinho não tem a menor suspeita sobre suas boas intenções. Ainda mais, aceita entusiasmada todas as suas propostas, o que pode ser interpretado como sedução à primeira vista. Este lobo utiliza as formas em TÚ:

> El lobo tras de un árbol espia.
> sale y le pregunta
> ¿tú eres Caperucita?
> ¡si! le contesto.
> ¿Qué tienes en esa cesta? — le preguntó el lobo feroz.
> Llevo miel para mi abuelita que esta enfermita.
>
> [O lobo espia atrás da árvore. / sai e pergunta-lhe / você é a Chapeuzinho? / sim! respondeu-lhe. / O que você tem nessa cesta? — perguntou-lhe o lobo feroz. / Levo mel para minha avozinha que está doentinha.]

> El lobo pensó: voy a jugarle una carrera,
> primero me comeré a la abuela y después de postre a Caperucita.
> Caperucita ¿corremos una carrera? — le pregunto
> ¡si! dijo Caperucita
> y corrieron la carrera.
> Pero sabeis lo que sucedió
> pues el listo lobo corrio en el camino más corto
> Y Caperucita en el más largo.
>
> [O lobo pensou: vou apostar uma corrida com ela, / primeiro comerei a avó e depois, de sobremesa, a Chapeuzinho. / Chapeuzinho, apostamos uma corri-

da? — perguntou-lhe / sim, disse Chapeuzinho / e correram. / Mas sabem o que aconteceu / pois o lobo esperto correu pelo caminho mais curto / e Chapeuzinho pelo mais comprido.]

Vale mencionar que a introdução do narrador, tomando a palavra para comentar o ocorrido, é escassíssima na totalidade do corpus recolhido. Mais surpreendente ainda é a utilização de uma forma verbal correspondente ao VOSOTROS *(sabéis lo que sucedió)*, totalmente estranha aos hábitos linguísticos de Buenos Aires.

O texto de Virgínia não está contabilizado como uso exclusivo do TÚ porque, ao início do diálogo canônico, Chapeuzinho usa uma forma vos, mas logo se abstém de colocar qualquer verbo nas seguintes perguntas:

que ojos grandes tenes abuelita
el lobo le contesto
es para mirarte mejor
que orejas tan grandes abuelita
es para oírte mejor
que boca tan grande abuelita
el lobo le contesto
¡es para comerte mejor!

[que olhos grandes tens vovozinha / o lobo lhe respondeu / é para te olhar melhor / que orelhas tão grandes vovozinha / é para te ouvir melhor / que boca tão grande vovozinha / o lobo lhe respondeu / é para te comer melhor!]

C) Temos quatro textos nos quais a distribuição de formas parece estar direcionada por critérios pragmáticos de relações de idade e/ou poder (real ou simbólico) entre os participantes: o superior pode utilizar vos ao se dirigir ao inferior, enquanto o inferior deve utilizar TÚ (forma de respeito) para se dirigir ao superior. No texto de Julieta (a3m) a mãe diz para Chapeuzinho:

tene cuidado con el lobo

[tem cuidado com o lobo]

Mas Chapeuzinho diz à avó:

que ojos tienes
(...)
y que dientes tienes
[que olhos tens / (...) / e que dentes tens]

O texto de Walter (a2b) é mais difícil de interpretar, uma vez que a avó (real) é a única que utiliza o vos. Quando o lobo bate na porta, a avó, acreditando ser sua neta, pergunta:

que queres
[que quer]

Mas em um momento anterior, a mãe se dirige a Chapeuzinho com formas de TÚ:

ve a darle esta comida a tu abuelita
y ve por el camino corto
[vai levar esta comida para tua avó / e vai pelo caminho curto]

Chapeuzinho utiliza três vezes, no diálogo canônico, a forma *tienes*. Como se pode observar, com critérios menos estritos que os que utilizamos, este texto poderia ser classificado como uso quase exclusivo de TÚ já que, em termos de frequência, aparecem cinco formas verbais de TÚ e apenas uma de vos.

Mas temos outros textos em que ocorre o oposto: os adultos, que têm maior competência linguística, utilizam TÚ enquanto Chapeuzinho utiliza vos. É o que ocorre no texto de Mariano (a2b). A mãe alerta Chapeuzinho:

ten cuidado no te detengas
porque en el bosque esta el lobo
[tem cuidado não te detenhas / porque no bosque está o lobo]

Mas Chapeuzinho, no diálogo canônico, usa *tenés* duas vezes:

abuelita que ojos tan grandes tenes
(…)
abuelita que boca tan grande que tenes

[vovozinha, que olhos tão grandes tens / (………) / vovozinha, que boca tão grande que tens]

Finalmente, algo similar ocorre no texto de Mariana (a3b). A mãe ordena Chapeuzinho:

hijita ve a llevar esta cesta a tu abuelita

[filhinha vai levar esta cesta para a tua avozinha]

Enquanto Chapeuzinho, no diálogo canônico, usa duas vezes *tenés*:

¡que ojos tan grandes que tenes!
(…)
¡que boca tan grande que tenes!

[que olhos tão grandes tens! / (…) / que boca tão grande tens!]

CONCLUSÕES

O aspecto singular, mas privilegiado, que escolhemos para nossa análise nos permite colocar enfaticamente em dúvida a afirmação, tantas vezes repetida: "no início, as crianças escrevem como falam".

Nossos dados mostram exatamente o contrário: as crianças tentam utilizar formas pronominais e verbais totalmente ausentes na fala. Fica claro que fazem isso ao tentar escrever uma estória tradicional. Longe de invalidar nossa conclusão, isto sugere que deveríamos ter o cuidado de explicitar a que tipo de textos nos referimos ao fazermos tais afirmações, ou qual o envolvimento que supomos haver por parte do escritor da tarefa, que tipo de compromisso ele tem com seu texto.

Pode-se supor que a reescrita de uma estória tradicional não constitui uma tarefa particularmente atraente. No entanto, os dados recolhidos nos levam a pensar que, para boa parcela dos casos, esta tarefa é, no mínimo, mais atraente que os tradicionais "temas livres" (conta um dia de escola; conta o que fez durante as férias; inventa uma estória). Em todo caso, podemos afirmar que a escrita de uma estória tradicional suscita uma forte vontade de "produzir um texto escrito" e não de reproduzir servilmente uma oralidade da qual provavelmente não se tenha consciência explícita.

Para poder dizer realmente se há uma transposição servil do oral ao escrito, devemos ter claro o modelo de oralidade com o qual estamos trabalhando (Blanche-Benveniste, 1998). Se não se explicita o modelo, corremos o risco de projetar, sobre o texto de escritores debutantes, nossos próprios preconceitos sobre a oralidade, *locus* de imperfeições e incompletudes. De tal forma que os chamados "traços de oralidade na escrita" (suspeitamos) talvez não sejam mais que uma etiqueta com a qual qualificamos, alegre e superficialmente, tudo o que "fica feio" nos primeiros textos escritos, constituindo, agora sim, uma imagem de texto ideal com o qual contrastamos estas produções infantis.

No Gráfico 1, observa-se claramente que todos os grupos preferem utilizar uma forma verbal alheia à oralidade e que isto independe da origem social: os dois grupos de 2ª série têm porcentagens quase idênticas e os grupos de 3ª têm porcentagens rigorosamente idênticas (colunas de uso exclusivo de *tienes* e outras formas verbais de TÚ).

O Gráfico 2 (obtido com a eliminação total daqueles textos que não apresentam formas discriminativas) restitui uma pequena diferença percentual entre os grupos divididos por origem socioeconômica: o uso exclusivo das formas de TÚ constitui, em grupos de classe baixa, ao redor de 60% dos textos, enquanto na classe média sobe 10 pontos percentuais. Em ambos os gráficos, as oscilações entre TÚ/VOS predominam nos grupos de classe baixa, o que nos faz parecer razoável pensar que estas crianças são exatamente as que têm menos acesso à língua escrita. No entanto, a análise particularizada que fizemos deste grupo de "oscilantes" coloca em evidência que nem todas as oscilações podem ser atribuídas à insegurança quanto ao uso das formas. Com relação a isto, propusemos considerar como incerteza os casos de oscilação no discurso direto de um mesmo falante, embora nem sempre, já que apresentamos ao menos um exemplo claríssimo de utilização da alternância com fins estilísticos.

O interesse destes dados para refletir sobre o ensino da língua nos parece evidente. Ana Teberosky insistiu diversas vezes sobre o interesse, tanto psicológico quanto didático, de utilizar a reescrita de estórias tradicionais. Entre outras vantagens, porque estas estórias constituem modelos claros da "língua que se escreve". Sob qualquer perspectiva, é um abuso supor que os escritores debutantes, crianças ou adultos, não têm uma representação interna do que constitui "um bom texto escrito". Os diálogos que pudemos analisar, no corpus comparativo total de Chapeuzinho Vermelho, não correspondem, em sua grande maioria, a diálogos orais, mas a diálogos extremamente formais, com tempos verbais ausentes na oralidade, léxico refinado, imperativos atenuados e múltiplas formas de cortesia. Mais ainda,

quando as representações próprias da oralidade conseguem ser expressas por escrito, estamos frente a escritores que já se sentem seguros no espaço gráfico (Ferreiro, Pontecorvo et al., 1996, cap. 5, p. 200).

Talvez estes novos dados ajudem a refletir sobre perguntas subjacentes em termos de distinção oralidade/escrita: O que deve ser motivo para uma intervenção pedagógica? Faz sentido corrigir a fala, com a expectativa de melhorar a escrita?

Notas

1. Retirado de Antonio Alatorre (1989, p. 270-272) as seguintes citações:
"Em latim clássico, vos significava exclusivamente vosotros, tal como nos significava nosotros [...] Em tempos de Garcilaso, vos ainda podia significar vosotros, mas já começava a se generalizar vosotros, e vos se aplicava especialmente a uma pessoa. [...] Quanto à forma verbal correspondente ao vos, ocorreram certas vacilações. Tomo, derivado do antigo tomades (desaparecido no século XV), originou tomáis e tomás, e assim se alternaram também coméis e comés, sois e sos."

2. A descrição desta ferramenta informática, desenvolvida por Isabel García Hidalgo, pode ser encontrada em Ferrreiro, Pontecorvo et al., 1996, cap. 6.

3. Já que nosso interesse nesta análise não inclui questões de ortografia, apresentamos os exemplos com adequação ortográfica, mas sem os acentos normativos, exceto aqueles que se encontram no original. As maiúsculas que aparecem também pertencem ao original, bem como a pontuação. Considerem, no entanto, que sempre apresentaremos a pontuação do original, sem correções. Também com objetivo de não desviar a atenção do leitor, apresentaremos os textos organizados em linhas gráficas para ajudar a compreensão. Contudo, quando necessário, será resgatada a informação referente às linhas gráficas do original.

9

Desenvolvimento da escrita e consciência fonológica:
uma variável ignorada na pesquisa sobre consciência fonológica

Sofía Vernon e Emilia Ferreiro

Publicação original:

VERNON, S.; FERREIRO, E. Writing Development: A neglected variable in the consideration of phonological awareness. *Harvard Educational Review*, v. 69, n. 4, p. 395-415, 1999.

Este estudo foi financiado por CONACYT (México), Subsídio número 211085-4724H.

INTRODUÇÃO

Nos últimos trinta anos foi publicada uma quantidade impressionante de estudos sobre consciência fonológica, principalmente em inglês (*phonological awareness*). Estas pesquisas abordaram as habilidades em consciência fonológica e sua relação com a aprendizagem de leitura. A consciência fonológica foi descrita como a capacidade de identificar a estrutura sonora das palavras (ou mesmo pseudopalavras). Liberman, Shankweiler e Liberman (1992) destacam que "dita consciência não é uma consequência automática da capacidade de falar uma língua, porque a especialização biológica para falar regula a produção e a percepção destas estruturas por baixo do nível da consciência" (p. 1).

As crianças aprenderam, em contextos comunicativos, a distinguir as palavras que se diferenciam em um só fonema (o par malo/palo [mau/pau] pode aparecer em contextos de uso como "es *m*alo el *p*alo que te pegó", bem como outros pares similares). No entanto, este "reconhecimento em ação" entre duas palavras muito similares do ponto de vista do som (mas muito diferente em significado) não implica que a criança tenha a capacidade de pensar na pauta sonora como tal, o que permitiria isolar os sons elementares.

As discussões a propósito dos achados das pesquisas sobre consciência fonológica são importantes tanto para a teoria da leitura como para o ensino. Com relação ao ensino, foi suscitado um debate importante em torno dos seguintes temas: a) É necessário o reconhecimento prévio dos fonemas nas produções orais para reconhecer os mesmos fonemas[1] em um texto escrito? b) A consciência fonológica é uma precondição para se alfabetizar ou é uma consequência da aprendizagem da leitura e da exposição a materiais escritos? c) Mesmo que não fosse uma precondição, as crianças se beneficiam com os treinamentos em consciência fonológica em contextos pré-escolares? As respostas a estas perguntas estão, sem dúvida, vinculadas ao planejamento de atividades educativas nos níveis iniciais da alfabetização.

A intenção deste trabalho não é resumir todos os debates nem apresentar toda a informação relacionada com a consciência fonológica. Só faremos referências breves a dados de pesquisa e à interpretação que se deu a ditos dados à medida que forem necessários para apresentar nossos argumentos.

A consciência fonológica foi estudada através de diversas tarefas: identificar a presença ou ausência de um determinado som em uma emissão (Marsh e Mineo, 1977; Stanovich, Cunningham e Cramer, 1984); comparar os começos e os finais de um conjunto de palavras (Bradley e Bryant, 1983); encontrar as palavras que rimam em uma lista de palavras (MacLean, Bryant e Bradley, 1987); isolar o primeiro som de uma emissão (Williams, 1980); segmentar, juntar ou contar os fonemas (Fox e Routh, 1975; Tunmer e Nesdale, 1985); omitir um dos fonemas de uma palavra (Morais, Cary, Alegria e Bertelson, 1979). A lista não é exaustiva.

As crianças mostram graus variáveis de conquista nas diferentes tarefas porque, aparentemente, estas requerem diferentes níveis de habilidades de segmentação e colocam solicitações cognitivas diferentes (Yopp, 1988; Defior, 1996). Além disto, o rendimento das crianças nas tarefas de consciência fonológica varia de acordo com o nível linguístico focalizado pela tarefa. Identificar fonemas não é o mesmo que identificar sílabas, começos ou finais (rimas) etc.

Os pesquisadores concordam que a aquisição da consciência fonológica das sílabas se apresenta desde a mais tenra idade, 4 ou 5 anos, ou mesmo antes (Liberman, Shankweiler, Fischer e Carter, 1974; Fox e Routh, 1975). Pensar que o nível seguinte é a segmentação fonológica[2] seria simplificar demais. Alguns linguistas afirmam que a sílaba tem uma estrutura hierárquica (Kenstowicz, 1993). As sílabas podem se dividir em dois componentes intrassilábicos principais: o ataque (*onset*), formado por uma ou mais consoantes que aparecem antes do núcleo silábico (ou vogal), e a rima (*rime*), que é formada pelo núcleo e as consoantes que a seguem. Os elementos consonânticos finais são denominados *coda*. As unidades intrassilábicas podem ser analisadas em fonemas. O ataque pode ser formado por um único fonema (como em *sal*), ou por dois ou mais sons consonânticos (como em *tren*).

Os pesquisadores afirmaram que aquelas tarefas que chamam a atenção das crianças para as sílabas são mais fáceis que as que requerem atenção aos fonemas, e que as tarefas que dirigem a atenção para os ataques ou rimas são, por sua vez, as que requerem identificar ou "manipular" fonemas (Treiman e Zukowski, 1991, 1996).

Parece que a consciência das unidades intrassilábicas (ataques e rima) se desenvolve antes que as crianças saibam ler (Treiman e Zukowski, 1991; Kirtley, Bryant, MacLean e Bradley, 1989). A consciência dos fonemas, ao contrário, desenvolve-se numa idade em que as crianças já iniciaram o ensino escolar da leitura. Os adultos analfabetos não conseguem resolver tarefas de consciência fonológica, tal como suprimir o primeiro som de algumas palavras ou pseudopalavras (Morais, Cary, Alegria e Bertelson, 1979). Os adultos leitores que não utilizam um sistema de escrita alfabético também não conseguem fazê-lo (Read, Zhang, Nie e Ding, 1986). Estes resultados sugerem que a consciência fonológica não é resultado do desenvolvimento como tal, mas que está relacionada com a aquisição de um sistema alfabético de escrita.

Está bem estabelecido que existe uma forte relação entre a consciência fonológica e a aprendizagem da leitura. De fato, a consciência fonológica é considerada uma das previsões mais fortes do desempenho de leitura (Mann, 1991). No entanto, ainda está aberto o debate sobre a consciência fonológica como precursora ou como resultado da aprendizagem da leitura (ou ambas). Tal como apontam Treiman e Zukowski (1996),

A resposta a esta pergunta pode depender do nível linguístico considerado. Nossos dados, junto com os de adultos analfabetos e leitores de sistemas de escrita não alfabéticos, sugerem que a sensibilidade às sílabas, aos ataques e às rimas pode se desenvolver sem o conhecimento de um sistema de escrita que represente a fala a estes níveis. A sensibilidade fonêmica, ao contrário, pode ser uma consequência de experiências relacionadas com a aprendizagem de um sistema de escrita alfabético (p. 211).

É possível segmentar facilmente as palavras em sílabas; tanto crianças pré-alfabetizadas como os adultos não alfabetizados o fazem. No entanto, somente aqueles que aprenderam a ler em um sistema alfabético são capazes de segmentar as palavras em fonemas.

Os desenhos experimentais utilizados na pesquisa sobre consciência fonológica mostram, apesar de sua diversidade, alguns traços comuns. Certas decisões aparecem como "naturais" nestes desenhos.

Primeiro, divide-se as crianças em pré-leitoras e leitoras. Os leitores, por sua vez, são classificados em leitores hábeis ou menos hábeis (ou maus leitores), utilizando testes estandardizados de leitura (Liberman, Shankweiler e Liberman, 1992; Sprenger-Charolles, 1991; Vellutino e Scanlon, 1991). Em geral, não se leva em consideração a escrita das crianças quando são classificadas para distinguir entre grupos experimentais diversos. Este enfoque no desenho da pesquisa reflete, sem dúvida, a conhecida tradição pedagógica em países de fala inglesa onde é dada prioridade à leitura sobre a escrita no começo da alfabetização.

Em nossa pesquisa adotamos um ponto de partida diferente. Ao invés de classificar as crianças em função de sua habilidade leitora, levamos em conta suas características como escritores principiantes. Está bem fundamentado e documentado (Ferreiro e Teberosky, 1979) que, quando se pede às crianças que escrevam algo (palavra ou frase) que ainda não lhes tenham ensinado a escrever, pode-se observar um verdadeiro processo de construção. Os dados que devem ser levados em consideração incluem não só o produto escrito como tal, mas também todos os comentários e verbalizações durante o processo de escrita, bem como a interpretação que as crianças deram, uma vez finalizada a escrita. Esta informação nos permite inferir as ideias que as crianças começam a elaborar sobre o sistema de escrita ao que estão expostas e mostra que entre as garatujas iniciais e a etapa de "ortografia inventada" — os dois momentos evolutivos mais considerados nos países de língua inglesa (Read, 1986; Teale e Sulzby, 1986) — há muitos momentos intermediários que correspondem a conceitualizações precisas, como veremos mais adiante.

Segundo, nas tarefas sobre consciência fonológica, as respostas das crianças geralmente se classificam de modo dicotômico: corretas *versus* incorretas. No entanto, nossa ideia, inspirada na teoria de Piaget, é que as diferenças entre as respostas incorretas são cruciais para compreender o desenvolvimento. Estas respostas desviantes são, de fato, mais informativas que as respostas corretas. As corretas só nos informam sobre as possibilidades das crianças de se ajustarem a um modelo dado, ou seja, de seguir as instruções do entrevistador. Pesquisas anteriores sobre os momentos iniciais da alfabetização (Ferreiro, 1986a, 1991; Vernon, 1993) demonstraram a importância da análise das chamadas respostas "desviantes" ou "incorretas". Neste trabalho, faremos o mesmo em relação às respostas orais e escritas das crianças. Na pesquisa sobre aquisição da linguagem oral, deu-se um grande passo ao considerar "em termos positivos" as produções "desviantes" que apresentam irregularidades. Em outras palavras, ao considerá-las como indicadoras dos processos de organização interna das crianças (Brown, 1973). Isto mesmo pode ser afirmado com relação ao início da leitura e escrita, muito antes do ensino escolar (Ferreiro e Teberosky, 1979). As primeiras manifestações da escrita infantil com frequência são analisadas simplesmente como condutas próximas ou muito distantes do esperado pela instituição escolar e, em geral, pela sociedade. Nós, ao contrário, optamos por analisá-las como indicadores de conceitualizações construídas pelas crianças à medida que tentam compreender a escrita tal como existe na realidade sociocultural.

Terceiro, em quase todos os desenhos experimentais, a consciência fonológica foi avaliada em contextos meramente orais. Ou seja, as palavras escritas apresentam-se só quando se avalia a leitura, mas não quando se analisa a consciência fonológica. Não obstante, quando os educadores ou pesquisadores avaliam a possibilidade de treinar as crianças em tarefas de consciência fonológica, ficou demonstrado que o uso de letras é benéfico para que as crianças aprendam a correspondência entre as letras ou sucessão de letras e as unidades de som (Bradley e Bryant, 1983, 1985; Hohn e Ehri, 1983). De fato, este debate sobre a relevância do estímulo escrito para avaliar a consciência fonológica está diretamente vinculado com a maneira de conceber os sistemas de escrita alfabética. Tradicionalmente, considerou-se que cada letra corresponde a um fonema (com algumas exceções). Mesmo em idiomas como o inglês e o francês, onde essas correspondências estão muito longe de serem perfeitas, os princípios que subjazem ao alfabeto grego original são considerados válidos. As análises históricas, linguísticas e semióticas recentes (Harris, 1986; Olson, 1996; Sampson, 1985) questionam a visão tradicional segundo a qual há uma relação direta entre a escrita e os fonemas (ou qualquer outra unidade linguística).[3] Isto fica particularmente claro no caso da noção de palavra. Para um adulto alfabetizado, as cadeias de letras separadas por espaços em branco correspondem às palavras da língua. No entanto, nem sempre se separam do mesmo modo. O estado da ortografia de qualquer das escritas alfabéticas atualmente em uso é o resultado de uma longa evolução histórica. Qualquer sistema de escrita introduz novas dimensões que não correspondem necessariamente a distinções orais. Para dar um exemplo trivial: as maiúsculas oferecem ao leitor informação semântica e/ou sintática, sem consequências na leitura em voz alta (as maiúsculas não afetam o tom, a duração, a ênfase o qualquer outro parâmetro físico da fala).

A maioria das pesquisas estudou a influência da consciência fonológica na aquisição da leitura. Alguns autores também estudaram a influência da escrita na consciência fonológica, mas com adultos ou com crianças de nível fundamental (Ehri, 1984; Scholes, 1998; Treiman e Cassar, 1997). A pesquisa que aqui apresentamos foi realizada com crianças pré-escolares que não tiveram ensino direto de leitura nem de escrita, apesar disto pretendemos explorar a possível influência da escrita na consciência fonológica.

Quarto, desde as primeiras pesquisas sobre consciência fonológica (Bruce, 1964; Liberman, 1973), a maioria dos estudos foi realizada com sujeitos de fala inglesa. Nos últimos anos, foi realizadas pesquisas sobre consciência fonológica em vários outros idiomas (Morais, 1995). Não obstante, os desenhos experimentais, os estímulos e os resultados seguem o paradigma dos estudos feitos em língua inglesa. Por exemplo, a capacidade de utilizar a distinção ataque/rima foi estudada em espanhol, assumindo que poderia ser tão importante como o é em inglês (Carrillo, 1994; Defior e Tudela, 1994). Inclusive a construção das pseudopalavras utilizadas como estímulos segue o paradigma do inglês, ao invés das regras da língua dos sujeitos do estudo (Jiménez-González e Ortiz, 1993).

HIPÓTESES

Iniciamos o estudo com três hipóteses. A primeira sustenta que existe uma forte relação entre a consciência fonológica e o nível de desenvolvimento da escrita em crianças de cinco e seis anos. Adicionalmente, haveria uma relação similar com a consciência de outras unidades sonoras.

A segunda hipótese sustenta que as crianças analisam as palavras orais de modo diferente quando o estímulo é unicamente oral ou quando este mesmo estímulo se apresenta acompanhado de sua escrita. As respostas não só serão diferentes, mas as crianças darão respostas mais analíticas ao lhes apresentar o estímulo escrito (uma análise em fonemas, por exemplo, será considerada mais analítica que uma análise em sílabas).

Nossa terceira hipótese é que as diferenças na estrutura interna das línguas influem na maneira com que as crianças analisam o estímulo oral. O espanhol tem importantes diferenças fonológicas e ortográficas com o inglês. Por exemplo, em espanhol há bem poucos substantivos monossílabos (Álvarez, Carreiras e Vega, 1993), enquanto em inglês eles são muito frequentes. Em inglês há maior variedade de tipos de sílabas (Bradley, Sánchez-Casas e García-Albea, 1993) e os limites silábicos são muito difíceis de definir (Sampson, 1985). Em espanhol existe um ritmo silábico muito marcado, enquanto em inglês, qualquer sílaba pode ser tônica ou átona para se ajustar ao padrão rítmico, baseado na unidade chamada pé (*foot*) (Halliday, 1985). Todas as sílabas em espanhol costumam ter a mesma duração.[4] Existem só cinco vogais, sem a diferença fonológica, que existe em inglês, entre vogais longas ou curtas. A sensibilidade dos sujeitos falantes de inglês ao ataque e à rima (refletida nas canções e jogos orais para crianças) talvez não seja tão frequente em falantes de outras línguas. Levando em consideração todas as diferenças, as crianças de língua hispânica não teriam por que seguir os mesmos passos que as de língua inglesa na aquisição da consciência fonológica.

SUJEITOS ENTREVISTADOS

Os participantes foram cinquenta e quatro sujeitos pré-escolares. A idade média das crianças era de cinco anos e sete meses (68,94 meses com um desvio estândar de 3,4 meses; ver Tabela 1). Todos eram falantes monolíngues de espanhol e frequentavam Jardins de Infância públicos na cidade de Querétaro, México. Nestas pré-escolas a população é de classe média baixa. A maior parte do tempo escolar era dedicada a atividades recreativas e de socialização. Estas crianças não tinham tido ensino prévio de leitura nem treinamento fonológico. Havia muito pouco material de leitura nas salas de aula e as educadoras raramente liam em voz alta, deixando para o ensino fundamental qualquer tipo de iniciação à leitura.[5]

TABELA 1
Idade média das crianças em cada nível de escrita

Níveis de escrita	Idade média (meses)	Desvio estândar (meses)
PRE-SIL	67.2	2.7
SIL-1	69.4	1.9
SIL-2	69.6	3.7
SIL-3	69.3	3.4
SIL-ALF	67.8	3.5
ALF-K	70.2	4.5
Total Pré-escolar	68.9	3.4
ALF-P	82.1	3.1

Entrevistamos crianças de quatro grupos diferentes da mesma escola. Segundo nossa primeira hipótese, as respostas das crianças variariam segundo seu desempenho em escrita. Por esta razão, decidimos tirar uma amostra estratificada de acordo com os níveis de escrita em espanhol, com o mesmo número de sujeitos em cada nível, que serão descritos mais adiante. Ditos níveis correspondem a níveis de conceitualização sobre o sistema alfabético de escrita. A classificação das produções escritas das crianças foi validada por dois avaliadores independentes. As poucas discordâncias foram resolvidas por um terceiro avaliador experiente.

Adicionalmente, um grupo de onze alunos de primeira série foi escolhido ao acaso,[6] entre cinco salas diferentes de uma escola primária pública próxima. Os alunos de primeira série tinham uma idade média de seis anos e oito meses (82,1 meses, com um desvio estândar de 3,12 meses). Este grupo realizou as mesmas tarefas que os pré-escolares. Entrevistamos as crianças de primeira série durante a segunda metade do ano escolar, depois que haviam recebido mais de seis meses de ensino de leitura,[7] já que queríamos que fossem capazes de escrever alfabeticamente. De fato, este foi o caso, ainda que sua ortografia não fosse sempre convencional (por exemplo, *benado* ao invés de *venado*).

TAREFA PARA CLASSIFICAR AS CRIANÇAS

As crianças foram entrevistadas individualmente duas vezes, nas instalações de cada escola, em dois dias consecutivos. As entrevistas duraram uma média de vinte minutos cada uma. O objetivo da primeira entrevista era classificar e selecionar as crianças de acordo com seu nível de escrita, utilizando uma tarefa de escrita similar à desenhada por Ferreiro e Teberosky (1979). Na segunda entrevista foram aplicadas duas tarefas de segmentação oral que serão descritas em detalhe mais adiante.

Na tarefa de escrita, utilizada somente para classificar as crianças, foi solicitado que elas escrevessem sete substantivos comuns, um de cada vez, nesta ordem: *mariposa, gusano, venado, perico, sapo, toro y pan* [borboleta, larva, veado, periquito, sapo, touro e pão]. Foram levados em conta três critérios na seleção dos substantivos:

a) Diferem no número de sílabas. A lista começa com a palavra mais longa (quatro sílabas), continua com três palavras trissílabas, duas dissílabas e termina com um monossílabo. Esta ordem leva em consideração a pesquisa prévia sobre a dificuldade para escrever certas palavras. Contrariamente às expectativas adultas, as crianças pré-alfabéticas escrevem com maior facilidade as palavras que têm mais de duas sílabas (Ferreiro e Teberosky, 1979).

b) Apresentam o padrão silábico mais comum do espanhol (CV, ou seja, consoante seguida de vogal). O monossílabo tem o padrão CVC, o mais comum para os substantivos monossílabos em espanhol.

c) Cada palavra apresenta uma vogal diferente no núcleo silábico de cada sílaba, com apenas uma exceção (*toro*).

Ao terminar de escrever cada palavra, foi solicitado que as crianças a lessem, apontando o escrito com o dedo à medida que iam lendo.

Classificamos as crianças em seis níveis. Mesmo que a intenção deste estudo não fosse analisar esta classificação, é necessário recordar os critérios utilizados para caracterizar cada um desses níveis com a finalidade de compreender a análise aqui apresentada. Descreveremos estes níveis na ordem evolutiva inversa. Em nossa experiência, é mais fácil entender esta progressão evolutiva quando se inicia pela escrita que é mais familiar aos leitores adultos. Em todos os casos há exemplos das crianças que participaram deste estudo.

Nível alfabético (ALF). As crianças fazem correspondências sistemáticas entre fonemas e letras, mesmo que a ortografia não seja convencional. Por exemplo, Mario (5 anos e 3 meses) escreve PERICO e BENADO.[8] Em espanhol, as letras B e V correspondem ao mesmo som. Referimo-nos às crianças pré-escolares de nível alfabético com a abreviatura ALF-K e utilizamos ALF-P para as de primeiro grau.

Nível silábico-alfabético (SIL-ALF). As crianças utilizam um sistema de escrita aparentemente misto. Algumas vezes representam uma sílaba completa com uma letra, mas também começam a representar unidades intrassilábicas. Como todas as palavras (exceto o monossílabo) estavam compostas por sílabas CV, o resultado é uma mescla de representações de sílabas e fonemas. Por exemplo, Karen (5 anos e 4 meses) escreve MAIOSA para *mariposa*. Escreve com duas letras a primeira e a última sílaba, mas só com uma letra as duas sílabas intermediárias.

Nível silábico estrito com uso de letras pertinentes (SIL-3). Estas crianças usam sistematicamente uma letra para cada sílaba pronunciada. Além disto, utilizam a letra apropriada para a maioria das sílabas que representam. O mais frequente é que escrevam a vogal pertinente, mas também podem aparecer consoantes pertinentes. Por exemplo, Fernando (5 anos e 6 meses) escreve AIOA para *mariposa*, e lê "ma-ri-po-sa", apontando uma letra para cada sílaba. As consoantes aparecem com maior facilidade quando o nome da letra é igual à sílaba que se tenta representar. Fernando utiliza a letra P, chamada "pe", para começar a palavra *perico*, e o resultado é PIO, lida como "pe-ri-co" com o mesmo procedimento de apontar uma letra para cada sílaba. Estas crianças, em geral, antecipam sua escrita, seja contando o número de sílabas antes de escrever ou dizendo em voz alta cada sílaba (uma por uma), enquanto escrevem uma letra para cada uma delas.

Nível silábico estrito sem uso de letras pertinentes (SIL-2). Estas crianças também realizam uma correspondência estrita entre as sílabas orais e as letras que escrevem. Controlam a quantidade de letras que escrevem. No entanto, as letras que utilizam não são pertinentes, já que qualquer letra pode representar qualquer sílaba. Por exemplo, Erika (5 anos e 3 meses) escreve a palavra *perico* como OIE, apontando uma letra para cada sílaba ao ler "pe-ri-co".

Nível silábico inicial (SIL-1). Estas crianças começam a realizar correspondências entre letras e sílabas. Escrevem uma sequência de letras e, logo, tentam ler sua própria produção, empenhando-se para fazer as letras corresponderem às sílabas, mas sem uma correspondência estrita. Às vezes dizem uma sílaba ao apontar uma letra e às vezes apontam várias letras. Por exemplo, Omar (5 anos e 7 meses) escreve *mariposa* como PIOIMOT. Le "ma" enquanto aponta a primeira letra, "ri" enquanto aponta a segunda e para "po" aponta as três letras seguintes. Para a última sílaba, "sa", aponta as duas últimas letras.

Nível pré-silábico (PRE-SIL). Estas crianças não tentam estabelecer correspondências letra-som de nenhum tipo quando escrevem, nem quando lhes é pedido que leiam suas próprias produções escritas. Escrevem várias letras e depois leem o escrito sem analisá-lo. Por exemplo, Conchita (5 anos e 4 meses) escreve OliEOT para a palavra *gusano*, e lê o escrito apontando de forma contínua e sem fazer recortes orais.

TAREFAS DE SEGMENTAÇÃO ORAL

As crianças deviam realizar duas tarefas diferentes de segmentação oral que variam no tipo de estímulo apresentado. Ambas as tarefas foram gravadas em áudio.

Cartões com desenhos. Pedimos às crianças que segmentassem oralmente, em "partezinhas", seis substantivos comuns CVCV e três CVC. Propusemos um jogo de adivinhações no qual a entrevistadora lhes perguntava sobre uma série de nove cartões com desenhos de animais e objetos conhecidos. Os cartões não tinham letras nem palavras escritas. Os nomes dos desenhos correspondiam a substantivos monossílabos CVC (*gis, pez, sol, pan*)[i] e substantivos dissílabos CVCV (*luna, foca, taco, mesa, sapo, gato*).[ii] Os cartões são apresentados em desordem sobre a mesa.

Depois de nomear cada um dos desenhos, os cartões eram virados deixando visível apenas o verso; a criança devia escolher um, sem mostrar a imagem e dizer o nome do desenho "em partezinhas", de maneira que fosse difícil à entrevistadora adivinhar a palavra. Para mostrar o jogo, a entrevistadora dava vários exemplos, utilizando os nomes de objetos visíveis na sala. Por exemplo: "Isto é uma /kaja/ [caixa]; se digo /ka-ja/ [cai-xa], é muito fácil adivinhar. Mas se digo /ka-j-a/, não é tão fácil adivinhar. E se digo /k-a-j-a/ é realmente difícil adivinhar. Você deve dizer as palavras em pequenas partes, para que seja difícil para eu adivinhar." No exemplo se observa que a entrevistadora primeiro segmenta a palavra em sílabas /ka-ja/; depois, segmenta a palavra em uma sílaba seguida de dois fonemas /ka-j-a/; finalmente, segmenta a palavra em fonemas isolados /k-a-j-a/. As expressões "pequenas partes" ou "partezinhas" não foram definidas de propósito. Foram aceitos todos os tipos de segmentação, ainda que o entrevistador animasse a criança a produzir a maior quantidade de

---

[i] Tradução: giz, peixe, sol, pão. (N.T.)
[ii] Tradução: lua, foca, taco, mesa, sapo, gato. (N.T.)

"pedacinhos" possível, que se obtêm somente através de uma segmentação fonológica completa.

As crianças compreenderam as instruções com facilidade. Nosso objetivo era obter as respostas mais analíticas que as crianças pudessem dar. Assim que eram dados os exemplos iniciais, a entrevistadora começava o jogo, cobrindo os olhos enquanto a criança escolhia o primeiro cartão. A entrevistadora repetia o comando e tentava adivinhar qual cartão a criança tinha escolhido. Os dois primeiros cartões serviam como treinamento. Se a criança não produzia uma segmentação fonológica completa, a entrevistadora dizia: "Assim é muito fácil. Vou adivinhar e ganhar. Tenta deixar mais difícil. Fale em pedacinhos menores, para que eu não consiga adivinhar." Se a criança não era capaz de dar uma resposta alternativa, o entrevistador adivinhava a palavra e depois explicava como a criança poderia ter deixado mais difícil, dizendo, por exemplo: "Foi muito fácil. A resposta é /mesa/. A próxima vez você tenta deixar mais difícil, por exemplo, /m-e-s-a/". Quando a criança ficava em dúvida e fazia várias tentativas, foi levada em consideração a resposta mais analítica.

Cartões com palavras escritas. Nesta tarefa mostramos às crianças, uma a uma, diferentes palavras escritas em cartões brancos. Cada cartão media 5 x 2 centímetros. As palavras estavam impressas em maiúsculas, com formato Times New Roman, tamanho 28. As palavras, substantivos monossílabos CVC, foram apresentadas na seguinte ordem (*pan, luz, gis*) e substantivos dissílabos CVCV (*sapo, peso, luna, taco, gato*).

A entrevistadora lia a palavra de cada cartão em voz alta e logo pedia à criança que apontasse cada letra enquanto dizia a palavra em "pedacinhos". Tentamos evitar que as crianças nomeassem as letras. Para começar, demos três exemplos com outras palavras escritas, mostrando uma correspondência estrita entre letras e fonemas. À continuação, a entrevistadora lia em voz alta o primeiro cartão e pedia à criança que fizesse o que lhe era solicitado. Foi seguido o mesmo procedimento com todos os cartões. Se a criança segmentava as palavras sem olhar o escrito, a entrevistadora dirigia a atenção ao cartão enquanto repetia as instruções. A análise que segue leva em consideração principalmente as respostas verbais, sem pôr atenção a detalhes no ato de apontar das crianças.

A metade das crianças começou com a tarefa de cartões de desenhos, enquanto a outra metade começou com a tarefa de cartões com palavras escritas.

RESULTADOS

Para as duas tarefas de segmentação, as respostas das crianças foram classificadas segundo o tipo de unidades linguísticas que eram capazes de analisar. É importante recordar que sempre que uma criança tinha dúvida e produzia mais de uma resposta, somente foi levada em conta, na quantificação da informação e na análise estatística, a resposta mais analítica. As respostas das crianças foram divididas em seis grupos diferentes que exemplificamos, à continuação, com os dados obtidos.

1. **Sem segmentação.** A criança diz a palavra completa, apesar dos exemplos e dos itens de treinamento. Por exemplo, uma criança diz a palavra completa *pan*, sem conseguir segmentá-la.
2. **Segmentação silábica.** Por exemplo *ga-to* ou *lu-na*. Para as palavras monossílabas, foram consideradas desta categoria as respostas como *so-ol*, ou *pa-an*, porque, ao repetir a vogal, a criança produz duas sílabas, comuns no espanhol, separadas.
3. **Isolamento parcial de um segmento.** Estas respostas mostram uma tentativa de isolar um dos sons da palavra, mas continuam sendo basicamente silábicas. Antes ou depois de uma sílaba completa, a criança isola, seja uma vogal ou uma consoante. Por exemplo, para LUNA (dissílabo), as crianças disseram *lu-u-na* ou *lu-n-na*. Com os monossílabos, a crianças produziram segmentações como *so-o-ol* ou *so-l-ol*. O isolamento parcial de uma vogal ocorreu com mais frequência que o isolamento

de uma consoante. O isolamento de uma consoante ocorreu em somente 26,7% do total de respostas deste tipo, tanto com monossílabos como com dissílabos.

4. **Segmentação fonológica da segunda sílaba em dissílabos e da coda ou consoante final em monossílabos.** Em termos evolutivos, a primeira segmentação real parece ocorrer na última parte da palavra. Com os dissílabos, as crianças produziram segmentações como *lu-n-a* ou *ga-t-o;* com os monossílabos, *so-l* ou *pa-n*.

5. **Segmentação fonológica da primeira sílaba em dissílabos e do ataque em monossílabos.** Por exemplo, l-u-na, *g-a-to* ou *s-ol, p-an*.

6. **Segmentação fonológica completa.** Por exemplo, *l-u-n-a, g-a-t-o, s-o-l, p-a-n*.

A Tabela 2 reflete a frequência e a porcentagem do número total de respostas para ambas as tarefas (585 para a tarefa com palavras escritas e 626 para a tarefa com desenhos), segundo o nível de escrita das crianças que as produziram.

TABELA 2
Relação entre o nível de escrita e os tipos de segmentação (porcentagens) para a tarefa com desenhos (D) e a tarefa com palavras escritas (E)

Níveis de escrita	1 D	1 E	2 D	2 E	3 D	3 E	4 D	4 E	5 D	5 E	6 D	6 E
PRE-SIL	30.7	18.5	68.2	60.5	1.1	19.8	--	1.2	—	—	—	—
SIL-1	9.2	9.9	73.6	58.0	14.9	27.2	2.3	3.7	—	—	—	—
SIL-2	7.1	—	43.5	25.9	45.9	51.9	3.5	18.5	—	3.7	—	—
SIL-3	3.5	1.2	58.1	22.2	19.8	34.6	11.6	25.9	7.0	12.3	—	3.7
SIL-ALF	2.3	—	13.8	—	12.6	4.9	29.9	32.1	6.9	7.4	34.5	55.6
ALF-K	—	—	3.4	—	8.0	2.5	18.4	3.7	5.7	4.9	64.4	88.9
ALF-P	—	—	—	—	—	1.0	7.5	3.0	9.4	3.0	83.0	92.9

Foi realizada uma análise de regressão múltipla (utilizando um método por passos sucessivos, ou *stepwise*) que incluiu tanto as crianças pré-escolares como as de primeira série, com o tipo de segmentação como variável dependente. Foi executado um modelo que incluía o nível de escrita, a atividade (desenhos *versus* palavra escrita), a idade e o tipo de palavra (dissílabos ou monossílabos) como variáveis independentes. Não foi incluído o grau como uma variável independente. O modelo final escolhido foi o seguinte:

$$Y_i = 06.80 + .72 * X_{1i} + 0.47 * X_{2i} + E_i$$

Neste modelo, Y_i representa a pontuação do i-ésimo sujeito para *tipo de segmentação*, X_{1i} é a pontuação do *i-ésimo* sujeito para *nível de escrita*, X_{2i} é a pontuação do *i-ésimo* sujeito por *tarefa*, e E_i é um "termo de erro" que explica a diferença entre a pontuação obtida da equação e a pontuação real. Para o primeiro passo, R^2 (nível de escrita) foi 0.70, enquanto foi de 0.72 quando se incluiu a tarefa (cartões com desenhos ou cartões com palavras escritas). Estes resultados mostram que o nível de escrita explica a maior parte da variação na pontuação da criança para o tipo de segmentação (múltiple $R = .83817$, $R^2 = .70254$, $f = 2855.3686$, *Signif.F* $= .0000$). Quando entram todas as variáveis (nível de escrita, tarefa, tipo de palavra e idade) na regressão linear com um método de passos sucessivos, o programa SPSS exclui da análise o tipo de palavra e a idade, porque em ambos os casos p>.10. Deste modo, os únicos itens de previsão constantes que restam no modelo são o nível de escrita e o tipo de tarefa. Quando é dada entrada a cada variante de forma separada em um modelo de regressão linear com o tipo de segmentação como variável dependente, $R^2 = .001$ para o tipo de palavra e $R^2 = .259$ para idade. A idade é marginalmente significativa somente nesta condição, talvez pela diferença de idade entre as crianças pré-escolares e as de primeira série. Quando somente são incluídas as crianças pré-escolares na regressão múltipla, com a idade como única variável independente, $R^2 = .002$.

O diagrama em caixa no Gráfico 1 mostra a variabilidade das respostas para as duas tarefas de segmentação em cada nível de escrita. As linhas horizontais mais escuras mostram a média das respostas, e as caixas revelam valores que caem entre os percentuais 25 e 75. As linhas verticais que se estendem desde as caixas indicam os valores mais baixos e mais altos, e incluem os valores atípicos (*outliers*).

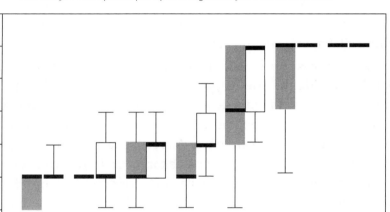

GRÁFICO 1
Distribuição de respostas por tipo de segmentação e níveis de escrita

O Gráfico 1 mostra que, para aquelas crianças que produziram escritas pré-silábicas (PRE-SIL) e silábicas iniciais (SIL-1), a média das respostas esteve nas segmentações silábicas (tipo 2) para ambas as tarefas. No entanto, devem ser observadas algumas diferenças. Primeiro, para a tarefa com desenhos, a maioria das crianças pré-silábicas

(PRE-SIL) ou não segmentou as palavras ou realizou segmentações silábicas (respostas de tipo 1 e 2), com exceção de algumas poucas respostas de tipo 3. Quando foram expostas à tarefa com palavras escritas, estas mesmas crianças, na maioria dos casos, produziram ao menos segmentações silábicas (respostas de tipo 2), e muitos também produziram respostas de tipo 3.

Do mesmo modo, as crianças com escrita silábica inicial (SIL-1) produziram majoritariamente segmentações silábicas em ambas as tarefas. Existe pouca variabilidade na tarefa com desenhos, enquanto tinham um estímulo escrito, o isolamento parcial de um fonema (resposta de tipo 3) foi frequente. De fato, estas crianças (SIL-1) puderam produzir segmentações até de tipo 4 (segmentação fonológica da segunda sílaba) somente na tarefa com palavras escritas.

As crianças com escrita silábica (SIL-2 e SIL-3) apresentaram uma distribuição idêntica de respostas para a tarefa com desenhos. Para ambos os grupos, a média de respostas esteve no tipo 2, embora tenha havido respostas do tipo 1 ao 4. Não obstante, para a tarefa que envolve escrita houve uma diferença. As respostas das crianças do grupo SIL-2 na tarefa com palavras escritas foram do tipo 2 ao 4, mas a média se encontra no tipo 3. As respostas das crianças do grupo SIL-3, por outro lado, oscilam entre o tipo 3 e o tipo 5, embora a média também tenha ficado nas respostas de tipo 3. Estas crianças ainda não liam convencionalmente, mas puderam produzir segmentações mais analíticas quando lhes era dada a possibilidade de observar a palavra escrita.

As crianças com escritas SIL-ALF apresentaram a maior variação de categoria nos tipos de resposta. Para a tarefa com desenhos, suas respostas oscilaram entre o isolamento parcial e a segmentação fonológica completa (tipos 3 a 6), com a média na segmentação fonológica da segunda sílaba (tipo 4), embora as respostas que não mostraram segmentação e as respostas silábicas (tipos 1 e 2) apareceram em algumas raras ocasiões. No entanto, para a atividade das palavras escritas, a média de resposta destas crianças foi de tipo 6 (segmentação fonológica), e a maioria das respostas esteve na categoria que vai do tipo

4 ao 6. A média de respostas para aquelas crianças que produzem escritas alfabéticas (ALF-K e ALP-P) foi a segmentação fonológica completa (tipo 6). Naqueles pré-escolares com menos experiência (ALF-K), ocorreu maior variabilidade na tarefa com desenhos, enquanto não houve variabilidade na tarefa com as palavras escritas. Com estímulos escritos, tanto as crianças alfabéticas com mais experiência como aquelas com menos (ALF-K e ALF-P) apresentaram exatamente o mesmo desempenho (segmentação fonológica).

DISCUSSÃO

Os principais resultados desta pesquisa podem ser considerados a partir de duas perspectivas: como uma contribuição à pesquisa sobre consciência fonológica e como um modo de repensar o começo do ensino de leitura e escrita.

CONTRIBUIÇÕES À PESQUISA SOBRE CONSCIÊNCIA FONOLÓGICA

1. A variável independente neste estudo é o nível de conceitualização das crianças sobre o sistema de escrita, níveis previamente descritos em crianças hispanas (Ferreiro e Teberosky, 1979). Demonstramos que o modo como as crianças abordam as tarefas de segmentação oral apresenta uma forte correlação com esta variável independente, sem importar a idade. No nosso entender, é a primeira vez que se descobre uma relação tão forte entre as atividades de escrita, definidas como o fizemos, e as tarefas de consciência fonológica. Para avaliar os níveis de conceitualização da escrita, utilizamos palavras conhecidas cujas representações escritas eram desconhecidas

pelas crianças. Além disto, para avaliar ditos níveis levamos em conta todos os aspectos do processo de escrita, incluída a leitura em voz alta do produto escrito. Esta tarefa não podia ser resolvida recordando certa sucessão de letras. Em princípio, a atividade estimulava as crianças a adotar uma atitude analítica (Quanta letras? Quais?) sem impor uma análise em particular. De fato, as crianças em períodos pré-silábicos não fazem correspondência das unidades de som com letras.

2. As respostas das crianças às tarefas de segmentação oral parecem estar ordenadas evolutivamente: vão da impossibilidade de encontrar "partes" em uma palavra a uma análise silábica. Isto é seguido pela possibilidade de realizar análises intrassilábicas do final da palavra e, finalmente, aparece o isolamento completo em fonemas.

3. A presença de cada um destes tipos de segmentação depende, fundamentalmente, dos níveis de escrita das crianças, mas está modulada pela tarefa de realizar. Em cada nível de escrita, as crianças atuam de um modo mais analítico quando lhes é pedido que levem em consideração cada uma das letras nos cartões impressos. Inclusive as crianças dos níveis evolutivos inferiores dão respostas mais analíticas quando há letras no estímulo. Sabemos que, ainda antes de serem capazes de ler e escrever nos níveis que correspondem ao que em inglês se denomina "ortografia inventada" (*invented spelling*), as crianças levam em conta as propriedades quantitativas (a quantidade de letras) e qualitativas (a diferença entre elas).

4. As respostas das crianças às tarefas de segmentação oral não dependeram da exemplificação ou instruções da entrevistadora. Somente as crianças do nível evolutivo superior deram consistentemente a mesma classe de respostas (segmentação fonológica completa). Sempre estimulamos as crianças a produzirem respostas mais analíticas, sem lhes dar retroalimentação (*feedback*) em termos de resposta correta ou incorreta,

segundo um modelo prévio. Os poucos exemplos que lhes demos ao início das tarefas serviram de ajuda para algumas crianças, mas não para todas. A capacidade de abordar as tarefas parecia depender, em realidade, de suas conceitualizações sobre o sistema de escrita, avaliadas através de suas produções escritas. A consciência fonológica, por sua vez, parece ter uma evolução e não pode ser considerada em termos dicotômicos (tem ou não tem). O desenvolvimento não consiste em uma substituição de um tipo de resposta por outro (por exemplo, ausência de segmentação e logo, segmentação fonológica completa). Para entender o desenvolvimento é importante permitir que as crianças façam sua própria análise das palavras sem seguir um modelo. Ao mesmo tempo, isto permite aos pesquisadores evitar a consideração das respostas das crianças em termos dicotômicos (corretas ou incorretas).

5. As atividades de escrita e leitura podem ajudar as crianças a tomar consciência da estrutura sonora da linguagem. A comunicação oral não requer tal análise consciente. Como sugere Olson (1996), a escrita pode atuar como um modelo para a análise da fala. Participar de jogos de linguagem pode permitir que as crianças aprendam sobre rimas e outros fenômenos linguísticos, mas o certo é que a escrita e a leitura são as únicas atividades cotidianas que exigem consciência dos fonemas. A escrita parece ser tanto um objetivo em si mesmo, como um instrumento para conseguir um tipo específico de conhecimento da linguagem. Do ponto de vista evolutivo, não há evidências de que a consciência fonológica possa surgir independentemente dos esforços para compreender o sistema de escrita alfabético. Consideramos de grande utilidade a introdução da escrita em situações experimentais de avaliação da consciência fonológica.

6. Os resultados de nossa pesquisa sugerem que não se pode generalizar para todas as línguas os resultados obtidos com uma em particular. As unidades intrassilábicas, *ataque* e *rima*,

podem ser úteis para a análise da fala em inglês, mas nossos dados sugerem que não é assim em espanhol.

IMPLICAÇÕES EDUCATIVAS

Concentrar-nos-emos nas discussões que prevalecem na literatura de pesquisa na língua inglesa, porque a discussão sobre *phonics instruction* não tem equivalente nos países de fala hispana. Embora nossos dados se refiram a crianças de fala hispana, este estudo, assim como pesquisas prévias, pode oferecer um marco de discussão proveitoso sobre os supostos que subjazem às decisões educativas. A relação entre a consciência fonológica e o êxito em leitura foi apresentada como válida para todas as línguas estudadas (Morais, 1995). Exatamente por isto é importante conduzir estudos comparativos.

Desde o começo do "Grande Debate" sobre a relevância de *phonics instruction* (Chall, 1967), o foco das discussões esteve nas intervenções docentes ou métodos de ensino.[9] A homologação entre "métodos de ensino" e "progressão de aprendizagem" subjaz a este debate. Isto quer dizer que, se os docentes ensinam a analisar os fonemas, as crianças aprenderão a analisar os fonemas; se ensinam "linguagem integral" (*whole language*), evita-se que as crianças realizem dita análise. Em todas nossas pesquisas anteriores, demonstramos que as crianças em níveis diferentes de conceitualização da escrita não entendem da mesma maneira a informação dada pelo docente. A aprendizagem está, sem dúvida, influenciada pelo ensino, mas não é criada por ele. Um insistente debate centrado nos métodos de ensino parece refletir as velhas ideias empiristas sobre a natureza do processo de aprendizagem.

Por outro lado, é um fato comprovado que as habilidades fonológicas podem ser treinadas em contextos meramente orais (Lundberg, Frost e Petersen, 1988). No entanto, o ensino direto e sistemático da análise em fonemas, o treinamento em consciência fonológica e o ensino das correspondências entre letras e fonemas talvez careçam de utilidade para todas as crianças. Pode beneficiar aqueles que já alcançaram níveis avançados (*invented spellers*, que corresponde aos silábicos-alfabéticos em espanhol). Mas as crianças em níveis evolutivos menos avançados talvez não compreendam a informação sobre fonemas. Estas crianças são capazes de analisar a fala, mas de outra maneira, e esta análise não lhes impedirá de chegar à consciência fonológica. No entanto, as capacidades analíticas prévias não podem ser reconhecidas quando se considera que a única maneira legítima de segmentar as palavras é em fonemas.

Os pré-escolares que participaram de nossa pesquisa não tinham recebido nenhum treinamento fonológico. No entanto, demonstraram capacidade e disposição para analisar a fala quando eram induzidos a fazê-lo em contextos orais. Também analisaram espontaneamente a fala enquanto escreviam palavras, apesar de que não tinham recebido lições de escrita. As crianças não precisavam ser induzidas para se envolverem em atividades de escrita. Quando escrevem livremente, também analisam a fala (Quinteros, 1997). Os docentes que incentivarem as crianças a escrever e refletir sobre sua própria escrita, também propiciarão atitudes analíticas sobre a fala.

Muitos fatores parecem estar relacionados ao desenvolvimento da alfabetização. Depois de um longo período de ênfase nas habilidades perceptivas, a memória visual a curto prazo, a discriminação visual e auditiva e outras habilidades perceptivas (Vernon, 1977), a consciência fonológica aparece atualmente como o fator mais importante a ser levado em conta (Blanchman, 1984; Wagner, 1986). A noção de consciência fonológica ajudou a levar em consideração aspectos da leitura inicial relacionados com a linguagem, mas enfatizou um único aspecto dela: o componente fonológico. No entanto, qualquer escrita historicamente desenvolvida (por oposição aos códigos artificiais, como o código ASCII utilizado em programação informática) constitui uma mistura de considerações fonológicas, morfológicas, semânticas, derivacionais, que alguns consideram "acidentes históricos". O caráter misto de todas as escritas alfabéticas existentes nos impede de colocar o componente fonológico como o componente linguístico preponderante. Um dos grandes linguistas do século XX, Vachek, explicou claramente (em 1945):

> o sistema fonético é só um dos aspectos de linguagem considerado como um sistema e, portanto, o sistema fonêmico não pode requerer o direito exclusivo de ser refletido na escrita. A escrita é um sistema por direito próprio, adaptado para satisfazer suas próprias funções específicas, que são bastante diferentes das funções próprias da transcrição fonética (Vachek, 1989, p. 7).

À discussão sobre a importância da consciência fonológica subjaz outra discussão sobre a própria natureza de um sistema de escrita alfabética. (Esta segunda discussão está pouco desenvolvida nos países de língua inglesa, mas está bem desenvolvida nos de língua francesa: Blanche-Benveniste, 1998; Catach, 1988.) Para entender a aprendizagem da língua escrita é crucial aprofundar nosso conhecimento sobre como se relacionam os sistemas de escrita alfabética com a linguagem oral. Se mantivermos uma visão simplista que considera o sistema de escrita alfabética como uma maneira visual de representar fonemas, o único pertinente seria treinar os alunos no reconhecimento dos fonemas. Mas os sistemas de escrita são muito mais complexos que isto. Por esta razão, a alfabetização não pode ser reduzida à aprendizagem de um código.

Notas

1. Um fonema é "a menor unidade de som que pode diferenciar duas palavras, em um idioma dado" (Richards, Platt e Platt, 1992, p. 272).

2. A segmentação fonológica é a capacidade de analisar as palavras por seus sons constitutivos, ou fonemas.

3. Qualquer parte da fala pode se dividir em várias unidades segundo o nível de análise. As unidades fonológicas são as menores. Seguidas das unidades silábicas, as morfológicas e as sintáticas. Também podem ser diferenciadas unidades de conteúdo, unidades pragmáticas e discursivas.

4. Duração: "Termo utilizado em fonética para se referir à extensão de tempo envolvida na articulação de um som ou sílaba" (Crystal, 1991, p. 115).

5. Nota das Autoras: Felizmente a situação nas pré-escolas públicas do México mudou sensivelmente desde a introdução, em 2002, das bibliotecas de sala de aula.

6. Os sobrenomes dos meninos e das meninas foram ordenados alfabeticamente, de forma separada, e a criança no décimo quinto lugar de cada lista foi escolhida.

7. Na primeira série as docentes utilizavam um método silábico: as vogais ensinadas primeiro e em seguida as consoantes (uma por uma) combinadas com vogais, formando o que se denomina "famílias silábicas" (por exemplo: "ma, me, mi, mo, mu"). Mediante a combinação de sílabas conhecidas, obtêm-se palavras simples e orações breves. A leitura é introduzida mediante a cópia reiterada das sílabas, palavras e orações.

8. A escrita das crianças será transcrita em maiúsculas, já que eles utilizam este tipo de letras. As palavras que lhes pedimos que escrevam são apresentadas em itálico. Os hífens são utilizados para separar sílabas ou fonemas na transcrição de qualquer produção oral, cada vez que a criança ou a entrevistadora segmentam uma palavra dessa maneira.

9. O último número de 1997 de *Reading Research Quarterly*, bem como um "Commentary" de Chall, no primeiro número de 1999, mostram que o debate ainda continua vivo.

10

A escrita das sílabas CVC e CCV no início da alfabetização escolar.

A omissão de consoantes é uma prova da incapacidade para analisar a sequência fônica?

Emilia Ferreiro e Celia Zamudio

Publicado em:

FERREIRO, E.; ZAMUDIO, C. La escritura de sílabas CVC y CCV en los inicios de la alfabetización escolar. ¿Es la omisión de consonantes prueba de incapacidad para analizar la secuencia fónica? *Rivista di Psicolinguistica Applicata*, v. VIII, n. 1-2, p. 37-53, 2008.

INTRODUÇÃO

Nos últimos trinta anos, a maior parte das pesquisas publicadas sobre a aquisição de leitura gira em torno da importância da chamada "consciência fonológica". Um número importante de autores sustenta que a análise em fonemas é condição prévia e necessária — ainda que não seja suficiente — para poder ler em um sistema alfabético (Liberman, 1973; Rozin e Gleitman, 1977; Stanovich, Cunningham e Cramer, 1984; Mann, 1989; Lundberg, 1991; Stanovich e Stanovich, 1995). Uma diferença importante é introduzida por alguns autores que assinalam a análise intrassilábica (em ataque e rima) como um passo intermediário no desenvolvimento da consciência fonológica (Bradley e Bryant, 1991; Treiman e Zukowsky, 1991; Treiman, 1992). Também há autores que admitem uma possível influência da instrução escolar, uma vez que a análise fonológica completa só está ao alcance das crianças que estão em curso de alfabetização escolar (Morais, Alegría e Content, 1987; Perfetti, 1989; Morais e Kolinsky, 1995; Morais, 1999). As tarefas através das quais a consciência fonológica é avaliada são de diversos tipos (Defior, 1996) e de dificuldade variável, o que repercute na discussão dos resultados. A maior parte dos dados provém do inglês; recentemente foi evidenciado o interesse de ter dados comparativos em diversas línguas (Defior, 2004; Sprenger-Charolles, 2004).

O que é comum a toda esta corrente, independentemente de seus matizes, é a consideração da escrita como um código que reflete — ainda que com certas deficiências — a cadeia fônica. Disto resulta uma visão unidirecional que vai do oral ao escrito: a análise de fonemas é necessária para ler a sequência de letras; daí também que as omissões, substituições, ou mudanças de posição das letras que aparecem na escrita das crianças em processo de alfabetização são atribuídas a uma análise fonológica insuficiente. De fato, bem poucos autores utilizam tarefas de escrita (apesar do interesse dos trabalhos de Read, 1985, 1986).

Em contraste, os trabalhos que dão ênfase a uma consideração evolutiva da alfabetização mostram, por um lado, a preeminência da sílaba enquanto unidade de análise no início da fonetização do escrito (Ferreiro e Teberosky, 1979; Pontecorvo e Zucchermaglio, 1988; Alves--Martins, 1993) e, por outro, a importância do nível de escrita das crianças na análise oral que são capazes de realizar (Alves-Martins e Silva, 2006; capítulo 9 neste volume). Estes estudos abrem a possibilidade de interpretar a relação oral-escrito a partir de uma perspectiva diferente: se a relação entre a escrita e as unidades da linguagem que a criança se coloca no início da fase de fonetização consiste em fazer corresponder as letras com as sílabas das palavras que lê ou escreve, as escritas da fase subsequente, por muito incompletas que sejam, não podem ser consideradas deficientes; pelo contrário, qualquer modificação da escrita no sentido de se fazer mais alfabética constitui uma conquista para a criança. Assim, as letras acrescentadas às sílabas, anteriormente escritas com apenas uma letra, revelam um avanço na análise da linguagem, seja pelo uso destas letras utilizadas corretamente ou unicamente com valor aproximado. As omissões, substituições e demais "erros", uma vez que não estão precedidos por uma análise fonológica plena, refletem melhor os esforços das crianças para se aproximarem a uma análise desse tipo.

Em espanhol, ao início das escritas propriamente alfabéticas, as crianças conseguem escrever as sílabas CV (consoante seguida de vogal) como uma sequência de duas letras (Ferreiro, 1997a). A pergunta que surge, então, é saber se a partir desse momento a análise silábica desaparece para dar lugar a uma análise da sequência fônica como tal, ou se a análise silábica continua vigente, entrando em conflito, talvez, com uma análise fonológica. Consideramos que as sílabas CVC e CCV são um lugar privilegiado para realizar tal indagação.

Ouvimos, com frequência, os professores dizerem que as crianças que já podem escrever adequadamente palavras com sílabas CV "omitem letras" tanto nos grupos de consoantes em posição de ataque ou início de sílaba, como em sílabas com consoantes em posição final (coda). A literatura sobre a aquisição do inglês escrito também dá testemunho deste fenômeno. Read (1985) menciona a redução dos grupos consonânticos em final de sílaba quando há uma nasal pré-consonântica, que acaba sendo omitida. Treiman (1992) informa que a omissão da segunda consoante de um grupo em posição de ataque é frequente em pré-escolares e crianças de primeiro ano (por exemplo, escrevem "stay" como *say* e "blow" como *bow*); estas omissões também se apresentam quando o grupo consonântico é o ataque da segunda sílaba de uma palavra ("patrol" escrito como *patol*). No caso do holandês, van Bon e Uit de Haag (1997) apresentam resultados similares na escrita de grupos consonânticos em posição de ataque e coda. Eles analisam a escritura de pseudopalavras monossilábicas de tipo CCVCC, produzidas por crianças de primeira série fundamental, e consideram que os erros mais frequentes são a omissão da primeira consoante pós-vocálica (a primeira consoante da coda) e a omissão da segunda consoante do grupo inicial. Além da omissão de consoantes, estes últimos autores documentam erros como substituições e mudança de lugar das consoantes; no entanto, não especificam quais nem onde.

O propósito de nosso trabalho é compreender as dificuldades enfrentadas pelas crianças, com espanhol como língua materna, para escrever sílabas CVC e CCV, uma vez que resolveram a escrita das sílabas CV. As sílabas CVC são o segundo tipo de sílabas do espanhol, em ordem decrescente de frequência, enquanto as CCV têm baixa frequência como tipo de sílaba (ver Anexo 1); no entanto é muito fácil encontrar este último tipo de sílaba em substantivos de uso corrente. Consideramos que é necessário explicar por que as crianças resolvem só um tipo de sílaba e cometem "omissões" nas outras, se estão analisando as palavras em sequências de fonemas; ainda assim, queremos analisar se há outras respostas que poderiam nos dar pistas para compreender melhor o fenômeno em termos evolutivos.

MÉTODO

1. DELIMITAÇÃO DAS PALAVRAS OBJETO DE ESTUDO

As sílabas CCV em espanhol podem ter somente consoantes líquidas em segunda posição do ataque composto (letras R ou L). As sílabas CVC admitem essas mesmas consoantes em posição coda (além de outras). Nosso interesse está centrado na comparação das soluções escritas pelas crianças para estes dois tipos de sílabas, razão pela qual limitamos as codas estudadas a R e L. A seleção das palavras foi feita a partir dos seguintes critérios:

a) todas as palavras dissílabas, o que corresponde à frequência do espanhol, em que os dissílabos constituem mais da metade do léxico do espanhol (62% segundo Alcina e Blecua, 1998);

b) em todas as palavras, uma das sílabas é CV, e outra é CCV ou CVC;

c) todas as sílabas CVC e CCV aparecem no dicionário de frequência silábica construído a partir de textos escritos por crianças espanholas de nível fundamental (Justicia, Santiago, Palma, Huertas e Gutiérrez, 1996);

d) as palavras se organizam em pares onde alternam as sílabas objeto de estudo (por exemplo, as sílabas iniciais do par "**bar**co/**bra**zo" compartem as mesmas letras em outra ordem);

e) todos os substantivos de uso comum (com exceção de um verbo);

f) a lista final compreende 10 palavras com sílabas CVC e 10 palavras com sílabas CCV.

No Anexo 2 é apresentada a lista completa de palavras utilizadas na pesquisa.

2. PARTICIPANTES

Crianças de primeira série de ensino fundamental, de escola pública, da cidade do México, na segunda metade do ano escolar. Fizemos um ditado em duas escolas diferentes para identificar as crianças que queríamos estudar. Nesse ditado propusemos que escrevessem palavras com sílabas CV ("camisa, bigote"), palavras com uma sílaba CVC ("carta, talco") e palavras com uma sílaba CCV ("trigo, pluma"). Deixamos de lado as crianças que escreveram adequadamente todas estas palavras, bem como as que tiveram dificuldades com todas as palavras. Mantivemos, para compor o grupo definitivo, as que resolveram as duas palavras com sílabas CV, mas tiveram dificuldade com todas ou algumas das outras palavras. Este grupo foi composto por 38 crianças (22 meninas e 16 meninos); idade média de 6 anos 9 meses (SD 3.5). Ao considerar a escrita, não levamos em conta as restrições ortográficas (por exemplo, aceitamos como válida a escrita *vigote* ao invés de "bigote").

3. PROCEDIMENTO EXPERIMENTAL

As 38 crianças escreveram as mesmas 20 palavras ditadas em sessão única (com duração média de 20 minutos). As palavras foram organizadas em duas listas (ver Anexo 2). Na lista I os cinco primeiros pares começam com a sílaba CVC, seguidos por CCV, ordem que se inverte nos últimos cinco pares, que começam com a sílaba CCV seguidos por CVC. Na lista II, os cinco primeiros pares começam com sílaba CCV e os últimos cinco começam com sílaba CVC. Cada criança foi designada ao acaso a uma dessas ordens de apresentação das palavras (19 crianças para cada uma). Embora o critério de organização das listas tenha se baseado nos pares de palavras, estas foram ditadas uma a uma.

Cada criança recebeu uma folha branca e uma caneta com a seguinte instrução: "Vocês vão escrever umas palavras difíceis que são muito parecidas, por isso precisam estar muito atentos. Vamos começar" (ditado da primeira). Cada palavra foi escrita embaixo da anterior, como uma lista. Quando a realização gráfica de uma letra era problemática, procurávamos estar certos de qual era a letra que a criança tinha desejado colocar. Nas escolas mexicanas, as crianças escrevem com caracteres separados (minúsculas de forma simplificadas), o que favorece a identificação de cada letra escrita.

Para nós era importante que as crianças soubessem que estavam escrevendo palavras da língua. Por esta razão, em alguns casos demos um contexto mínimo para garantir a compreensão da palavra. Por exemplo: "*preso*, una persona que está en la cárcel" [preso, uma pessoa que está na cadeia]; "*copla*, como una canción" [copla, como uma canção]; "*cavar*, hacer un hoyo en la tierra" [cavar, fazer um buraco na terra] (o único verbo da série de palavras).

Durante a tarefa as crianças eram estimuladas a tentar escrever como conseguissem, mas da melhor maneira possível. Eram estimuladas a revisar o escrito e modificá-lo se achavam pertinente fazê-lo, de preferência reescrevendo para que todas as tentativas ficassem visíveis. As palavras ditadas eram repetidas quantas vezes fossem necessárias. Também foi solicitado que as crianças as repetissem oralmente, além de escrevê-las. Um observador anotava tudo que acontecia, enquanto as verbalizações eram gravadas. O protocolo individual integra as produções escritas, as verbalizações e todos os elementos de conduta que foram possíveis registrar.[1]

ANÁLISE DOS DADOS E RESULTADOS

I. ANÁLISE QUANTITATIVA

Recordemos que as crianças eram estimuladas a revisar suas respostas e corrigi-las se considerassem necessário. Por esta razão, podemos dividir todas as respostas obtidas em três grandes categorias: corretas de imediato, corretas depois de alguma tentativa prévia, respostas desviantes (agrupando aqui respostas que não foram corrigidas, bem como respostas que resultaram de alguma tentativa prévia igualmente desviante). Para as análises quantitativas, consideramos uma única resposta por palavra para cada criança, a única dada ou a última, em caso de correção. As alternâncias ortográficas não foram levadas em consideração (por exemplo, as escritas *braso* ao invés de "brazo" ou *clace*, ao invés de "clase" foram consideradas corretas). A distribuição destas respostas é apresentada no Gráfico 1.

GRÁFICO 1
Porcentagem de escritas corretas e desviantes em sílabas CVC e CCV

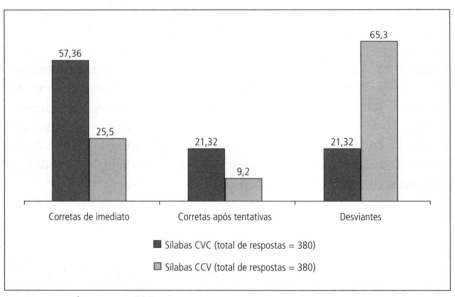

t teste para cada par: p < .001

Neste gráfico, o total de respostas para palavras com CVC (consoante em posição coda) é igual ao total de respostas para palavras com CCV (380 em cada caso, ou seja, 10 respostas por criança). É visível a dificuldade maior das sílabas CCV (ataque consonântico composto) tanto nas corretas de imediato (218 respostas corretas de imediato para CVC e apenas 97 para CCV) como nas desviantes (248 respostas desviantes para CCV e apenas 81 para CVC). Também podemos ver que a oportunidade para corrigir a primeira resposta permite conseguir uma resposta correta no caso das sílabas CVC (81 respostas corretas depois de alguma desviante), mas incide muito menos nas sílabas CCV (só 35 respostas corretas depois de alguma desviante).

Para poder fazer cálculos estatísticos, atribuímos o valor 3 às respostas corretas de imediato, o valor 2 às corretas após alguma tentativa e o valor 1 às respostas desviantes. Utilizamos a prova t para avaliar as diferenças entre as palavras com sílabas CVC e as palavras com sílabas CCV em cada uma das categorias de respostas. Consideramos que as diferenças de pontuação entre os grupos são estatisticamente significativas nos três casos: corretas de imediato (M = 17.21 em codas, M = 7.66 em ataques, t(37) = 6.76, p = 0.000), corretas depois de tentativas (M = 4.26 em codas, M = 1.84 em ataques, t(37) = 3,56, p = 0.001), desviantes (M = 2.13 em codas, M = 6.53 em ataques, t(37) = –8.64, p = 0.000).

Todas as palavras ditadas têm uma sílaba CV. Sobre o total de palavras ditadas temos 760 sílabas CV. Das sílabas CV 97,5% (741/760) foram escritas corretamente de imediato. Comparando este dado com o Gráfico 1, aparece uma clara hierarquia ao comparar as respostas corretas de imediato para as sílabas estudadas nesta pesquisa: sílabas CV 97,5%; sílabas CVC 57% (218/380); sílabas CCV 25,5% (97/380).

De acordo com o objetivo inicial, à continuação nos dedicaremos à análise do grupo de respostas que chamamos desviantes.

2. ANÁLISE QUALITATIVA DAS RESPOSTAS DESVIANTES

2.1. Respostas desviantes em sílabas CVC

No grupo total de 38 crianças há 21,32% de respostas desviantes como única resposta ou depois de alguma outra tentativa, igualmente desviante (81/380). Deste total, as mais frequentes são a omissão da coda (por exemplo, *baco* ao invés de "barco" ; *cado* ao invés de "caldo"). Há 22 respostas deste tipo, que representam 27% do total de respostas desviantes (22/81). Estas são as respostas consideradas por outros autores como produzidas por uma análise deficiente da coda. No entanto, 73% das respostas desviantes não são desse tipo (59/81). Vejamos em que consistem, por ordem de frequência:

a) Escrita da sílaba CVC como duas sílabas CVCV pela adição de uma vogal (por exemplo, *tarade* ao invés de "tarde", *firima* ao invés de "firma"). As crianças que produzem estas respostas se mostram satisfeitas e sustentam que ali está a palavra ditada. Esta resposta não pode derivar-se de uma análise insuficiente da consoante em posição de coda, uma vez que essa consoante aparece encabeçando uma nova sílaba CV.

b) Substituição da consoante em posição coda. Estas respostas são parcialmente corretas porque conservam a coda, mas com mudança de consoante: *gonpe* ou *gorpe* ao invés de "golpe"; *cando* ou *cardo* ao invés de "caldo"; *burto* ao invés de "bulto". O interessante destas substituições é que consistem em substituir a consoante L por outras que são igualmente possíveis em posição coda em espanhol. Todas as sílabas escritas existem na língua, ainda que o resultado não corresponda a uma palavra do léxico atual do espanhol. Este tipo de resposta desviante só afeta as sílabas com L.

c) Escrita de uma sílaba CCV (a mais difícil) quando se solicita uma CVC. No total, há 11 respostas deste tipo produzidas por 7 crianças (5 delas apenas uma vez e 2 meninas que produzem 3 vezes cada uma delas). Todas estas crianças têm ao menos uma resposta correta em sílabas com ataque composto. Várias destas respostas são compreendidas ao se colocar as escritas na sequência das produções. Por exemplo, Luís acaba de escrever corretamente uma palavra com CCV (*clase*) e parece transferir a solução gráfica à palavra seguinte ("caldo", escrita *clado*). Do mesmo modo, Laura acaba de escrever, mas com dificuldade, *preso*, e parece transferir à palavra seguinte a mesma solução gráfica ("perla", escrita *prela*). Jesus também, depois de escrever *clase* escreve a palavra "caldo" como *clalo*, uma resposta onde, além disto, há uma substituição da última consoante.[2]

d) A categoria residual "outros" compreende uma grande variedade de respostas. Um exemplo de uma série de transformações, todas desviantes, é uma escrita de "bulto" de Jimena, que começa escrevendo com uma omissão pouco frequente de uma primeira consoante (*ulto*), logo corrige substituindo o **u** por um **v** (*vlto*). O adulto lhe indica que talvez o **u** que colocou antes possa lhe servir, mas Jimena simplesmente o acrescenta em uma extremidade. O resultado é *uvlto*. Observamos outros casos de transformações como os seguintes. Guadalupe escreve "perla" com omissão da coda (*pela*); logo, reconsidera a palavra, identifica a letra omitida, mas a acrescenta ao final (*pelar*). Algo similar é feito por Cecília com a palavra "golpe", escrita inicialmente *gope* e corrigida em *gopel*. Outras respostas são mais difíceis de compreender porque as crianças não nos deram pistas (por exemplo, *raco* para "barco"; *fope* para "golpe", ambas como única resposta); nestes dois últimos exemplos a escrita consiste em duas sílabas CV, e merece destaque o fato de o mesmo ocorrer em um terço do total das respostas da categoria "outros".

2.2. Respostas desviantes em sílabas CCV

No grupo total de 38 crianças, há 65,3% de respostas desviantes como única resposta ou depois de alguma outra tentativa, igualmente desviante (248/380). Desse total, a resposta mais frequente é a omissão de algum dos elementos do ataque. Esta omissão pode afetar a segunda consoante do ataque (*baso* ao invés de "brazo") ou a primeira (*raso* ao invés de "brazo"). Temos um total de 129 omissões, que representam 52% das respostas desviantes (129/248), das quais 71% do total de omissões (92/129) correspondem a omissões da segunda consoante. Vejamos em que consistem, por ordem de frequência, as outras respostas, ou seja, a metade das respostas desviantes para sílabas CCV:

a) Escrita da sílaba CCV como se fosse CVC. Esta é uma resposta de frequência considerável (23,8% do total de respostas desviantes). Qualquer das palavras ditadas pode dar lugar a esta solução: por exemplo, *barso* ao invés de "brazo", *golvo* ao invés de "globo", *firto* ao invés de "frito", *tarpo* ao invés de "trapo", *calse* ao invés de "clase". Esta resposta não pode ser considerada como o resultado de uma análise insuficiente do ataque consonântico composto já que as duas consoantes envolvidas aparecem, embora a segunda delas em posição coda.

b) Mudanças de consoante, preservando o ataque composto. Estas mudanças podem afetar a primeira ou a segunda consoantes. Por exemplo, Andrea escreve "globo" como *blobo* e, logo, escreve "preso" como *pleso*.

c) Escrita da sílaba CCV como CVCV pela adição de uma vogal (por exemplo, "preso" escrito *pereso*; "trapo" escrito *tarapo*). Esta resposta também não pode derivar de uma análise insuficiente do ataque consonântico, uma vez que as duas consoantes aparecem encabeçando, cada uma delas, uma nova sílaba CV.

d) Na categoria residual "outros" são agrupadas respostas muito variadas. Por exemplo, Jaqueline utiliza uma estratégia simplificadora: cada vez que enfrenta um ataque que não pode resolver, utiliza a letra **p**. Assim, escreve "brazo" como *paso*, "blusa" como *pusa* e "grasa" como *pasa*. Chama a atenção que, ao fazer isto, Jaqueline produz dissílabos CV. Esteban começa com omissão da segunda consoante do ataque ao escrever "copla" como *copa*; logo, reconsidera sua escrita, identifica a consoante que falta, mas a insere em posição inadequada tendo como resultado *colpa*. Em outros casos as crianças não nos deram pistas para compreender o que escreveram (por exemplo, *copac* ao invés de "copla", *raso* ao invés de "preso"). Somente duas crianças se negaram a escrever, cada uma delas uma palavra, no caso palavras com sílabas CCV. Por estas serem as únicas respostas negativas, não criamos uma categoria específica, mas as incluímos na categoria residual "outros". Vale destacar que, também neste caso, um terço das respostas agrupadas nesta categoria residual corresponde a dissílabos CV.

3. Análise qualitativa das respostas desviantes que precederam uma resposta correta

No Gráfico 1 fizemos distinção entre as respostas "corretas de imediato" e as respostas "corretas depois de tentativas". Agora vamos analisar em que consistem as respostas desviantes prévias à produção da resposta correta, em sílabas CVC e em sílabas CCV.

Comecemos pelas consoantes em posição coda. Correspondem a 81 respostas (21,32% no Gráfico 1). A omissão da coda, como primeira resposta, precedendo uma resposta correta, é de alta frequência. Referimo-nos a exemplos como os seguintes: *gope* transformado em *golpe*; *baco* transformado em *barco*; *pela* como resposta inicial e *perla* como resposta final. Para passar de uma a outra, algumas crianças voltam a silabar a palavra e outras verbalizam o escrito, seja espontaneamente ou por sugestão do adulto.

Quase a metade das respostas corretas depois de alguma tentativa tem a omissão da coda como resposta prévia (39/81 = 48%). Não se deve pensar que a omissão conduz necessariamente à resposta correta. Depois de uma omissão podemos encontrar outras respostas desviantes, como veremos na análise de casos singulares. Também se pode chegar à resposta correta corrigindo uma consoante ou uma vogal mal identificada ao início. Mas é importante destacar que nunca se chega à resposta correta quando a primeira resposta foi CVCV.

Vejamos o que ocorre com as sílabas CCV. São 35 respostas (9,2% no Gráfico 1). Também com estas sílabas a tendência a omitir uma consoante (quase sempre a segunda) constitui a primeira tentativa de escrita de várias palavras que à continuação são corretamente escritas (por exemplo, *peso* como primeira resposta e *preso* como resposta final).

A omissão não conduz necessariamente à resposta correta. Há muitas omissões que conduzem a uma resposta CVC ou mesmo CVCV. As respostas CVC e CVCV, por sua vez, não são precursoras de uma resposta correta (não registramos nenhuma passagem de CVCV à resposta correta e apenas uma resposta das 35 passa diretamente de CVC a CCV). Este dado nos parece muito importante e será retomado nas conclusões.

4. Análise de alguns casos

A análise do desempenho de todas e cada uma das crianças conduz a uma conclusão importante: a quantidade de sílabas CVC resolvida por cada criança é sempre igual ou superior ao número de sílabas CCV bem resolvidas. Este dado, no âmbito individual, reforça o que o Gráfico 1 mostra considerando o total de respostas, ou seja, a dificuldade maior das sílabas CCV comparadas às CVC.

As 38 crianças se colocam em um contínuo que vai desde a ausência de respostas corretas até a presença de muitos acertos. Entre ambos os extremos situa-se um grupo interessante de seis crianças que resolvem de imediato todas as sílabas CVC (ou ao menos 7 das 10), mas não consegue resolver nenhuma sílaba CCV (ou apenas 1 das 10).

José é um menino de 7 anos que pertence ao grupo com menos acertos: não consegue resolver convencionalmente nenhuma das sílabas objeto deste estudo. O Quadro 1 mostra as produções de José, na ordem em que foram escritas, acrescentando a categoria correspondente a cada uma. As flechas (→) indicam reescrita das palavras.

QUADRO 1
Respostas de José (7 anos) na ordem do ditado

Palavra ditada	Escrita	Classificação
brazo [braço]	baso	omissão 2ª consoante
barco	baco → bareco	omissão coda → CVCV
globo	ogado	outros
golpe	gope → gopele	omissão coda → CVCV
preso	peso	omissão 2ª consoante
perla [pérola]	perela	CVCV
clase [aula]	canasa → case	outros → omissão 2ª consoante
caldo	calao	outros
frito	bito	omissão e troca consoante (outros)
firma [assinatura]	bime → bima	omissão e troca consoante (outros)
nopal [figueira da Índia]	nopa → nopale	omissão coda → CVCV
copla	copa	omissão 2ª consoante
tarde	tara → tarer → tarele	outros → CVCV e troca consoante
trapo	rapo	omissão 1ª consoante
bulto [vulto]	bulito	CVCV
blusa	(nega-se a escrever)	outros
garza [garça]	gasa	omissão coda
grasa [gordura]	gasa → garesa	omissão 2ª consoante → CVCV
cavar	cabara	CVCV
cabra	cabare	CVCV

As escritas de José apresentam bastante homogeneidade: tudo o que escreve são dissílabos ou trissílabos do tipo CV. Mas não escreve qualquer coisa. Nas sílabas CVC, José omite a consoante final (coda), que logo será introduzida como ataque da sílaba seguinte (*baco* transformado em *bareco*, *nopa* convertido em *nopale*), dando como resultado o trissílabo CV, ou produz de imediato a escrita CVCV (*perela*, *bulito*, *cabara*). As escritas *gopele* e *tarele* também são CVCV, ainda que com um deslocamento consonântico na primeira e uma substituição consonântica na segunda. Nestas sete respostas (do total de dez palavras com codas), consegue analisar todas as consoantes da sílaba CVC. Aparece uma única omissão não corrigida (*gasa*).

Nas sílabas CCV, ao contrário, José omite a segunda consoante do ataque em quatro das palavras ditadas (*baso*, *peso*, *case*, *copa*) e a primeira consoante em uma (*rapo*). A omissão, portanto, concerne à metade das palavras com ataque composto. Também começa omitindo em "grasa", transforma em CVCV (*gasa* → *garesa*). Sua última produção também é CVCV, talvez por contaminação da palavra precedente (*cabara/cabare*).

As respostas restantes são da categoria "outros", que inclui uma negação à escrita da palavra "blusa", produções de dissílabos CV com substituição de consoantes (*bito*, *bima*) e duas respostas (*ogado*, *calao*) que não foram corrigidas e são difíceis de interpretar.

O caso seguinte é Diana, 6 anos 9 meses, que tem poucas respostas imediatas corretas, mas consegue resolver 6 codas logo na primeira tentativa, que consiste quase sempre em omitir. Com as sílabas CCV, ao contrário, a situação é diferente: todas as respostas são desviantes, exceto uma.

QUADRO 2
Escritas de Diana (6 anos 9 meses) na ordem do ditado

Palavra ditada	Escrita	Classificação
barco	baco → barco	omissão coda → correta
brazo	brso → braso	outros → correta
golpe	gope	omissão coda
globo	gobo	omissão 2ª consoante
perla	pela → perla	omissão coda → correta
preso	prso → peso	outros → omissão 2ª consoante
caldo	cado	omissão coda
clase	cace	omissão 2ª consoante
firma	fima → firma	omissão coda → correta
frito	fito	omissão 2ª consoante
copla	gopa	outros
nopal	nopa → nopal	omissão coda → correta
trapo	trpo → tapo	outros → omissão 2ª consoante
tarde	tarDa → tarDe	troca vogal → correta
blusa	ga → gusa	outros
bulto	guto → buto	outros → omissão coda
grasa	gasa → garsa	omissão 2ª consoante → CVC
garza	Gasa	omissão coda
cabra	cara	omissão 1ª consoante
cavar	cara → caba → cabar	outros → omissão coda → correta

Diana escreve bem as consoantes do ataque para "brazo", mas não a sílaba, porque omite a vogal (*brso*). Daí, passa à resposta correta, o que permitiria supor que se tratou de uma omissão involuntária.

Mas esta é a única sílaba CCV que resolve. Na sexta palavra ditada, volta a colocar adequadamente as consoantes do ataque sem a vogal, mas ao reintroduzir a vogal perde a segunda consoante (*prso* → *peso*, ao invés de "preso") e ocorre exatamente o mesmo, mais adiante, com "trapo" (*trpo* → *tapo*). Mesmo que as omissões da segunda consoante do ataque predominem nas outras palavras, nos três casos citados Diana foi capaz de identificar corretamente as consoantes envolvidas. Se ela identifica as consoantes, por que não consegue introduzir a vogal e, quando o faz, perde a segunda consoante? Será que se torna inadmissível escrever mais de duas letras por sílaba? Discutiremos o problema das restrições gráficas nas conclusões.

Helena, de 7 anos, é uma menina que resolve bem todas as codas: 6 de imediato e 4 depois de omissões. Por outro lado, só consegue resolver um ataque composto: em 6 ocasiões escreve CVC e omite 3 vezes (em duas ocasiões a segunda consoante e uma vez a primeira). Não tenta transformações do escrito nas sílabas CCV, exceto na penúltima palavra, "cabra", onde passa de CVC a CVCV (*cabar* → *cabara*). Helena é um caso claro de domínio das sílabas com coda, com utilização preferencial da mesma solução gráfica para as sílabas com ataque composto, o que denota que é capaz de identificar todas as consoantes envolvidas.

Finalmente, apresentamos o caso de Jaime, também de 7 anos, que se situa entre os mais desenvolvidos. Este menino resolve de maneira imediata 8 das 10 codas e 7 dos 10 ataques consonânticos. No entanto, a dificuldade da tarefa é evidenciada nas transformações a que são submetidas suas escritas, uma vez que Jaime ainda apresenta algumas das respostas que vimos nas crianças menos avançadas. Por exemplo, na primeira palavra com ataque composto, "brazo", começa omitindo a 2ª consoante, mas resolve bem (*baso* → *braso*); em "clase" conserva o grupo consonântico, mas muda a 2ª consoante (*crase*); em "bulto" começa omitindo a coda, logo analisa bem as consoantes da sílaba, mas omite a vogal e finalmente consegue a resposta correta (*buto* → *blto* → *bulto*), o que fica próximo das respostas, já analisadas, de Diana.

CONCLUSÕES

O primeiro dado que apresentamos em nossa análise indica uma clara hierarquia de dificuldade entre as sílabas estudadas: as crianças resolvem as sílabas CV antes de resolver as CVC e estas últimas antes das CCV.

Esta ordem de dificuldade parece relacionada, à primeira vista, com a frequência de ditas sílabas em espanhol (ver Anexo 1), bem como às práticas tradicionais de ensino de leitura e escrita nas que os dissílabos CV e inclusive listas de sílabas CV constituem o material inicial.

Do ponto de vista da análise fonética da sílaba espanhola, também há motivos para manter uma ordem de dificuldade semelhante, ao menos entre as sílabas CV e CCV. A líquida vibrante /r/ é sempre múltipla em sílabas CV ao início de palavra, enquanto é simples dentro do grupo consonântico. As medições sobre a duração de ambas consoantes líquidas indicam tempo maior de realização em posição CV (Massone, 1998). Com relação às sílabas CVC, torna-se mais difícil determinar seu *status*, uma vez que a produção das líquidas é muito mais variada (Navarro Tomás, 1977; Alarcos Llorach, 1983; Harris, 1983, Alcina e Blecua, 1998). Estes dados permitiriam sustentar uma proeminência maior das consoantes nas sílabas CV, tanto no nível articulatório como no perceptual.[3]

Ainda que as propriedades fonéticas das consoantes líquidas em cada uma das posições pudessem nos ajudar a entender a ordem de dificuldade no processo de aquisição da escrita, não podem explicar o que ocorre nas respostas desviantes. Nossa análise mostrou que as respostas desviantes são de tipo muito diverso. Somente as omissões podem ser vinculadas a este tipo de dificuldade. As omissões da coda constituem 27% das respostas desviantes para as sílabas CVC e as omissões de alguns dos elementos do ataque composto constituem 52% para as sílabas CCV. Em ambos os casos fica um grupo importante de respostas desviantes que não apresentam omissões.

Uma das respostas menos desenvolvidas (no sentido de que foi registrada preferencialmente em crianças com poucos ou nenhum acerto) consiste em transformar a sílaba CVC em duas sílabas gráficas CV (lembremos que são casos como o de *perela* e *firima* para as palavras "perla" e "firma"). Uma análise fonêmica incompleta não pode ser invocada como razão desta resposta porque todas as consoantes parecem ter sido identificadas, já que foram escritas. Superficialmente poder-se-ia pensar que a criança introduziu uma "vogal extra"; mas, o que significa essa introdução? Lembremos que uma criança como José, apresentado *in extenso*, produz "nopal" primeiro como *nopa*, reconhece que falta algo e escreve *nopale*. Caso se tratasse de apenas uma letra escrita, seria mais fácil apagá-la, já que neste caso está em posição final. No entanto, nenhuma das crianças que produziram respostas CVCV passa daí à resposta correta. Já não corrigem porque a solução encontrada lhes parece satisfatória: afirmam que ali se encontra a palavra ditada.

Vamos sugerir que estas respostas evidenciam um fator ao que não foi dada atenção suficiente: a importância do modelo gráfico CV. O problema não se situaria de maneira exclusiva ao nível da identificação dos fonemas consonânticos, mas provavelmente no nível da escrita. É como se se tratasse de preservar o modelo CV ou, melhor, de incorporar a palavra ouvida ao modelo CV. Esse modelo CV pode ser derivado das práticas escolares, mas ser assimilado pelas crianças como um modelo geral que poderia servir para resolver qualquer problema de escrita.

Lembremos que, em termos evolutivos, estas crianças superaram — com sérias dificuldades e muitos conflitos — o período durante o qual as sílabas das palavras eram representadas por uma única letra (geralmente o núcleo vocálico). Paulatinamente foram incorporando consoantes, mas não mais de uma por sílaba. A criação de uma sílaba adicional, nas soluções CVCV, não é explicável, então, por uma análise fonêmica diferente, mas, talvez, por uma necessidade interna: ao identificar uma consoante suplementar, dentro da sílaba, cria-se uma nova sílaba escrita para poder recuperar essa consoante.

O momento evolutivo posterior consistiria em aceitar um novo tipo de solução gráfica, acrescentando uma consoante ao modelo "bem construído" CV. Sabe-se bem que é mais fácil acrescentar um elemento nos extremos de uma série previamente constituída que intercalar, pois o intercalado "rompe" a série já estabelecida. Por esta razão, as sílabas CVC bem resolvidas precedem as CCV. E também, por esta mesma razão, tende-se a escrever as sílabas CCV como se fossem CVC. As múltiplas escritas do tipo *barso* por "brazo" ou *firto* por "frito", registradas para todas as palavras ditadas, também não podem derivar de uma insuficiência na análise fonêmica, já que todas as consoantes estão presentes. Parece difícil supor que as crianças extraíram o segundo elemento do grupo consonântico e transferiram-no do ataque à coda. Talvez seja mais adequado pensar que impuseram um modelo gráfico já conhecido a um tipo de sílaba para a qual não têm modelo gráfico disponível. As crianças que fazem isto não são as menos evoluídas, em termos de número de acertos. São exatamente aquelas que resolvem todas ou quase todas as sílabas CVC que fazem isto com as sílabas CCV.

As omissões gráficas, como já dissemos, foram consideradas como o resultado de uma análise fonêmica insuficiente. Os resultados desta pesquisa evidenciaram que as omissões coexistem com escritas que não podem desviar de uma análise fonêmica insuficiente e sugerimos que a utilização de um modelo gráfico CV pode contribuir com sua realização. Mas este modelo gráfico poderia explicar também as omissões, já que, ao omitir, tanto as sílabas CVC como as CCV se convertem em sílabas CV. Considerando desta forma, 54% das respostas desviantes para as sílabas CVC e 62% para as sílabas CCV consistem na imposição do padrão CV.[4] Em outras palavras, a hipótese de análise fonêmica insuficiente explica menor quantidade de respostas desviantes que a hipótese da imposição do modelo gráfico CV.

Não se trata de negar que as crianças devam fazer uma análise da emissão oral para poder escrever estas palavras. Inferir o tipo de análise oral a partir das realizações escritas é sempre problemático. No entanto, é o que se faz habitualmente.

Claro que não podemos determinar com segurança o tipo de análise oral que as crianças deste estudo fizeram. Mas mostramos que as produções escritas, consideradas qualitativamente, extrapolam as previsões que podem ser feitas a partir da suposição de uma análise oral insuficiente.

Os dados também sugerem que não há uma relação unilateral que vai do oral ao escrito, no sentido de que a sequência de letras escritas pela criança reflete a ordem sequencial na qual analisaria os fonemas.

Ao escrever, as crianças são obrigadas a grafar uma sequência de letras, mas nada impede impor a essa sequência agrupamentos em termos de padrões gráficos, que se situam ao nível da sílaba. Talvez as crianças continuem trabalhando ao nível da sílaba, ainda que a unidade sílaba como tal não esteja marcada nas escritas alfabéticas — sobre isto, deve-se recordar que, nas últimas décadas, a pesquisa fonética afirma que a sílaba é a unidade sobre a qual se organiza tanto o controle prosódico da fala, como o processamento do sinal acústico (Fujimura e Erickson, 1999; Ladefoged, 2005). Alternativamente, não podemos destacar que trabalhem com unidades intrassilábicas (incluídos os segmentos mínimos) e neste caso também se trataria de unidades dentro da sílaba (e não fora dela).

Poder-se-ia argumentar que o desenho experimental escolhido — que alterna sistematicamente codas e ataques compostos — não contribui para que as crianças diferenciem adequadamente ambos os tipos de sílabas. Em particular, poder-se-ia observar que as escritas CVC obtidas para sílabas CCV foram o resultado de uma transferência ou generalização do modelo CVC, em paralelo ao que dissemos a propósito das escritas CCV para as sílabas CVC. Finalmente, poderia ser feita a objeção de que nossas intervenções orientaram as crianças.

A estas objeções, respondemos da seguinte maneira. Qualquer ordem de apresentação das palavras tem vantagens e inconvenientes. A alternância sistemática escolhida poderia, em princípio, favorecer uma atitude analítica por parte das crianças, já que os mesmos fonemas se organizavam em sílabas diferentes (bar-/ bra-; blu-/bul- etc.), tratando-se sempre de palavras conhecidas pelas crianças (por oposição a pseudopalavras utilizadas por muitos pesquisadores). É verdade que poderia ser verificado se um desenho que apresentasse um bloco de palavras CCV, seguido de outro de palavras CCV, daria lugar a uma variedade similar de respostas desviantes como a obtida na presente pesquisa.

Quanto à segunda objeção, a resposta encontra-se na distribuição das respostas corretas imediatas, que são significativamente maiores para as sílabas CVC que para sílabas CCV. Além disto, a nível individual se verifica que há casos de codas bem resolvidas com impossibilidade de resolver ataques consonânticos enquanto o caso inverso nunca é verificado.

A terceira objeção é resolvida de imediato: as sugestões de revisar o escrito conduziram a um número limitado de acertos; em muitos outros casos uma resposta desviante foi seguida por outra igualmente desviante. Esta oportunidade de correção não é só uma opção metodológica a favor das crianças. É também uma oportunidade que nos damos, como pesquisadoras, de compreender melhor a natureza das dificuldades que as crianças enfrentam.

Notas

1. Agradecemos especialmente à contribuição de Arizbeth Soto nas tarefas de obtenção, transcrição e organização dos dados.

2. Os nomes atribuídos às crianças são fictícios, para preservar suas identidades.

3. De acordo com Massone (1998), a duração da líquida vibrante é mais longa em sílabas CV (118 mseg) que em sílabas CCV (48 mseg). Este som se realiza sempre com várias vibrações em sílabas CV em posição absoluta ou quando segue as consoantes heterossilábicas /n, s, l/ no interior de palavra; enquanto dentro do grupo consonântico se articula com uma só vibração ou golpe da língua contra os alvéolos (Navarro

Tomás, 1977; Harris, 1983). Com relação à duração da líquida lateral /l/, Massone (1998) relata uma duração maior em sílabas CV (91 mseg ao início de palavra e 113 mseg em posição interior depois de vogais), que nas sílabas CCV (73 mseg em sílabas tônicas e 61 mseg nas átonas). A vibrante em posição coda pode ter várias ou uma só vibração, fazer-se fricativa e mesmo se perder, como ocorre em alguns dialetos da Espanha e do Caribe. A consoante líquida lateral, por sua vez, é assimilada ao ponto de articulação da consoante heterossilábica que a segue quando esta última é dental ou palatal; enquanto em posição de final de palavra, o comum é que se articule de maneira mais relaxada (Navarro Tomás, 1977).

4. Este dado é obtido da seguinte maneira, para as sílabas CVC, somando as omissões (22), as respostas CVCV (16) e 6 casos da categoria "outros" = 44/81 respostas desviantes (54,3%). Para as sílabas CCV são somadas as omissões da primeira consoante do ataque (37), da segunda consoante do ataque (92), as respostas CVCV (14) e 10 casos da categoria "outros" = 153/248 respostas desviantes (62%).

ANEXO 1
Frequência dos tipos de sílabas em espanhol

	CV	CVC	VC	V	CCV	CVV
DEM	45.42%	26.5%	7.58%	6.14%	4.84%	3.49%
DSEE	53.37%	20.41%	6.52%	7.79%	3.48%	4.93%

DEM = *Dicionário del Español de México* (Lara, 2007).

DSEE = Dicionário silábico obtido a partir de textos escritos por crianças espanholas (*Justicia*, Santiago, Palma, Huertas e Gutiérrez, 1996).

ANEXO 2
Palavras utilizadas na pesquisa de acordo com a ordem de apresentação

LISTA I	LISTA II
Pares CVC/CCV	Pares CCV/CVC
barco/brazo [barco/braço]	brazo/barco
golpe/globo	globo/golpe
perla/preso [pérola/preso]	preso/perla
caldo/clase [caldo/aula]	clase/caldo
firma/frito [assinatura/frito]	frito/firma
Pares CCV/CVC	Pares CVC/CCV
copla/nopal [copla/figueira da Índia]	nopal/copla
trapo/tarde	tarde/trapo
blusa/bulto [blusa/vulto]	bulto/blusa
grasa/garza [gordura/garça]	garza/grasa
cabra/cavar	cavar/cabra

PARTE 4

11
Nem tudo é ortográfico na aquisição da ortografia

Emilia Ferreiro

Tradução ao português feita a partir da versão em espanhol, corrigida, ampliada e efetuada por Emilia Ferreiro de texto de sua autoria publicado originalmente em italiano:

FERREIRO, E. Sistema grafico e sistema ortografico: non tutto è ortografico nell'acqui sizione dell'ortografia. *Età Evolutiva*, n. 68, p. 55-64, 2001.

Foram incorporados, além disto, alguns dados de uma publicação original em inglês:

FERREIRO, E. The distinction between graphic system and orthographic system and their pertinence for understanding the acquisition of orthography. In: BROCKMEIER, J.; WANG, M.; OLSON, D. (Eds.). *Literacy, narrative and culture*. Richmond, England: Curzon, p. 215-228, 2002.

SISTEMA GRÁFICO E SISTEMA ORTOGRÁFICO

A forma clássica para avaliar o desempenho ortográfico das crianças consiste em analisar os textos produzidos, focando os erros para classificá-los em três ou quatro categorias: omissões, substituições, adições e transposições ou permutas. Estamos tão acostumados com esta classificação que é difícil pensar em outra (no máximo criam-se subcategorias dentro dessas grandes categorias). O problema com este modo de classificar os desvios é que só permite avaliá-los em termos de distância com relação à norma atual. Destaca os desacertos e não permite visualizar os acertos. Além disto, não diz nada a respeito dos conhecimentos efetivos que vão adquirindo e diz pouco sobre as motivações que poderiam justificar os desacertos.

A distinção entre *sistema gráfico* e *sistema ortográfico* já foi utilizada com êxito por C. Pontecorvo e N. Ribeiro Moreira (cap. 3 in Ferreiro, Pontecorvo et al., 1996). Utilizando a extensa base de dados constituída para analisar narrativas infantis (reescritas da história tradicional de Chapeuzinho Vermelho), estas autoras contrastaram as formas de grafar o nome da protagonista em italiano e português. Na presente análise, tentaremos estender a todas as palavras utilizadas no corpus uma distinção similar, embora com certas modificações devido às razões que exporemos a continuação.

Os textos de nosso corpus apresentam múltiplos desacertos ortográficos. Razão suficiente para tentar mudar o olhar e tentar ver quais são os desacertos que NÃO aparecem. De fato, todo dado relativo a combinações de letras que não se registram (em um corpus onde os erros ortográficos são abundantes) pode ser prova da apropriação (inconsciente) de princípios combinatórios que são próprios da escrita da língua que estes escritores debutantes estão tentando aprender.

Nas condições de produção dos textos de nosso corpus, a atenção das crianças não estava voltada aos aspectos gráficos nem ortográficos, mas aos aspectos textuais (como contar a história, que escolhas léxicas fazer, como nomear os personagens em momentos sucessivos da história, como encadear os episódios, como dar voz aos personagens etc.). É possível que, nas idades estudadas, a correção ortográfica corresponda a uma etapa posterior, que podemos chamar de "revisão do texto" (etapa que poucas propostas didáticas levam em consideração). Exatamente por estas mesmas restrições nas condições de produção, os dados de nosso corpus podem ser considerados exemplares, mais pelos desvios que poderiam aparecer e NÃO aparecem que pelos desvios que aparecem.

Um dos problemas que o pesquisador enfrenta é que não há uma terminologia consensual para designar os diferentes fenômenos envolvidos. O termo *ortográfico* pode cobrir todos eles, mas perde especificidade. Gak (1976) deu uma contribuição importante ao propor distinguir *sistema gráfico* de *sistema ortográfico*. Segundo Gak, o *sistema gráfico* se refere aos "meios de que dispõe uma língua para expressar os sons", entendendo como tal o conjunto de letras e diacríticos. O *sistema ortográfico* se relaciona com as regras que determinam "o emprego das letras segundo as circunstâncias". As possibilidades de escolha entre grafias alternativas para expressar um mesmo som estão determinadas, segundo Gak, pelo *sistema gráfico*, mas os casos em que determinada grafia se impõe, impedindo a ocorrência de outras igualmente possíveis, é do domínio *ortográfico*. Em consequência, se uma escrita alfabética fosse totalmente regular, ou seja, se tivesse uma correspondência biunívoca entre letras e sons, essa escrita teria um sistema gráfico, mas não se poderia falar de ortografia.

Em um trabalho contemporâneo ao de Gak, mas independente — também tomando como problema central a ortografia do francês

— Blanche-Benveniste e Chervel (1974) sustentam uma distinção similar. Estes autores falam da necessidade de descrever o "material gráfico" (*matériau graphique*) antes de tratar das relações fonema-grafema. Sustentam que "muitas questões habitualmente tratadas como fonográficas estão, de fato, relacionadas exclusivamente com a descrição do material gráfico" (p. 122).[1] No entanto, deixam sem resolver o problema de como fazer a descrição do material gráfico e onde localizar a fronteira entre o gráfico e o ortográfico.

Do ponto de vista psicolinguístico, Cassar e Treiman (1997), em um estudo sobre as consoantes ou vogais que podem se duplicar em inglês, e as restrições posicionais das mesmas, afirmam que: "há muitos dados que sugerem uma emergência precoce do conhecimento ortográfico. Este conhecimento, vinculado com a língua escrita, está até certo ponto separado do conhecimento fonológico. O conhecimento ortográfico poderia desempenhar um papel na escolha de letras que as crianças pequenas fazem ao escrever" (p. 632).[2] Estas autoras falam de *orthographic knowledge*, mas acreditamos ser mais convincente usar a expressão *graphic knowledge*. As crianças pequenas poderiam expressar, em suas produções e em suas escolhas interpretativas, conhecimento das combinações de letras possíveis ou impossíveis, sem ter ainda um conhecimento das alternâncias em um ponto dado de uma cadeia gráfica (condição limitante do ortográfico, segundo Gak). Em outras palavras, pode haver um conhecimento das sequências como tais (eixo sintagmático) sem que as correspondências grafemas-fonemas estejam consolidadas e, sobretudo, sem que as alternativas no eixo paradigmático estejam organizadas (ou seja, os lugares de alternância gráfica em uma sequência dada). Esse *conhecimento gráfico* certamente é reorganizado à medida que o conhecimento ortográfico progride, mas não há razão para pensar que desaparece. Deve-se ter em conta que as exigências de quantidade mínima e variedade interna (Ferreiro e Teberosky, 1979; Ferreiro, 2000) estão solidamente estabelecidas muito antes das correspondências grafema-fonema, o que sugere uma atenção precoce às sequências de letras como tais.

PROPOSTAS DE DISTINÇÕES ÚTEIS PARA A ANÁLISE

Por todas as razões anteriores, propomos considerar três níveis de organização:

1) O sistema gráfico. Escritas que compartem o mesmo alfabeto latino (historicamente desenvolvidas e socialmente em uso) diferem na distribuição dos grafemas. As diferenças mais ostensivas são as seguintes: comprimento das palavras gráficas, quantidade e tipo de diacríticos, distribuição de maiúsculas, sequências de letras em posições iniciais ou finais, sequências de uma a três letras que constituem palavras gráficas de uso frequente. Estas diferenças gráficas têm certa relação com propriedades fonológicas da língua em questão, mas não estão totalmente determinadas por ela. Por exemplo, a conjunção <y> em espanhol poderia ser grafada <i>,[3] o que em espanhol se grafa como <ñ> corresponde a <nh> em português e a <gn> em italiano (por exemplo: ñoqui, *nhoque, gnoqui*).

Dentro do sistema gráfico é preciso distinguir:

1.a) O repertório gráfico, ou seja, o conjunto de formas-letras com suas variantes minúsculas/maiúsculas, e talvez as variantes tipográficas. É preciso incluir no repertório gráfico, além disto, os diacríticos, os sinais de pontuação, as marcas de final de linha que indicam palavra incompleta e, talvez, outros elementos gráficos que não costumam aparecer como parte do "repertório gráfico", como os espaços em branco. Em todo caso é preciso levar em conta desde o início que o repertório gráfico não se esgota na pergunta: "quantas letras tem o alfabeto de tal ou qual língua?".

1.b) As possibilidades combinatórias. Em cada língua escrita há combinações de grafias proibidas (a combinação <th> em espanhol, por exemplo), assim como há outras obrigatórias (a combinação <qu> em espanhol, por exemplo). Talvez seja preciso pensar também em combinações permissíveis.

1.c) As restrições posicionais às possibilidades combinatórias, ou seja, levar em consideração os ESPAÇOS que delimitam palavras gráficas e que determinam que certa combinação de grafias possa ocorrer ou seja impossível imediatamente depois de um espaço ou quando é seguida por um espaço.

2) As regras de correspondência entre sequências gráficas e sequências sonoras. Gak coloca este nível de análise dentro dos princípios gráficos, mas nos parece mais conveniente considerá-lo como um nível independente, que organiza o gráfico com relação a outro sistema (o das unidades sonoras). Este novo nível de organização do material gráfico é provavelmente o que dá acesso ao ortográfico, em sentido estrito. Note que preferimos falar de correspondência entre sequências e não entre elementos isolados; de fato, preferimos analisar a correspondência entre elementos como um caso limite das sequências: sequências de um único elemento.

3) O nível ortográfico que provisoriamente propomos considerar, seguindo Gak, como um nível de alternâncias paradigmáticas, as que regem a alternância de grafias potencialmente equivalentes, mas obrigatórias "segundo as circunstâncias".

À continuação, nossa atenção estará voltada ao primeiro nível (as variantes 1.b e 1.c de organização do sistema gráfico), e por esta razão, não avançamos aqui na elaboração conceitual dos outros dois níveis.

ANÁLISE DOS DADOS

A maior parte das análises apresentadas aqui foi feita sobre o corpus de reescrita da história tradicional Chapeuzinho Vermelho em espanhol (412 textos, produzidos por crianças de 2ª e 3ª séries de ensino fundamental de três países diferentes: México, Argentina e Uruguai). No entanto, pudemos fazer algumas análises comparativas com o corpus de português (275 textos de 2ª e 3ª, recolhidos no Brasil) e com o corpus italiano (450 textos de 1ª a 3ª).[4]

Para tentar mostrar o interesse em levar em conta o conhecimento do sistema gráfico, apresentaremos alguns casos que nos parecem privilegiados para suscitar a reflexão e que podemos explorar em nosso corpus: letras impossíveis em posição final; dígrafos; repetição de vogais; sequências gráficas que correspondem a regras ortográficas explícitas.[5]

I) Letras impossíveis em posição final

Nas três línguas consideradas, algumas consoantes são impossíveis em posição final. É, por exemplo, o caso de <-c>.[6]

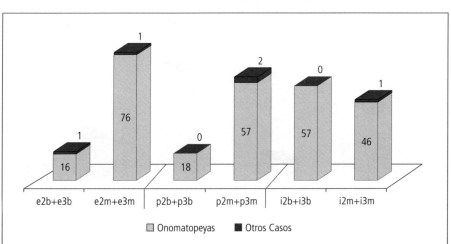

GRÁFICO 1
Ocorrência de <-c> em textos de espanhol, português e italiano

O Gráfico 1 mostra que quase 100% das ocorrências de <-c> são onomatopeias: *toc/tac/toc* em espanhol; *toc/tuc/doc/nhac*, em português; exclusivamente *toc* em italiano. Estas onomatopeias são geralmente constituídas em pares ou trios, com ou sem separadores (vírgulas, travessão ou inclusive sinais de exclamação ou reticências como em um exemplo italiano *toc... toc*). Em todos os casos estas onomatopeias correspondem ao som feito ao bater na porta (chagada do lobo ou da Chapeuzinho à casa da avó), exceto a onomatopeia *nhac*, em português, utilizada quatro vezes em dois textos diferentes, para simular o ruído dos maxilares do lobo devorando a protagonista ou sua avó. Esta onomatopeia é particularmente interessante porque transgride simultaneamente duas restrições gráficas iniciais e finais: um início <nh->[7] e um final <-c>. Destaquemos, além disto, que as duas únicas ocorrências que, em português, não são onomatopeias correspondem à abreviatura *etc.* (= *et cetera*). As abreviaturas, bem como as onomatopeias, podem transgredir intencionalmente as regras de combinação de letras da língua.

GRÁFICO 2
Ocorrência de <-m> em textos de espanhol e italiano

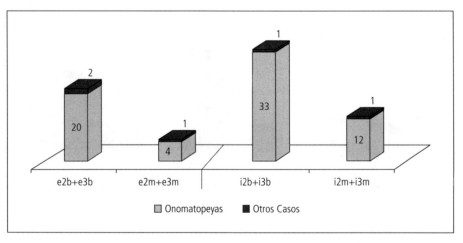

Outra consoante impossível em posição final, em italiano e em espanhol, é <-m>.[8] O Gráfico 2 mostra os resultados, onde aparece novamente o predomínio das onomatopeias. As onomatopeias registradas são as seguintes: em espanhol, *pum/pom/tam*; em italiano, *pum/ bum/bam*. Estas onomatopeias correspondem a alguém que bate na porta, ou aos tiros dos caçadores; também se organizam em pares ou trios, com ou sem separadores. Mas uma boa parte destas onomatopeias (a maioria em italiano) é de outro tipo: tentam representar o momento em que o lobo engole a avó ou a Chapeuzinho. Em italiano registramos: *am/amm/aum/om/aaam/Hamm/aaamm/Haaamm/gnam/gniam/sgnm*; em espanhol registramos: *amm/Amm/mmmm* (com quantidade variável de letras repetidas). As duas únicas ocorrências que não correspondem a onomatopeias, em espanhol, são produzidas por um menino (grupo e2b) que escreve duas vezes *com* no lugar da preposição *con*. Em italiano, uma das ocorrências é produzida por um menino (grupo i2b) que põe <-m> à negação: *nom me fermerò* [não me deterei].[i] A outra ocorrência em italiano corresponde a uma tentativa, certamente intencional, de dar ênfase à expressão crucial do lobo, deixando um <m> isolado: *Per m ma mangiarti meglio!!* [Na tradução não é possível representar a mesma consoante isolada: *Para te c co comer melhor!!*]

O uso quase exclusivo de um final <-c> ou <-m> para as onomatopeias coloca um problema interessante: as onomatopeias não são palavras; portanto, é possível pensar que *somente quando se escreve algo que não é uma palavra de uma língua pode-se transgredir as restrições gráficas*.

2) O caso dos dígrafos compostos por duas letras diferentes

2.1) Os dígrafos com <h> em português

Convém começar pela análise do português. Há três dígrafos que se constroem com uma consoante seguida de <h>: <ch>, <lh> e <nh>. O interessante é que estes três dígrafos aparecem no nome da protagonista da história: **Cha**peuzi**nh**o Verme**lh**o. Portanto, sua frequência é muito alta no corpus.

---

[i] Palavras e trechos entre [ ], ao longo do texto, correspondem a traduções ao português. (N.T.)

A primeira pergunta que podemos nos fazer é em quantos casos observamos alguma permuta na ordem destes dígrafos. A resposta é contundente: as sequências <hn> e <hl> não foram produzidas NUNCA. Somente registramos permuta <hc> em um único texto (grupo p2b) onde é empregado seis vezes em três palavras: *hcapuezion* (ao invés de *Chapeuzinho*), *hcega* (ao invés de *chegar*) e *hcamado* (ao invés de *chamado*).

2.2) O dígrafo <ch> em espanhol

Este dígrafo pode ser considerado solidamente estabelecido já que em 298 utilizações NUNCA apareceu com permuta (ou seja, nenhuma criança escreveu <hc> e apenas em uma ocorrência foi substituído por <sh>, inexistente na ortografia do espanhol: *escusho* (ao invés de *escuchó*) [escutou]. A categoria gramatical das palavras nas quais este dígrafo foi utilizado é muito variável: substantivos (*leche, cuchillo*) [leite, faca]; verbos (*escuchar, aprovechar*) [escutar, aproveitar]; adjetivos (*chico, muchos*) [pequeno, muitos], expressões fixas de despedida (*chau*) [tchau].

2.3) O dígrafo <ch> em italiano

Este dígrafo é extremamente frequente: aparece utilizado 3.520 vezes no corpus completo (de 1ª a 3ª), e NUNCA apareceu com permuta (ou seja, nenhuma criança escreveu <hc>). Mesmo quando usado em contextos desviantes, as letras foram escritas na ordem obrigatória, como nesta escrita: *boscho* (*bosco*) [bosque]. A categoria gramatical das palavras nas quais aparece este dígrafo é muito variável: substantivos (*occhi*) [olhos], verbos (*chiama, chiedi*) [chama, pede], expressões interrogativas (*perché*) [por que], expressões coordenativas (*anche*) [também], pronomes (*chi*) [quem] etc.

2.4) A sequência <qu> em espanhol e em português

Na escrita destas línguas a letra <q> nunca pode aparecer sozinha, razão pela qual a sequência <qu> deve ser considerada obrigatória e tratada como um dígrafo (com um <u> "mudo"). No total desta amostra de espanhol, a frequência desta sequência gráfica é muito alta: em 3.343 ocorrências não foi encontrado NENHUM caso de permuta das letras desta sequência obrigatória. Ou seja, nenhuma criança escreveu <uq>. Em português, bem como em espanhol, esta sequência pode ser considerada solidamente estabelecida já que não foram registradas permutas em um total de 1.456 ocorrências.

TABELA 1A
Ocorrência de <qu> em textos de espanhol

	Ocorrências	Corretas	%	Desviantes
e2b	814	777	95.5	37
e3b	924	905	98	19
e2m	668	654	98	14
e3m	937	927	99	10
Total	3.343	3.263	98	80

TABELA 1B
Ocorrência de <qu> em textos de português

	Ocorrências	Corretas	%	Desviantes
p2b	230	223	97	7
p3b	411	409	99.5	2
p2m	300	300	100	0
p3m	515	512	99	3
Total	1.456	1.444	99	12

As Tabelas 1a e 1b mostram altíssimos índices de resultados corretos no uso de <qu> em ambas as línguas (98% em espanhol e 99% em português). Há, portanto, pouquíssimas produções desviantes (que não por isto perdem interesse), mas esses desvios NUNCA consistem no uso da combinação <uq>.

Ortograficamente, <qu> só pode ser seguida por duas vogais: a sequência <que>, que corresponde a /ke/, e a sequência <qui> que corresponde a /ki/. Veremos estes dois casos em separado.

2.4.1) A sequência <que>, em espanhol

Esta sequência pode constituir palavra autônoma e funcionar, segundo os contextos, como pronome relativo, conjunção, expressão interrogativa ou exclamativa e associar-se com outras palavras para constituir expressões complexas, conservando, às vezes, sua autonomia gráfica (por exemplo, *para que, por que*). No corpus espanhol houve um total de 2.135 ocorrências de <que> como palavra autônoma, 99% das quais foram escritas corretamente.

A mesma sequência pode constituir o início de uma palavra gráfica (é o caso de diversas formas conjugadas dos verbos *querer* e *quedar* [querer, ficar], frequentes neste corpus), pode se encontrar ao final de uma palavra (*bosque* é uma palavra de frequência muito alta) ou localizar-se dentro da palavra (por ex., *pequeña* [pequena] e outras de baixa frequência).

A grande maioria de utilizações da sequência <que> é correta em todos os grupos, inclusive nos menores, de grupos desfavorecidos (grupo e2b).

2.4.2) A sequência <qui> em espanhol

Esta sequência não pode constituir palavra gráfica autônoma. Encontramo-la em posição inicial em palavras frequentes como o pronome interrogativo *quien* [quem] e formas de verbo *querer* (*quiere, quiso*) [quer, quis] ou do verbo *quitar* [tirar]. É final de palavra no pronome de lugar *aquí*, e está no interior de palavras como *izquierda, mantequilla* [esquerda, manteiga] e formas conjugadas do verbo *equivocar(se)* [enganar-se].

A porcentagem de grafias corretas da sequência <qui>, sobre a amostra total (92.5%), é inferior à da sequência <que> (98%), mas de todas as maneiras suficientemente alta para afirmar que, desde o início, esta sequência gráfica está firmemente estabelecida.

2.4.3) As produções desviantes

Várias das produções desviantes consistem em grafar o exclamativo *qué* [que] como *ce*. Há um total de 13 produções deste tipo, mas correspondem apenas a quatro textos, já que três crianças acumulam várias ocorrências no diálogo canônico (*ce ojos/ce orejas/ce boca*) [que olhos, que orelhas, que boca]. Somente em outras quatro ocorrências aparece algo similar em outras palavras: *bosce* (*bosque*), *porce* (*porque*), *ceria* (*quería*), *acel* (*aquel*).[ii]

A utilização isolada de <q>, sem sua "vogal muda" obrigatória, foi registrada apenas 11 vezes, em ocorrências isoladas em todos os grupos da amostra, principalmente como a sequência gráfica isolada *qe* (*que*). Em outros seis casos aparece o que à primeira vista poderia ser considerada uma omissão da vogal: *porqu*, *bosqu*, *qu* (ao invés de *porque*, *bosque*, *que*). No entanto, a omissão aparente poderia, talvez, corresponder a outra interpretação, segundo a qual a sequência <qu> corresponderia a /ke/. Em outras palavras, um contexto no qual a vogal <u> muda de valor sonoro, ao invés de perdê-lo.

A manutenção do valor sonoro da vogal <u> determina a aparição de três produções desviantes: *quidado* (*cuidado*), *quida* (*cuida*) e *es qucharte* (*escucharte*,[iii] mas deixando isolado o segmento inicial *es*, que corresponde a uma forma do verbo *ser*). Finalmente, pode ocorrer que a sequência <qu> apareça com seu valor /k/, mas sem respeitar as restrições ortográficas das vogais que podem segui-la. Isto deu lugar a 13 ocorrências, todas com <qua> ou <quo> (já que nenhuma criança tentou <quu>, o que constituiria uma violação grave da distribuição gráfica

---

[ii] Português: bosque, porque, queria, aquele
[iii] Português: escutar-te.

de vogais em espanhol). Assim observamos casos como os seguintes: *quaperusita* (*caperucita*), *boqua* (*boca*), *toquo* (*tocó*), *saquo* (*sacó*).[iv]

No caso da sequência <qui>, as produções desviantes se concentram no pronome interrogativo *quien*, que apresenta a dificuldade de um ditongo no qual intervêm exatamente as duas únicas vogais que podem seguir o dígrafo <qu>. De fato, das 20 grafias desviantes para este pronome interrogativo, apenas sete (repartidas em todos os grupos) correspondem a uma solução alternativa *cien* (uma solução não ortográfica, mas coerente com as correspondências grafofônicas). Todas as outras produções desviantes envolvem o uso do dígrafo <qu>, mas não solucionam o ditongo (cuja análise sonora fica complicada pela nasalização da última vogal). As soluções observadas são as seguintes (com sua frequência entre parêntesis): *cien* (7 vezes), *quen* (4 vezes), *quin* (2 vezes) *quie* (3 vezes), *qui* (2 vezes), *queien* (1 vez), *quaien* (1 vez).

As respostas desviantes em português são inteiramente similares às do espanhol:

- utilização da alternativa fonográfica: *ci, ce, cem* (ao invés de *qui, que, quem*);
- desaparecimento do dígrafo com preservação de <q>: *qe* (*que*);
- utilização de <qu> com valor /ke/.

A única resposta desviante que não tem equivalente em espanhol é uma (do grupo p2b) que utiliza a alternativa fonográfica <k>: *ke* (*que*).

2.5) O dígrafo <sc> em italiano

Em italiano, a sequência <sc> funciona como dígrafo somente quando é seguida pelas vogais <i> ou <e>: *esce, uscire, conosce, capisce, riesce, finisce, ubbidisce, scendere, lasciare, scegliere*[v] (todas elas palavras registradas no corpus).

[iv] Português: Chapeuzinho, boca, tocou, tirou.

[v] Português: sai, sair, sabe, entende, consegue, termina, obedece, descer, deixar, escolher.

Questionamos se haveria ocorrências desta sequência permutada (ou seja, <cs>). A resposta é clara: só registramos três ocorrências de dita sequência em três textos diferentes: *uccicse* (*uccise*) [assassinado], em um texto de 2ª; *csi* (*cosí*) [assim] e *ucsci* (*uscí*) [saiu] em dois textos diferentes de 3ª.

Em *conclusão*, a análise de dígrafos compostos por letras diferentes nos mostrou que, nas três línguas, as permutas são praticamente inexistentes (totalmente inexistentes na maioria dos casos), um fato repleto de consequências, que comentaremos nas conclusões.

3) As vogais repetidas em posição contígua

Tanto em italiano como em espanhol, existem restrições estritas à repetição da mesma vogal em posição contígua. Em espanhol, as duas vogais que podem se repetir são <e> e <o>.[9] Em italiano, a duplicação de vogais é muito menos frequente que a duplicação de consoantes. Só podem aparecer, em raros casos, <ee>, <ii> e <oo>.[10]

TABELA 2
Ocorrência de vogais duplicadas em textos de espanhol e italiano
(n = total de textos de cada corpus)

	Espanhol (n = 412)	Italiano (n = 450)
aa	25	15
ee	6	6
ii	2	5
oo	2	2
uu	3	3
Total	**38**	**31**

Vejamos se as crianças respeitam estas restrições gráficas. A Tabela 2 mostra, aparentemente, que não é assim, já que a vogal mais repetida, em ambas as línguas, é <aa>, exatamente a que não pode ser repetida. De todas as vogais repetidas, <aa> representa aproximadamente a metade (66% de todas as repetições vocálicas em espanhol e 48% em italiano). No entanto, a análise das expressões onde se utiliza esta vogal repetida mostra-nos de que se trata, em muitos casos, de onomatopeias (em espanhol, 15/25=60%; em italiano, 7/15=47%). Ao menos um exemplo de onomatopeia aparece com cada uma das vogais em espanhol: *aay/eeeeee/riiiiin/ooo/Buuuu*. Podem aparecer até seis vogais repetidas em posição contígua. Em italiano ocorre o mesmo, exceto para a vogal <e>, que não aparece repetida: *Aaamm/ii/Hoooo/uuu*.

Portanto, voltamos a encontrar aqui o fenômeno antes destacado: as restrições gráficas podem ser violadas quando se escrevem expressões que NÃO são palavras da língua. No entanto, estamos longe das porcentagens dos Gráficos 1 e 2, onde praticamente 100% das expressões com consoantes impossíveis em posição final eram onomatopeias. Em que outros casos se utilizam vogais repetidas?

Nos textos de espanhol, os vocativos constituem locais privilegiados para o aparecimento de vogais repetidas. Vejamos dois exemplos:
- Um texto do grupo e3b inicia-se com um vocativo produzido pela mãe, que de longe chama Chapeuzinho assim: *Kaaaperusita*. No mesmo texto, as falas de Chapeuzinho durante o diálogo canônico também começam com vocativos direcionados à avó, escritos assim: *aaabuelita/aabuelita*. Cabe-nos considerar que estas repetições de vogais cumprem uma função expressiva porque, nesse mesmo texto, os nomes da protagonista e de sua avó aparecem escritos sem repetições vocálicas, quando não são usados como vocativos.
- Outro texto (grupo e2b) utiliza um vocativo quando Chapeuzinho chega à casa da avó e chama por ela assim: ABUELITAA (escrito com A duplo no final e tudo em maiúsculas). O efeito

expressivo é obtido pelo uso duplo de maiúsculas e repetição da vogal final, recursos gráficos que permitem aludir ao mesmo tempo ao aumento de volume da voz e ao alongamento da emissão. (Note que várias onomatopeias também utilizam maiúsculas.)

Nos textos de italiano registramos apenas três casos de repetição vocálica aos que podemos atribuir, com fundamento, uma função expressiva:

- Um texto de 3ª série apresenta um *sí* enfático [*sim, entra*] escrito: *siiii*.
- Outro texto do mesmo nível escolar apresenta uma expressão dupla de despedida, a segunda das quais com repetição vocálica: *ciao ciaooo*.

No total, as repetições que podemos atribuir, com base na análise de cada texto completo, a uma intenção expressiva (ênfase, surpresa, chamado a partir de um lugar distante, aumento do volume ou prolongação do som emitido) constituem oito ocorrências no corpus de espanhol e apenas três no italiano. Apesar de seu escasso número, parece-nos útil destacar que algumas crianças se atrevem a se distanciar das normas gráficas próprias à escrita de sua língua em momentos específicos, buscando efeitos particulares similares aos das onomatopeias. Assim como as onomatopeias tentam representar o que a escrita não pretende representar (os ruídos, por oposição às palavras), as repetições indevidas dentro de palavras da língua tentam representar ênfases, alongamentos e outras características da emissão sonora que vão além das diferenças entre fonemas, único foco de atenção das escritas alfabéticas. De fato, trata-se de recursos icônicos que foram amplamente explorados pelas historinhas e que as crianças aprenderam a localizar no discurso direto.

Em italiano, algumas das repetições vocálicas parecem responder a razões meramente gráficas. Por exemplo, a escrita *straaa*, ao invés de *strada* [caminho], ou a escrita *aal*, ao invés de *dal*, poderiam ser explicadas por razões meramente gráficas vinculadas ao traçado das letras em cursiva: um <a> cursivo só difere de um <d> cursivo na altura do traço vertical. (Ambos os exemplos aparecem em textos de primeira série, ou seja, textos produzidos por executores não experientes.)

Também em italiano, algumas das repetições vocálicas parecem obedecer a uma desorientação quanto sobre quais e quantas letras duplicadas devem aparecer em cada palavra.[11] Registramos <aa> e <ee> no primeiro nome da personagem principal (que contém três *doppie*) em textos de crianças de 3ª série, talvez particularmente atentas às *doppie*: *caapuccietto / cappeecietto / cappuceetto*. Como se pode observar, as três escritas desviantes apresentam três *doppie*, ainda que não exatamente as três esperadas.

Finalmente, em ambas as línguas aparecem algumas duplicações vocálicas, cuja motivação nos escapa, e que talvez tenham sido corrigidas para o caso de ocorrer uma revisão posterior. Destacaremos somente uma repetição intrigante, registrada uma única vez em espanhol e uma única vez em italiano: *pieedi* (italiano) e *piees* (espanhol).

4) Sequências gráficas (e ortográficas) que não correspondem a um fonema da língua

Até agora analisamos casos de dígrafos que constituem ao mesmo tempo sequências gráficas obrigatórias e "casos particulares" das correspondências entre letras e grafemas (já que, por definição, um dígrafo é uma sequência de duas letras que corresponde a um único fonema). É útil confrontar estes casos com outros que são, aparentemente, só ortográficos, mas que devido ao seu caráter obrigatório (sem exceções) poderiam ser analisados como fenômenos gráficos. Contrariamente aos casos comentados antes, que se referiam, de preferência, a combinações iniciais ou finais de uma palavra gráfica (sequência de letras separadas de outras por espaços em branco), o caso que vamos comentar corresponde a sequências gráficas que ocorrem *dentro* de uma cadeia gráfica.

Uma das regras ortográficas do espanhol que as instruções escolares repetem sem cessar (e uma das poucas que os usuários adultos podem recitar sem reflexão) é a seguinte: "escreve-se eme antes de bê e de pê". A fronteira silábica destas palavras se localiza obrigatoriamente entre essas duas letras (por exemplo, *cam-po, tam-bién*).

TABELA 3
Ocorrência de <-mp-> e <-np-> em textos de espanhol
(n = quantidade de textos em cada grupo do corpus)

	<-mp-> correto	%	<-np-> desviante	%
e2b (n = 103)	32	73	12	27
e3b (n = 104)	46	75	15	25
e2m (n = 102)	36	86	6	14
e3m (n = 103)	48	96	2	4
Total (n = 412)	162	82	35	18

A Tabela 3 mostra, do total de palavras que deviam ser escritas com <-mp->, quantas foram escritas corretamente e quantas foram escritas com a sequência <-np-> (ortograficamente desviante). Os dados são muito claros, sobretudo se levamos em conta que 21 das 35 ocorrências de grafias desviantes (60%) são palavras que começam com a sequência <en->, que constitui uma sequência gráfica autônoma (preposição), por exemplo as palavras *empezó, empanadas*.[vi] Poderia, neste caso, tratar-se de um conflito entre duas sequências gráficas: <en-> e <-mp->. Na ordem sequencial da escrita <n> se imporia sobre <m> porque sucede o <e>. Do total de 162 palavras escritas corretamente apenas 50 (31%) começam com <em->, o que reforça nossa hipótese.

[vi] Português: começou, pastel de forno.

No corpus italiano encontramos algo semelhante: no total há apenas seis palavras escritas com <-np-> ao invés da sequência normativa <-mp->, das quais quatro começam com a sequência <in->, que constitui, por si mesma, uma sequência gráfica autônoma (preposição): *inproviso, inprovisamente, inpauritta, inproblia*[vii] (= imbroglia). (As restantes ocorrências são: *senpre, zanpe*.)[viii]

No corpus do espanhol aparecem muito menos palavras que deveriam ser grafadas com <-mb->. Neste caso existe, além disto, uma alternativa ortográfica (<v> no lugar de <b>) que não corresponde a nenhuma diferença sonora. A análise, então, deve levar em conta quatro alternativas: <-mb-> e <-nv-> (ambas corretas); <-nb-> e <-mv-> (ambas incorretas). O número escasso de ocorrências torna a comparação arriscada. À título meramente ilustrativo, observamos as seguintes oposições, que mostram o predomínio das combinações ortograficamente corretas:

TOTAL <-mb-> (correto) = 71 (92%) *vs.* TOTAL <-nb-> (incorreto) = 6
TOTAL <-nv-> (correto) = 15 (75%) *vs.* TOTAL <-mv-> (incorreto) = 5

No corpus do italiano encontramos um número maior de sequências (incorretas) <-nb->, talvez devido à alta frequência da palavra *bambina* [menina], escrita 14 vezes como *banbina*. Com relação à sequência impossível <-mv->, registra-se uma única ocorrência, fruto da omissão (provavelmente involuntária): *chiamva* (*chiamava*).[ix]

5) Contraste entre <r> simples e <rr> duplicada em espanhol

Em espanhol, este contraste é fonêmico (por exemplo, *carro/caro; perro/pero*). Em oposição inicial, só é possível <r->, ainda que corres-

---

[vii] Português: improviso, improvisadamente, assustada, engana.
[viii] Português: sempre, pernas.
[ix] Português: chamava.

ponda sempre ao fonema multivibrante. Trata-se de uma regra ortográfica que contradiz as correspondências grafema-fonema. Se as considerações gráficas prevalecem, seria esperado que predominasse <r->. Isto ocorre efetivamente. Sobre um total de 1.592 ocorrências, 98.5% corresponde a <r->, com porcentagens similares em todos os grupos, inclusive em e2b. As poucas respostas desviantes consistem em grafar <rr->.

Em posição final, só <-r> é possível, o fonema correspondente é uma vibrante simples havendo, portanto, coincidência entre fonema e grafia. Sobre um total de 2.934 ocorrências, 97,5% correspondem a <-r>. O dado importante é que as poucas respostas desviantes consistem na omissão desta letra (particularmente em verbos em infinitivo); nenhuma criança duplicou esta letra em posição final. (Ver tabela 4.)

TABELA 4
Ocorrências corretas de <r> inicial e final em textos de espanhol
(n = quantidade de textos em cada grupo do corpus)

	<r-> inicial	%	<-r> final	%
e2b (n = 103)	422	97	694	96
e3b (n = 104)	374	99	829	97.5
e2m (n = 102)	341	99	589	97
e3m (n = 103)	431	99.5	822	99
Total **(n = 412)**	**1.568**	**98.5**	**2.934**	**97.5**

Os problemas com este contraste r/rr devem ocorrer quando estas grafias aparecem no interior das palavras. Em espanhol é muito raro encontrar palavras com repetição de consoante dupla (*ferrocarril* é um desses casos raros). Em função dos dados precedentes, a expectativa razoável é de que as crianças utilizem a consoante simples, no interior da palavra, nos casos em que deveriam utilizar consoante dupla (ou seja, que escrevam *carera* ao invés de *carrera*; *agarar* ao invés de *agarrar*). Isto é o que ocorre, mas em uma porcentagem muito baixa: de um total de 536 palavras escritas que deviam levar <-rr-> normativa, 32.5% foi grafado com uma consoante simples. Embora esta porcentagem seja baixa, adquire relevância singular quando nos perguntamos sobre a situação inversa: registramos uma consoante dupla onde deveria ser usada uma simples? A quantidade de ocorrências é muito alta (9.995) e apenas em duas ocasiões ocorreu isto: uma criança do grupo e3m grafou *prrimero*, ao invés de *primero*, e outra criança do grupo e2m grafou *corrto*, ao invés de *corto*.

CONCLUSÕES

Pudemos mostrar que durante a execução de uma tarefa de redação que não focava a atenção das crianças sobre os aspectos ortográficos, a produção escrita constitui uma valiosa fonte de dados sobre o conhecimento (certamente inconsciente) das restrições gráficas vinculadas às sequências gráficas impossíveis e sequências gráficas obrigatórias. Mesmo as crianças de meios menos favorecidos (italianos de grupos b) ou francamente desfavorecidos (brasileiros, mexicanos, argentinos e uruguaios de grupos b) são sensíveis às restrições gráficas, como se pode ver em todas as tabelas.

É importante recordar que nenhum dos textos incorporados ao corpus foi aceito ou rejeitado por razões ortográficas. Os critérios para não serem incorporados foram de natureza narrativa (ausência de um ou mais personagens principais, ausência de episódios-chave da história ou mistura com outras histórias tradicionais) ou mesmo de natureza gráfica, mas relativas ao tipo de traçado (muitas letras grafadas de maneira incerta, ausência quase completa de limites de palavras gráficas, por exemplo). Portanto, dadas as dimensões do corpus, a ausência total de certos fenômenos nos parece um dado crucial.

Certas consoantes impossíveis em posição final, como <-c> e <-m>, se reservam para as onomatopeias. Uma vez que as onomatopeias não são palavras da língua, as crianças pareceriam expressar, através destas escolhas gráficas, um princípio fundamental: *só quando se escreve algo que não é uma palavra podem-se transgredir as restrições gráficas*. A análise das vogais repetidas parece evidenciar um princípio similar, fazendo possível expressar no discurso direto propriedades da emissão oral, às quais a escrita alfabética não presta atenção: alongamentos, aumentos de volume, ênfase etc.

A análise dos dígrafos compostos por duas letras diferentes foi sumamente instrutiva. A ausência total de permutas na ordem destes dígrafos parece-nos sugerir que eles não foram aprendidos como adição de letras. Se as crianças começaram pelas correspondências grafofônicas que definem o sistema alfabético, letra por letra, os dígrafos seriam particularmente difíceis de assimilar, exatamente porque transgredimos princípios de correspondência biunívoca entre letras e fonemas. Nossos dados sugerem que os dígrafos não são tratados como exceções a uma regra geral, mas como casos fáceis de assimilar (talvez porque não são exceções a uma regra das crianças, mas exceções a regras formuladas por analistas da linguagem e por pedagogos da língua). É provável que, do ponto de vista das crianças, as primeiras correspondências não se estabeleçam entre elementos isolados, mas entre sequências gráficas e sequências sonoras e que, por essa razão, os dígrafos não apareçam como exceções, mas como uma das tantas sequências que tentam compreender.[12] A atenção precoce que as crianças dão às sequências (em períodos prévios às correspondências silábicas), e que as levam a elaborar princípios organizativos muito poderosos, como o da quantidade mínima e o da variação interna, faz-nos pensar que o trabalho sobre sequências já está solidamente instalado antes de começar o trabalho sobre as correspondências grafofônicas.

O confronto dos dados anteriores com algumas sequências gráficas obrigatórias — habitualmente descritas como regras ortográficas

— tais como <-mp-> e <-mb->, leva-nos a pensar que talvez as crianças possam aprender como restrições gráficas o que geralmente se ensina como regras ortográficas.

Em nenhum dos países onde foram recolhidos nossos textos (Brasil, Argentina, México, Uruguai e Itália) os manuais escolares mencionam combinações possíveis ou impossíveis de letras.[13] Por acaso estamos sugerindo que se trata de um conteúdo a ser ensinado? De modo algum. O ambiente pedagógico tem uma tendência persistente: quando se reconhece que algo é psicologicamente importante, transformam-no imediatamente em um conteúdo que deve ser ensinado. Creio que estamos em um terreno que é proclive a tais deslizamentos, já que a ortografia tradicionalmente foi concebida como "um conteúdo a ser explicitamente ensinado". Se fosse certo, como estes dados sugerem, que há um conhecimento inconsciente da organização do material gráfico, em termos de suas combinações obrigatórias e/ou impossíveis, talvez se trate de um conhecimento que deve ser deixado para que se construa exatamente de forma inconsciente, sem tentar elevá-lo precocemente à categoria de "regras" (mais frequentemente recitadas que obedecidas). É bem possível que se trate de um conhecimento que é eficiente, exatamente porque é inconsciente. Em todo caso, melhor tentarmos continuar compreendendo antes de passar apressadamente às "consequências pedagógicas" dos resultados da pesquisa.

Antes de passar às aplicações pedagógicas, nos parece desejável sugerir um programa de pesquisa que tenha o seguinte propósito: mudar a descrição da aquisição ortográfica enfatizando os acertos e, simultaneamente, buscando novos parâmetros para analisar os desacertos.

Foi surpreendente encontrar tantos aspectos positivos em textos que à primeira vista estão cheios de irregularidades e desvios. A distinção entre conhecimento gráfico e conhecimento ortográfico nos parece essencial para entender a aquisição da ortografia. Os dados apresentados aqui nos permitem abrir o debate sobre a fronteira entre ambos os domínios e também sugerir que a compreensão no eixo sintagmático (a sucessão de grafias) precede a consideração das alternâncias no eixo paradigmático (letras que podem substituir umas às outras em ponto determinado da cadeia gráfica). Os pontos de alternância no eixo paradigmático são lugares onde as regras de correspondência grafema/fonema estão presentes tanto como as restrições combinatórias. Por essa razão é provável que as crianças aprendam como restrições gráficas algo que estamos acostumados a descrever como uma regra ortográfica.

Notas

1. "(...) nombre des questions que l'on a l'habitude de traiter dans l'étude de la phono-graphie relèvent exclusivement de la description du matériau graphique" (p. 122).

2. "[...] much evidence now points to the early emergence of orthographic knowledge. This knowledge about the written language is to some degree separate from phonological knowledge. Thus, orthographic knowledge may play a role in the letter choices that young children make when spelling" (p. 632).

3. De fato, essa conjunção foi grafada assim até recentemente. A oscilação entre <i>/<y> é um dos problemas interessantes na história da ortografia do espanhol.

4. Agradecemos a Nadja Ribeiro Moreira pelas análises proporcionadas sobre o corpus português. Agradecemos a Daniela Fabbretti pela colaboração para obter alguns dados comparativos sobre o corpus italiano.

5. A língua de origem, o nível escolar e grupo de procedência de cada texto serão indicados da seguinte maneira: i2b = italiano, 2ª série, classe baixa; e3m = espanhol, 3ª série, classe média; p2b = português, 2ª série, classe baixa etc. Daremos relevância especial em nossa análise aos textos de 2ª e 3ª séries, produzidos por crianças de classe baixa, já que estes textos têm o máximo de problemas ortográficos e são de crianças com poucas oportunidades de interagir com material impresso (livros) fora da escola. Isto é particularmente certo no corpus de português e espanhol.

6. A seguir utilizaremos o modo de anotação usado por Sampson (1985, p. 90): um hífen que precede uma letra indica letra final; um hífen que segue a letra indica letra inicial; um hífen de cada lado indica letra ou sequência intermediária.

7. No português existem palavras com início <nh->, majoritariamente indigenismos.

8. Raríssimas exceções, como álbum. Em português, o final (quase) impossível não é <-m>, mas <-n>, mas sua situação não é similar à das outras línguas porque o português tem um número considerável de palavras terminadas em <-m> cujo plural

é <-ns>, por exemplo: homem/homens; bom/bons; um/uns. Se levarmos em consideração que o caso mais geral para a formação do plural em português é o acréscimo do morfema <-s>, sem modificação da consoante precedente, é fácil imaginar que os finais <-m> com plural <-ns> constituem uma zona de incerteza para as crianças falantes do português em processo de alfabetização.

9. Aparece <ee> em alguns verbos como leer, creer e em palavras precedidas do prefixo <pre-> e iniciadas com <e>, tais como preescolar; no entanto, no uso atual do espanhol escrito esta é uma zona de incerteza ortográfica já que o <ee> duplo tende a ser reduzido a um só, prescolar, ou pode ainda ser introduzido um hífen para indicar a natureza composta da palavra: pre-escolar; todas essas formas de grafar são aceitáveis, no presente estado da ortografia do espanhol. A sequência <oo> aparece em uma palavra frequente para as crianças: zoológico, e em palavras com o prefixo <co-> que iniciam com a mesma vogal, por exemplo cooperar.

10. A sequência <oo> aparece em palavras derivadas do grego: zoo, zoologo, e no léxico científico. A sequência <ee> corresponde ao plural de alguns substantivos e adjetivos femininos como idee, aeree. A sequência <ii> corresponde ao plural de alguns poucos nomes masculinos: zii (Ferreiro, Pontecorvo e Zucchermaglio, 1987, p. 25).

11. A duplicação de consoantes (*doppie*) é característica do italiano. O nome desta história contém quatro duplicações: Cappuccetto Rosso.

12. Por exemplo, em espanhol o dígrafo CH corresponde a um fonema surdo fricativo palatal, enquanto C corresponde a uma consoante surda velar e H é "letra muda". Em termos de correspondências grafofônicas é impossível explicar CH como uma adição de C e H.

13. Em uma pesquisa informal, perguntamos a professores mexicanos de ensino fundamental quais letras são impossíveis em posição final de palavra. Não conseguiram responder. Somente mostraram surpresa diante da pergunta, o que parece indicar que não se trata de forma nenhuma de um conhecimento escolar, disponível para ser transmitido em situação de ensino.

12

A fronteira entre o ortográfico e o tipográfico no início do período alfabético.

Relações insuspeitas entre maiúsculas e minúsculas

Celia Díaz-Argüero e Emilia Ferreiro

Tradução ao português feita a partir da versão revisada da publicação:
DÍAZ, C.; FERREIRO, E. Prolegómenos a una dicotomía insospechada: la frontera entre lo ortográfico y lo tipográfico en los inicios del período alfabético. *Revista Latinoamericana de Lectura (Lectura y Vida)*, v. 19, n. 3, p. 5-14, 1998.

INTRODUÇÃO

Em publicações anteriores sugerimos, reiteradamente, que os problemas ortográficos só podem começar a serem enfocados quando as crianças já entenderam os princípios de base do sistema alfabético (Ferreiro, 1986b, 1997a). É possível que seja assim, mesmo que ainda não tenhamos disponíveis pesquisas suficientemente focadas nas primeiras tentativas infantis de enfrentar o ortográfico como tal. Portanto, ainda se mantém em aberto a pergunta: qual é o ponto de partida conveniente para enfocar os problemas ortográficos? O presente trabalho fornece novas pistas para abordar este problema.

Por outro lado, a própria definição de ortográfico é sumamente problemática. Para a análise de textos produzidos por crianças no início da escolaridade (Ferreiro et al., 1996) acabou sendo sumamente importante distinguir, seguindo Gak (1976), entre os aspectos gráficos e os ortográficos de um sistema de escrita. De fato, é preciso diferenciar entre o inventário de grafias próprio à escrita de uma língua (o <ñ> como característica do espanhol, por exemplo), as combinações dessas grafias permitidas para essa língua e as grafias que podem alternar em uma mesma posição na cadeia gráfica. Neste último ponto onde se localiza o ortográfico, segundo Gak.

Esta distinção permitiu que Ribeiro-Moreira e Pontecorvo (1996, op. cit. cap. 3) pusessem em evidência que as crianças, ao escrever palavras de maneira não convencional, transgridem regras ortográficas, porém quase nunca transgridem regras gráficas de combinação de grafias nem as correspondências abstratas entre sons e grafias. Esta distinção entre o gráfico e o ortográfico está longe de ser comum na literatura. Por exemplo, Cassar e Treiman (1997) em um interessante estudo sobre o conhecimento das letras que podem ser duplicadas em posição contígua em inglês, estudam também aspectos gráficos, mas falam de *orthographic knowledge*.

Podemos dizer que se um sistema alfabético de escrita fosse um sistema perfeito de correspondência entre fonemas e grafemas, o ortográfico não teria sentido. Só falaríamos nesse caso de correspondências gráficas. Na análise estrutural que Gak propõe, encontramos a seguinte distinção entre sistema gráfico (grafemática ou grafia em sentido amplo da palavra) e a ortografia propriamente dita:

> A grafemática estuda os meios que possuem uma língua para expressar os sons [...] Ela organiza o inventário de grafias, ou seja, as correspondências abstratas entre os sons e os signos. A ortografia estuda as regras que determinam o emprego das grafias segundo as circunstâncias (Gak, 1976, p. 23).

O ortográfico surge quando há alternâncias possíveis ou soluções gráficas, em um ponto dado da cadeia gráfica, para um mesmo fonema ou série de fonemas. Em espanhol, <s/z>, <c/s>, <j/g>, <b/v> podem alternar em idênticos contextos e é por isso que podemos falar de problemas ortográficos. Claro que esses não são os únicos pares possíveis, mas são os que melhor exemplificam os "problemas ortográficos" do espanhol.

Estamos propensos a pensar cada um desses pares de grafias como "alternâncias abstratas", ou seja, independentes de suas realizações tipográficas (e Gak não é uma exceção). No entanto, do ponto de vista da criança que começa sua aprendizagem do sistema de escrita, o problema pode estabelecer-se em termos mais complexos. Não somente é preciso associar (e ao mesmo tempo distinguir) <b/v>, mas também <B/b>, <G/g> e os pares de cursivas correspondentes. Onde situar os pares maiúscula/minúscula e as variantes imprensa/manuscrita? (Sem esquecer que isto é também uma supersimplificação do problema, já que, no meio extraescolar, existem múltiplas variantes de cada uma delas, ainda que a escola apresente só um protótipo).

Para a maioria dos adultos alfabetizados, torna-se evidente que para cada maiúscula existe uma minúscula e que uma mesma maiúscula não pode servir para duas minúsculas nem vice-versa. No entanto, não podemos pressupor que as crianças necessariamente organizam as maiúsculas e minúsculas da mesma maneira. Ou seja, as crianças não têm por que reconhecer de imediato que para cada letra existem, ao menos, duas formas gráficas alternativas nem que estas são exclusivas. Também não podemos assumir como fato que estabeleçam as mesmas relações que o sistema aponta.

Em um trabalho prévio (Díaz, 1996) foram analisadas algumas variações gráficas aceitas pelas crianças na escrita de uma mesma palavra ou uma série de palavras com parentesco lexical. Além disto, em recentes entrevistas exploratórias com crianças de 2ª série de ensino fundamental apareceram dados sugestivos como os seguintes: algumas crianças aceitavam que *cabayo* e *caballo*[i] [cavalo] diziam o mesmo e que, além disto, estavam corretamente escritas, enquanto *kavallo*, embora "continuasse dizendo cavalo", estava mal escrita. Felizmente uma menina conseguiu explicar a equivalência entre *cabayo* e *caballo*: segundo ela, a letra <y> era a maiúscula e a letra <ll> minúscula.

Isto mostrou a necessidade de se fazer uma nova indagação, que é a que aqui trazemos. Se fosse certo que as alternativas ortográficas podem ser englobadas dentro de uma denominação que alude a mudanças tipográficas, isto poderia mudar radicalmente nossa visão do início da reflexão ortográfica.

Para tentar entender as relações que as crianças estabelecem entre maiúsculas e minúsculas, é necessário colocar-se ao menos duas

---

[i] Em espanhol <Y> e <LL> são pronunciados de maneira muito semelhante ou mesmo idêntica dependendo da região. A ortografia da palavra é "caballo". (N.T.)

perguntas: Como as crianças descobrem que existem maiúsculas e minúsculas? Ou seja, como percebem que cada letra tem, ao menos, duas formas diferentes? Além disto, como relacionam duas formas gráficas (iguais ou diferentes) para descobrir que se trata de uma mesma letra? As alternâncias maiúsculas/minúsculas ocorrem sempre ao início de uma palavra, ou seja, afetam a posição inicial da cadeia, mas nada impede escrever uma cadeia gráfica inteiramente em maiúsculas, o que, de fato, ocorre com muita frequência em títulos de livros e jornais, em embalagens, propagandas etc. O certo é que para poder falar de maiúsculas e minúsculas precisamos um contraste gráfico que nem sempre está disponível. De fato, ao transcrever os textos infantis para seu tratamento automático (Ferreiro, Pontecorvo et al., 1996) tomamos a decisão de considerar uma letra particular como minúscula ou maiúscula não por sua forma, mas pela existência de um contraste. Por exemplo, se alguém (escrevendo com caracteres separados) grafou sempre <L>, ao início ou no interior da palavra, consideramos que se trata de uma minúscula (ou seja, a forma não marcada), ainda que sua aparência corresponda à de maiúscula.

As alternâncias maiúscula/minúscula se situam sobre o eixo paradigmático, da mesma forma que as alternâncias ortográficas.[1] De fato, a maiúscula é ortográfica no início do texto, depois de um ponto e para os nomes próprios, embora exista uma variação grande em outros contextos (por exemplo, algumas abreviaturas exigem maiúscula inicial e outras não; a própria definição de "nome próprio" é difícil de estabelecer). Mas na escrita visível no espaço público pode ser observado o uso de numerosos recursos tipográficos com fins estéticos e particularmente publicitários que passam por cima das normas da ortografia do espanhol. Esta diversidade gráfica é informação disponível que as crianças podem utilizar.

O fato de que tanto as alternâncias ortográficas como os pares de maiúsculas/minúsculas se situam no eixo paradigmático (isto é, que sejam alternativas possíveis em um ponto dado da cadeia gráfica) justificaria por si mesmo que as crianças tivessem dificuldade em distinguir claramente ambos os domínios.

Para analisar o problema decidimos, em um primeiro momento, trabalhar exclusivamente sobre o alfabeto e sobre termos escolares de alta frequência desde o início da escolaridade obrigatória: os termos "letra maiúscula" e "letra minúscula".

OBTENÇÃO DOS DADOS

Nas últimas semanas do ano escolar, trabalhamos com os dois grupos de primeira série de ensino fundamental de uma escola pública do México (Distrito Federal), que recebe população de classe baixa ou média baixa, e aplicamos um procedimento extremamente simples. A um dos grupos (que chamaremos A) entregamos folhas com o abecedário em maiúsculas com a seguinte instrução: "escrevam a minúscula embaixo de cada letra". Ao outro grupo (que chamaremos B) entregamos folhas com o abecedário em minúsculas com a seguinte instrução: "escrevam a maiúscula embaixo de cada letra". Usamos as maiúsculas de imprensa simplificadas (conhecidas como *script*), que é a que se ensina nas escolas públicas do México. As crianças trabalharam em pequenos subgrupos de três e quatro por vez, até cobrir a totalidade de crianças de cada grupo escolar. Dois dias depois voltamos à escola e solicitamos às crianças do grupo A que escrevessem as maiúsculas e às do grupo B que escrevessem as minúsculas.

É importante indicar que as letras não foram apresentadas na ordem alfabética exatamente para evitar uma escrita segundo essa ordem, sem prestar maior atenção à letra para a qual se solicitava "a maiúscula" ou "a minúscula". Também tentamos evitar apresentar em contiguidade letras com vínculos ortográficos (S/C, por exemplo). A minúscula da vogal I sempre foi apresentada com *serif* para diferenciá-la da minúscula da consoante L/l.

Um total de 54 crianças (meninos e meninas) realizou a tarefa: 26 no grupo A e 28 no grupo B. Como temos duas folhas produzidas por cada criança, o total é de 108 produções.

RESULTADOS

Considerando as duas folhas produzidas por cada uma das crianças, uma porcentagem similar de ambos os grupos escolares apresenta ao menos uma associação de letras que não é a convencional, tal como se observa no Quadro 1. Só 35% das crianças vincularam todas as letras da maneira marcada conforme o sistema gráfico do espanhol, enquanto 65% apresentam, ao menos uma vez, mas geralmente várias vezes, uma relação não convencional.

QUADRO 1
Quantidade de crianças que estabelecem ao menos uma relação não convencional entre maiúsculas e minúsculas e as que apresentam somente relações convencionais

Grupo	Relações convencionais	Relações não convencionais	Total
A	9	17	26
B	10	18	28
Total	**19 (35 %)**	**35 (65%)**	**54**

O importante é analisar quais são as soluções gráficas observadas para os casos não convencionais. Neste sentido, os dados são sumamente ilustrativos. A partir daqui, os dados que se apresentam estão calculados sobre o total de produções das crianças que estabelecem relações não convencionais entre as grafias: 35 crianças (um total de 70 folhas com grafias).

RELAÇÕES ENTRE MAIÚSCULAS E MINÚSCULAS

O que se deve ressaltar primeiro é que nem todas as grafias são tratadas da mesma maneira. Se dividirmos as letras em dois grupos, por um lado as vogais e por outro as consoantes, observamos que não apresentam o mesmo tipo de soluções. Nesta análise deixaremos de lado os casos de reprodução da mesma grafia maiúscula para maiúscula e minúscula para minúscula e as trataremos, provisoriamente, como se fossem correspondências convencionais.

No Quadro 2 podemos ver que nem todas as grafias oferecem a mesma dificuldade: algumas, como as maiúsculas <V> e <Y> ou as minúsculas <b>, <d>, <y> parecem mais difíceis que outras.

QUADRO 2
Frequência de relações não convencionais para cada uma das letras.
Os pares de maiúscula/minúscula nem sempre se encontram na mesma célula

Rrelações não convencionais	Entre 1 e 2	Entre 3 e 5	Entre 6 e 8	Entre 9 e 11	Mais de 11
Vogais	A/a, E/e I O/o, U/u		i		
Consoantes	P, L/l, T/t F/f, M/m N/n, H/h X/x, W, J R/r	Ch/ch, Ñ/ñ B, Q/q w, s, j, p, c,	G/g, S, C K/k, D, Ll, z	Z v, ll	Y/y V d, b

AS LETRAS QUE SE ASSOCIAM DE MANEIRA NÃO CONVENCIONAL

Ao analisar as relações não convencionais que encontramos entre maiúsculas e minúsculas, o que primeiro chama a atenção é que todas as grafias não são afetadas com a mesma frequência nem da mesma maneira.

a) O <I/i> é a menos estável das vogais.[2] Esta vogal nos permite observar com clareza um fenômeno interessante: não é o mesmo procurar a maiúscula a partir da minúscula que procurar a minúscula de uma maiúscula. A vogal <I> é estável quando se trata de produzir a minúscula, mas na produção da maiúscula aparecem várias soluções, das quais a mais frequente é considerar <y> como a maiúscula de <i>.

b) No caso de certas consoantes, as respostas desviantes têm um alto grau de concentração. Na lista seguinte (Quadro 3) podemos ver quais são as correspondências não convencionais que se estabelecem de forma preferencial para este grupo de consoantes. Na coluna da esquerda estão as relações que as crianças estabeleceram quando lhes foi dada a folha com as maiúsculas. Na coluna da direita é mostrado o que eles fizeram quando lhes foi proposta a tarefa inversa. A flecha indica o que produziram a partir da letra modelo (por exemplo, quando lhes oferecem a maiúscula <V>, eles escrevem predominantemente <b>). No caso de todas as grafias marcadas com um asterisco, o contraste entre maiúscula e minúscula se realiza simplesmente com uma variação de tamanho, conservando a mesma forma. É muito difícil saber se houve uma tentativa de produzir uma letra grande devido a que, na maioria dos casos, as crianças não apresentam um controle consistente sobre o tamanho das grafias que desenham.

QUADRO 3
Relações com alta frequência entre consoantes

Quando são apresentadas maiúsculas	Quando são apresentadas minúsculas
V → b B → v*	v → b b → v*
J → G G → j	j → g g → J
Z → s* S → c* C → s*	z → s* s → z* c → s*
K → c*	k → c* ll → y*

Em todos esses casos, as crianças nos apresentam as alternativas ortográficas para a expressão de um mesmo fonema. Para alguns fonemas existem ao menos quatro opções possíveis (por exemplo, para o fonema /b/, existem duas alternativas gráficas <B, b> e duas ortográficas <V, v>). Como decidir quais são as que constituem o par maiúscula/minúscula da mesma letra?

c) A segunda opção (em ordem de frequência dentro das desviantes) consiste em produzir uma mudança gráfica através de dois recursos fundamentais: uma rotação de 180° no eixo vertical ou mesmo o acréscimo de um traço suplementar ou a omissão do diacrítico no caso de <ñ>. O Quadro 4 apresenta exemplos do que ocorre quando lhes é oferecida uma maiúscula.

QUADRO 4
Rotações no eixo vertical para produzir a maiúscula de certas consoantes

z	→	⊇
d	→	b
b	→	d
p	→	q
q	→	p
ñ	→	n

Estes tipos de soluções são muito interessantes porque nos mostram que muitas das formas de grafar, que foram tradicionalmente consideradas como "inversões", podem ser o resultado de um esforço infantil na busca de formas de diferenciação vinculante entre as grafias. Estas rotações são observadas principalmente quando o resultado é uma forma gráfica que também é parte do sistema gráfico do espanhol. Acreditamos que o mais acertado seja interpretar estas rotações como resultado de uma busca intencional e não simplesmente pura distração (ou sintoma de dislexia) por um dado fundamental: se as crianças passaram despercebidas à orientação das grafias e as "confundiram", seria factível esperar associações de <p> (usada como <q>) com <Q>, o que não aconteceu em nenhum caso.

d) Finalmente, observamos algumas soluções individuais muito interessantes, mesmo se tratando de casos singulares.

Para resolver o problema dos dígrafos, há soluções que consistem em permutar a ordem dos elementos (Ll → lL, ch → hc) ou colocar somente um dos elementos gráficos (ch → H). Acrescentar a grafia que invariavelmente acompanha uma letra (Q → qu) é outra das soluções registradas. Em espanhol, <rr> não pode aparecer em posição inicial, mas é um dígrafo existente em posição intermediária. Registramos a aparição deste dígrafo para grafar a maiúscula de <r> (r → rr). Esta solução só foi observada no caso de <r>, embora <l> seja uma grafia que poderia ter dado espaço para uma solução idêntica, já que em espanhol <ll> forma parte do sistema gráfico.

LETRAS COM CORRESPONDÊNCIAS CONVENCIONAIS PARTICULARMENTE ESTÁVEIS

a) As vogais <A/a, E/e, O/o, U/u> são particularmente estáveis. Todas as crianças produzem as formas gráficas convencionais, seja a partir da maiúscula ou da minúscula (com uma tolerância de duas exceções no máximo). No caso do <I>, só se observa estabilidade quando se procura a minúscula a partir da maiúscula.

b) Com o mesmo critério (máximo duas correspondências não convencionais), as consoantes mais estáveis são: <T/t>, <F/f>, <M/m>, <N/n>, <L/l>, <H/h>, <R/r>, <X/x>, às que são acrescentadas as maiúsculas <W>, <J> e <P>.

A maioria das consoantes deste grupo se apega ao "ideal" do princípio alfabético, ou seja, não competem com outras na expressão de um mesmo fonema. No entanto, chama a atenção a presença neste grupo de uma letra bem pouco frequente <W>, de <J> e do par <H/h>.

Também chama a atenção a presença de <X/x> neste grupo de consoantes por causa da polivalência sonora desta grafia no espanhol do México, além de que compete com outras grafias na expressão de um mesmo fonema. O Quadro 5 apresenta alguns topônimos que permitem ver, em termos esquemáticos, as relações polivalentes do <X> (chamado *equis* [xis]). Nas produções das crianças do grupo B, esta letra se comporta de maneira completamente estável e há uma só criança do grupo A que produz outras associações (X → S, x → z).

QUADRO 5
Polivalência da letra <X> no espanhol do México.
Exemplos com topônimos

Escrita	Pronúncia	Fonema	Grafias que competem na expressão do mesmo fonema
México	/mexico/	/x/	<G>, <J>
Xola	/šola/	/š/	
Xochimilco	/sočimilco/	/s/	<S>, <Z>, <C>
Tuxtla	/tukstla/	/ks/	

NÃO É O MESMO ESCREVER A MAIÚSCULA E A MINÚSCULA

Anteriormente mencionamos várias vezes que uma mesma letra pode propiciar combinações diferentes, dependendo do modelo que se apresente (maiúscula ou minúscula). As duas tarefas podem ser descritas como simétricas, mas os resultados mostram que não apresentam dificuldades similares.

Em alguns casos, como já vimos, a estabilidade é da maiúscula, mas não da minúscula. Por exemplo, a partir de <P> se produz regularmente <p>, mas as soluções para encontrar a maiúscula de <p> não têm a mesma concentração. No caso das grafias <V, Z, S>, parece mais complexo produzir a minúscula, do que fazer o contrário; enquanto para as grafias <i, w, p, d, b, j, ll, c> a maior dificuldade corresponde à produção da maiúscula.

Escapa aos limites deste trabalho tentar compreender a razão destas assimetrias. Limitamo-nos aqui a citá-las para dar conta da complexidade do fenômeno estudado.

ENTRE AS DIFERENÇAS DE TAMANHO E AS DIFERENÇAS DE FORMA

Uma parte importante das crianças com as quais trabalhamos parece procurar "a outra letra para..." com um sentido muito amplo de "outra", que pode incluir as maiúsculas e as minúsculas ou as alternativas ortográficas. Quando se pede às crianças que escrevam a minúscula de uma grafia, o que aparece é a alternância ortográfica e o mesmo ocorre quando procuram a maiúscula que corresponde a uma minúscula dada.

Poder-se-ia pensar que a tarefa proposta se simplifica quando uma letra conserva sua forma e só se estica para se converter em maiúscula (ou encolhe para se converter em minúscula). Para verificá-lo, dividimos o total das letras da seguinte maneira: letras que conservam a forma (por exemplo, <O/o, U/u, C/c, S/s>) e letras que mudam de forma (por exemplo, <A/a, E/e, B/b, G/g>). Deixamos de lado os dígrafos e as letras que sofrem mudanças mínimas (como <T/t> onde só se desloca o traço horizontal). Com esta distribuição das letras obtemos o Quadro 6, no qual se calculou o total de respostas que consistem em procurar "outra forma" (que acaba sendo "outra letra") sobre o total de respostas para as letras de cada categoria (as que conservam sua forma e só mudam de tamanho e as que mudam sua forma).

QUADRO 6
Porcentagem de respostas que consistem em grafar "outra letra", segundo classificação do repertório gráfico em letras que mudam ou conservam sua forma entre a minúscula e a maiúscula

Relação gráfica entre maiúsculas e minúsculas	Respostas "outra letra"	
	De maiúscula a minúscula	De minúscula a maiúscula
Letras que mudam de forma (R/r, G/g)	2.4%	5%
Letras que conservam sua forma e só mudam de tamanho (O/o, S/s)	18%	14.8%

Os dados são contrários à hipótese de facilitação enunciada. Observamos um forte incremento das respostas que consistem em produzir "outra letra" exatamente quando bastaria uma mudança de tamanho, pois se trata de letras que conservam sua forma. Isto reforça a primeira interpretação: a busca da maiúscula (ou minúscula) se converte na busca de "outra letra" que, como já vimos, tem relações ortográficas com o modelo apresentado.

ALGUNS EXEMPLOS INDIVIDUAIS

É conveniente apresentar alguns exemplos de modo individual, quando consideramos o total da produção de uma mesma criança. A análise individual nos proporciona muitas surpresas. É preciso recordar que o sistema gráfico apresenta uma relação biunívoca entre maiúsculas e minúsculas. Entre esses dois conjuntos não há casos de uma mesma maiúscula para várias minúsculas nem vice-versa. No entanto, há crianças que consideram que uma mesma minúscula pode estar associada a duas maiúsculas. Por exemplo, Iván propõe <ll> como minúscula de <Ll>, de <Y> e inclusive como maiúscula de <y>.

Algumas crianças mantêm a relação de maneira unívoca e bidirecional, ainda quando as correspondências que estabelecem não são as convencionais. Por exemplo, Eva mantém o trato bidirecional em alguns pares, associando <C> com <K> quatro vezes, tanto quando deve escrever as minúsculas como quando deve escrever as maiúsculas:[3] (C → K , K → C) (c → k , k → c). Só com as minúsculas mantém o trato bidirecional entre <y/i>: (y → i , i → y). Em todos estes casos de trato bidirecional se evidenciam pares que são de natureza ortográfica.

Há crianças que apresentam uma rede mais complexa de relações entre as grafias. Laura, por exemplo (Ilustração 1), apresenta vários subconjuntos de grafias relacionadas entre si de maneira não convencional, nem biunívoca. (Na ilustração aparecem assinaladas, com uma elipse, algumas das relações particularmente interessantes.) No subconjunto formado por <V/v, B/b> há uma associação entre <V> e <b>, mas <B> se associa também com <w> e com <v>. Para complicar mais a situação, observamos que <b> também serve como maiúscula de <w> e que esta última aparece como a minúscula de <B>. A este subconjunto se vincula ocasionalmente <U>, que tem <v> como sua minúscula que, por sua vez, tem <B> como sua maiúscula.

Outro subconjunto está constituído por <Y/y. i, ll>. Na busca das minúsculas, Laura estabelece a relação convencional entre <I> e sua minúscula <i>, mas também estabelece outras relações não convencionais: <Y> tem <ll> como sua minúscula e <X> se relaciona com <y>. Mas <y> serve para a maiúscula tanto de <i> como de <ll> que, por sua vez, é produzida como a maiúscula e a minúscula de <y>.

Outro subconjunto complexo é o formado por <s, z, c, k>. Na busca das minúsculas, as duas letras <Z, C> compartem a mesma minúscula <s> e outras duas letras <S, K> compartem a minúscula <c>. Na busca das maiúsculas, ocorre exatamente o mesmo: as duas minúsculas <z, c> compartem <S> enquanto <k, s> compartem <C>. Tudo isto não esgota o repertório de soluções de Laura que, além de tudo, apresenta letras rotadas e outras soluções com o dígrafo <CH> e com <H>.

Finalmente, queremos destacar que foram obtidos dados similares com crianças de escolas públicas de outra cidade (Querétaro), e com crianças de comunidades rurais do estado de Hidalgo. Isto nos leva a pensar que se trata de um problema geral.

DISCUSSÃO

As crianças devem reconhecer que a maiúsculas têm duas funções principais: são *delimitadores sintáticos* (junto com a pontuação) e são

O INGRESSO NA ESCRITA E NAS CULTURAS DO ESCRITO

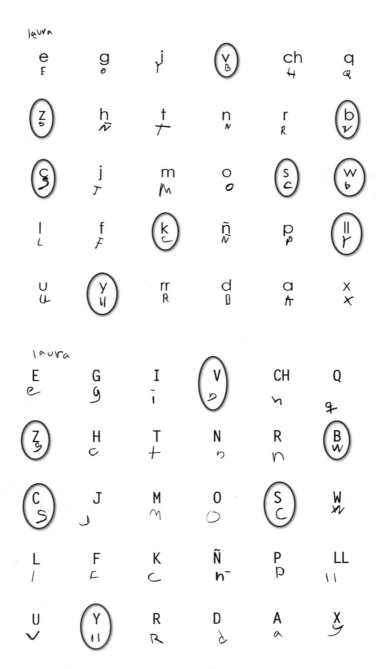

ILUSTRAÇÃO 1

diferenciadores semânticos (a distinção entre *Rosa* e *rosa* ou *Luz* e *luz* como nomes próprios ou comuns está a cargo da alternância maiúscula-minúscula). Mas isto não basta: é preciso estabelecer uma relação de equivalência entre dois conjuntos de elementos do sistema gráfico, definidos de maneira meramente figurativa, sem fazer referência a sua função. A aparição de respostas de tipo "alternância ortográfica" quando a tarefa solicitava apenas uma atenção às "alternâncias tipográficas" nos parece um dado relevante, que não pode, de modo algum, ficar sob a etiqueta de "erros e/ou confusões superficiais" (de índole gráfico-perceptiva ou de denominação). De fato:

1) Caso se tratasse de problemas de denominação de letras, as respostas "desviantes" deveriam se concentrar em <B/b e V/v>, já que as duas se chamam "be".[ii] Mas esse não é o caso.

2) Caso se tratasse de problemas de correspondência sonora, deveríamos encontrar uma dispersão nas grafias associadas com <X> (ao menos <X/s, <X/j>), dada a polivalência sonora desta letra no espanhol do México. No entanto, esta letra se encontra entre as consoantes mais estáveis. Por outro lado, o fato de que <Z> nunca tenha aparecido associada com <c> (apesar da correspondência sonora de ambas nos contextos <ce/ci> <ze/zi>) ajuda a excluir a correspondência sonora como fator único para o estabelecimento das respostas observadas.

3) Caso se tratasse de incertezas com relação à orientação das grafias, as clássicas inversões (rotações sobre o eixo vertical) deveriam predominar. Embora as rotações apareçam, no conjunto dos dados recolhidos parecem responder mais a uma intenção de obter "uma variante da forma que também pertença ao sistema gráfico", que a uma simples confusão.

4) Caso se tratasse de dificuldades para restituir a forma de uma letra, deveríamos encontrar um efeito facilitador quando os pares maiúscula/minúscula só se diferenciam por tamanho.

[ii] Em espanhol, as letras b e v são pronunciadas da mesma forma, no entanto, recebem nomes diferentes: em grande parte da América, o b é chamado de "b larga" [b comprido] e o v "b corta" [b curto]; na Espanha, são chamadas respectivamente de "b" e "uve". (N.T.)

O que ocorre é exatamente o contrário: quando se trata de letras cuja maiúscula e minúscula têm a mesma forma e bastaria uma mudança no tamanho, vemos que se incrementam as respostas que consistem em produzir "outra letra".

Os dados aqui apresentados se referem exclusivamente aos elementos do sistema gráfico, apresentados de maneira isolada e necessitam ser controlados com dados referidos a cadeias gráficas. Mas eles nos mostram as dificuldades inerentes ao primeiro nível de organização do material gráfico: o repertório de grafias. Para compreender os dados aqui apresentados (e elaborar hipóteses que permitam reconstruir sua gênese) fica claro que esse repertório não pode ser concebido em termos idealizados, fazendo abstração das variantes tipográficas. Muito menos na atualidade, quando os processadores de texto colocam à disposição do produtor um notável repertório de tipos. Jogar com a tipografia para evitar sublinhados e entre aspas converteu-se em uma realidade explorada por todos (autores, editores, publicitários, artistas... e usuários sem qualificação profissional).

O repertório gráfico não se limita às assim chamadas "letras do alfabeto". É preciso incluir suas múltiplas realizações gráficas. Pôr ordem nesta desordem aparente é tarefa do sujeito cognoscente. As crianças nos mostram um modo insuspeito — mas razoável — de estabelecer correspondências ordenadas. No eixo paradigmático, maiúsculas e alternativas ortográficas se encontram como "a outra forma da letra" que, "segundo as circunstâncias" (Gak) podem se substituir entre si.

O sistema gráfico, pensado como um conjunto de elementos, não é um conjunto amorfo, mas organizado. A chamada "ordem alfabética" (A, B, C, D...) é uma ordem sequencial historicamente herdada. Mas tínhamos esquecido outra organização: a de equivalência de função, apesar das diferenças de forma. É a esta equivalência de função que as crianças restituem quando, frente ao comando (aparentemente ingênuo) de "pôr as maiúsculas" (ou as minúsculas) respondem reinterpretando o comando em termos funcionais (e não meramente figurativos): "põe a que pode substituir esta (o modelo), segundo as circunstâncias".

Os dados nos permitem dizer que, do ponto de vista da criança, os pares maiúscula-minúscula, assim como os gerados por alternativas ortográficas, podem ser tratados como equivalentes. São "a outra forma" de tal ou qual letra.

Se levarmos em conta isto, nossa aproximação ao início da "reflexão ortográfica em ato" na produção dos escritos infantis mudaria, porque muitas das escritas que foram avaliadas como "incorretas" talvez sejam concebidas pelas crianças como variações gráficas (ou talvez tipográficas).

Uma vez mais, as crianças nos ajudam a enfocar um problema jamais colocado suficientemente como tema central e frequentemente ignorado: a interface entre tipografia e ortografia. Problema que vai requerer, sem dúvida, vários anos de pesquisa.

Notas

1. O uso do termo "paradigmático" pode parecer abusivo, porém está de acordo com o uso saussuriano (embora, claro, estejamos aplicando ao domínio das letras). Cf. seção sobre "Sintagma e paradigma" em Ducrot e Todorov, 1974, 13. ed. (1987, p. 129-35): "... duas unidades u e u' pertencem a um mesmo paradigma se — e unicamente se — são suscetíveis de serem mutuamente substituídas em um mesmo sintagma. Em outro termos, se existem dois sintagmas *vuw* e *vu'w*".

2. Algumas observações para compreender por que é a menos estável das vogais. O <i> é utilizado para representar a vogal fechada palatal ou anterior em palavras como libro [livro] ou cepillo [escova]; mas quando se trata da conjugação copulativa, utiliza-se o <y> mesmo se tratando do mesmo som vocálico. Há outros contextos nos que as letras <i/y> podem se alternar. Em ditongos que começam com uma vogal aberta como: /ai/ (aire/caray) [ar/caramba], /ei/ (peine/rey) [pente/rei], /oi/ (boina/voy) [boina/vou]. Da mesma forma, quando ocupa a posição inicial do ditongo /ie/, as letras <i/y> podem alternar (hierba [erva], yerba [erva — Argentina e Uruguai]). Neste caso a ortografia aceita ambas as variantes gráficas.

3. As flechas indicam a direção da transformação que as crianças fizeram, de maiúscula a minúscula ou vice-versa.

13

O diálogo nos quadrinhos.
Como escolher a pontuação apropriada?

María Angélica Möller e Emilia Ferreiro

Este capítulo é uma reelaboração conjunta a partir de alguns dados da tese de doutorado da primeira autora.

COMO SE DELIMITA A PONTUAÇÃO?

Qualquer sistema de escrita se define antes de mais nada por um conjunto finito de formas gráficas: *grafemas* é o termo geral; nos sistemas alfabéticos falamos de letras. Mas no estado atual das escritas alfabéticas o material gráfico não se esgota no conjunto de grafemas. Há espaços vazios que se contrapõem aos espaços ocupados pelas letras. Esses espaços vazios são de vários tipos, dois dos quais nos concernem aqui. Há espaços vazios com entrelinhas para definir uma unidade textual de suma importância: o parágrafo. Esses são espaços no eixo vertical. Mas há outros espaços no eixo horizontal que definem outras unidades de importância similar: as palavras. Exatamente nesses espaços entre palavras vão se acomodar outras marcações gráficas que não são letras, mas que fazem parte do material gráfico de nossa escrita: os sinais de pontuação.[1]

Os sinais de pontuação são marcações gráficas, mas não são letras. São interpretados, mas não "são ditos", não são pronunciados embora afetem a leitura em voz alta. São "sinais mudos de reconhecimento, ancoragens de legibilidade" (Catach, 1980, p. 25). Algumas crianças dizem, com pertinência, que são "da cabeça", ou seja, são pensados mas não são ditos.

Fazer a lista dos sinais de pontuação utilizados atualmente é tarefa quase impossível por razões teóricas e porque os recursos informáticos permitem utilizar à vontade muitas novidades que estão à disposição do usuário. No entanto, é preciso reconhecer que há sinais básicos, iniludíveis: o ponto e a vírgula. Esses sinais básicos são polivalentes. Há vírgulas de lista, com um número indefinido de vírgulas sucessivas, e vírgulas de aposição, que se constituem aos pares (exemplo: Carlos Fuentes, destacado escritor mexicano, morreu repentinamente em maio de 2012).

A vírgula é uma, por sua própria aparência gráfica, mas do ponto de vista funcional há vários tipos de vírgulas. Algo semelhante ocorre com o ponto, já que reconhecemos o "ponto na mesma linha", "ponto parágrafo", "ponto final".[i] Todos estes pontos estão associados a uma letra maiúscula que os segue, obrigatoriamente, ou a uma maiúscula precedente (no caso do ponto-final, a maiúscula do início do texto). Não estamos acostumados a nos referir às maiúsculas como parte da pontuação. De fato, as maiúsculas são letra e, como tais, escapam à definição dos sinais de pontuação como "marcações silenciosas". As maiúsculas também são polivalentes: as que marcam início de unidades sintático-discursivas estão associadas aos pontos; outras são marcas ideográficas (*Rosa*, nome próprio, por oposição a *rosa*, substantivo comum).

A pontuação se constituiu historicamente como um conjunto de instruções para o leitor (Parkes, 1993, 1997) e continua cumprindo esta função. Originalmente esteve a cargo do leitor que estudava o texto e acrescentava-lhe as marcações convenientes para garantir uma leitura correta com voz (algo assim como as marcações que costumam ser colocadas na partitura dos instrumentistas de uma orquestra, durante os ensaios, para garantir a lembrança de certos efeitos no momento da função pública). "Na Idade Média lia-se, em geral, para outra pessoa [...]. O próprio texto era pontuado para 'ser dito' o melhor possível" (Catach, 1994, p. 16). Esses sinais levaram séculos para serem disseminados e estandardizados até que, em épocas modernas e com a inter-

---

[i] Em português, esta nomenclatura se refere a formas de uso do chamado "ponto-final". (N.T.)

venção da imprensa, a pontuação passou a ser obrigação do produtor do texto (e de seu editor). A história deixou vestígios das querelas entre autores literários e editores: os primeiros defendendo esse espaço de liberdade que é a pontuação; os segundos, alegando que entre suas funções está a obrigação de oferecer ao público textos "bem pontuados" (Béguelin, 2000, p. 59).

Na passagem da baixa Idade Média ao Renascimento há mudanças notáveis na pontuação: "Changes in the signs are the sign of changes" (Parkes, 1993, p. 40). No século XVIII, na Europa, a expansão do teatro e do estilo novelesco contribuiu à necessidade de diferenciar no escrito a voz do narrador da dos personagens. Aparecem, então, novos sinais, como as aspas, bem como a utilização de caracteres em itálico para distinguir todo o relativo a um dos personagens (Catach, 1994, p. 41). Se antes nos pareceu difícil aceitar, como parte da pontuação, uma variação tipográfica que afeta uma única letra — a maiúscula inicial — resulta que agora deveríamos aceitar, também como parte da pontuação, uma mudança tipográfica sobre uma série de palavras (cursiva, negrito, versailles ou o que for). Isto coloca os limites entre pontuação e tipografia, um tema que não poderemos tratar aqui, mas que deixamos "no ar" para reflexão.

As aspas nos colocam sobre a trilha de outra distinção entre os sinais, que é de suma importância para o propósito central deste capítulo: há sinais que se apresentam obrigatoriamente em pares. Os principais sinais duplos são as aspas e os parêntesis. Mas o espanhol apresenta uma originalidade: desde 1754 prescreve que os sinais de interrogação e exclamação sejam duplos (um "traço exclusivo da língua espanhola", Real Academia Española, 2001, p. 387). Em todas as outras línguas esses sinais são simples. O espanhol, como veremos, vai multiplicar as dificuldades que as crianças têm para aprender e usar esses sinais, ao impor a exigência de encontrar o ponto de início de uma interrogação que não começa com uma palavra-chave (*quién, dónde, qué...*).[ii] tanto quanto o

---

[ii] Essas palavras, quando iniciam uma frase interrogativa, levam acento, o que se torna uma dica importante para a pontuação de início de uma frase interrogativa ou exclamativa. (N.T.)

ponto de início de uma exclamação quando esta se compõe de várias palavras (por oposição às interjeições ou palavras propriamente exclamativas como *Socorro*).

A Real Academia Española (RAE) afirma: "Mesmo que não deixem de ter também uma função demarcativa, a função característica dos sinais de interrogação e exclamação é identificar que a sequência que eles encerram manifesta uma modalidade não asseveradora" (RAE, 2001, p. 388). Está claro que a expressão "uma modalidade não asseveradora" é uma afirmação de compromisso que, pela negativa, põe todo tipo de modalidades do discurso sob uma mesma etiqueta. À continuação, chamaremos a estes pares de sinais "expressivos", eles não tentam transcrever uma entonação específica, mas se limitam a dar instruções ao leitor: coloque daqui até aqui a entonação que corresponde a uma pergunta; coloque daqui até aqui a entonação adequada dentre as que conhece como exclamativas, segundo o significado que atribua à enunciação em questão.

Entender o funcionamento dos sinais expressivos é uma coisa; tentar introduzi-los em um texto é outra. Não é estranho que o momento privilegiado para a aparição da pontuação seja posterior à produção de textos, ou seja, durante a revisão do mesmo (capítulo 17 neste volume). Durante a revisão é factível colocar-se sob o ponto de vista do leitor, enquanto no momento da produção do texto adota-se, evidentemente, a perspectiva do produtor. No entanto, na tarefa de produção de pontuação que vamos apresentar aqui, as crianças estão em uma posição facilitadora: dever pontuar um texto já impresso (um texto alheio). O texto em questão é uma tirinha, lugar privilegiado para ver aparecer os sinais expressivos.

Uma tirinha é uma combinação particular de história narrada e ilustração artística, ou seja, textos sequenciados e ilustrações. É um gênero vinculado com a cultura literária e audiovisual, considerado "marginal" e desvalorizado, uma vez que sua produção no Ocidente teve uma origem mercantilista (atrair leitores para os jornais),[2] mas atualmente é um gênero com número crescente de adeptos. Na oralidade que as histórias representam — uma conversa entre falantes cara a cara — não só se transmitem informações, mas também valores ou estados emocionais através da modulação da voz de cada falante. Quando a escrita tenta se aproximar da oralidade, estes únicos símbolos expressivos da pontuação não são suficientes para cobrir a amplíssima gama de recursos de entonação da voz: surpresa, suspeita, dúvida, incredulidade, espanto, horror, entusiasmo etc. Mesmo assim, como se distingue por escrito, com todos os matizes intermediários, uma pergunta legítima de uma pergunta irônica, uma pergunta retórica de uma indignada? Por isso supúnhamos que ao escolher os sinais para pontuar uma tirinha ia existir muito mais variação que unanimidade, o que efetivamente ocorreu.

ORIGEM DOS SINAIS EXPRESSIVOS

O sinal de interrogação, como único sinal de fechamento, já estava presente na pontuação medieval do século IX, uma das *positurae* agregadas às *distinctio* greco-latinas nos textos litúrgicos; usava-se para indicar o fim de uma *interrogatio*, isto é, uma pergunta que requeria uma resposta (Parkes, 1993). Este sinal passou a fazer parte das convenções fundamentais do meio escrito, o "repertório geral de pontuação" que, segundo o notável estudo de Parkes, já estava estabelecido no Ocidente no século XII e continuou se desenvolvendo daí por diante. Do ponto de vista gráfico, este sinal é uma reprodução da primeira letra da palavra latina *quaestio*, invertida e escrita ao final de um enunciado categorizado como pergunta.

O sinal de exclamação foi incorporado muito tempo mais tarde. Parkes informa que apareceu na segunda metade do século XIV; constituiu um dos sinais "novos" empregados pelos humanistas italianos, em relação com seu ideal oratório, e foi rapidamente incorporado pelos primeiros impressores. Martínez de Sousa (2008) situa a origem do signo de exclamação nas duas letras da palavra latina *io* (alegria, júbilo) colocadas uma em cima da outra e estilizadas com o tempo até adquirir sua figura atual.

Ducrot (1981), analisando o valor argumentativo da oração interrogativa, afirma que o sinal de interrogação cria uma "obrigação de resposta". Catach (1994, p. 61-62) destaca que o essencial do sinal de interrogação é a interpelação, a captação da atenção, com todos os seus matizes fictícios ou retóricos. O sinal de interrogação indica que o autor está se dirigindo a outro.

O sinal de exclamação, por sua vez, indica "as reações pessoais imediatas do locutor (gritos, chamados, desejos, interjeições, réplicas positivas ou negativas etc.) que permitem colocar por escrito uma expressividade direta" (Catach, 1994, p. 63).

No intercâmbio dialógico que as tirinhas apresentam, distinguir fragmentos delimitando enunciados e, ao mesmo tempo, entonações e matizes na representação escrita não resultou nada simples, como veremos na análise dos resultados.

PROCEDIMENTOS DE OBTENÇÃO DOS DADOS

As crianças pesquisadas têm diferentes idades (7 a 11 anos) e níveis de escolaridade (2ª, 3ª, 4ª e 6ª séries de escolas de Córdoba, Argentina).[3] Solicitamos que lessem textos pontuados e em seguida acrescentassem pontuação a textos que precisavam dela. Foram entrevistados em pares (um menino e uma menina, colegas do mesmo grupo escolar). Entrevistamos 40 crianças, dez por série, o que cria cinco pares por série.

O trabalho em pares foi utilizado como recurso metodológico para que as crianças explicitassem as razões para pontuar em certo lugar e com certo sinal, particularmente quando houvesse desacordo com o colega; não era nosso propósito estudar as interações como tais.

A sequência de atividades propostas (observação e análise da pontuação e, logo, produção de pontuação) foi um aspecto importante da configuração da pesquisa.[4] Trabalhamos com quatro tirinhas da personagem Mafalda (de Quino) escaneadas e adequadas ao tamanho "página": a primeira e a terceira, para ler, tal como foram publicadas; a segunda e a quarta para pontuar, a pontuação tinha sido eliminada. Embora os textos apresentados para pontuar tenham sofrido intervenção com a retirada da pontuação, foram mantidos outros organizadores textuais próprios da pontuação em sentido amplo: as linhas gráficas e a tipografia escolhida. A tipografia aqui não oferece contrastes, já que tudo está em maiúsculas. O balão que engloba uma fala remete somente a um personagem.

A instrução dada ao entregar a primeira tirinha, com sinais de pontuação, foi: *Conhecem a Mafalda? Leiam e vejam o que há. O que encontram no que está escrito, além das letras? Por que será que o autor colocou isso aí?*

As intervenções da entrevistadora estavam destinadas a promover o confronto de pontos de vista e a explicitar as razões atribuídas pelas crianças à pontuação observada. Quando consideramos esgotada a reflexão, escondemos a historinha e entregamos, a cada um, uma cópia da segunda tirinha (sem pontuação), dizendo: *Agora vamos ler esta outra. Prestem atenção que antes havia sinais e aqui eu os tirei. Acrescentem os sinais que faltam.*

Solicitamos que cada um introduzisse a pontuação individualmente, em seguida confrontamos os resultados, promovendo a discussão.[5]

À continuação faremos referência exclusivamente à atividade de produção de pontuação na primeira das duas historinhas preparadas para pontuar. Esta atividade permitiu uma compreensão melhor do que representam os sinais para as crianças, já que ali foram colocados os problemas mais interessantes relativos à escrita dos signos expressivos em relação aos matizes da oralidade convencional, suas possibilidades e limites.

Em espanhol, como vimos, temos dois pontos de interrogação: um que abre e outro que fecha. O acréscimo de um sinal que marca o início da interrogação com uma dupla inversão de 90° com relação ao sinal original dá como resultado o par ¿?, que gera muitas incertezas gráficas nas crianças. Dessas incertezas gráficas não vamos nos ocupar e vamos considerar que certa marca gráfica é de início ou de fim, segundo sua posição e não segundo sua forma gráfica. Isto é válido também para os sinas duplos de exclamação ¡!.

Na transcrição (registro escrito de entrevistas orais) procuramos refletir, da maneira mais neutra e confiável possível, as escolhas gráficas, justificativas e discussões entre as crianças, as intervenções da entrevistadora e as produções escritas intercaladas no momento em que se realizaram. Esta tarefa, por si mesma, constitui a primeira análise dos dados; em pesquisa psicolinguística é iniludível a explicitação dos critérios utilizados, já que afetam a própria construção do dado sobre o qual se trabalha (Zamudio, 2010[6]). Estabelecemos as seguintes convenções: efetuar transcrição léxico-ortográfica da totalidade da entrevista; marcar as pausas no discurso com barra (/), quando o silêncio é prolongado com mais de uma (///); não utilizar maiúsculas nem sinais de pontuação, com exceção do signo único **?** no caso das interrogações, já que a entonação ascendente final é facilmente detectável; distinguir com negrito as palavras gráficas das que se fala (por exemplo, uma conjunção oralizada /y me parece/ escreve-se com caracteres normais enquanto aparece com negrito quando se fala do escrito /pus o **y**/). Usamos as maiúsculas versailles quando as crianças recorrem à leitura do texto apresentado (ou de alguma de suas partes). Finalmente, destacamos também em negrito os sinais de pontuação plena incorporados pelas crianças e outras eventuais modificações introduzidas ao texto originalmente apresentado. Colocamos entre parêntesis os comentários ou explicações relativas a mudanças entonativas e ações ou expressões faciais ou corporais.

RESULTADOS

Na Ilustração 1 aparece a historinha tal como foi apresentada às crianças. O personagem central é Manolito, um dos amigos da Mafalda.

ILUSTRAÇÃO 1
Primeiro quadrinho entregue para pontuar[iii]

Nesta tirinha há um só balão com texto em cada vinheta. O personagem que fala está visível nas vinhetas 1 e 4, mas não na 3. Os aspectos gráficos do texto são muito importantes uma vez que, inseridos nos balões, adotam uma apresentação *ad hoc*. Na primeira vinheta, a conjunção de início indica ao leitor que algo havia ocorrido previamente. A enunciação da professora tem duas partes: a primeira parte tem um matiz interrogativo (Y EL QUE NO HAYA ENTENDIDO [e quem não entendeu] podia ser formulado como pergunta: alguém não entendeu?), tanto que a segunda parte é imperativa (QUE LEVANTE LA

[iii] Tradução:

E QUEM NÃO ENTENDEU QUE LEVANTE A MÃO		VEJAMOS MANOLITO O QUE É QUE NÃO ENTENDEU	DESDE MARÇO ATÉ AGORA NADA

MANO) [que levante a mão]; entre ambas há uma relação de condição a consequência. O limite entre os dois fragmentos da enunciação não coincide com os limites gráficos das linhas do texto.

Na terceira vinheta o falante (a professora) está fora do quadro. A enunciação apelativa inicial ocupa uma linha gráfica (VEAMOS MANOLITO) [vejamos Manolito], enquanto a interrogação a seguir ocupa duas linhas; o NO [não] do final da segunda linha gráfica não coincide com um limite sintático. A interrogação apresenta a dificuldade dos dois pronomes QUE, um interrogativo acentuado e o outro conjuntivo.

Na quarta vinheta, trata-se de um sintagma nominal com conteúdo temporal, com muita força semântica e onde NADA vem a ser o complemento (resposta) de LO QUE NO HAS ENTENDIDO [o que é que não entendeu]; permite diferentes leituras da enunciação de Manolito, dependendo da 2ª linha gráfica se vincular com a primeira ou com a última: no primeiro caso pode-se ler ¿DESDE MARZO HASTA AHORA? NADA [desde março até agora? Nada], no segundo ¿DESDE MARZO? HASTA AHORA NADA [desde março? até agora nada]. Além disto, toda esta enunciação poderia ter caráter afirmativo.

A análise que realizamos é basicamente qualitativa, embora apresentemos alguns dados da frequência de utilização da pontuação para dar um panorama geral. Pela frequência de uso, nesta historinha os sinais expressivos foram os mais utilizados: as crianças introduziram 44 pares de pontos de interrogação e 1 de fechamento, 11 pares de pontos de exclamação e 2 de fechamento (o que totaliza 55 sinais expressivos de abertura e 58 de fechamento) contra 36 vírgulas e bem escassos pontos internos. Se nos perguntamos quantas crianças de cada série utilizaram sinais expressivos nesta historinha, os resultados são os que aparecem na Tabela 1.

TABELA 1
Crianças por série que utilizaram sinais expressivos, vírgulas e pontos internos — 1ª historinha
N = 40 (10 por série)

Série	¿?	¡!	vírgulas	pontos internos
2ª	4/10	—	4/10	2/10
3ª	8/10	2/10	2/10	—
4ª	10/10	5/10	6/10	1/10
6ª	10/10	3/10	8/10	—
Totais	**32/40**	**10/40**	**20/40**	**3/40**

A Tabela 1 mostra que os pontos de interrogação são utilizados, nesta história em quadrinhos, antes que os de exclamação: nenhuma criança de 2ª usa pontos de exclamação e apenas duas de 3ª o fazem, enquanto em 3ª quase todos usam os de interrogação. Em 4ª e 6ª séries, todas usam os pontos de interrogação, mas só a metade dos de 4ª e uns poucos de 6ª usam os de exclamação. Os dados sobre a quantidade de crianças que utilizam, na mesma história em quadrinhos, ambos os sinais (informação que não aparece na tabela) são: em 3ª série apenas um menino usa ambos os pontos (de interrogação e de exclamação), em 4ª série cinco crianças o fazem e em 6ª, três.

As crianças se centraram nos matizes da conversa que se desenvolve entre os personagens e ali apareceram as dificuldades.

Encontramos um uso precoce dos pontos de interrogação baseado em considerar as unidades gráficas do texto (Ferreiro e Pontecorvo, 1999; Weisz, 1998): seja o texto do balão em seu conjunto ou mesmo as linhas gráficas. Às vezes, mesmo que identifiquem o sinal pelo seu nome e escrevam-no, ele é utilizado como marcador de ditas unidades gráficas, enquanto sinais duplos, mais que como marcadores de expressão. Por exemplo, Virgínia (3ª) usou pontos de interrogação em todas as vinhetas, ao início e final de cada texto (Ilustração 2).

ILUSTRAÇÃO 2
Pontuação introduzida por Virginia (3ª)

¿Y EL QUE NO HAYA ENTENDIDO QUE LEVANTE LA MANO?		¿VEAMOS MANOLITO QUÉ ES LO QUE NO HAS ENTENDIDO?	¿DESDE MARZO HASTA AHORA NADA?

Seu colega Hernán, ao comentar a pontuação de Virgínia, preocupa-se pelos limites da pergunta: onde começa e onde termina? O diálogo entre as duas crianças é longo e merece ser transcrito.

Hernán	no/pero no puede ser una historia que comienza y acá está la pregunta y que termine acá {indica principio y final de primera viñeta}/porque no puede ser una historia [não/mas não pode ser uma história que começa e aqui está a pergunta e que termine aqui {indicando início e final da vinheta}/porque não pode ser uma história]
Virgínia	sí [sim]
Hernán	de larga de dos metros y que empieza con una pregunta y termina al final/nunca puede ser [de comprido de dois metros e que começa com uma pergunta e termina ao final/nunca pode ser]
Adulto	por qué no? [por que não?]
Virgínia	no pero ésta [não mas esta]
Hernán	porque toda la historia va a ser una pregunta/porque tiene que/tiene que empezar acá {inicio del texto}/y en la segunda o la tercera palabra se tiene que cerrar {primera viñeta} [porque toda a história vai ser uma pergunta/porque tem que/tem que começar aqui {início do texto}/e na segunda ou terceira palavra tem-se que fechar {primeira vinheta}]
Virgínia	sí pero/pero cómo es [sim mas/mas como é]
Adulto	no hay preguntas largas? [não existem perguntas compridas?]
Hernán	ese no/ese no es el final {convencido}/sí hay sí hay [esse não/esse não é o final {convencido}/existe sim existe sim] {sentido: hay preguntas largas, pero no en este caso} [{sentido: existem perguntas longas, mas não neste caso}]

Mais adiante na entrevista, Virgínia nos permite entender seu ponto de vista quando justifica os pontos de interrogação que colocou na última vinheta:

Virgínia	DESDE MARZO HASTA AHORA/NADA le dice a la señorita o sea que con signos de pregunta para mí [desde março até agora/nada ele diz para a professora/ou seja/que com sinais de pergunta para mim]
Adulto	por qué signos de pregunta? [por que sinais de pergunta?]
Virgínia	porque le está/le está haciendo una pregunta/porque ella le está diciendo y él también/DESDE MARZO/HASTA AHORA/NADA [porque está lhe/está lhe fazendo uma pergunta/porque ela lhe está dizendo e ele também/desde março/até agora/nada]
Hernán	no porque acá tiene él mirá/acá tiene él/va apuntando la flechita ves {globito de última viñeta}/entonces habla él/yo pondría acá {final segunda línea gráfica}/un signo de pregunta y que/cierre HASTA AHORA/porque de marzo/hasta setiembre {mes de la entrevista}/no entendió casi nada/y la maestra se admira {enfatiza} [não porque aqui tem ele olha/aqui tem ele/vai apontado a flechinha vê {balão da última vinheta}/então ele fala/eu colocaria aqui {final da segunda linha gráfica}/um sinal de pergunta e que/feche 'até agora'/porque de março/até setembro {mês da entrevista}/não entendeu quase nada/e a professora se admira {enfatiza}]
Virgínia	No pero mirá/es todo una/es todo una palabra [Não mas veja/é tudo uma/é tudo uma palavra]

O que Virgínia quer dizer quando afirma que o texto fechado no balão é tudo uma palavra? Talvez signifique toda a elocução de um personagem, algo assim como um turno de fala que deve ser marcado com sinais expressivos. Marca turnos com pontos de interrogação (*ella le está diciendo y él también*) [ela está lhe dizendo e ele também] mas não marca fragmentos nas enunciações. As crianças que, como Virgínia, utilizam pontos de interrogação nos limites do texto poderiam indicar, com esses sinais, que ali dentro há uma pergunta, em algum lugar que ainda não conseguem identificar com precisão. Inclusive quando identificam que se trata de uma resposta podem utilizar a interrogação, já que não há um sinal de resposta.

Hernán, que problematiza a longitude da pergunta, começa a distinguir partes nas enunciações e intervém no interior. Ele fez o mesmo que Virgínia na terceira vinheta, mas marca fragmentos de enunciações nas outras: na primeira, com interrogação e na última, com pontos de exclamação (Ilustração 3).

ILUSTRAÇÃO 3
Pontuação introduzida por Hernán (3ª)

¿Y EL QUE NO HAYA ENTENDIDO? QUE LEVANTE LA MANO		¿VEAMOS MANOLITO QUÉ ES LO QUE NO HAS ENTENDIDO?	DESDE ! MARZO HASTA AHORA ¡ NADA

A forma gráfica dos sinais utilizados por Hernán na última vinheta não é a esperada: ele utiliza o sinal de encerramento para abrir e o de abertura para fechar. Hernán chama esses sinais de "admiração" e os justifica da seguinte maneira:

Adulto	¿vos pondrías acá estos signos por qué?
	[você colocaria estes sinais aqui por quê?]
Hernán	porque la maestra se admira/de que no entendió/no entendió/lo que decía/lo primero que hizo en marzo
	[porque a professora se admira/de que não entendeu/não entendeu/o que dizia/o primeiro que fez em março]
Adulto	ajá
	[ahã]
Hernán	hasta septiembre/no lo entendió nada
	[até setembro/não entendeu nada]
Adulto	ajá
Hernán	por eso se admira/de marzo hasta ahora no entendió nada/desde marzo
	[por isso se admira/de março até agora não entendeu nada/desde março]

Para Hernán *a professora se admira*, embora os pontos de exclamação estejam colocados na fala escrita de Manolito. Mais adiante, quando revisa toda a tirinha, reitera sua interpretação:

Adulto	qué pasa en la última viñeta/a ver
	[o que ocorre na última vinheta/vejamos]
Virgínia	le dice/el chico le responde/DESDE MARZO HASTA AHORA NADA/que no ha entendido nada
	[lhe diz/o menino lhe responde/desde março até agora nada/que não entendeu nada]
Adulto	¿y qué signos pusiste?
	[e que sinais você colocou?]
Virgínia	también esos porque/para mí en todos/me parecía/me parecía esos {signos de interrogación}
	[esses também porque/para mim em todos/me parecia/me parecia esses {pontos de exclamação}]
Hernán	y ahora yo le puse/signos de admiración/porque la maestra se asombra {enfatiza} de que no entendió nada/desde marzo hasta septiembre no entendió nada/lo que hicieron no entendió nada
	[e agora eu o coloquei/sinais de admiração/porque a professora se espanta {enfatiza} de que não entendeu nada/desde março até setembro não entendeu nada/o que fizeram não entendeu nada]
Adulto	bien/y/¿se asombra quién?
	[bem/e/quem se espanta?]
Hernán	la maestra
	[a professora]
Adulto	¿y quién lo dice a eso?
	[e quem diz isso?]
Hernán	Manolito
Adulto	ajá/¿y puede ser así?
	[ahã/e pode ser assim?]
Virgínia	es Manolito
	[é Manolito]
Hernán	/////////////// si
	/////////////// [sim]

O INGRESSO NA ESCRITA E NAS CULTURAS DO ESCRITO   309

Adulto	qué te parece/¿ahí no se plantea un problema?
	[o que você acha/não se coloca um problema ai?]
Hernán	¿acá?
	[aqui?] {mostra a primeira vinheta}
Adulto	no/en la última
	[não/na última]
Hernán	acá {suspira} sí se plantea un problema
	[aqui {suspira} sim se coloca um problema]
Adulto	¿cuál es/a ver?
	[qual é/vejamos?]
Hernán	que no entendió de marzo hasta ahora
	[que não entendeu de março até agora]

Por estranho que nos pareça, para Hernán a admiração poderia não estar ligada à enunciação; os sinais aparecem na locução de Manolito, mas quem se admira é o destinatário de sua elocução (a professora). Talvez Hernán esteja sugerindo que há simultaneidade entre a locução e seu efeito no interlocutor; ou seja, a professora não se surpreende depois, mas enquanto está ouvindo.

É normal que aos 7 ou 8 anos as crianças ainda não tenham claros os valores e funções dos sinais expressivos. Por exemplo, Álida (2ª) conhece o nome do ponto de interrogação, mas ao tentar explicar sua função parecia estar falando do ponto de exclamação; em um momento da entrevista se expressa assim: *decís una cosa esplendidosa // cuando vos querés decir esa palabra/ponés un signo // cuando te sorprendés de algo // cuando/o sea si vos nunca viste una computadora y la ves/te sorprendés.* [você diz uma coisa esplendidosa[iv] // quando você quer dizer essa palavra/põe um sinal // quando você se surpreende com algo // quando/ou seja se você nunca viu um computador e vê/você se surpreende.]

[iv] Neologismo utilizado pela criança. (N.T.)

Álida não deixa de ter razão porque a surpresa admite tanto uma entonação interrogativa como uma exclamativa, como foi colocado em evidência na análise da reescrita do conto Chapeuzinho Vermelho, onde no diálogo crucial entre a menina e o lobo disfarçado (¡¿por qué tienes la boca tan grande, abuelita?!) as crianças admitem ambos os sinais, uns ou outros ou ambos ao mesmo tempo (Ferreiro, 1996).

Outro problema que as crianças detectam, próprio da escrita do discurso direto, é que em uma mesma enunciação podem existir partes com diferentes matizes de significados e de entonações, o que complica ainda mais a pontuação com sinais expressivos. Lucas e Carmina (3ª) pontuaram de maneira diferente (Ilustrações 4 e 5) e discutem suas interpretações diferentes.

ILUSTRAÇÃO 4
Pontuação introduzida por Lucas (3ª)

| ¿Y EL QUE NO HAYA ENTENDIDO QUE LEVANTE LA MANO? | | VEAMOS MANOLITO QUÉ ES LO QUE NO HAS ENTENDIDO. | DESDE MARZO HASTA AHORA NADA. |

ILUSTRAÇÃO 5
Pontuação introduzida por Carmina (3ª)

| Y EL QUE NO HAYA ENTENDIDO QUE LEVANTE LA MANO | | VEAMOS MANOLITO ¿QUÉ ES LO QUE NO HAS ENTENDIDO? | DESDE MARZO HASTA AHORA NADA |

Na primeira vinheta, Lucas entende toda a fala como uma pergunta, marcando os limites gráficos com sinais de interrogação. Sua colega não aceita isso.

Lucas	porque dice/y el que no ha enten/EL QUE NO HAYA ENTENDIDO QUE LEVANTE LA MANO/es una pregunta [porque diz/e o que não enten/quem não entendeu que levante a mão/é uma pergunta]
Carmina	yo pienso que es como algo que le está diciendo a los alumnos la maestra/pero no es una pregunta porque el que no entendió siempre tiene que levantar la mano/no le va a estar preguntando al alumno si/si quiere levantar la mano o no [eu acho que é como algo que a professora está dizendo aos alunos/mas não é uma pergunta porque quem não entendeu sempre tem que levantar a mão/não vai ficar perguntando ao aluno se/se quer levantar a mão ou não]
Adulto	explicanos un poco más [explique melhor]
Carmina	entonces dice EL QUE NO HAYA ENTENDIDO? QUE LEVANTE LA MANO no puede ser y EL QUE NO HAYA ENTENDIDO?/LEVANTE LA MANO?/no puede ser así porque/porque le está diciendo a los alumnos/no es/no es/la maestra no le puede preguntar si quieren o no quieren [então diz 'quem não entendeu? que levante a mão não pode ser e quem não entendeu?/levante a mão?/não pode ser porque/porque está dizendo aos alunos/não é/não é/a professora não pode lhes perguntar se querem ou não querem]

O que Lucas interpreta como pergunta é considerado como uma ordem por Carmina, com base em critérios pragmáticos: as professoras ordenam, não perguntam, isto está intrínseco à cultura escolar.[7] Na realidade o primeiro segmento da primeira vinheta é interrogativo, embora esteja formulado como condicional; o segundo segmento, por sua vez, é imperativo, mesmo que o verbo esteja conjugado em subjuntivo. São diferentes matizes de uma mesma enunciação e não há uma única possibilidade para pontuá-los. Talvez a distinção mais fina ordem/pergunta seja mais difícil para Lucas, enquanto tudo provém da professora.

Carmina identificou e pontuou a pergunta da terceira vinheta. Cada criança defende sua interpretação.

Lucas	VEAMOS MANOLITO QUÉ ES NO LO/NO ES LO/QUE NO HAS HAS ENTENDIDO? { lee con tono interrogativo aunque sólo ha colocado punto final} [vejamos Manolito o que é/não é o/que você não entendeu? {lê com tom interrogativo mesmo só tendo colocado ponto-final}]
Carmina	a mí yo puse/VEAMOS MANOLITO/QUÉ ES LO QUE NO/HAS ENTENDIDO?/le está preguntando la maestra y que él es lo que no entendió [para mim eu coloquei/vejamos Manolito/o que é que não/entendeu?/a professora está lhe perguntando e que ele é quem não entendeu]
Lucas	yo pongo una pregunta ahí {primera viñeta} y ella la pone ahí {tercera viñeta}/yo la pongo ahí y ella la pone ahí [eu coloco uma pergunta aí {primeira vinheta} e ela coloca aí {terceira vinheta}/eu a coloco aí e ela a coloca aí]
Carmina	yo acá no agregué nada {última viñeta} porque le está diciendo/no le está diciendo como/ni con emoción ni con nada [eu aqui não acrescentei nada {última vinheta} porque está lhe dizendo/não está lhe dizendo como/nem com emoção nem com nada]
Lucas	un punto [um ponto]
Carmina	un punto al final/el punto final [um ponto ao final/o ponto-final]
Lucas	como que termina la oración/y ahí también/pero yo no le puse los signos de pregunta y ella sí {tercera viñeta}/y acá le puse signos de pregunta y ella no {primera viñeta} [como que termina a oração/e aí também/mas eu não coloquei os sinais de pergunta e ela sim {terceira vinheta}/e aqui coloquei os sinais de pergunta e ela não {primeira vinheta}]
Carmina	porque/porque acá {primera viñeta} esto no puede ser una pregunta porque sí o sí los alumnos tienen que/levantar la mano [porque/porque aqui {primeira vinheta} isto não pode ser uma pergunta à toa ou sim os alunos têm que/levantar a mão]

Lucas não concorda com a análise das enunciações que Carmina propõe e se limita a constatar a diferença de opções, apesar de ter lido a terceira vinheta com entonação interrogativa. Carmina identificou os limites da pergunta na terceira vinheta; na última não acrescenta nada, sabe que os sinais introduzem expressividade e justifica sua ausência: *não está lhe dizendo nem como emoção nem com nada.*

Com relação aos pontos de interrogação, ninguém parece duvidar de que indiquem pergunta. Costuma-se dizer que são os menos polivalentes da lista de sinais; no entanto existem muitos tipos de perguntas (pergunta/saudação, pergunta/ordem, pergunta/chacota, pergunta/dúvida, pergunta/repreensão e outras possíveis) que são muito difíceis de representar na escrita, já que se dispõe de um único sinal. Os matizes das perguntas não são verbalizados pelas crianças, embora todos falem de "pergunta": os menores se preocupam e debatem muito, no momento de decidir onde colocar os pontos de interrogação, porque o problema prévio que enfrentam poderia ser formulado nestes termos: quando uma enunciação é uma pergunta? e caso o seja, onde começa e onde termina?

Sabemos que as crianças, na oralidade, desde muito pequenas sabem o que é perguntar, mas quando utilizam os sinais por escrito têm a possibilidade de refletir e argumentar. Na terceira vinheta da historinha, a segunda parte da enunciação da professora é uma pergunta dirigida a Manolito: O QUE É QUE NÃO ENTENDEU. É admirável que uma criança de 2ª série tenha acrescentado pontos de interrogação, na 3ª série só duas crianças a pontuam completa, enquanto todas as crianças de 4ª e de 6ª série pontuam completa a pergunta sem duvidar nem discutir.

Dos indicadores lexicais que as crianças utilizam, o QUÊ acentuado é o que se delineia com clareza nos mais velhos: nesta historinha serviu-lhes para identificar o valor expressivo da enunciação, que delimitaram com pontos de interrogação.

Com relação aos pontos de exclamação, registramos muitos casos em que as crianças esclareceram o matiz exato que queriam lhe dar. Milagros (6ª) coloca uma vírgula entre as duas enunciações da primeira vinheta e escolhe sutilmente pontos duplos de exclamação ao final, com uma explicação que justifica o matiz que quer conceder à elocução da professora (Ilustração 6).

ILUSTRAÇÃO 6
Pontuação introduzida por Milagros (6ª)

Y EL QUE NO HAYA ENTENDIDO, QUE LEVANTE LA MANO!!		VEAMOS MANOLITO ¿QUÉ ES LO QUE NO HAS ENTENDIDO?	DESDE MARZO HASTA AHORA NADA

À primeira vista, pensaríamos que a duplicação dos sinais serve para enfatizar o caráter imperativo desta elocução. No entanto, as explicações de Milagros vão em sentido contrário: ao colocar sinais duplos de exclamação de encerramento quer, paradoxalmente, atenuar a dureza do imperativo.

Milagros	{refiriéndose a los dobles signos de exclamación} porque/si no estaría como dando una orden/o sea // a mí me parece que tenía que poner un signo [{referindo-se aos dois pontos de exclamação} porque/se não estaria como dando uma ordem/ou seja // parece-me que tinha que colocar um sinal
Adulto	para vos no es una orden [para você não é uma ordem]
Milagros	o sea/sí pero/que no parezca muy /// estricto {en voz baja} [ou seja/sim mas/que não pareça muito /// estrita {em voz baixa}]
Adulto	y con esos signos ¿qué parece? [e com esses sinais o que parece?]
Milagros	o sea que lo está diciendo como/por ejemplo/Y EL QUE NO HAYA ENTENDIDO/ QUE LEVANTE A MANO {tono amable}/pero no/Y EL QUE NO HAYA ENTENDIDO/ QUE LEVANTE A MANO {tono imperativo} // así [ou seja que o que está dizendo como/por exemplo/e quem não entendeu/que levante a mão {tom amável}/mas não/e quem não entendeu/que levante a mão {tom imperativo} assim]
Adulto	entonces esos signos servirían para /// [então esses sinais serviriam para ///]
Milagros	para que no/que no sea tan // exigido/como si lo estuviera mandando [para que não/que não seja tão // exigido/como se o estivesse mandando]

Até agora mostramos o que ocorre com os sinais propriamente expressivos (interrogação e exclamação), mas outros sinais foram utilizados pelas crianças com valor expressivo. As aspas, sinal difícil por suas várias funções sutilmente diferentes, foram recém-introduzidas em 4ª e 6ª séries. Em 4ª série, dois meninos marcam com elas um mesmo fragmento enunciativo (QUE LEVANTE LA MANO); um deles é Fábio, que as coloca porque *lo dice fuerte* [o diz forte]. O outro menino de 4ª é Gabriel que, além disto, utiliza reticências (Ilustração 7)

ILUSTRAÇÃO 7
Pontuação introduzida por Gabriel (4ª)

Y EL QUE NO HAYA ENTENDIDO... "QUE LEVANTE LA MANO"		VEAMOS MANOLITO ... ¿QUÉ ES LO QUE NO HAS ENTENDIDO?	DESDE MARZO HASTA AHORA... "NADA".

Gabriel está acompanhado por Dalia, que concorda com a interpretação das aspas como se fossem pontos de exclamação. Para as reticências, ao contrário, Gabriel faz referência às pausas na elocução.

Gabriel	Es como una referencia/un mandamiento
	[É como uma referência/uma ordem]
Dalia	como una orden
	[como uma ordem]
Gabriel	Es una orden
	[é uma ordem]
Adulto	¿y esos signos?
	[e esses sinais?]
Gabriel	porque/es lo más importante/también puede decir/*el que/el que no entendió/que levante* {alza la voz} *la mano*/siempre va seguir ese QUE LEVANTE LA MANO
	[porque/é o mais importante/também pode dizer/quem/quem não entendeu/ que levante {levanta a voz} a mão/sempre vai seguir esse que levante a mão]
Adulto	bueno/¿y los puntos suspensivos?
	[bom/e as reticências?]
Gabriel	ah/porque/le da un tiempito para pensar al chico/Y QUE NO HAY ENTENDIDO {pausa} /// QUE LEVANTE LA MANO
	[ah/porque/porque dá um tempinho para o menino pensar/e que não entendeu {pausa} /// que levante a mão]

Quanto às aspas da última vinheta, Gabriel acrescenta à função de destaque uma referência explícita aos leitores: *e para que as pessoas percebam que o menino (Manolo) não sabe diretamente* NADA.

Na 6ª série também há exemplos de uso de aspas com sentido enfático, como é o caso de Fresia, que as utiliza na última vinheta (Ilustração 8).

ILUSTRAÇÃO 8
Pontuação introduzida por Fresia (4ª)

... Y EL QUE NO HAYA ENTENDIDO, QUE LEVANTE LA MANO		VEAMOS MANOLITO: ¿QUÉ ES LO QUE NO HAS ENTENDIDO?	"DESDE MARZO HASTA AHORA NADA"...

Pode-se observar que Fresia distingue perfeitamente as diferentes elocuções da primeira e terceira vinhetas, utilizando uma variedade de pontuação. Para justificar as aspas da última vinheta, tem dificuldades compreensíveis porque sua interpretação se vincula ao mesmo tempo a dar destaque a esse fragmento (*para que fique mais chamativo*) e com o caráter brincalhão (*mais divertido*) da resposta de Manolito.

Adulto	¿y la cuarta viñeta?
	[e a quarta vinheta]
Fresia	Yo puse/tres puntos suspensivos/y comillas
	[Eu coloquei/reticências/e aspas]
Adulto	por qué a ver/¿cómo lo has pensado?/explicanos
	[por que vejamos/como você pensou?/explica para a gente]
Fresia	porque quiere especificar que no entiende NADA {enfatiza} porque dice DESDE MARZO HASTA AHORA NADA/hasta ahora nada {tono neutro}/y podría ser más divertido/DESDE MARZO HASTA AHORA/NADA {con énfasis}/no sé a mi me pareció divertido/con las comillas
	[porque quer especificar que não entende nada {enfatiza} porque diz 'desde março até agora nada' {tom neutro}/e poderia ser mais divertido/'desde março até agora/nada {com ênfase}/não sei para mim parece divertido/com as aspas]
Adulto	¿cómo es eso?
	[como assim?]
Fresia	para que quede más llamativo
	[para que fique mais chamativo]

No que diz respeito às reticências utilizadas por Fresia para abrir e encerrar a historinha completa, elas não têm uma função expressiva mas servem para indicar ao leitor que há acontecimentos prévios (*porque deve ter explicado um assunto*, a professora) e acontecimentos posteriores (*porque não termina aí*). Gabriel pensava nas reticências em termos de "pausas de cortesia" com o interlocutor; Fresia as entende de outra maneira. Podemos intuir que os estudos das funções que as crianças atribuem a estes sinais de pontuação pouco frequentes podem nos reservar muitas surpresas.

Os sinais básicos de pontuação (pontos e vírgulas) servem para delimitar e separar. Os sinais expressivos também delimitam e separam, mas, além disto, qualificam a enunciação. Nas crianças menores foi notória a tensão entre marcar os limites e poder qualificá-los, isto é, decidir ao mesmo tempo os limites e atribuir-lhes valor expressivo. Por isso é importante ver como se distribui a pontuação em toda a historinha e em cada uma de suas vinhetas em termos de coexistência de ambos os tipos de sinais (básicos e expressivos). Em 2ª e 3ª nenhuma criança faz coexistir ambos os sinais em alguma das vinhetas, enquanto a metade das crianças de 4ª e 6ª usa ambos os sinais em algumas das vinhetas. Qual é a vinheta que suscita com maior frequência o uso de ambos os tipos de sinais? A terceira vinheta, porque a pergunta da professora começa com um pronome interrogativo e está precedida de um apelativo com o nome próprio. Dois exemplos de uso simultâneo, na própria vinheta três, de sinais básicos e expressivos são os que aparecem nas Ilustrações 9 e 10 (Gonzalo, 4ª, e Susana, 6ª).

ILUSTRAÇÃO 9
Pontuação introduzida por Gonzalo (4ª)

Y EL QUE NO HAYA ENTENDIDO, QUE LEVANTE LA MANO		VEAMOS MANOLITO, ¿QUÉ ES LO QUE NO HAS ENTENDIDO?	DESDE MARZO HASTA AHORA, NADA

ILUSTRAÇÃO 10
Pontuação introduzida por Susana (6ª)

Y EL QUE NO HAYA ENTENDIDO, QUE LEVANTE LA MANO		VEAMOS, MANOLITO ¿QUÉ ES LO QUE NO HAS ENTENDIDO?	DESDE MARZO HASTA AHORA ¡NADA!

Para avaliar melhor as pontuações das crianças mais velhas, especialmente as de 6ª série, decidimos entrevistar um grupo de dez adultos professores de nível fundamental, solicitando a mesma tarefa.

Encontramos neles, como nas crianças mais velhas, uma grande variedade de critérios e escolhas de pontuação. Poderíamos dizer que, em termos gerais, sua produção é semelhante à das crianças de 6ª quanto aos lugares e sinais pertinentes; a resolução da terceira vinheta (a pergunta da professora dirigida a Manolito) é praticamente igual.

As aspas não foram utilizadas por nenhum dos professores, enquanto as crianças de 4ª e 6ª séries exploram amplamente este sinal, o que faz seus textos darem uma impressão de superpontuação. A interpretação da tirinha a partir da posição do professor é diferente da do ponto de vista do aluno criança.

CONCLUSÕES

Nas historinhas as enunciações se intercambiam entre dois ou mais personagens. Como em todo diálogo, alguns enunciados não são completos por si mesmos e se complementam no intercâmbio. Esta escrita tenta se aproximar da oralidade informal, acrescentando todos os matizes próprios da subjetividade do locutor. As crianças reconheceram precocemente o contexto do diálogo e a necessidade de qualificar as enunciações. Mas o valor duplo dos sinais expressivos (que delimitam enquanto qualificam) cria dificuldades muito sérias.

As crianças menores usaram unicamente os sinais de interrogação para resolver diferentes problemas, lutando contra as dificuldades para determinar lugares-limites de enunciações ou expressar algo com eles. Quando as crianças pontuaram uma pergunta ao início do diálogo não encontraram um sinal para a resposta, já que tal sinal não existe. Foi difícil para elas saber onde colocar o sinal de abertura, saber onde começa a pergunta. Os sinais de abertura, no caso do espanhol, complicam o problema, já que exigem uma precisão própria da escrita que nem sempre tem uma relação clara com a oralidade.

Os pontos de exclamação foram menos utilizados. Esta precaução infantil não é desatinada se observamos a imprecisão das funções do sinal na definição do dicionário da RAE, disponível em sua página eletrônica (22ª edição, 2001): "exclamação: sinal ortográfico que se coloca antes e depois de cláusulas e palavras para expressar admiração, queixa ou pena, para chamar a atenção para algo ou ponderá-lo, ou para denotar ênfase".[v]

Com os pontos de exclamação, um dos problemas foi determinar se afetam só o locutor ou todos os participantes do diálogo ou da situação relatada. Comentamos extensamente a interpretação de Hernán, de 3ª série, que afirma reiteradamente que os pontos de exclamação na última elocução de Manolito correspondem à admiração da professora.

Antes destes usos propriamente discursivos dos sinais expressivos, encontramos delimitação de segmentos gráficos (todo o texto incluído em um turno ou uma linha gráfica); os sinais são usados nos limites gráficos. No entanto, não nos parece oportuno utilizar a denominação "pontuação gráfica", tal como o faz Hall (1999): marcas de natureza espacial, desvinculadas de princípios linguísticos, situadas ao final do texto, de fragmentos e de linhas, utilizadas por crianças entre 5 e 7 anos (mesmo que em seu caso as crianças escrevessem os

---

[v] Original: "admiración: signo ortográfico que se pone antes y después de cláusulas y palabras para expresar admiración, queja o lástima, para llamar la atención hacia algo o ponderarlo, o para denotar énfasis."

textos). Do ponto de vista evolutivo, a marcação de segmentos gráficos (maiores que a palavra) evolui em direção à procura de palavras ou grupos de palavras que podem constituir enunciações com relativa independência. Então é quando os sinais mostram seu valor duplo: onde colocar um sinal e qual sinal colocar são dois problemas diferentes. Todos os sinais delimitam e os sinais duplos, além de tudo, agrupam, indicando ao leitor que o que está emoldurado por esses sinais duplos corresponde a certa unidade textual. Quando esses sinais duplos são, também, grupos expressivos, soma-se a necessidade de escolher entre interrogação e exclamação, o que está longe de ser evidente (como no caso da surpresa).

É compreensível, então, que o uso dos sinais expressivos pelas crianças menores tenha sido de exclusão com relação ao ponto e a vírgula, os sinais mais precocemente reconhecidos e utilizados: ou usam uns ou usam outros, mostrando que não podem delimitar e qualificar a enunciação ao mesmo tempo. A coexistência de ambos os tipos de sinais (básicos e expressivos) em uma mesma vinheta é inexistente em 2ª e 3ª séries, e recém-aparece nos maiores quando podem coordenar lugares e funções.

As crianças maiores incorporam também outros sinais mais difíceis e menos conhecidos (nesta pesquisa, aspas, reticências, dois-pontos) com variada pertinência. Progressivamente vão distinguindo partes nas enunciações, tentando decidir onde colocar os sinais e quais são os mais adequados; isto significa trabalhar com a polivalência e as funções dos sinais expressivos, assim como com os múltiplos matizes e as imprecisões da oralidade que a escrita tenta comunicar.

A elaboração de justificativas para convencer um colega da pertinência da pontuação escolhida nos faz pensar no interesse educativo de suscitar tais discussões. Mas isso exige que desfaçamos dois preconceitos: por um lado, abandonar uma visão excessivamente normativa sobre a pontuação; por outro, mudar a visão escolar tradicional sobre seu ensino. As duas coisas estão vinculadas, mas é conveniente tratá-las em separado.

A visão hipernormativa sobre a pontuação continua vigente, apesar de que a criação literária é inovadora. Os autores renomados usam a pontuação de maneira desrespeitosa (recordar o que José Saramago, prêmio Nobel de literatura, faz com ela). A última edição da Ortografia da RAE (2010) dedica 150 páginas à pontuação, normatizando com tal prolixidade certos detalhes gráficos que por alguns momentos os acadêmicos parecem ter como interlocutores os encarregados da composição gráfica, não os estudiosos da língua nem os escritores.

A escola, por sua vez, adota dois discursos independentes ao falar da função da pontuação: um para a leitura e outro para a escrita. Quando se trata de escrever, trata-se de pontos que separam "ideias completas", de vírgulas que separam elementos e assim por diante. Quando se trata da leitura, a pontuação se converte em marca de pausa ou respiração.

"Esses dois discursos, difíceis de conciliar, expressam de fato as duas teorias principais que se sustentaram desde a antiguidade clássica até nossos dias: a teoria da pontuação como separador lógico, sintático ou retórico e a teoria da pontuação como lugar natural da respiração do leitor. Essas duas teorias, por sua vez, devem ser consideradas em função dos dois momentos-chave da história da pontuação no Ocidente: antes e depois do começo da leitura silenciosa; antes e depois da utilização da imprensa" (Ferreiro, 1996, p. 131). Deveríamos acrescentar agora: antes e depois da disponibilidade dos recursos informáticos dos processadores de texto. Porque os usos inovadores de marcas que ajudam a organizar o discurso e de marcas que transmitam mensagens que as letras do alfabeto não chegam a transmitir vão se multiplicando, sem dúvida alguma (pensar, por exemplo, nas abreviaturas utilizadas pelos jovens nas mensagens de texto enviadas pelo celular, na proliferação dos usos da letra K, na aparição de @ como letra, ou na mistura peculiar de números e letras dessas mesmas mensagens e outras originalidades).

Em todo caso, uma conclusão é certa: as crianças podem pensar sobre a pontuação e merecem ser escutadas.

Notas

1. Os espaços podem ser considerados, com fundamento, como parte da pontuação, embora coubesse perguntar se isto inclui os espaços que definem as palavras gráficas. Em todo caso, para evitar equívocos, é possível falar de "pontuação plena" com relação às marcações gráficas de pontuação (Ferreiro, 1996).

2. "A história da tirinha (comics) está intimamente relacionada à emergência dos meios impressos de comunicação de massa [...]. Ao final do século XIX, os jornais dos Estados Unidos da América incluíam tiras cômicas em seus suplementos dominicais para atrair mais leitores" (Mey, 1998, p. 136).

3. A escolaridade fundamental, na Argentina, inicia-se aos seis anos, há décadas.

4. Um primeiro resultado que registramos foi que a simples presença de sinais nos textos pontuados prévios não garante, de forma nenhuma, sua utilização posterior, já que as crianças não usaram todos os que estão no "modelo" apresentado nem incorporaram de seu próprio repertório sinais ausentes no que analisaram previamente, com variações segundo os problemas textuais e as idades. O texto pontuado, apresentado como objeto de reflexão, foi utilizado como tal e não como objeto-modelo a ser copiado, não encontramos reprodução de modelos, mas construção/reconstrução de conhecimentos.

5. Procedeu-se do mesmo modo com a terceira, entregue com pontuação para ler, e a quarta tirinha, entregue sem pontuação para pontuar.

6. "Ainda que na maioria das vezes não fiquem vestígios no escrito, quem transcreve redefine o que se diz com base no que interpreta e, além disto, decide como anotá-lo" (Zamudio, 2010, p. 142). "Qualquer que seja o nível de análise, a identificação dos segmentos sonoros é produto da reconstrução escriturária" (Zamudio, 2010, p. 247).

7. Halliday (1982, p. 189), a propósito da análise do discurso na sala de aula, destaca: "apesar do nosso conceito da educação, não é quem aprende que faz as perguntas".

PARTE 5

14

A "mise en page" no contexto da informática:
os problemas do pesquisador

Emilia Ferreiro

Revisão e atualização de um artigo publicado originalmente com o título: La "mise en page" en contexto informático: los problemas del investigador.

Tópicos del Seminario, revista de la Universidad Autónoma de Puebla, México, n. 6, p. 77-91, 2001.

IDENTIFICAÇÃO DO PROBLEMA

A passagem do oral ao escrito foi muito mais estudada que a passagem do escrito ao escrito, apesar de que os textos fundadores da chamada "cultura ocidental" são o produto de múltiplas transcrições (além de traduções). A passagem do oral ao escrito é concebida de duas maneiras opostas, de acordo com a conceitualização da escrita como tal. Quando a escrita é concebida como uma mera técnica de transcrição, um modo de tornar visível o audível (visão que impregna a Linguística do século XX a partir da reivindicação da oralidade como único objeto de estudo), a passagem do oral ao escrito não é objeto de problematização; estima-se que essa passagem possa ser resolvida tomando decisões técnicas adequadas. Ao contrário, quando a escrita coincide com um objeto cultural, produto de múltiplos intercâmbios históricos e com relações complexas com a oralidade (visão relativamente recente), a passagem do oral ao escrito fica problemática (Frenk, 2002; Zamudio, 2010).

Assim como as realizações efetivas da oralidade ocorrem em certo lugar, tempo e circunstâncias, as realizações da escrita ocorrem em certo espaço gráfico que não é alheio ao sentido da mensagem, em certas superfícies materiais que também não são alheias às intenções comunicativas. É preciso reconhecer que os textos não existem fora de um contexto material que inclui fenômenos muito diversos (Chartier, 1994). Um desses fenômenos é a "mise en page", ou seja, a maneira particular de apresentação de um texto, que é resultado de uma tipografia escolhida, do tamanho e distribuição dos caracteres, da distribuição dos brancos, da localização dos números da página, da presença ou ausência de caixas, margens e outros elementos similares (Védénina, 1989). Em particular, a distribuição dos brancos é o componente determinante da "mise en page" (Christin, 2000).

Por outro lado, é preciso reconhecer que a passagem do escrito ao escrito foi menos focalizada que a passagem do oral ao escrito. No entanto, toda a transmissão da cultura que chamamos "ocidental", ou seja, a dos textos gregos clássicos de filosofia, geometria ou medicina, é o resultado de múltiplas traduções, transcrições e reinscrições. Não vamos falar das traduções, ainda que seja um tema apaixonante (Foz, 2000), mas das sucessivas reimpressões dos "mesmos" textos, um processo de reinscrição que o termo "cópia" banaliza (Martin e Vezin, 1990). Sabemos, por exemplo, que o Aristóteles com quem tentamos dialogar, como leitores, é o produto de um processo de apropriação e restituição feito durante a Idade Média, quando seus livros foram ordenados e aos silogismos foi dada a apresentação na vertical, forma que nos parece tão inerente ao pensamento aristotélico que temos o capricho de inverter o curso da história: ao invés de conceber esta apresentação de premissas e conclusões na vertical como certa "mise en page" com propósitos didáticos, pensamos que os primeiros copistas "se enganaram" ao apresentar premissas e conclusões em um texto contínuo (Morrison, 1995).

Uma pergunta que atravessa grande parte da história dos textos escritos antes e depois da invenção da tipografia é a seguinte: quando podemos ter certeza de estar diante de dois exemplares do "mesmo" texto? A pergunta é pertinente. Antes da impressão, a introdução de um intérprete humano, chamado "copista", criava incerteza quanto à fidelidade da cópia. A revolução produzida pela tipografia não solucionou estes problemas, porque multiplicou a quantidade de pessoas que intervinham no processo, e a quantidade de revisores e corretores não produziu exemplares perfeitos, mas instalou a tradição das "erratas".[1]

O que vamos tentar mostrar (e não demonstrar, porque isto iria requerer muito mais páginas) é que a passagem de uma certa "mise en page" a outra contribui de forma decisiva à interpretação. Mais ainda, que a mudança de "mise en page" implica uma interpretação. Por isso, utilizaremos dois casos contrastantes: aqui nos referiremos à "mise en page" com propósitos de pesquisa (uma "mise en page" oculta, poucas vezes explicitada porque não costuma ser objeto de publicação) e em outros capítulos nos referiremos à "mise en page" que as crianças da nova geração, a que nasceu com computadores e processadores de texto, são capazes de produzir (ver capítulos 15 e 16 deste volume).

A "MISE EN PAGE" COM FINALIDADE DE PESQUISA

A análise de textos produzidos por escritores debutantes ou com pouca experiência requer uma série de operações de transcrição que são sumamente delicadas. Quando se trabalha com grandes amostras de textos, é imprescindível utilizar algum instrumento de tratamento informático, ainda que a única finalidade seja fazer análises qualitativas. De fato, só o computador — com programas adequados instalados — é capaz de analisar da mesma maneira todos os textos de uma amostra ampla, exatamente porque não aprende enquanto executa as instruções. Nós seres humanos, ao contrário, não podemos garantir que o vigésimo texto foi analisado como o primeiro e o segundo, por uma simples razão: porque não podemos inibir nosso próprio processo de aprendizagem e vamos introduzindo mudanças, às vezes imperceptíveis para nós mesmos, nas decisões que tomamos e nas avaliações que fazemos. O computador não tenta a análise. Apenas segue as instruções que fomos capazes de lhe dar. Mas as segue de maneira consequente (cega, se preferir), esta é uma vantagem.

Nós, psicolinguístas que nos ocupamos da evolução da escrita, estamos cada vez mais sensíveis às operações de transcrição dos textos analisados (Fabre-Cols, 2000). Em outras publicações (Ferreiro, Pontecorvo et al., 1996, cap. 1; Ferreiro, 2008, Anexo 2), apresentamos as precauções metodológicas que adotamos para transcrever (ou capturar), em algum sistema informático, textos de escritores debutantes. Na primeira captura dos dados há sérias decisões a tomar relativas ao uso de maiúsculas ou minúsculas, às incertezas na grafia das letras, à separação das palavras, pontuação e outros detalhes gráficos. Não vamos entrar, aqui, no detalhe das decisões relativas a essa primeira transcrição. Vamos nos ocupar das decisões que devem ser tomadas em um segundo momento, quando já se decidiu se tais palavras foram grafadas juntas ou separadas, se tal ou qual letra é maiúscula ou minúscula, se tal ou qual marca é ou não um sinal de pontuação. Para poder analisar um extenso corpus de escritas de uma história tradicional (a do Chapeuzinho Vermelho) produzidas por crianças das primeiras séries da escola primária em vários países e em três línguas (espanhol, italiano e português), foi desenvolvido um *software* específico, chamado Textus.[2]

Uma vez que temos uma transcrição do texto, o mais fiel possível ao original, enfrentamos outros problemas. A primeira transcrição deve ter conservado a organização em linhas gráficas próprias do original. No entanto, é comum os escritores debutantes irem de um extremo ao outro da página de tal forma que essas linhas gráficas não correspondem, na maioria dos casos, a cortes significativos do produtor. É conveniente, então, criar novas linhas gráficas que ajudem ao pesquisador na sua análise do texto como tal.

O critério para criar essas novas linhas gráficas é objeto de discussão teórica, mas raras vezes são mencionados os efeitos da pontuação original sobre essas decisões. Um caso particularmente problemático, mas muito útil para o argumento que quero sustentar, é o seguinte, produzido por Mariano, um menino de segundo ano de uma escola pública de bairro pobre da cidade de Buenos Aires. Um pequeno fragmento da história basta para ver do que se trata. A transcrição desse fragmento, sem normatização das entidades léxicas e respeitando as linhas gráficas do original, aparece na Ilustração1.

ILUSTRAÇÃO 1
Formatação conservando as linhas gráficas do original

y caperusiti fue cantando lar a lara
, bio unas flores muy lindas , empeso cortar
, depronto aparcio el lobo , le dijo caperucita
adonde vas caperucita ala casa demi abuelita

[e chapeuzin foi cantando lar a lara]
[, viu umas flores muito lindas, começo cortar]
[, derrepente apareceu o lobo , lhe disse chapeuzinho]
[aonde vai chapeuzinho a casa deminha vozinha]

Saltam à vista as duas linhas que começam com uma vírgula. Nesta transcrição, essas vírgulas são ainda mais visíveis porque, para cuidar adequadamente da pontuação em Textus, cada sinal de pontuação aparece com espaços à esquerda e direita, como se fosse uma palavra. Isto é importante porque nossos hábitos tipográficos nos levam a dar um tratamento particular às vírgulas e pontos, que "grudam" à palavra precedente (ainda que haja variações sensíveis entre as línguas). De toda evidência, esse não é o tratamento que o autor deste texto dá à pontuação. Uma primeira organização gráfica, que segue os critérios adotados no trabalho antes mencionado[3] e também nossos hábitos gráficos sobre a localização das vírgulas, dá o resultado visível na Ilustração 2.

ILUSTRAÇÃO 2
Formatação em enunciados

y caperusiti fue cantando
lar a lara | ,
bio unas flores muy lindas ,
empeso cortar | ,
depronto aparcio el lobo ,
le dijo
caperucita | adonde vas caperucita
ala casa demi abuelita

Em Textus (felizmente) o limite da linha gráfica original se mantém sempre visível, convertendo-se em uma barra vertical. Graças a esta marca, podemos observar que nossa nova divisão em linhas gráficas desrespeita em duas ocasiões a localização das vírgulas no original. Isto deve fazer o pesquisador duvidar, sugerindo-lhe experimentar outra disposição gráfica. Como sabemos, as vírgulas são elementos sumamente versáteis (Simone, 1991). Em uma lista funcionam como separadores e cada vírgula é independente da segunda. Mas às vezes funcionam em pares, em uma inserção ou uma aposição. Neste caso, a primeira vírgula pré-anuncia a segunda. Tentemos ajustar a "mise en page" das vírgulas como se fossem "pares de vírgulas". A Ilustração 3 mostra qual é o resultado desta operação.

ILUSTRAÇÃO 3
Formatação com interpretação de pares de vírgulas

y caperusiti fue cantando
lar a lara |
, bio unas flores muy lindas ,
empeso cortar |
, depronto aparcio el lobo ,
le dijo
caperucita | adonde vas caperucita
ala casa demi abuelita

Temos, agora, duas linhas gráficas que abrem e fecham com vírgulas. Será esta a localização mais adequada? Não podemos saber até que experimentemos outra solução gráfica, a mais difícil de imaginar porque é a que mais transgride nossos próprios hábitos com relação à pontuação. O que aconteceria se aceitássemos que todas as vírgulas são "vírgulas de início" e não "vírgulas de fim"? Vejamos a Ilustração 4.

ILUSTRAÇÃO 4
Formatação com "vírgulas de início de enunciação"

> y caperusiti fue cantando
> lar a lara |
> , bio unas flores muy lindas
> , empeso cortar |
> , depronto aparcio el lobo
> , le dijo
> caperucita | adonde vas caperucita
> ala casa demi abuelita

Com esta nova "mise en page" fica visível algo que as outras apresentações não permitiam ver: uma possível homologação entre a conjunção "y" [e] e o uso da vírgula. Com esta apresentação é possível "ler" as vírgulas como se fossem conjunções (*y vió unas flores muy lindas y empezó a cortar y de pronto apareció el lobo y le dijo*) [e viu umas flores muito bonitas e começou a cortar e de repente apareceu o lobo e disse-lhe]. Efetivamente, assim se organizam muitos dos textos de escritores debutantes, particularmente de crianças que tiveram pouco contato com a língua escrita. Este texto é singular dentro de seu próprio grupo, exatamente porque utiliza muitas vírgulas. Razão bastante para analisá-lo com cuidado.

Esclareçamos que também há uma decisão de grande peso no modo de considerar o discurso direto do lobo. O primeiro "caperucita" [chapeuzinho], com o que começa o discurso direto do lobo, pode ser considerado como um vocativo, seguido de uma pergunta. Mas também é possível considerar que a intenção do produtor era precisar o destinatário do verbo declarativo (le dijo a caperucita) [disse-lhe a chapeuzinho], com omissão da preposição. As razões pelas que optamos pela primeira alternativa têm a ver com a análise das repetições nos textos infantis (Ferreiro, Pontecorvo et al., 1996, cap. 5). Ainda que não possamos desenvolvê-las aqui, servem ao menos para alertar sobre as dificuldades na análise dos textos infantis, quando são tratados como "textos de autor".

A versão que aparece na Ilustração 4 é a que se nos torna mais aceitável, por várias razões. Em primeiro lugar, porque não desrespeita as linhas gráficas do original no que se refere à posição e função das vírgulas, ainda que desrespeite nossos hábitos gráficos atuais. Em segundo lugar, porque nos permite fazer novas suposições sobre a aquisição deste sinal de pontuação. De fato, uma instrução reiterada pelas professoras de escola primária (em países tão diferentes como Espanha, Itália, México ou Argentina) é a seguinte: "en lugar de poner *y, y, y*, pongan comas" [ao invés de por e, e, e, coloquem vírgulas]. A instrução parece simples, mas encerra uma armadilha fatal: a conjunção *abre* uma enunciação enquanto a vírgula gráfica *fecha* uma enunciação. Quais são os sinais que "abrem" e quais são os que "fecham" é uma preocupação legítima de alguém em processo de aprendizagem, e é uma chave valiosa para compreender muitos dos usos aparentemente atípicos da pontuação infantil.

Estes exemplos nos parecem paradigmáticos para pôr em evidência as dificuldade de tratamento dos textos infantis, a ausência de neutralidade de qualquer operação de "mise en page" e para mostrar os vínculos evidentes com a restituição de textos antigos, particularmente no que diz respeito à edição de textos medievais, operação que se permitiu graus elevados de liberdade com relação à restituição da pontuação (Cerquiglini, 1981, 1989).

Notas

1. "Assim, o papel decisivo dos diversos corretores se desdobra em vários momentos do processo de edição: a preparação do manuscrito que serve de cópia para a composição; as correções em imprensa a partir da revisão da lâmina ou boneca [...]; a correção de provas; ou o estabelecimento da errata segundo duas modalidades: sejam correções a tinta dos exemplares impressos, seja a *errata* incluída ao final do livro e que permite ao leitor corrigir seu próprio exemplar" (Chartier, 1997, p. 34).

2. Esse *software* já não cumpre seus propósitos porque deveria ser atualizado, seguindo as mudanças na informática. Mas Textus serve de antecedente quanto às operações exigidas pela equipe de pesquisa.

3. Um enunciado em cada linha gráfica (verbo conjugado), mas o discurso direto dos personagens em linhas independentes, qualquer que seja seu conteúdo (por exemplo, o canto de Chapeuzinho, lara lara).

15

Do texto contínuo ao formato gráfico.
Soluções das crianças para a poesia tradicional e a obra teatral

Emilia Ferreiro e Marina Kriscautzky

Versão revisada, corrigida e integrada com base em duas publicações anteriores:

FERREIRO, E.; KRISCAUTZKY, M. Del texto continuo al formato gráfico: soluciones de los niños para la poesía tradicional. *Rivista di Psicolinguistica Applicata*, v. III, n. 1, p. 91-107, 2003.

FERREIRO, E. La *mise en page* en contexto informático. Los problemas del investigador y las soluciones de los niños. *Tópicos del Seminario*, n. 6, p. 77-91, 2001. (Nesta versão foi usada a segunda parte do artigo em coautoria com Marina Kriscautzky.)

INTRODUÇÃO

É preciso reconhecer que os textos não existem fora de um contexto material no qual se realizam e dentro do qual ganham forma. Assim como as realizações efetivas da oralidade ocorrem em certo lugar, tempo e circunstâncias, as realizações da escrita ocorrem em certo espaço gráfico que não é alheio ao sentido da mensagem, em certas superfícies materiais que também não são alheias às intenções comunicativas, com certos recursos gráficos expressivos que contribuem à identificação dos textos (Chartier, 1994).[1]

A partição do texto para acomodá-lo às superfícies de realização é inerente ao próprio ato de escrita, desde seu início. Seja porque as superfícies eram pequenas (tabuinhas de argila) ou porque eram excessivamente amplas (o volume ou a superfície enrolada), a relação texto/superfície sempre apresenta problemas a serem resolvidos. Muito antes da invenção da página, os textos foram definidos em colunas que podiam ser exploradas pelo leitor com movimentos oculares, mas sem necessidade de mover o resto do corpo (Martin e Vezin, 1990). Com a disseminação dos códices e a proliferação dos textos a serem lidos, dos modos de ler e dos tipos de leitores, certas formas de apresentação dos textos foram se consolidando. A distinção de Morrison (1995) entre história da escrita alfabética e história da textualidade é sumamente importante, não só para o reconhecimento do aparato crítico que permitiu estabilizar os textos clássicos, que é o objeto fundamental de sua indagação, mas em geral para focalizar a "mise en page" como uma operação crucial, ligada ao sentido que se deve atribuir ao texto.

Para nossos hábitos de leitores contemporâneos, alguns tipos de textos são reconhecidos como tais por seu formato gráfico, ao ponto de podermos identificar o gênero em questão antes de realizar uma leitura propriamente dita. Em alguns casos precisamos explorar várias páginas do impresso para identificá-los, mas existem ao menos dois tipos de textos onde, qualquer que seja o tamanho, basta somente uma página para entender do que se trata, porque todas e cada uma das páginas têm o formato gráfico que as caracteriza na atualidade: é o caso das poesias e das obras de teatro (com exceção, talvez, dos monólogos).

Nas escolas primárias não se ensina a formatar. Mal fazem parte do folclore escolar algumas escassas instruções relativas ao formato carta (lugar da data, a assinatura e o corpo do texto com relação ao nome do destinatário) e relativas ao formato conto (em particular, o título centrado e às vezes sublinhado).[2] Os formatos restantes são pouco ou nada praticados na produção de textos. Somente se espera, casualmente, que os alunos os reconheçam através da leitura ou, melhor dito, através do contato frequente com diversos tipos de texto, já que qualquer texto editado tem necessariamente um formato e há formatos consensuais devido à tradição.

Há uma desculpa para esse descuido dos formatos que vai além das prioridades do currículo. Um texto manuscrito é, antes de tudo, um texto centrado no conteúdo a ser transmitido. A operação de "mise en page", no caso da produção manuscrita, é uma operação secundária que intervém no momento em que são levadas em conta as expectativas do leitor, as tradições estabelecidas pelos editores e impressores, assim como considerações estéticas.

No entanto, os processadores de textos incorporados aos computadores inauguram possibilidades de tratamento didático da operação de "revisão" e de "mise en page" que estão começando a ser exploradas. O que antes era um procedimento penoso de cópia e recópia se transforma em uma brincadeira.

Neste trabalho não vamos nos ocupar da evolução do reconhecimento dos formatos gráficos, mas do problema inverso: definir o formato adequado de um texto contínuo no qual se reconhece o conteúdo de poesias conhecidas, adivinhações e obras de teatro.

Apresentaremos a seguir resultados de duas indagações concebidas para compreender de que maneira as crianças agem quando se propõe que elas coloquem textos contínuos apresentados no monitor em formato adequado, utilizando os recursos de um processador de palavras.

POESIA TRADICIONAL

Selecionamos três textos para apresentar às crianças. Um deles é uma canção popular do México: "Las Mañanitas", canção de aniversário. Deste texto, escolhemos as duas primeiras estrofes, que são as mais conhecidas e estáveis em todo o território mexicano. Além disto, escolhemos duas adivinhações que também são textos de tradição oral, com rima, mas sem melodia.[3]

Transcrevemos estes textos em um processador com fonte Arial 12 e espaçamento 1,5 entre linhas, com especial cuidado para que os finais das linhas não coincidissem com os versos originais. No caso das adivinhações, utilizamos Arial 14 para que ocupassem mais de uma linha completa no monitor.

Na Ilustração 1 aparece o texto de "Las Mañanitas" em três versões: com a distribuição apresentada no monitor e nas duas versões que circulam nos cancioneiros impressos e que chamaremos "versos longos" (VL), em uma estrofe, e "versos curtos" (VC) em duas estrofes. Apresentada em duas estrofes, esta canção está composta por octossílabos com rima *abab*, na primeira estrofe, e *abcb* na segunda. Apresentada em uma só estrofe de quatro versos a rima é *aabb*.

ILUSTRAÇÃO 1[i]
Versões no monitor, versos longos e curtos de "Las mañanitas"

Versão no monitor	Estas son las mañanitas que cantaba el rey David a las muchachas bonitas se las cantamos aquí. Despierta mi bien despierta mira que ya amaneció ya los pajarillos cantan la luna ya se metió.
VL	Estas son las mañanitas que cantaba el rey David a las muchachas bonitas se las cantamos aquí. Despierta mi bien despierta mira que ya amaneció ya los pajarillos cantan la luna ya se metió.
VC	Estas son las mañanitas que cantaba el rey David a las muchachas bonitas se las cantamos aquí. Despierta mi bien despierta mira que ya amaneció ya los pajarillos cantan la luna ya se metió.

Na Ilustração 2 aparece o texto das Adivinhações, também em três versões. Chamaremos cada uma delas pela palavra correspondente à solução: "Tijeras" [Tesoura] e "Sandía" [Melancia]. No caso de Tesoura, na versão dos versos longos (VL), os dois versos rimam; a versão de versos curtos (VC) começa com os hexassílabos seguidos por dois octossílabos, com rima *abcb*. No caso de "Sandía" [melancia], na versão de versos longos, os dois versos rimam, e a versão dos versos curtos tem quatro octossílabos com rima *abab*.

---
[i] Tradução feita conforme a pontuação da versão apresentada no monitor.
Estas são as cantigas da manhã que cantava o rei Davi às meninas bonitas cantamos aqui. Desperta meu bem desperta que já amanheceu os passarinhos já cantam a lua já se foi. (N.T.)

ILUSTRAÇÃO 2
Versões no monitor, versos longos e curtos das adivinhações "Tijeras"[ii] e "Sandía"[iii]

	Tijeras
Versão no monitor	Soy una cosita que anda al compás con las patas por delante y los ojos por detrás.
VL	Soy una cosita que anda al compás con las patas por delante y los ojos por detrás.
VC	Soy una cosita que anda al compás con las patas por delante y los ojos por detrás.

	Sandía
Versão no monitor	Tengo el san sin ser santa pero también tengo el día. Verde soy y también blanca y mi roja sangre es fría.
VL	Tengo el san sin ser santa pero también tengo el día. Verde soy y también blanca y mi roja sangre es fría.
VC	Tengo el san sin ser santa pero también tengo el día. Verde soy y también blanca y mi roja sangre es fría.

Trabalhamos com um total de 30 crianças em entrevistas individuais de uns 50 minutos cada uma: 10 crianças de 3ª série de ensino básico (8-9 anos), 10 de 4ª (9-10 anos) e 10 de 6ª (11-12 anos), metade meninas e metade meninos. Além disto, incluímos três pares, um de

---

[ii] Tradução feita conforme a pontuação da versão apresentada no monitor. "Tesouras." Sou uma coisinha que anda no compasso com as patas na frente e os olhos atrás. (N.T.)

[iii] Idem. "Melancia." Tenho o san sem ser santa mas também tenho o dia. Verde sou e branca também e meu sangue vermelho é frio. (N.T.)

cada série, compostos de uma menina e um menino. As entrevistas foram realizadas por uma entrevistadora e uma observadora em uma sala disponível da escola, utilizando um computador portátil e um gravador.[4] A escola oferece "oficina de computação", onde as crianças comparecem em grupos, uma vez por semana, isto garante um mínimo de conhecimento dos comandos básicos de um processador de textos.[5]

Solicitamos que as crianças lessem o primeiro texto (Las mañanitas), que foi reconhecido sem problemas por todas elas, e em seguida colocamos o seguinte comando: "O que seria preciso fazer para que ficasse como em um livro de canções?". A entrevistadora nunca utilizou o termo "estrofe", a menos que a criança o empregasse espontaneamente. Caso fosse necessário, dispúnhamos de um cancioneiro (e de um livro de adivinhações) que mostrávamos rapidamente, para que se fixassem na aparência gráfica, sem ler. Estes livros não foram utilizados com todas as crianças. Só recorremos a eles quando não reagiam rapidamente ao comando.

Continuamos da mesma maneira com as adivinhações, intercalando, nos momentos oportunos, perguntas que nos ajudaram a entender por que haviam tomado certas decisões de separação ou de introdução de pontuação. À medida que a criança ia introduzindo mudanças no monitor, sugeríamos que salvassem as sucessivas mudanças em diferentes arquivos, para o caso de desejarem retornar a alguma solução anterior. Quando foi necessário, ajudamos as crianças a encontrar as teclas adequadas para realizar as ações que elas desejavam efetuar.

RESULTADOS DE FORMATAÇÃO GRÁFICA

1. CANÇÃO "LAS MAÑANITAS"

As versões esperadas, VL e VC, aparecem em nove das 10 crianças de 6ª série que, além disto, acrescentaram pontuação ao texto, em particular vírgulas nos versos 1 e 2. Na 3ª série, só duas crianças conseguiram alguma destas versões e na 4ª série são quatro as crianças que obtêm VL e VC. Que tipo de formatação a maioria das crianças de 3ª e 4ª séries produz?

Cinco crianças (três de 3ª e duas de 4ª) centram-se exclusivamente em aspectos gráficos. Elas parecem determinar inicialmente o comprimento ótimo da primeira linha gráfica e ajustam a ela os cortes subsequentes, sem pôr atenção à natureza das palavras que ficam ao final da linha, nem à maiúscula que segue o ponto na mesma linha. Um exemplo claro do que estas crianças tentam obter é América (4ª série). Ela produz uma primeira versão que não a satisfaz (Ilustração 3, primeira coluna). Comenta: *Não ficou porque não subi tudo*, referindo-se às duas últimas linhas. Então sobe *la luna* [a lua] para a quinta linha. Continua insatisfeita e diz: *não vai porque fica espaço... todas devem estar emparelhadinhas*, refere-se à margem direita. Finalmente, consegue uma acomodação onde a sobra no final não lhe incomoda *porque já não tem outras palavras que a sigam*. Como se pode observar, as palavras de fim de linha não rimam e duas delas não constituem palavras plenas (o possessivo *mi* e o pronome clítico *se* aparecem em fim de linha).

ILUSTRAÇÃO 3
Arranjos gráficos de América (4ª) para "Las mañanitas"

Estas son las mañanitas que cantaba el rey David a las muchachas bonitas se las cantamos aquí. Despierta mi bien despierta mira que ya amaneció ya los pajarilloscantan la luna ya se metió.	Estas son las mañanitas que cantaba el rey David a las muchachas bonitas se las cantamos aquí. Despierta mi bien despierta mira que ya amaneció ya los pajarilloscantan la luna ya se metió.

Em todos os casos de centração exclusiva nos aspectos gráficos, o ponto — já existente na versão gráfica — fica como ponto interno dentro de uma linha gráfica, e isso não lhes preocupa. Estas crianças não introduziram, em momento algum, nova pontuação e, claro, também não tentaram estabelecer estrofes.

Entre estes extremos (os VL e VC, por um lado, e os arranjos meramente gráficos, por outro) situam-se outros dois tipos de soluções. Em certos casos são soluções que também estão direcionadas pelo aspecto gráfico, mas com certa atenção à pontuação existente e às maiúsculas. Isto é feito por três crianças de 4ª série. Por exemplo, Emiliano considera que é preciso fazer *parágrafos* e, para isso, começa avaliando o primeiro corte em um terço da linha, *após* "cantaba". Para obter uma segunda linha de comprimento similar, decide cortar *agora em* "bonitas". Então presta atenção ao ponto e dá um "Enter". Pede ajuda *para que desça um pouquinho mais*. Com outro "Enter" consegue separar em dois *parágrafos* (termo que ele utiliza) que tem as mesmas características: dois versos do mesmo comprimento e um mais curto (em forma de "resíduo") que termina em um ponto (Ilustração 4).

ILUSTRAÇÃO 4
Arranjo de Emiliano (4ª) para "Las mañanitas"

Estas son las mañanitas que cantaba
el rey David a las muchachas bonitas
se las cantamos aquí.

Despierta mi bien despierta mira
que ya amaneció ya los pajarillos
cantan la luna ya se metió.

Mariana (também de 4ª) se concentra nas maiúsculas, cuja posição de início da linha determina o comprimento das mesmas, com um resíduo final (Ilustração 5)

ILUSTRAÇÃO 5
Arranjo de Mariana (4ª) para "Las mañanitas"

Estas son las mañanitas que cantaba el rey
David a las muchachas bonitas se las cantamos aquí.
Despierta mi bien despierta mira que ya amaneció ya los pajarillos
cantan la luna ya se metió.

Finalmente há um grupo de sete crianças (cinco de 3ª, uma de 4ª e uma de 6ª) que iniciam com VC, mas não conseguem mantê-lo ao longo do texto, por diferentes razões.

2. ADIVINHAÇÕES

As crianças de 6ª série, em sua totalidade, produzem alguma das versões convencionais (VL ou VC), preferindo o VL em *Tijeras* [Tesoura] e sem preferência em *Sandía* [Melancia]. Estas crianças, ao trabalhar sobre a adivinhação *Sandía*, não acrescentam pontuação no VL porque a pontuação existente é suficiente, enquanto tendem a acrescentar pontuação no VC, para que todos os versos tenham pontuação ao final. Na 3ª e 4ª séries a metade das crianças de cada grupo produz versões convencionais, VC para *Sandía* e VL para *Tijeras*.

As soluções que manifestam uma centração exclusiva nos aspectos gráficos também aparecem com as adivinhações, exclusivamente nas crianças de 3ª e 4ª séries. Para a adivinhação *Tijeras*, seis crianças produzem soluções gráficas e cinco para *Sandía*. Por exemplo, Mayra (3ª) decide que cada linha de texto tenha o mesmo comprimento (Ilustração 6).

ILUSTRAÇÃO 6
Arranjo gráfico de Mayra (3ª) para a adivinhação "Tijeras"

> Soy una cosita que
> anda al compás con
> las patas por delante
> y los ojos por detrás.

O resto das respostas das crianças de 3ª e 4ª séries é peculiar segundo a adivinhação. Em *Tijeras* obtém três versos, dos quais o primeiro corresponde a VL e os dois seguintes a VC. As linhas gráficas vão se encurtando como se pode ver na Ilustração 7. É uma solução que aparece em quatro crianças de 4ª e duas de 3ª.

ILUSTRAÇÃO 7
Arranjo gráfico de seis crianças para a adivinhação "Tijeras"

> Soy una cosita que anda al compás
> con las patas por delante
> y los ojos por detrás.

Parecia tratar-se de uma solução de compromisso entre VL e VC, ou mesmo de uma tentativa meramente gráfica. No entanto, ao ver que esta solução está reservada à adivinhação *Tijeras*, cabe outra interpretação. Recordemos que a VC desta adivinhação conduz a dois versos iniciais de seis sílabas, que se contrapõem aos dois seguintes, de oito. Além disto, o vínculo sintático entre os dois primeiros versos é muito forte, já que o segundo começa com o pronome relativo *que*; os dois últimos versos, ao contrário, são independentes do ponto de vista sintático. Talvez essa duas razões se conjugem para justificar esta solução, que destaca a rima entre *compás* [compasso] e *detrás* [atrás].

Com a adivinhação *Sandía*, umas poucas crianças (duas de 3ª e uma de 4ª) produzem uma espécie de versão reduzida de VC que conserva, em cada verso, grupos sintáticos coesivos, o que marca uma diferença das soluções meramente gráficas, e mantém um ritmo constante de duas sílabas acentuadas por cada verso[6] (Ilustração 8).

ILUSTRAÇÃO 8
Arranjo de Uriel (4ª) para a adivinhação "Sandía"

> Tengo el san
> sin ser santa
> pero también
> tengo el día.
> Verde soy
> y también blanca
> y mi roja
> sangre es fría.

À medida que as crianças abandonam a centração exclusiva nos aspectos gráficos, aspectos a serem levados em consideração começam a se fazer observáveis: a pontuação existente no texto, os lugares naturais de pausa ao cantar, o ritmo, a entonação, a rima etc. De fato, muitos dos aspectos aos que as crianças prestam atenção não podem ser verbalizados por elas. No entanto, como gravamos todos seus comentários, é útil fazer um breve passeio pelas verbalizações registradas e transcritas.

3. COMENTÁRIOS VERBAIS REGISTRADOS

Enquanto realizavam a tarefa com ambos os textos, as crianças liam em silêncio, em voz alta ou cantavam a canção, faziam comentários, perguntavam etc. Os maiores conseguiam verbalizar quase tudo o que fizeram, enquanto os menores ficaram atentos a aspectos que não puderam verbalizar completamente.

Para decidir os lugares onde devem cortar, ou seja, para dar o formato gráfico adequado a uma canção ou a uma adivinhação, é preciso estar atento a uma série de fatores, variáveis segundo o texto. A lista de fatores à qual as crianças aludiram verbalmente é a seguinte:

- A extensão da linha gráfica — denominada *verso*, mas também *linha*, *fileira* ou inclusive *parágrafo* — é frequentemente aludida com um gesto das mãos sobre o monitor.
- Os agrupamentos de linha são denominados *estrofes*, mas também *parágrafos* ou inclusive *versos*.
- A pontuação existente pode ser notada sem ser nomeada; quando é nomeada falam explicitamente de *vírgulas* e *pontos*, com as *maiúsculas* associadas a estes últimos; quando as crianças introduzem pontuação, sempre a nomeiam explicitamente. A função atribuída à pontuação é, às vezes, verbalizada: as

vírgulas *para ir pausando e não tão acelerado* (Mariana, 4ª), *porque aí vamos pausando porque vamos passar para outra linha* (Marusia, 6ª) e, em geral, *para separar*, entendendo por isto a introdução de uma mudança de linha gerada por um "Enter". A mudança de linha em um lugar onde há vírgulas, ou mesmo a introdução de uma vírgula em um final de linha, é a situação mais frequente.

- Os vínculos sintáticos entre palavras contíguas determinam, eventualmente, se uma palavra pode ou não passar à linha seguinte. A maneira como as crianças se referem a isto é variável e depende do texto que estão trabalhando. Por exemplo, em *Mañanitas*, Román (6ª) diz: *não se pode separar em 'rey' porque não é qualquer rei, é o rei David*; Julieta (6ª) diz: *não se pode separar* Rey *de* David *porque se ouve como duas pessoas e é uma só*; Rodrigo (3ª) diz: *não pode ser* passarinho *e um momento depois* cantam, ou seja, essas duas palavras devem ir na mesma linha. Podem se referir a isto mesmo em termos mais gerais, por exemplo, David (3ª) passa de linhas curtas a linhas longas para *que se ouça mais completo*; Érika (3ª) rejeita a possibilidade de fazer linhas mais curtas *porque se cortam as ideias*; Emiliano (4ª) justifica os cortes que introduz nas adivinhações dizendo: *em cada descrição de algo vou lhe abaixando*.

- A rima obriga a uma comparação entre versos (ou finais de linha). Esta comparação está direcionada pela busca de uma semelhança que pode ser expressa em termos gráficos ou sonoros. Por exemplo, algumas crianças dizem que "*amaneció* rima com *metió*" (Pablo, 6ª), que "*día* rima com *fría*" (Tamara, 6ª). Umas poucas crianças distinguem entre rimas consoantes e assonantes nestes termos: "*día* rima com *fría*, mas *santa* com *blanca*... mais ou menos" (Juan, 6ª). A comparação pode se centrar na grafia: "tem *a* e *ta*" (Uriel, 4ª). Finalmente, duas crianças procuram as semelhanças no início das linhas: Alejandro (3ª) diz "pelo *a*, pelo *e*..." (início do terceiro e primeiro versos de Mañanitas).

- Por último, existe um conjunto de aspectos sonoros vinculados às canções conhecidas, que têm a ver com a melodia, as pausas respiratórias, o ritmo e o que elas percebem como "pausas". A maneira de aludir a estes aspectos, sempre vinculados à divisão em linhas gráficas, é muito variável porque não existe terminologia escolar à qual recorrer: é preciso cortar em certo lugar para *que se ouça melhor e não fique desafinado* (Rodrigo, 3ª); *como que a canção faz pausas aí* (Pablo, 6ª); *se ouve um corte* (Uriel, 4ª).

Quando observamos a distribuição destas verbalizações através das séries escolares vemos que as de 3ª carecem de léxico específico (são as únicas que chamam a linha gráfica de *linha*), são as que mais gestos desdobram sobre o monitor para se fazer entender e frequentemente cantam para justificar os cortes que fizeram. Não falam de estrofes nem de rima. A pontuação é ocasionalmente mencionada, mas pouco utilizada.

Em contraste, os de 6ª falam continuamente da pontuação e sua relação com as pausas e com os lugares sintaticamente plausíveis para uma pontuação. Todos falam de *parágrafos* ou estrofes (embora não as produzam) e prestam especial atenção à rima.

4. ESTROFES E OUTROS ELEMENTOS INTRODUZIDOS NO ESPAÇO GRÁFICO

A aparição de estrofes está estreitamente relacionada com o comprimento do texto visível no monitor e com a quantidade de pontuação que esse texto apresenta. As crianças de 6ª estão muito atentas à pontuação para distinguir os versos e se norteiam pela pontuação também para distinguir estrofes. As dez crianças de 6ª foram sensíveis a estas propriedades dos textos que suscitam a partição em estrofes, enquanto apenas duas crianças de 4ª e uma de 3ª definiram estrofes em algum dos textos.

Além das estrofes, outros elementos importantes da organização do espaço gráfico são os títulos cuja progressão é a seguinte. Em *Mañanitas*, quatro crianças de 6ª introduzem um título procurando efeitos gráficos particulares: mudanças de tipografia e/ou tamanho, centralização, negritos, maiúsculas, pontuação, acréscimo de desenhos ou vinhetas. Em 4ª, só uma criança aumenta o tamanho das letras no título, sem recorrer a nenhum outro procedimento. Outra criança de 4ª e duas de 3ª colocam título com a mesma tipografia do texto original, alinhando à esquerda.

Nas adivinhações, as mesmas crianças de 6ª que puseram o título em "Mañanitas" introduzem algo mais nas adivinhações: a resposta. Para introduzi-la utilizam certos procedimentos gráficos: parêntesis, alinhamento à direita, centralização, tamanho das letras. Nas outras séries as crianças têm tantos problemas para decidir os cortes nas linhas gráficas, que não chegam a se ocupar destes elementos adicionais.

A OBRA DE TEATRO

Apresentamos aqui os primeiros resultados de uma indagação sobre o outro formato aludido anteriormente. Ainda que não se trate de uma pesquisa completa, o interesse destes primeiros resultados é tal que justifica sua divulgação. Escolhemos um texto que pertence a uma coleção publicada pela Secretaria de Educação Pública do México. Essa coleção é distribuída gratuitamente em todas as escolas.[7] Escolhemos o começo desse texto, eliminando todas as indicações gráficas de mudança de voz e de marcações. As mudanças de linha foram suprimidas, mas a pontuação original conservada e todas as maiúsculas incluídas.

ILUSTRAÇÃO 9
Fragmento da obra de teatro impressa e como foi apresentada no monitor

Obra de teatro impressa	
Doña Ratona *entusiasta*	Tenemos que casarla con el más grande del mundo.
Don Ratón *pensativo*	Pues el más grande es el Sol.
Por la parte de atrás de la casa va subiendo un gran sol recortado en cartón. Don Ratón y doña Ratona se encaraman en el tejado.	
Don Ratón *muy amable*	¡Señor Sol! ¡Te estábamos esperando! Has de saber que tenemos una hija muy linda.
Doña Ratona *orgullosa*	Es la ratita más linda del mundo y tú eres lo más grande, la mereces.
Don Ratón y Dona Ratona *hablan al mismo tiempo*	¡Queremos que te cases con ella!
Texto apresentado no monitor[iv]	
Doña Ratona entusiasta Tenemos que casarla con el más grande del mundo. Don Ratón pensativo Pues el más grande es el Sol. Por la parte de atrás de la casa va subiendo un gran sol recortado en cartón. Don Ratón y doña Ratona se encaraman en el tejado. Don Ratón muy amable ¡Señor Sol! ¡Te estábamos esperando! Has de saber que tenemos una hija muy linda. Doña Ratona orgullosa Es la ratita más linda del mundo y tú eres lo más grande, la mereces. Don Ratón y Dona Ratona hablan al mismo tiempo ¡Queremos que te cases con ella!	

[iv] Tradução respeitando a pontuação e organização utilizadas no original:

Dona Rata entusiasmada Temos que casá-la com o maior do mundo. Senhor Rato pensativo Pois o maior é o Sol. Por trás da casa vai subindo um grande sol recortado em cartolina. Senhor Rato e Dona Rata escalam o telhado. Senhor Rato muito amável Senhor Sol! Estamos lhe esperando! Deve saber que temos uma filha muito linda. Dona Rata orgulhosa É a ratinha mais linda do mundo e você é o maior, merece-a. Senhor Rato e Dona Rata falam ao mesmo tempo Queremos que você case com ela! (N.T.)

Entrevistamos pares de voluntários de 4ª e 6ª séries de uma escola particular da cidade do México. Estas crianças têm computador em casa e frequentam uma escola particular que forma bons leitores, mas não tem oficina de computação porque deixa esta tecnologia explicitamente a cargo da família. Esta situação era apropriada para nossa indagação já que precisávamos de crianças que soubessem algo sobre o manejo dos computadores, mas que não tivessem recebido instrução sistemática sobre a produção de textos utilizando um processador de texto. Nós os convidamos a fazer, depois do horário das aulas, um minicurso de quatro sessões de "Word avançado" para aprender a utilizar recursos pouco comuns. Estes recursos foram especificados na apresentação oral diante dos alunos, mas alguns dos voluntários de imediato os mencionaram. (Por exemplo, uma criança disse: *quero aprender a usar tabelas e colunas*.) Este minicurso realizou-se nas instalações de UNAM (Universidade Nacional Autônoma do México). As crianças eram acompanhadas por um familiar. A duração de cada sessão foi de duas horas.

Propusemos como ponto de partida, em cada sessão, um texto previamente processado em Word, mas sem formato gráfico (um conto, uma receita de cozinha, uma obra de teatro, uma apresentação-convite, tipo folheto promocional, para visitar um museu para crianças). Correspondia aos pares decidir de que se tratava e dar ao texto o formato adequado. No decorrer destas tarefas, uma observadora-assistente (para cada par) ia introduzindo informações sobre certos comandos disponíveis em Word, em função do que as crianças queriam fazer com o texto e de decisões tomadas previamente pela equipe de pesquisa. A observadora ia sugerindo salvar as diferentes versões para que elas pudessem ser recuperadas no caso de o par decidir anular algumas mudanças.[8]

Durante a terceira sessão foi feita a formatação do início da obra de teatro escolhida. À continuação vamos focar os pares de 4ª série (9-10 anos) que se tornaram mais interessantes. Nenhum dos pares teve dificuldade para determinar o tipo de texto a partir da leitura de algumas poucas linhas. Isto, que ocorreu com todos os textos, ficou evidente nesta sessão através de alguns comentários. Por exemplo, Ángel e Julio dizem rapidamente que é uma obra de teatro porque diz entram em cena; Mariana e Paulina também dizem que é uma obra de teatro e, ainda que não justifiquem sua escolha, acrescentam de imediato que *faltam os travessões e não está em ordem* (ou seja, está desordenado).

Três foram os recursos privilegiados para "por ordem" neste texto: pontuação, tipografia e distribuição no espaço.[9] Para que servem os recursos? Nenhum par o explicita, mas na prática usam esses recursos para diferenciar três espaços textuais: as sucessivas menções dos falantes (que constitui, de fato, uma lista com repetições); o que cada um dos personagens diz ao assumir o papel de falante (solilóquios); as marcações, que incluem a indicação dos modos de fala (*murmurando/ muito amável/ orgulhosa*), assim como instruções sobre os movimentos dos personagens (textos breves com verbos de movimento no presente: *entram/ saem/ se empoleiraram*).

Os pares de meninos e meninas foram extremamente coerentes no que se refere às decisões gráficas e tipográficas para distinguir os dois primeiros espaços textuais que são, de fato, homogêneos (lista de personagens, por um lado; discurso direto, por outro). Todos os pares manifestaram dúvidas, através de suas decisões gráficas, com respeito aos outros elementos do texto que constituem um conjunto heterogêneo (modulação de fala, por um lado; movimentos dos personagens no espaço cênico, por outro). No entanto, através dos recursos gráficos empregados, podemos inferir que as crianças tendem a construir um terceiro espaço textual implicitamente definido "pelo que não é" com respeito aos outros dois (nomes de personagens e o que estes dizem).

Todos os pares distinguiram estes três espaços textuais utilizando os recursos já mencionados (tipografia, pontuação e organização espacial), mas cada um dos pares distribuiu estes recursos de forma original. Para entender o que dizemos é necessário comparar alguns fragmentos dos textos finais diagramados. Vamos nos limitar a um pequeno fragmento de texto formatado por dois pares.

ILUSTRAÇÃO 10
Fragmento do formato final do par 1 (4ª)

Doña Ratona: (entusiasta)	Tenemos que casarla con el más grande del mundo.
Don Ratón: (pensativo)	Pues el más grande es el Sol. Por la parte de atrás de la casa va subiendo un gran sol recortado en cartón
(Don Ratón y doña Ratona se encaraman en el tejado.)	
Don Ratón: (muy amable)	¡Señor Sol! ¡Te estábamos esperando! Has de saber que tenemos una hija muy linda.
Doña Ratona: (orgullosa)	Es la ratita más linda del mundo y tú eres lo más grande, la mereces.

A Ilustração 10 apresenta o resultado final de um par de crianças que decide, quase desde o início, trabalhar em duas colunas. Esta definição em duas colunas diferencia o discurso direto (à direita) de todo o resto (à esquerda). Mantêm o mesmo tipo e tamanho de letra, mas o contraste itálico/normal diferencia a lista de personagens (itálico) do resto. Dentro da coluna da esquerda, o contraste itálico/normal e a pontuação diferenciam a lista de personagens (em itálico com dois-pontos) dos modos de fala (caracteres normais, mas entre parênteses). Nenhuma destas duas pontuações, dois-pontos e parêntesis, estavam incluídas no texto original. Nessa mesma coluna esquerda, os movimentos são tratados de forma similar aos modos de fala (caracteres normais entre parêntesis), mas são diferenciados pela localização espacial: na margem esquerda os movimentos; ao lado do nome do personagem, os modos de fala. É visível que não resolvem o fragmento

Pela parte de trás [...] recortado em cartolina, fragmento que fica incluído no discurso direto.

ILUSTRAÇÃO 11
Fragmento do formato final do par 2 (4ª)

> **Doña Ratona:** *(entusiasta)* Tenemos que casarla con el más grande del mundo.
>
> **Don Ratón:** *(pensativo)* Pues el más grande es el Sol.
> *Por la parte de atrás de la casa va subiendo un gran sol recortado en cartón.*
> *Don Ratón y doña Ratona se encaraman en el tejado.*
>
> **Don Ratón:** *(muy amable)* ¡Señor Sol! ¡Te estábamos esperando! Has de saber que tenemos una hija muy linda.
>
> **Doña Ratona:** *(orgullosa)* Es la ratita más linda del mundo y tú eres lo más grande, la mereces.
>
> **Don Ratón y Dona Ratona:** *(hablan al mismo tiempo)* ¡Queremos que te cases con ella!

A Ilustração 11 apresenta o resultado final de um par de crianças que toma outras decisões, mas alcança resultados similares do ponto de vista da diferenciação dos espaços textuais. Utilizando o mesmo tipo e tamanho de letra, é o contraste negritos/itálico/normais que diferencia, nesta ordem, três espaços textuais: lista de personagens; modo de fala e movimentos; discurso direto. Os dois-pontos é uma pontuação reservada aos falantes. Outra pontuação, parêntesis, é reservada aos modos de fala. Portanto, só a pontuação (com ou sem parêntesis) diferencia os modos de fala dos movimentos, ambos em itálico. É visível que não resolvem bem as entrelinhas quando entre as falas se intercalam as marcações relativas a movimentos de cena, já que em todos os casos ficam "colados" ao último falante.

Nem todos os pares de 4ª série se comportaram igual. Outro par é exemplo de mínima diferenciação tipográfica (não usa itálico nem negrito). Em contraste, o par restante é exemplo de máxima diferenciação tipográfica (muda o tipo e o tamanho de letra, usa travessões além de parêntesis e os dois-pontos, alterna uma definição com ou sem colunas).

CONCLUSÕES

Podemos dividir as conclusões deste trabalho em duas partes: (a) o que estes dados nos ensinam com respeito à evolução do reconhecimento do "formato poesia" e do "formato obra de teatro"; (b) o que sugerem estes resultados com respeito ao uso do computador para obter dados impossíveis de obter de outra maneira.

Retomemos as perguntas iniciais relativas ao formato poesia: como recortar um texto contínuo em versos? Como decidir se se trata de um ou dois versos? Como distribuir esses versos no espaço gráfico? A evolução que nos atrevemos a propor, provisoriamente, é a seguinte.

Todas as crianças parecem ter uma imagem gráfica do formato poesia que, em primeiro lugar, consiste em uma sucessão de linhas curtas e, adicionalmente, em um agrupamento dessas linhas (grupos de três ou quatro, de preferência). Há algumas poucas crianças que põem atenção exclusivamente a esta dimensão gráfica, sem se ocupar do texto como tal (nenhuma delas é de 6ª).

Todos devem produzir cortes no texto contínuo que lhes apresentamos, mas a preocupação por saber "onde cortar" vai evoluindo, tanto quanto as possibilidades de justificativa.

Como vimos, a quantidade de fatores aos que devem prestar atenção é muito grande: alguns são de caráter gráfico, outros melódicos, rítmicos e inclusive sintáticos. Os aspectos gráficos são determinantes ao início, mas nunca desaparecem. O mesmo ocorre com os aspectos rítmicos e melódicos das canções, que são manejados de forma intuitiva pelas crianças de 3ª e progressivamente são utilizados para justificar os cortes produzidos, ainda que a verbalização seja sempre dificultosa por falta de uma terminologia específica.

Em uma busca de critérios para decidir finais de linha adequados, a pontuação pareceu jogar um papel fundamental, mas apenas esboçado no grupo de 3ª. As crianças passam de uma atenção progressiva à pontuação existente no texto, a uma posição de liberdade que lhes autoriza introduzir nova pontuação para garantir, fixar ou reforçar o final legítimo de cada verso.

A rima, por sua vez, aparece inicialmente como semelhança gráfica entre as palavras (duas crianças de 3ª procuram essas semelhanças ao início da linha gráfica e não ao final da mesma). Só na 6ª série a rima é ao mesmo tempo gráfica e sonora, utilizando-a como critério para distinguir e comparar versos.

Cada entrevista é, em realidade, um processo que se desenvolve no tempo e através de vários textos. Quando se analisa os dados com esta dimensão, fica claro que a diferença entre os de 3ª e 6ª reside muito mais na possibilidade de coordenar os diferentes fatores envolvidos que na aparição progressiva de cada um deles. Em outras palavras, os de 3ª vão progressivamente prestando atenção, ao longo das tarefas, a distintos fatores, mas em geral começam com uma consideração exclusiva a um deles — com predomínio do fator gráfico — e progressivamente vão prestando atenção em outros fatores, enquanto deixam de prestar atenção nos primeiros. Por isso, ao comparar os resultados obtidos através das tarefas, vemos que algumas crianças apresentam soluções gráficas em "Mañanitas" e outras soluções mais convencionais nas Adivinhações, ou vice-versa. Não se trata simplesmente de um efeito de aprendizagem, no sentido de que, com cada texto sucessivo, os resultados são melhores. Estamos falando de vaivéns, oscilações e não de progressão. A grande diferença com as de 6ª consiste na possível coordenação entre os diversos fatores envolvidos ou, ao menos, em uma busca de coordenação porque nem sempre é fácil decidir se a rima é o critério fundamental ao qual se subordinam os outros, ou a pontuação é a que rege os outros fatores. Por isso as crianças de 6ª sempre terminam produzindo versões convencionais, com maior ou menor dificuldade, com boas justificativas ou sem elas.

Fizemos entrevistas individuais por razões meramente práticas: devíamos trabalhar com um computador portátil, de monitor relativamente pequeno, que dificultava uma boa visibilidade compartida. No entanto, fizemos uma pequena sondagem entrevistando um par de crianças de cada série. Os resultados foram muitos claros: nos dois tipos de textos, o resultado dos pares se localiza entre os que podemos considerar melhores para cada grupo de idade.

Os pares, em todas as séries, produziram soluções convencionais para os textos analisados. Isto se deve, justamente, a que as crianças intercambiaram suas próprias centrações diante da tarefa, o que lhes permitiu, desde o primeiro texto, compartir os fatores pertinentes. Por exemplo, o par de 4ª fala, durante a formatação de "Mañanitas", de *versos*, de pontos e vírgulas, da *rima* e da separação de versos vinculada com os conteúdos (*logo diz outra coisa* e por isso é preciso separar). A grande vantagem do trabalho em pares, particularmente na 3ª e 4ª, parece residir nessas centrações alternativas compartidas. O que uma criança dessas séries, trabalhando sozinha, vai "vendo", com dificuldade, ao passar de um texto a outro, o par consegue com mais facilidade. Isto não impede que algumas crianças, trabalhando sozinhas, consigam resultados superiores aos dos pares. Um exemplo é Itzia (3ª) que se comporta no texto "Mañanitas" como os de 6ª, já que formata como VL acrescentando três vírgulas, bem localizadas. Em contraposição temos o par de 6ª que, mesmo formatando neste mesmo texto como VL — dominante neste grupo — não introduz pontuação, coisa que todas as outras crianças de 6ª fazem, trabalhando individualmente.

Os poucos dados apresentados sobre a formatação de obra de teatro dizem respeito apenas a alguns pares de crianças de 4ª série. Os resultados sugerem que valeria a pena estudar especificamente este tipo de texto.[10] É surpreendente observar o uso de variações tipográficas, pontuação e espaçamento para tentar diferenciar graficamente os três componentes fundamentais da obra de teatro (personagens, solilóquios e marcações). Mais ainda, surpreende constatar que as crianças tentam diferenciar as marcações relativas aos movimentos em cena daquelas relativas aos modos de fala dos personagens. O próprio termo "marcações" inclui a ambas, mas há boas razões para mantê-las diferenciadas.

Concluiremos com a segunda das perguntas colocadas: o que esses resultados sugerem com relação ao uso do computador para obter dados impossíveis de obter de outra forma?

Superfícies, instrumentos de realização e modos de realização da escrita evoluíram através da história e continuam evoluindo. O teclado que utilizamos para produzir estes textos e o monitor onde vemos o escrito têm como intermediário uma ferramenta informática — um processador de palavras — da qual conhecemos os efeitos, como usuários, sem compreender seu modo de operação.

Estamos defendendo justamente o interesse de incorporar à pesquisa um recurso informático disponível desde o início da aparição dos computadores pessoais: o processador de textos (qualquer que seja seu grau de sofisticação). Esta ferramenta informática já produziu suficientes mudanças nas práticas de escrita para considerar seus efeitos duradouros e revolucionários em todas as etapas da produção do texto: desde os rascunhos iniciais, as distintas etapas da composição e revisão do texto, até seus aspectos gráficos próprios ao processo de edição.

É exatamente esta ductilidade dos processadores de texto que permite estudar com crianças pequenas certos processos que muito dificilmente podiam ser estudados previamente, em um texto realizado sobre uma superfície de papel ou sobre uma superfície facilmente apagável como a lousa. Um destes processos, essencial para o desenvolvimento da composição, é a revisão do texto. Revisar um texto no monitor permite introduzir sem riscos todas as mudanças imagináveis — já que todas elas podem ser salvas em arquivos independentes — obtendo sempre um texto "limpo", sem as cicatrizes da correção e sem as fadigas da reescrita. O outro processo é o da formatação ou "mise en page". É muito difícil que, no momento de produzir um texto, as crianças consigam ir escrevendo as palavras no lugar onde deveriam ficar finalmente. De fato, a formatação é posterior à revisão, no caso de um texto próprio, mas pode substituir a revisão quando se trata de um texto já fixado, como no caso das canções e poesias tradicionais. Os resultados aqui apresentados permitem compreender que, de fato, o comportamento das crianças ao dar formato a um texto é próximo ao de revisores em alguns aspectos.

É importante evidenciar que a disponibilidade de recursos de diferenciação fáceis de utilizar (como a introdução de espaços em branco, a mudança de tipo ou de tamanho de letra, bem como a passagem a itálico ou negrito) e de outros não tão fáceis (como a definição de colunas ou tabelas) permite que as crianças expressem sua análise do texto. Isto nos parece de máxima importância para a pesquisa psicolinguística e para a intervenção didática. O que nós adultos não podíamos ver, nem as crianças podiam expressar por restrições técnicas (o lápis ou a caneta sobre a superfície de papel), torna-se visível agora e expressável através das novas tecnologias de produção de textos. O meio não pode criar, por si mesmo, uma diferenciação inexistente. Mas permite expressar um trabalho conceitual que a escrita manuscrita esconde.

Notas

1. "Contra a representação [...] segundo a qual o texto existe em si mesmo, separado de toda materialidade, deve-se recordar que não há texto fora do suporte para ler (ou escutar), e que, portanto, não há compreensão de um escrito, qualquer que seja ele, que não dependa em alguma medida das formas por meio das quais alcança o seu leitor" (Chartier, 1994, p. 29).

2. Em um corpus de 412 textos de Chapeuzinho Vermelho, escritos por crianças de 3ª e 4ª séries de ensino fundamental do México, Argentina e Uruguai (Ferreiro, Pontecorvo et al., 1996), com relação à presença e marcação do título, observamos o seguinte: 287 textos (70% do corpus) têm título; 70% dos que têm título (202 textos) apresentam o título centralizado, sublinhado, ou mesmo ambos ao mesmo tempo (centralizado e sublinhado).

3. Todas as versões escritas utilizadas foram tiradas de livros editados pela Secretaria de Educação Pública do México, na coleção "Livros del Ricón". A canção tradicional foi tirada de uma recopilação de M. L. Valdivia, publicada em 1991 com o título "Cancionero Mexicano"; as adivinhações foram tiradas da recopilação de M. Medero, publicada em 1990 com o título "Volvamos a la palabra".

4. A obtenção dos dados foi responsabilidade de Marina Kriscautzky e Arizbeth Soto (2002). Nessa época, poucas escolas públicas contavam com salas de computação.

5. A ausência de dados sobre as crianças de 5ª série deve-se às seguintes razões: em princípio a pesquisa planejava entrevistar somente as crianças de 4ª e 6ª série; uma primeira análise dos dados de 4ª série nos deixou perplexas, porque nenhuma tendência identificável parecia se configurar e, por isto, decidimos descer à 3ª, com muitas dúvidas vinculadas à possibilidade de propor esta tarefa a crianças relativamente pequenas para o uso do teclado. Felizmente o fizemos, as crianças aceitaram a tarefa com interesse e foram exatamente elas que nos permitiram compreender os da série seguinte.

6. Com os dois últimos versos surge um problema: para manter o ritmo binário é preciso cortar "y mi roja/sangre es fría", como o faz Uriel, mas do ponto de vista sintático deveria ser "y mi roja sangre/es fría".

7. O texto corresponde a Cueto, Mireya: *La boda de la ratita y más teatro-cuentos*. Libros del Rincón. México: SEP-Fernández Editores, 1990.

8. Agradecemos a Gabriela González, Sonia Luquez, Diana Niño, Araceli Sánchez e Arizbeth Soto que atuaram como observadoras-assistentes.

9. Quando falamos de "pontuação" nos referimos, em realidade, à "pontuação plena", já que o espaço em branco pode ser considerado como a forma mais elementar de pontuação (Ferreiro, Pontecorvo et al., 1996, cap. 4).

10. Na pesquisa em curso é analisado o formato gráfico que pares de crianças propõem para dois fragmentos de obras teatrais. Este trabalho corresponde à tese de mestrado de Arizbeth Soto, sob orientação de Emilia Ferreiro.

16

As crianças como editoras de um texto publicitário

Mónica Baez e Emilia Ferreiro

Publicação original:

BAEZ, M.; FERREIRO, E. Los niños como editores de un texto publicitario. *Estudios de Linguística Aplicada*, v. 26, n. 47, p. 33-52, 2008.

INTRODUÇÃO

A utilização de um processador de textos permite estudar processos impossíveis de abordar com os instrumentos tradicionais de escrita. Neste caso, trata-se de analisar as possibilidades de crianças de sete a onze anos para dar um formato gráfico adequado a um texto publicitário. O texto utilizado não é um típico texto escolar. A tarefa se afasta sensivelmente das tarefas habituais de leitura ou escrita. No entanto, o reconhecimento dos formatos próprios a diversos textos de uso social é parte dos saberes de uma pessoa alfabetizada e a possibilidade de editar um texto (próprio ou alheio) é parte dos saberes informáticos do mundo contemporâneo. Em uma tarefa de edição não se usa somente recursos técnicos: é preciso compreender o texto e seus usos sociais.

A recepção e a circulação do escrito envolvem uma operação crucial que durante séculos, segundo a época, esteve a cargo de escribas, copistas ou editores: a *composição* ou *"mise en page"*. Operação que hoje, a partir da difusão dos processadores de texto, forma parte das práticas de escrita e de leitura de um sujeito alfabetizado.

A tarefa de editar um texto não é alheia à história das transformações gráficas, textuais e socioculturais que contribuíram para o surgimento dos gêneros discursivos. Essas transformações, por sua vez, configuram as práticas de escrita e leitura atuais, assim como as noções de leitor e escritor que hoje sustentamos e nos parecem "naturais". Morrison (1995, p. 137) destaca que "o texto em si mesmo só começa a existir quando a página [...] se transforma na principal unidade de organização". O texto, a página e a edição são noções estreitamente vinculadas, resultado de processos históricos nos quais se entrecruzam várias histórias: as dos materiais disponíveis, as tecnologias da escrita e as práticas sociais que dão lugar às diferentes formas que o escrito adquire na página e contribuem para gerar os formatos textuais que hoje identificamos como tais.

Neste sentido, Chartier (1994, p. 30) afirma que "os autores não escrevem livros: escrevem textos que se transformam em objetos escritos, manuscritos, gravados, impressos (hoje eletrônicos)". Assim, na interface entre autor-texto/leitor-texto, inscreve-se a tarefa de edição.

A página é um objeto material cuja simplicidade é só aparente. A historicidade e, ao mesmo tempo, a atualidade deste vocábulo (hoje se emprega a expressão *página web*) aludem a processos de continuidade e de ruptura que remetem a noções anteriores à imprensa. Ao longo da história das práticas de leitura e escrita no Ocidente, a página de algum modo se "desmaterializa" para dar lugar à apresentação de uma superfície assinalada pela dinâmica da tensão entre certas dualidades: a imagem e a palavra, os brancos e os negros.

Quanto à *composição da página,* trata-se de uma série de operações resultantes também de construções culturais e históricas que revela a interdependência dos objetos e tarefas referidas à escrita e à leitura. Os designers gráficos estão introduzindo uma interessante reflexão sobre a *composição*. A composição tenta favorecer a leitura do texto, mas também criar um objeto gráfico, visual.[1] Permitir a leitura — a *legibilidade (donner à lire)* — está fundada nos cânones que cada época impõe à leitura e à escrita e deixa pouco espaço para a inovação; a outra função — fazer ver *(donner à voir)* — é a que permite se expressar com uma maior liberdade e produz um efeito particular de ruptura ou de realce de um fragmento de texto. Isto é particularmente importante no que Barthes (1985) designa como *linguagem publicitária.*

A edição de um texto escrito por outro requer tomar decisões gráficas em função de aspectos enunciativos para reassumi-los na nova configuração que se impõe ao texto. Ainda que a teoria da enunciação e outras perspectivas próximas, como a semiótica do discurso, não se ocupem da tarefa de edição, alguns dos conceitos empregados nesse campo teórico são úteis para descrever a tarefa de interpretação que precede à tomada de decisões gráficas. Referimos-nos em particular a noções como as de enunciador (destinador) e enunciatário (destinatário). Sobre isto, Filinich (1998, p. 39) aponta que "o enunciatário é, como o enunciador, um sujeito discursivo, previsto no interior do enunciado, é a imagem do destinatário que o enunciador precisa formar para construir todo o enunciado". Em outro texto a mesma autora sustenta que "a enunciação enquanto ato de produzir um enunciado, implica os seguintes processos: 1) a apropriação por parte do locutor do aparato formal da língua para sinalizar a si mesmo como sujeito; 2) a postulação do outro ao qual o discurso se dirige, e 3) a expressão de certa relação com o mundo, um modo de referir" (Filinich, 1997, p. 54).

A tarefa de edição envolve várias dimensões e seria possível pensar que as crianças são incapazes de assumi-la, que nossa proposta é desmedida com relação às possibilidades infantis. No entanto, neste trabalho adotamos outra perspectiva: supomos que muitas crianças atuais são "informáticas nativas"[2] e dispõem de recursos técnicos desconhecidos pelas gerações anteriores, recursos que lhes permitem brincar com grande liberdade no espaço dos monitores eletrônicos. Ao permitir-lhes assumir a posição de editores frente a um texto, estarão nos dizendo (em ação) o que sabem sobre os formatos gráficos de circulação social e, talvez, a forma com interpretar o texto como tal.

ANTECEDENTES ESPECÍFICOS

Este trabalho prolonga outras pesquisas, dirigidas por Ferreiro, a respeito de outros tipos de texto, empregando recursos informáticos e pondo pares de crianças na função de revisores ou de editores de textos alheios (capítulos 14 e 15 neste volume; Luquez e Ferreiro, 2003). A análise das produções obtidas no marco das pesquisas citadas permitiu reconhecer que a *pontuação*, a *tipografia* e a *distribuição* no espaço gráfico são procedimentos privilegiados pelas crianças para "ordenar" um texto escrito apresentado de maneira contínua, "sem forma", ainda que com as segmentações convencionais entre palavras. A utilização de um processador de textos permite, com já dissemos, estudar processos impossíveis de abordar com os instrumentos tradicionais de escrita.

O TEXTO PUBLICITÁRIO

Ao longo da história da publicidade se evidencia que os discursos publicitários podem adotar distintos *suportes* para sua inscrição. Diferentemente de outros textos, a publicidade não responde a um formato gráfico consensual e sua variabilidade torna difícil definir este gênero.

A *filipeta*, tipo de suporte que corresponde ao texto proposto às crianças neste trabalho, é um meio de propaganda política, empregado já no século XVI por ocasião da guerra religiosa desencadeada pela Reforma de Lutero e que mais tarde ganhou popularidade durante a Revolução Francesa, quando era urgente difundir maciçamente o ideário da mesma (Satué, 1992, p. 63; Barrera, 2004, p. 52). Hoje este meio continua sendo empregando em campanhas políticas, porém com mais frequência e cotidianamente, por seu baixo custo, em campanhas publicitárias para a promoção de serviços e produtos.

Interessa sublinhar dois traços sobre a publicidade: remete ao público e a autoria não é explícita. O público, em oposição ao privado, supõe um destinatário inevitavelmente plural. A autoria é implícita, exceto em certo tipo de campanha publicitária em meios impressos ou fílmicos nos quais a autoria é assumida por uma entidade corporativa, ou seja, a agência responsável pela mesma.[3]

Segundo Péninou (1993, p. 216), o gênero publicitário "oscila entre o prosaico e o poético, o comércio e a cultura". O que caracteriza o discurso publicitário é a apresentação de uma informação que não é simples nem neutra, mas específica (produto) e marcada pela pretensão de influir eficazmente no público ao qual está destinado (consumidores potenciais). Nas palavras de Péninou (1976, p. 21 e 34) "a atividade própria da publicidade é certamente criar um sentido, transformar uma coisa ou um utensílio em um significante ostensível"; "o característico da publicidade é menos propor produtos que produtos qualificados".

Do ponto de vista da semiótica do discurso, a figura de *manipulação* (Filinich, 2005) que caracteriza o discurso publicitário é a *persuasão*,[4] já que tenta engendrar um *fazer saber* e um *fazer crer*. Quer dizer que o enunciador apela à dimensão cognoscitiva, conceitual do destinatário. Por isso a publicidade se apropria das formas enunciativas e das representações culturais próprias da comunidade em que se apresenta. Neste sentido, Péninou (1976, p. 11-28) considera que este tipo de texto faz uso de estratégias baseadas em recursos poéticos e retóricos que articulam o jogo entre o denotado e o conotado.[5]

Há um acordo em classificar a publicidade segundo o *suporte ou o meio* pelo qual é difundida (televisivo, radiofônico, imprensa), as *audiências* às quais se dirige e sua *finalidade*. De acordo com esta última, distinguem-se diferentes técnicas. Por exemplo, a *publicidade comercial* está destinada a audiências múltiplas, com um objetivo de longo, médio ou curto prazo; o anunciante paga para obter o espaço que lhe permita exibir sua mensagem. A *promoção* se vincula estreitamente à publicidade comercial, mas supõe um objetivo de vendas só no curto e médio prazo; seu público pode ser múltiplo ou individual; seu objetivo é propiciar uma venda — através de um convite direto para provar um produto ou serviço ou facilitando ao consumidor seu acesso a ele (ofertas). Ainda que habitualmente se utilize o termo *propaganda* para qualquer tipo de anúncio, esta se distingue das anteriores e de outras formas publicitárias porque seu objetivo é sempre ideológico: é o caso das campanhas políticas.

A edição de um texto publicitário supõe, então, a construção de um objeto significante no qual podem confluir elementos semióticos de diferente natureza (linguísticos, icônicos), e no qual se imbricam significados explícitos (denotados) e latentes (conotados) e questiona o que o publicitário considera como requisito para a leitura e expectativas do leitor, considerado como um "cliente" em potencial.

CRIANÇAS ENTREVISTADAS E SITUAÇÃO DELINEADA PARA A OBTENÇÃO DE DADOS

Propusemos a tarefa a um grupo de pares de menino-menina, de 7-11 anos, em uma escola primária particular da cidade de Rosário (Argentina), onde as crianças frequentam a oficina de computação, desde o início da escolaridade, com diversos propósitos educativos. O texto foi apresentado no monitor, escrito em uma página configurada em A4, com tipografia Arial 12, espaçamento 1,5 entre linhas, de maneira contínua, com espaços entre palavras e só o ponto como sinal de pontuação. Faremos referência a este texto, que aparece na Ilustração 1,[i] como TxF (texto-fonte).

---

[i] Conteúdo do texto-fonte: Para a garotada de férias Clube Cine Roberto Arlt Güemes 2311 Rosario oferece o melhor cinema infantil Sábados 17 horas Domingos 16 h 19 de julho e 20 de julho Pequenos Espiões 3 Tom e Jerry bônus contribuição $ 2 apresentando este cupom $ 1,5. Não jogue papel na rua. (N.T.)

ILUSTRAÇÃO 1
Texto-fonte (TxF)

> Para los chicos en vacaciones Club Cine Roberto Arlt Güemes 2311 Rosario brinda el mejor cine infantil Sábados 17 horas Domingos 16 hs 19 de julio y 20 de julio Miniespías 3 Tom y Jerry bono contribución $ 2 presentando este volante $ 1,5. No arrojar este volante en la via pública.

Para começar se solicitava a cada par foi: "leiam-no para saber o que é". Todas as crianças usaram a denominação *volante* [filipeta], provavelmente porque este termo aparece no enunciado de caráter nominativo com o que finaliza TxF; somente alguns solicitaram esclarecimento sobre as características deste tipo de suporte. Imediatamente, perguntava-se a eles: "o que teria que ser feito para imprimi-lo como filipeta?" Na situação de entrevista as crianças eram estimuladas a discutir as diferentes opções. Recorreu-se aos pares de crianças para favorecer os intercâmbios e a explicitação das razões de uma determinada escolha. As sucessivas mudanças introduzidas no texto pelas crianças foram sendo salvas até se obter uma versão que elas achassem satisfatória. As entrevistas realizadas foram gravadas em áudio e transcritas. As intervenções do entrevistador se limitaram a sugerir a explicitação das decisões tomadas, a incitar a participação de cada um dos membros do par e, em escassas ocasiões, a responder às perguntas sobre o comando a ser utilizado para obter o efeito desejado.

O corpus de textos obtidos está constituído por todas as sucessivas versões produzidas pelas crianças. As versões finais constituem um corpus de 50 textos produzidos por 10 pares de cada uma das 2ª e 6ª séries, cujas idades estão compreendidas em uma faixa de 7 a 11 anos e 9 meses. Neste capítulo nos ocuparemos exclusivamente destas versões finais.

O texto publicitário apresentado às crianças, que aparece na Ilustração 1, é o texto de uma filipeta de distribuição domiciliar e de rua que transcrevemos eliminando todas as marcas de *composição*, e conservando os pontos e as maiúsculas associadas a esses pontos.

Esta propaganda reúne características próprias de qualquer filipeta (formato e suporte) e outras específicas (aspectos enunciativos que quase não são mencionados aqui):

a) a respeito do *formato*, não corresponde a um formato estável, o que implica ampla liberdade quanto às alternativas de desenho e emprego de recursos gráficos, ainda que restritos pelo tipo de suporte sugerido e os modos de circulação que este supõe;

b) a respeito do *suporte*, não se trata de um "página" de um livro, mas de uma folha solta, em geral de dimensões reduzidas;

c) a respeito dos *problemas enunciativos* específicos que coloca, é preciso destacar a articulação em um mesmo espaço textual de diferentes enunciatários e posições enunciativas.

Este texto destinado a ser uma filipeta corresponde a um tipo de publicidade *promocional*. Trata-se de um convite para cinema que reúne indicações precisas de lugar, custo e horários — com a presença de números — e escassos recursos de persuasão. A primeira parte do texto, de índole informativa e persuasiva, contrasta com a impessoalidade do infinitivo empregado como núcleo organizador do último enunciado, imperativo e prescritivo. Este último enunciado remete a outro contexto (a rua) e a outro propósito, ao aludir a outra prática social: dado o caráter descartável da filipeta, é comum se desfazer deste tipo de publicidade.

No nível enunciativo, poderia ser apontado o deslocamento à posição inicial do elemento regido (para as crianças em férias), deslocamento feito com referência ao verbo *brindar* [oferecer] — referido ao cinema — com uma apelação direta a um "tú" [você] expresso como terceira pessoa que na realidade encobre *outro*, os pais ou adultos. Ou seja, os destinatários aparentes do objeto presidem o texto já que eles efetivariam o *consumo* dos filmes, questão reforçada exatamente pela necessidade de citar os filmes em questão, que são reconhecidos como próprios do público infantil. Portanto, do ponto de vista enunciativo, coloca a necessidade de construir dois tipos de destinatários (ou, mais precisamente, enunciatários): crianças e adultos.

Além disto, e em alusão direta aos adultos enquanto compradores reais da oferta, a referência ao preço e ao fato de que o mesmo se refere a um bônus de contribuição — denominação conotada como sem fins lucrativos — envolve uma estratégia de sedução, intensificada ainda mais pelo fato do desconto a ser aplicado ao se apresentar a filipeta.

O enunciado normativo final é introduzido por outra voz, menos amável, que remete a enunciados ligados à regulação de certas práticas sociais; a forma enunciativa empregada se dirige à efetividade do discurso: não sujar a rua/guardar os dados que fazem possível a aceitação da oferta. Assim se apela a um conhecimento compartido, *conhecimento do mundo ou enciclopédico* (Eco, 1979), que permite interpretar o conteúdo verbal como vender/consumir.

Em síntese, este texto se tornaria difícil, especialmente para as crianças de menos idade. Ao invés de ser uma desvantagem, isto nos permitirá indagar, através das soluções de edição, de que maneira as crianças detectam e interpretam essas distinções internas.

RECURSOS E PROCEDIMENTOS PARA ORDENAR E/OU RESSALTAR SEGMENTOS DO TEXTO

Tentamos interpretar os procedimentos empregados pelas crianças e os argumentos que explicitam, decidindo em que medida o que fazem e dizem tem o propósito de atender à *legibilidade* e/ou à *visibilidade* (as duas funções que, como já dissemos, definem a composição). Convém esclarecer como entendemos alguns termos recorrentes.

Recursos: os do sistema informático.

Procedimentos: uso dos recursos (isolados ou combinados).

Modos de intervenção: procedimento(s) utilizado(s) em um espaço de intervenção com certa intencionalidade (explícita ou inferida).

Espaços de intervenção: o texto em si, quando são produzidas modificações *dentro* do mesmo; *periferia*, os espaços que rodeiam o texto dado; as *bordas* correspondem aos extremos originais do texto-fonte.

Um mesmo recurso pode se converter em diferentes procedimentos segundo a intenção com que é empregado. Por exemplo, o uso de vírgulas em uma lista é uma pontuação provavelmente vinculada à *legibilidade* do texto, enquanto outro tipo de pontuação (sinais de exclamação ou parêntesis) pode se referir às tentativas de dar v*isibilidade* a certos aspectos textuais.

É necessário destacar que, em geral, cada texto editado exemplifica mais de um procedimento. À continuação faremos referência em particular aos procedimentos voltados a realçar algum segmento textual, ou seja, os que consideramos dentro da função de *visibilidade* atribuída à composição.

Este tipo de procedimento adquire particular relevância no texto publicitário que, orientado a persuadir, requer como primeiro passo *"fazer ver"*, fazer visível, fundamentalmente o produto, além de anunciar os benefícios do mesmo. Por isso não é estranho que o emprego de procedimentos para ressaltar segmentos *internos* do texto seja importante neste tipo de publicidade.

Observamos três tipos de procedimentos empregados pelas crianças para organizar e/ou ressaltar aspectos do texto dado (TxF):

1. Introduzir modificações tipográficas a partes do texto-fonte (ou à totalidade do mesmo).
2. Modificar a distribuição do texto no espaço gráfico através de recursos de espaçamento: introdução de entrelinhas, centrali-

zação, alinhamento à direita e/ou deslocamento de um segmento de texto dado.

3. Emoldurar um segmento de texto com sinais de pontuação como parêntesis, exclamação ou aspas (todos eles pares[ii] de sinais que "abrem" e "fecham").

Do corpus total (50 textos), 30 versões finais utilizam procedimentos de formatação para organizar a informação e/ou dar destaque a alguma parte do texto.

O procedimento empregado mais precocemente para ressaltar algum aspecto textual consiste na introdução de modificações que afetam a *tipografia* de algum segmento de texto no lugar em que este aparece, tais como *negrito* e *sublinhado*. É o que aparece na Ilustração 2, que mostra o trabalho de um par de 7 anos.

ILUSTRAÇÃO 2
Ana Paula (7;5) e Joel (7;3)

> Para los chicos en vacaciones Club
> Cine Roberto Arlt **Güemes 2311 Rosario**
> brinda el mejor cine infantil **Sábados 17 horas**
> **Domingos 16 hs 19 de julio y 20 de julio**
> Miniespías 3 Tom y Jerry bono contribución $ 2
> **presentando este volante $1,5. No arrojar este**
> **volante en la via pública.**

Ana Paula e Joel empregam recursos para ressaltar partes do texto dado. Só dois pares do grupo de menos idade fazem isto. Com *negrito* e *sublinhado* destacam informações que envolvem números (endereço do cinema, dias, horários e desconto). Exatamente os núme-

---

[ii] Pontos de exclamação, em espanhol, possuem indicação de início (¡) e fim (!). (N.T.)

ros são um dado importante para decidir que segmento destacar: "em todos os números que houver", afirma Joel; "para que saibam como vão ser as coisas/do que vai se tratar", diz Ana Paula. Apesar desta última afirmação, não destacam os nomes dos filmes com sublinhado. Ao contrário, estendem o sublinhado ao último enunciado de tipo normativo, com o qual reforçam a união do mesmo ao texto publicitário, questão que Joel justifica assim: "porque segue (o texto)/porque não tem que jogar as coisas na rua", diferentemente das crianças de mais idade que, como veremos, indicam a necessidade de distinguir este último enunciado do texto precedente propriamente publicitário. Além disto, Ana Paula e Joel encurtaram todas as linhas, mas sem destacar nenhum segmento de texto em particular. Este encurtamento está relacionado com as dimensões habituais de uma filipeta (papel de pequenas dimensões).

ILUSTRAÇÃO 3
Marianela (8; 8) e Lisandro (8; 5)

Para los chicos en vacaciones **Club Cine Roberto Arlt** Güemes 2311 Rosario brinda el mejor cine infantil Sábados 17 horas Domingos 16 hs 19 de julio y 20 de julio **Miniespías 3 Tom y Jerry** bono contribución $ 2 presentando este volante $ 1,5. No arrojar este volante en la via pública.

Na Ilustração 3, ao contrário, o emprego de *negrito* adquire outro sentido. Marianela e Lisandro, de oito anos, utilizam-no para destacar o nome do cinema e os filmes. Marianela afirma: "claro para mim é o cinema/tudo são palavras mais importantes e então é preciso ressaltá-las mais". Lisandro indica: "para que as vejam", enquanto Marianela confirma: "todo mundo as vê com esta letra". Esta afirmação torna-se coerente com o desejo de acrescentar cor "para que as pessoas fiquem atraídas".

Esta preocupação por *fazer ver* torna-se particularmente interessante e pertinente, já que um propósito da publicidade é exibir o produto. Neste caso, o emprego do recurso tipográfico revelaria compreensão da natureza do discurso publicitário.

No grupo de crianças de nove anos (4ª série) observa-se o emprego de negrito para destacar, além da enumeração dos filmes e o nome do cinema, outras informações como o endereço, os horários e o desconto oferecido. O negrito dentro do texto torna visível um ou vários segmentos do mesmo. Esse efeito pode ser intensificado com uma combinação de recursos, como a que aparece na Ilustração 4.

ILUSTRAÇÃO 4
Mariana (10;1) e Román (9;10)

Para los chicos en vacaciones Club Cine Roberto Arlt, Güemes 2311 Rosario brinda el mejor cine infantil Sábados 17 horas, Domingos 16 hs 19 de julio y 20 de julio Miniespías 3 Tom y Jerry bono contribución $ 2. Presentando este volante $ 1,5. No arrojar este volante en la via pública.

No texto de Mariana e Román (par de 5ª série), a *repetição* de um segmento do TxF em outro espaço gráfico, combinado com mudança tipográfica, produz um evidente efeito de realce. Em todos os casos em que as crianças copiam uma parte do texto, elas a recolocam na margem superior do mesmo, em forma de título.

Repetir uma parte do texto para dar relevância é uma coisa. Deslocar uma parte do texto para outra posição, também para dar relevância, mas sem repetir, é outra (ver Ilustração 5).

ILUSTRAÇÃO 5
Pamela (10; 6) e Germán (10; 5)

Club Cine Roberto Arlt

Para los chicos en vacaciones.
Güemes 2311 Rosario, Brinda
el mejor cine infantil. Sábados
17 horas Domingos 16hs, 19 de
julio y 20 de julio, Miniespías 3,
Tom y Jerry. bono contribución
$ 2 presentando este volante $ 1,5.
No arrojar este volante en la via pública. gracias

O texto de Pamela e Germán (par de 10 anos) evidencia o uso de *deslocamento*, já não de repetição, de um segmento do texto-fonte (o nome do cinema) a outra posição no espaço gráfico, para lhe dar destaque. Estas crianças, além disto, dão um formato gráfico especial à parte publicitária do TxF, distinguindo-a do enunciado normativo. O caráter imperativo deste último debilita-se pelo acréscimo de um agradecimento. O procedimento de deslocamento aparece esporadicamente nos pares de crianças de nove anos (dois casos) e de dez anos (só um), mas é frequente nos pares de onze anos (oito de dez pares o utilizam).

O *deslocamento* de um segmento textual supõe uma intervenção franca no TxF. Trata-se de um procedimento de reconfiguração espacial que afeta não só o formato, mas também o modo de organização discursiva. Por exemplo, na Ilustração 6 aparece o texto editado por Celina e Tiago, par de 9 anos.

ILUSTRAÇÃO 6
Celina (9;3) e Tiago (9;9)

Propaganda Cine:

Roberto Arlt
Para los chicos en vacaciones Club Cine brinda el mejor cine infantil. Sábados 17 horas Domingos 16 hs 19 de julio y 20 de julio. Película: Miniespías 3 Tom y Jerry bono contribución $ 2 presentando este volante $ 1,5 .4111736 llamando a este número se puede reserbar entrada. No arrojar este volante en la via pública.

Güemes 2311 Rosario

Estas crianças deslocaram o nome do cinema à margem superior do TxF, ligando-o ao título dado à filipeta; ao mesmo tempo, deslocaram à margem inferior do TxF o endereço do cinema. Assim, conseguiram destacar três tipos de informações importantes para a eficácia do texto vinculadas entre si: a natureza do mesmo (propaganda), o nome do cinema e o endereço.

O deslocamento aparece também acompanhado de outros recursos: negrito, sublinhado, mudança de tipo, modificação do tamanho de letra, espaçamento entre linhas, alinhamento de uma parte do texto à direita e/ou centralização do texto ou de parte dele, sinais de pontuação.

ILUSTRAÇÃO 7
Micaela (11;7) e José (11;8)

Para los chicos en vacaciones

Club Cine Roberto Arlt

¡Brinda el mejor cine Infantil! Sábados 17 horas, Domingos 16hs. 19 de julio y 20 de julio Miniespías 3 y Tom y Jerry. Bono contribución $ 2 presentando este volante $ 1,5.

Güemes 2311 Rosario
No arrojar este volante en la via pública

Na Ilustração 7, Micaela e José (11 anos) mostram-nos o emprego conjunto de diferentes procedimentos de destaque: vários deslocamentos, uso de negrito, mudança de tipo, sublinhado e pontuação. Através destes procedimentos eles reconfiguram o espaço gráfico, conseguindo hierarquizar as informações, enfatizar a oferta e localizar em um espaço próprio o enunciado normativo.

O uso de pontuação como marca de destaque aparece também no caso de Aldana e Carlos (Ilustração 8). Eles colocam entre parênteses o enunciado normativo.

ILUSTRAÇÃO 8
Aldana (9;11) e Carlos (10;5)

Para los chicos en vacaciones:

Club Cine Roberto Arlt Güemes 2311 Rosario;

brinda el mejor cine Infantil. Sábados 17 horas, Domingos 16hs. 19 de julio y 20 de julio Miniespías 3 y Tom y Jerry.

Bono contribución $ 2. Presentando este volante $ 1,5.

(No arrojar este volante en la via pública.)

É útil contrastar as Ilustrações 7 e 8. A formatação da Ilustração 7 dá visibilidade a certos segmentos do texto, enquanto a formatação da Ilustração 8 privilegia a organização das informações para a leitura, sem destacar nenhuma em particular. Aldana e Carlos levam em conta também o tamanho atribuído ao suporte, porque, como diz Aldana: "para mim uma filipeta alongada fica melhor". Assim procuram coordenar a atenção à *legibilidade* e às características materiais atribuídas ao suporte. O uso de parêntesis, segundo Carlos, se justifica porque: "com o parêntesis alertamos".[6] É visível que este par faz um uso abundante da pontuação: parêntesis, dois-pontos, vírgulas, ponto e vírgula. Estas pontuações variadas junto com as mudanças de linha, que tentam organizar a informação, dão mais legibilidade ao texto. Mas os parêntesis colocam o enunciado normativo em outro lugar discursivo.

Quantos pares introduzem uma diferenciação gráfica para o enunciado final, de caráter normativo? Essa distinção é expressa em apenas um texto do grupo de 9 anos e três textos do grupo de 10 anos. Aparece, porém, em nove dos dez textos das crianças de 11 anos.

Essas crianças de 11 anos podem editar este texto de forma muito elaborada. Um exemplo disto aparece na Ilustração 9.

ILUSTRAÇÃO 9
Jorgelina (11;5) e Federico (11;9)

¡Para los chicos en vacaciones!
Club Cine Roberto Arlt Güemes 2311
¡Rosario brinda el mejor cine Infantil!

Sábados 17 horas. Domingos 16hs. 19 de julio y 20 de julio
Miniespías 3 Y Tom y Jerry. *Bono contribución $ 2 presentando este volante $ 1,5.*

No arrojar este volante en la via pública

Jorgelina e Federico transfiguram o texto e o espaço gráfico. O enunciado normativo aparece ressaltado, paradoxalmente, por sua exclusão mediante o emprego de tipo menor e por fora da linha que contém informações importantes para a principal finalidade discursiva do texto. Distinguem-se três espaços textuais que refletem diferenças discursivas: dois espaços hierarquizados, inerentes ao texto publicitário; o outro, normativo, inscreve-se claramente em outro plano discursivo e um espaço gráfico marginal. Estas crianças conseguem articular as duas funções atribuídas à composição: *dar a ler e fazer ver,* em conjunção com a natureza do suporte proposto. O desdobramento de recursos evidenciado conduz não só à produção de um texto mais de acordo com as convenções atuais, mas também à reconstrução da natureza discursiva específica do texto, em função da qual se empregam os recursos.[7]

COMENTÁRIOS FINAIS

Ao início deste trabalho evidenciamos a oportunidade de adotar um "olhar positivo" com relação às possibilidades das crianças para editar um texto. Também destacamos que, ao permitir-lhes assumir a posição de editores frente a um texto, estaríamos dando-lhes a possibilidade de expressar, através da ação, o que sabem sobre os formatos gráficos de circulação social e a maneira que interpretam o texto como tal. Os resultados mostram que estávamos no rumo certo. Existe uma evolução clara nos procedimentos de formatação para organizar a informação e/ou dar destaque a alguma parte do texto. Isto é conseguido por apenas dois pares de 7 anos; quatro de 8 anos; sete de 9 anos; outros sete de 10 anos e a totalidade dos pares de 11 anos. Organizar as informações e ao mesmo tempo destacar, mantendo-se nos limites do texto--fonte, é algo que recém se consegue aos 11 anos. Mas é incrível que ocorra nessas idades, já que não se trata de um conteúdo curricular nem de competências informáticas treinadas no contexto escolar.

Por outro lado, se todas as crianças identificam o gênero publicitário no qual o TxF se inscreve, o reconhecimento de um enunciado normativo, que deve ser distinguido do texto principal, instala-se progressivamente: nenhum dos pares de 7 e 8 anos o faz; apenas um de 9 anos, quatro de 10 anos e nove dos dez pares de 11 anos conseguem. Este dado é importante porque, ao diferenciar o enunciado normativo do texto propriamente publicitário, as crianças evidenciam uma compreensão pertinente das duas partes do TxF, distinguíveis através de suas propriedade discursivas.

Ao analisar o texto apresentado às crianças no monitor (um texto que não criamos para esta pesquisa, mas que pegamos da rua), expressamos que este texto se tornaria difícil, especialmente para as crianças de menos idade. Também dissemos que, ao invés de ser uma desvantagem, isto poderia enriquecer os resultados. Se o texto tivesse sido mais simples, provavelmente não teríamos permitido que as crianças expressassem, através da formatação, as distinções que são capazes de realizar.

Com relação aos antecedentes imediatos deste trabalho — pesquisas realizadas com a mesma técnica, mas com outros tipos de texto — os dados aqui apresentados corroboram que as mudanças tipográficas, a pontuação e o espaçamento são recursos privilegiados pelas crianças, mas, além disto, fornecem novos dados. Por um lado, evidenciamos que o mesmo recurso pode dar origem a procedimentos diferentes segundo se vincule a intenções relativas à legibilidade ou à visibilidade e, por outro lado, documentamos possibilidades diversificadas e surpreendentes de uso do espaço gráfico.

A utilização do processador de textos associado a um comando que proponha a atuação das crianças como editoras — a partir do texto apresentado de forma contínua no monitor — mostrou-se sumamente proveitosa. Em outras pesquisas, em andamento, usa-se a mesma técnica com outros tipos de texto. É evidente o interesse de relacionar os dados obtidos com idades similares com outros tipos de textos que respondem a formatos sociais mais consensuais (uma poesia ou uma receita de cozinha, por exemplo). Não conhecemos outros trabalhos que coloquem problemas similares.

Quando se fala de utilizar um computador na escola, sem entrar na internet, em geral são propostas tarefas restritas. O teclado que comanda o processador de texto não é o de uma máquina de escrever. Sua aparência é a mesma, mas suas funções são outras. Sem lugar a dúvidas, é positivo que as crianças aprendam redigir em computador, a revisar seus próprios textos, a corrigir os seus próprios ou os de seus companheiros, também no computador. O que este trabalho mostra é que, além disto, elas podem assumir a função de editor, uma opção disponível para qualquer usuário da língua escrita. Dada a possibilidade de mudar à vontade, eliminar as mudanças e voltar a uma versão anterior, a formatação oferece um espaço lúdico apreciado pelas crianças. As crianças estudadas não só fizeram coisas surpreendentes, como se divertiram durante a realização.

No entanto, a tarefa de formatação supõe muito mais que brincar com os comandos e reconhecer recursos gráficos pertinentes. Também é preciso ler o texto e compreendê-lo para poder formatá-lo de uma forma que vai além do que tradicionalmente se designa com o termo "compreensão leitora". Todas as crianças leram e compreenderam o texto-fonte, mas o resultado da formatação expressa outro nível de compreensão: uma hierarquização das informações, mas também a identificação de propriedades discursivas do texto publicitário, vinculadas com a circulação social deste tipo de mensagens. As crianças não falaram destes saberes, nem com seus companheiros nem com o adulto. Evidenciaram-nos através da ação.

Sobre este último ponto gostaríamos de concluir. Nas pesquisas sobre compreensão de linguagem (oral ou escrita), é desejável que o dado a ser analisado não seja homogêneo com o objeto de indagação. Dito de outra maneira, que a compreensão se mostre em ato e não unicamente através de verbalizações. As ações devem ser adaptadas à idade dos sujeitos estudados.[8] Mas as ações também podem se apoiar em desenvolvimentos tecnológicos. O uso do processador de textos como instrumento de formatação é possível a partir dos 7 anos, ou talvez antes. As crianças apresentadas neste trabalho têm acesso escolar a este instrumento. Aquelas que não têm, adquirem certas competências informáticas sobre os comandos básicos em poucas sessões de treinamento. Além disto, a disseminação dos saberes práticos vinculados às tecnologias digitais avança de maneira surpreendente. Portanto, sugerimos que novas tarefas de compreensão de textos, de graus variados de dificuldade, podem ser imaginadas com o uso de tecnologias disponíveis no mundo social.

Textos com dificuldades sintáticas ou discursivas específicas podem ser propostos a alunos de diferentes idades com instruções variadas, mas procurando fazer com que, ao atuar no monitor, informem sobre a compreensão do texto, sem responder às clássicas perguntas de "compreensão leitora". Em poucas palavras, estamos sugerindo que a técnica utilizada é potencialmente utilizável para uma gama variada de questões de pesquisa.

Notas

1. "Donner à lire et donner à voir, les deux fonctions de la mise en page, n'exigent pas les mêmes qualités" (Delord, 2001, p. 13).

2. Expressão que se emprega atualmente para designar as gerações que nasceram com as novas tecnologias da comunicação e da informação instaladas nas práticas habituais da sociedade.

3. Isto coloca uma configuração polifônica na qual o enunciador empresta sua voz a outras vozes de maneira que a voz anunciante é identificada na figura de um patrocinador ou anunciante específico.

4. Conforme destaca Filinich (2005), uma vez que o ato de discurso é um ato eminentemente dialógico, o vínculo entre os dois sujeitos da enunciação foi tratado na semiótica estândar como uma relação de manipulação. Este conceito se refere, no nível enunciativo do discurso, àquela atividade exercida por ele, enunciador-destinador, para conseguir a adesão do destinatário. De maneira que a noção de manipulação remete à forma geral do fazer-fazer que opera na dimensão cognoscitiva e se manifesta através de figuras caracterizadas como: cominação ou ameaça, persuasão, provocação ou desafio, sedução, entre outras possíveis.

5. Segundo destaca Kerbrat-Orecchioni (1983, p. 22): "É denotado o significado definitivo de uma palavra. Os significados conotados são sugeridos e constituem um

'plus' de informação que se acrescenta à denotação de uma palavra." Por sua vez, Maingueneau e Charaudeau sustentam que "ainda que sejam logicamente segundas, as conotações não são, por isso, secundárias com relação aos conteúdos denotativos: desempenham um papel fundamental no discurso corrente [...] assim como em outros gêneros discursivos como o discurso publicitário ou o discurso literário" (Maingueneau e Charaudeau, 2005, p. 119-120).

6. Esta observação de Carlos remete a outro problema: a conceitualização das crianças sobre os sinais de pontuação. Ver, a este respeito, Ferreiro, Pontecorvo et al. (1996, cap. 4), além do capítulo 13 neste livro.

7. Em função do foco deste capítulo, não consideramos outros procedimentos empregados pelas crianças. Por exemplo, a inclusão de desenhos se concentra nos trabalhos de crianças de 7 anos (2ª série); ao contrário, a incorporação de enunciados de caráter sedutor, ampliador ou explicativo do TxF, concentra-se nas de 8 anos (3ª série). Os tipos de intervenções assinaladas não aparecem, em geral, de maneira simultânea nem conjunta: aos 7 anos opta-se por uma só modalidade de intervenção no texto, ou seja, que a adoção de uma — prioritariamente o desenho — exclui outras; de 8 a 11 anos observa-se uma desaparição progressiva do desenho e a combinação e diferenciação de modos de intervenção, cada vez mais centrados na formatação.

8. Por exemplo, Ferreiro (1971) utilizou a técnica de representar com brinquedos a interpretação de certos enunciados orais vinculados com sucessão temporal e simultaneidade. Essa mesma técnica (desenvolvida previamente por Hermine Sinclair) foi empregada com êxito com outros tipos de enunciados, permitindo que as crianças expressassem em ação e sem palavras sua compreensão de ditos enunciados.

17

Produção e revisão de epígrafes em situação didática com crianças de 7 e 9 anos

Mirta Castedo e Emilia Ferreiro

O presente capítulo é uma nova redação e tradução parcial de dados publicados previamente em:

CASTEDO, Mirta; FERREIRO, Emilia. Young children revising their own texts in school settings. In: BAZERMAN, C. et al. (Eds.). *Traditions of writing research*. New York: Routledge, 2010. p. 135-150.

CASTEDO, Mirta. Scrivere su se stesso come se fosse un'altra persona. Revisione della posizione del soggetto dell'enunciazione nella produzione di un testo descrittivo del quale l'autore è personaggio. *Rassegna di Psicologia*, v. XVIII, n. 1, p. 107-132, 2001.

INTRODUÇÃO

A REVISÃO

Revisar um texto próprio já traduzido (ou em processo) é uma prática cultural habitual e indispensável em numerosos contextos. Através da revisão é possível adequar o registro linguístico às situações comunicativas, modificar expressões em função de propósitos e destinatários, resolver problemas colocados pela passagem da oralidade à escrita, evitar ambiguidades não desejadas e repetições, alterar a força de elocução de um argumento. Para fazer essas modificações é preciso reler, comparar com outros textos (próprios e alheios), perguntar a outros ou fazer outros lerem, consultar textos de apoio (por exemplo, dicionários ou gramáticas).

Consideramos que saber revisar textos é uma prática de escritor que faz parte do saber escrever em nossa cultura[1] e deve, consequentemente, constituir-se em conteúdo de ensino. Algumas propostas e experiências didáticas relativamente recentes incluem as situações de revisão de textos como situações didáticas, mas ainda é matéria de discussão quais conceitos intervêm na atividade de revisar e que usos os escritores fazem desses conceitos ao pensar, reler e escrever.

As crianças não são escritores expertos nem possuem um conhecimento sistematizado sobre as estratégias discursivas e recursos linguísticos que lhes permita controlar e adequar sua produção enquanto a estão revisando. A revisão não é espontânea, "o processo de revisão parece difícil e os escritores debutantes raramente a realizam. A revisão implica um alto nível de desenvolvimento das operações de escrita e leitura" (Negro e Chanquoy, 2005, p. 108). A tarefa é difícil, sem lugar a dúvidas, mas é útil considerá-la a partir de uma perspectiva evolutiva. Sob certas condições, como veremos, as crianças de ensino fundamental podem revisar seus textos e aprender sobre a linguagem escrita através do processo de revisão.

As crianças utilizam a revisão do escrito para construir conhecimentos sobre a linguagem que, em algum momento e sob certas condições, poderiam sistematizar. Indagar estas situações com detalhes suficientes permitiria precisar alguns dos conhecimentos que a atividade de revisar possibilitaria construir.

AS EPÍGRAFES

O processo de revisão varia em função do gênero. Portanto, é preciso justificar o texto escolhido para ser produzido, revisado e editado. No caso da pesquisa que relatamos aqui, trata-se de epígrafes para um álbum de fotos de família.

Escolhemos solicitar a produção de epígrafes de fotos familiares por se tratar de textos breves, que podem ser revisados em sua totalidade mesmo por crianças pequenas. Permitem que cada aluno escreva sobre fatos vividos, pessoas com as quais mantém relações de parentesco ou amizade, lugares onde esteve e, o que é mais importante, sobre si mesmo. Ou seja, o conteúdo a comunicar é de grande proximidade para o aluno. Mas mesmo assim, a escolha dos meios linguísticos para expressar esse conteúdo exige um importante esforço de descentração porque cada criança teria que escrever sobre si "para outros", já que essa escrita estava destinada a um leitor que não estava incluído na foto, nem mantinha relações de parentesco com as pessoas fotografadas.

Estas epígrafes são textos breves, informativos, vinculados a uma imagem. Textos similares podem ser encontrados em livros de texto, enciclopédias, revistas e jornais, bem como em mostras fotográficas, pictóricas e museus. Em geral, trata-se de textos destinados a uma ampla circulação social de caráter jornalístico ou de divulgação científica, histórica ou artística. Esses textos informam, expõem, descrevem ou explicam aspectos dos objetos ou acontecimentos vinculados com a foto, ilustração ou imagem a que se referem. As informações fornecidas pelo texto e pela imagem precisam se complementar: a epígrafe não precisa informar aquilo que a imagem mostra, mas ampliá-lo, contextualizá-lo, explicá-lo ou especificá-lo; a imagem, por sua vez, proporciona elementos que dificilmente podem ser expressos por palavras.

Enquanto a foto fixa um fragmento da realidade, a epígrafe restringe as possibilidades de interpretação; ao identificar um acontecimento, especificar uma data ou dar nome próprio a um indivíduo ou a um lugar, algumas interpretações dentre as muitas possibilidades são anuladas. Neste sentido, a epígrafe cumpre a função oposta à ilustração da escrita. A ilustração ancora o sentido da escrita enquanto a epígrafe ancora o sentido da imagem.

A epígrafe é um texto descritivo vinculado a uma foto. O núcleo temático destas descrições é uma cena fotográfica cujo tema-título pode permanecer implícito ou fazer-se explícito ao início — caso em que orienta a interpretação e fixa a legibilidade do enunciado — ou ao final da produção (Adam e Petitjean, 1989). Predominantemente, em oposição às narrações, a descrição "... dispõe seus termos sobre o eixo da simultaneidade, separa o objeto da sucessividade temporal e propõe como uma duração ou como um sistema de possibilidades transformacionais já realizadas. A descrição nos dá a ideia de objeto como uma totalidade. [...] é um procedimento discursivo que faz de um objeto um espetáculo" (Dorra, 1989, p. 260). Segundo Hamon (1991), o descritivo, mais que um tipo de texto é um certo efeito do texto, provocado em parte pela denominação minuciosa e justaposta dos referentes identificados, neste caso, da foto. Assim caracterizados, estes textos constituem algo bem diferente das narrações e das argumentações.

ORGANIZAÇÃO DAS SEQUÊNCIAS DIDÁTICAS PARA A OBTENÇÃO DOS DADOS

A partir dos trabalhos bem conhecidos de Hayes e Flower (1980) e Bereiter e Scardamalia (1987), há um consenso progressivo sobre a necessidade de desenvolver sequências didáticas onde os diferentes momentos do processo de escrita tenham um tempo de ensino e um desenho de situações específicas (Allal e Chanquoy, 2004; Camps, 1989, 1996, 2003; Dolz e Schneuwly, 1998; Garcia-Dbanc, 1983; Ribas, 2001; Schneuwly e Bain, 1998; Teberosky, 1992; Tolchinsky, 1993).

Desenhamos uma sequência de atividades para observar processos de revisão de textos breves, produzidos em um contexto escolar, por crianças de 7 e 9 anos. A sequência planejada compreendia 11 situações a serem desenvolvidas pelas professoras em 8 semanas, com quatro grupos escolares de duas escolas diferentes (dois grupos de segunda série e dois de quarta) na cidade de La Plata, Argentina. Os grupos eram numerosos: entre 32 e 38 alunos cada um.

Cada criança forneceu quatro fotos de família para o álbum:

1. uma foto atual da família em que o aluno se encontrava incluído;
2. uma foto atual de toda a família, sem o aluno;
3. uma foto antiga da família, anterior ao nascimento do aluno;
4. uma foto em que o aluno aparece ainda bebê.

A sequência didática compreendia as seguintes situações:[2]
a) acordos no grupo sobre o propósito da tarefa, os destinatários e o produto a ser obtido; exploração e leitura de epígrafes em jornais e revistas;
b) produção individual das epígrafes para as quatro fotos (diferentes para cada criança);
c) revisão coletiva de algumas epígrafes produzidas para a primeira foto;
d) revisão dessas mesmas epígrafes em pequenos grupos;

e) situações similares de revisão para cada uma das três fotos restantes;
f) finalmente, edição do álbum.

Para as crianças, o sentido da tarefa foi conhecer mais sobre as histórias familiares próprias e as de seus companheiros, e conservar a memória através de uma produção escrita associada às fotos. Ao ser difundido entre todas as famílias, os leitores não só seriam as crianças que participaram da escrita, mas também os familiares que desconheciam os comentários e conversas suscitadas durante o processo. Este fato condicionou e justificou grande parte das decisões que foram tomadas ao escrever.

Analisar outras epígrafes

A primeira situação didática consiste em concordar que tarefas o grupo vai realizar para montar o álbum. Uma vez determinadas as tarefas, as crianças são convidadas a ler materiais onde aparecem epígrafes de fotos, procurando alguns que possam ser parecidos aos que devem ser produzidos. Para esta atividade, a professora recorre a epígrafes de fotos aparecidas em jornais e revistas (notas esportivas, de espetáculos e de atualidade). Estes materiais apresentam diversidade de estilos de escrita de epígrafes. As características comuns são a brevidade, o predomínio da descrição (por oposição à narração) e a relação não especular com a imagem. Durante essas aulas, a docente intervém fundamentalmente para ressaltar os aspectos comuns e sugerir um estilo denotativo no álbum a ser produzido.

A partir destas buscas e comparações, as crianças tomam algumas decisões sobre como vão escrever suas próprias epígrafes. Referem-se ao conteúdo a escrever e vinculam esse conteúdo com o que não está explícito na foto. Os alunos afirmam que a epígrafe explica o que não se vê de uma foto, quem está, onde estão, o que ocorre. Incluem nestas explicações dados sobre o acontecimento da foto (quem aparece, como se chamam, que parentesco eles têm entre si, o que estão fazendo, onde e quando), assim como dados biográficos dos fotografados (idade, data de nascimento, ocupação).

Revisões coletivas e em pequenos grupos (equipes)

A partir destes acordos, as crianças produzem a primeira versão de suas epígrafes para todas as fotos. À continuação, sucedem-se oito aulas nas quais são revisadas cada uma das quatro fotos: primeiro são revisadas coletivamente a textualidade produzida por algumas crianças para a primeira foto (situação de revisão coletiva) e, na aula seguinte, os alunos se dividem em grupos de três para se ajudarem entre si a revisar a mesma foto pertencente às três crianças de cada equipe (situação de revisão em equipes). Faz-se o mesmo com cada uma das fotos, de forma que todas as epígrafes tenham sido revisadas antes de passar à edição do álbum.

Durante as situações de revisão coletiva procura-se explicitar os problemas decorrentes da interpretação do escrito por parte das crianças que não são autoras do mesmo. Deste modo, os autores são levados a interagir com leitores potenciais. A docente transcreve na lousa uma ou duas produções normalizadas de seus alunos, ou seja, corrige os erros de ortografia, as segmentações entre palavras e algumas formas de letras que possam dar espaço à incompreensão por parte das crianças. A normalização é uma decisão didática utilizada com o propósito de centralizar as reflexões dos alunos na linguagem escrita. Sabe-se que quando a escrita tem problemas gráficos ou formais, que dificultam sua compreensão e/ou excessiva quantidade de erros de ortografia, as crianças se centram "naturalmente" nestas questões, fato que impede avançar ou ao menos dificulta a revisão da estrutura do texto, as formas retóricas, o léxico, o próprio conteúdo (Teberosky, 1992).

As epígrafes escolhidas para a revisão coletiva são representativas de diferentes formas de apresentar a informação. A instrução geral é formulada nos seguintes termos: "Vamos ler estas epígrafes e ver se assim já estão bem ou se achamos que podemos dar alguma sugestão para que mudem algo. Não podemos esquecer que vão ser lidas por pessoas que não sabem tudo o que nós sabermos sobre as fotos."

Inicialmente, as declarações sobre os problemas colocados são difusas, mas progressivamente se fazem mais precisas. A princípio as opiniões das crianças fazem alusão a que "não se entende", sem maiores explicações sobre o que não é entendido e como solucioná-lo. À medida que o trabalho vai avançando, os julgamentos vão ficando mais precisos: "si ponés YO, ¿cómo se sabe quién es YO?" [se você põe "eu", como se sabe quem é "eu"?].

Nas revisões coletivas, tenta-se compartilhar saberes que muitas vezes são elaborados por algumas crianças da série, mas não por todas. Espera-se que o intercâmbio, a explicitação dos problemas, a avaliação de alternativas de solução, criem progressivamente maiores possibilidades para todos.

As revisões coletivas são o momento de maior intervenção do docente, tanto para apontar problemas não percebidos pelas crianças como para sistematizar algumas soluções que já foram compreendidas por todos. É, assim mesmo, o momento privilegiado em que o adulto age como "modelo" de escritor que revisa um escrito, colocando à disposição das crianças uma série de atitudes e estratégias que não são observáveis a partir do produto escrito. Por exemplo: diante de uma proposta das crianças para modificar o texto, aponta a necessidade de "experimentar como fica", sempre pensando em um leitor que desconhece as crianças do grupo; perante um problema para o qual não se vê solução, propõe voltar aos modelos de textos de que dispõem para procurar alguma forma de escrever que sirva para o caso; pode também pedir às crianças que antes de introduzir uma modificação terminem de ler todo o texto. Ou seja, trata-se de intervenções que mostrem estratégias de revisão como, por exemplo, introduzir mudanças levando em conta o leitor, consultar outros escritos ou levar em conta o texto completo antes de decidir modificações pontuais. Em qualquer caso, é o autor do texto quem decide aceitar ou recusar as modificações propostas. (Na nota final pode ser vistos os detalhes das intervenções docentes.[3])

As revisões coletivas se alternam com a revisão em equipes. As crianças, distribuídas em equipes de três, discutem entre si suas próprias produções para cada uma das fotos, realizadas individualmente. Procura-se gerar um trabalho similar ao anterior, mas sem a intervenção direta e constante do docente. Também aqui é o autor que se reserva o direito de introduzir modificações em sua escrita, em função daquilo que quis expressar. A instrução geral coloca o seguinte: "Os companheiros de equipe vão se reunir para ver o que cada um fez. Como fizemos na lousa, vão ler cada epígrafe e ver se assim está bem ou se acham que é preciso acrescentar ou mudar algo. Não se esqueçam de que vai ser lido por pessoas que não sabem tudo o que vocês sabem sobre as fotos."

Trata-se de devolver às crianças a responsabilidade da tarefa de revisão. A professora poderá observar o quê, como e quanto do trabalhado grupalmente é compreendido por cada uma das crianças. Se os grupos solicitam apoio à docente, sua intervenção se limita a colaborar para que considerem algum aspecto da resolução do problema que não estão levando em conta ou lembrar que já resolveram um problema similar em outra oportunidade, abstendo-se de resolver diretamente o problema.

A posição do sujeito da enunciação

Durante as revisões coletivas foi dada ênfase à seguinte restrição: o álbum circularia entre as famílias e, portanto, as referências às pessoas presentes na foto deviam evitar a primeira pessoa gramatical (um leitor externo não pode saber qual é o referente de "meu pai" ou de "eu" se todas as crianças empregam essas expressões). Portanto, trata-se de uma situação peculiar em que é preciso falar de si mesmo em terceira pessoa gramatical. Algumas crianças reformularam eficazmente o comando da docente nestes termos: "tem que escrever de você como se fosse outro".

A decisão sobre a pessoa da enunciação faz parte de múltiplas decisões, explícitas ou implícitas, que quem escreve assume. Para os escritores muito habituados a produzir gêneros específicos — como um jornalista que escreve uma notícia ou um tabelião que redige um contrato — tal posição está definida por parâmetros externos às suas intenções pessoais: assume-se a pessoa estabelecida pelas convenções de um lugar e um tempo dados. Mas em muitos outros casos, esta decisão é mais flexível.

Decidir qual vai ser a posição do enunciador dentro do texto e sustentá-la durante todo seu desenvolvimento é um dos problemas a enfrentar. Embora estas epígrafes possam se apresentar em primeira ou em terceira pessoa, a decisão didática tomada foi de solicitar às crianças que as fizessem em terceira pessoa por considerar que constitui um desafio para os alunos, exigindo-lhes tomar distância do que se enuncia ao fazer referências a experiências ou acontecimentos como feitos e saberes alheios a quem os enuncia. No contexto da tarefa esta decisão se justifica ao levar em conta o destinatário, que não pode identificar os indivíduos fotografados. O desafio é suscitado porque o enunciador é autor e protagonista ao mesmo tempo. Ou seja, não é o texto em si que define a necessidade de escrever em terceira pessoa, mas o lugar do leitor virtual desses textos.

Trata-se de textos em que se descreve algo da própria vida e a da família, "autobiográficos" em certo sentido, mas — como em muitas autobiografias — fala-se de si mesmo em terceira pessoa. O narrador assume distância frente ao personagem que ele próprio foi, desdobra-se de si mesmo. A propósito da autobiografia, Lejeune (1991) afirma que é um gênero onde a identidade do autor, o narrador e o personagem coincidem. O mesmo ocorre nas epígrafes que propusemos que as crianças escrevessem.

DADOS OBTIDOS

Foram obtidas 552 produções escritas (276 primeiras versões e um número idêntico de versões revisadas). As crianças de 7 anos produziram 262 epígrafes e as de 9 anos 290. Além disto, realizaram 40 observações de aulas de revisão (com dois observadores e registro de áudio somados às notas de campo).

Para facilitar a comparação, todos os exemplos que apresentamos à continuação correspondem às epígrafes da primeira fotografia (onde a criança aparece com alguns membros de sua família). No entanto, os resultados quantitativos que ilustram os gráficos incorporam os dados das quatro fotografias.

RESULTADOS

Na apresentação dos resultados levamos em consideração as seguintes perguntas:

1. As crianças se referem a si mesmas e aos membros da família usando a terceira pessoa gramatical? (Os resultados mostram que há uma influência decisiva dos processos de revisão.)
2. Podemos identificar diferenças no tipo de epígrafes produzidas de acordo com a idade e o processo de revisão? (Os resultados mostram uma tipologia sem influência dos processos de revisão.)
3. Qual é o impacto da idade e da revisão em equipes no uso da pontuação? (Os resultados mostram que há diferenças de pontuação nos textos em relação a ambas as variáveis.)
4. Quais são as observações mais frequentes que as crianças fazem aos seus companheiros durante os processos de revisão em pequenos grupos?

1) O uso da 1ª e 3ª pessoa gramatical

Em uma interação discursiva cara a cara, a referência ao "eu" não coloca problemas: *eu é quem fala*. Por escrito, a assinatura permite identificar esse "eu". A decisão didática de solicitar que as crianças escrevessem estas epígrafes em terceira pessoa justifica-se porque os destinatários devem ser levados em consideração, eles não podem identificar os indivíduos fotografados, já que o escrito não está assinado. O enunciador dever assumir distância diante do personagem que ele mesmo é, desdobrar-se de alguma maneira. Referir-se a si mesmo em terceira pessoa e por seu próprio nome é algo que as crianças já fizeram durante a aprendizagem da língua oral, mas aos 7 ou 9 já não o fazem. Por estas razões, as professoras trabalharam previamente com as crianças para definir explicitamente a posição que assumiria o enunciador em função da circunstância de comunicação. Apesar disto, muitas epígrafes — sobretudo de crianças de 7 anos em primeira versão — foram escritas utilizando a primeira pessoa, como se pode ver no Gráfico 1.

GRÁFICO 1

Uso da 1ª ou da 3ª pessoa gramatical em versão inicial e versão revisada

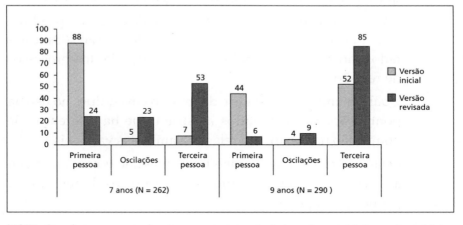

NOTA: Os valores correspondem às porcentagens calculadas sobre o total de versões iniciais e de versões revisadas para cada grupo de idade, considerando as quatro fotos.

Para categorizar os textos segundo a pessoa gramatical utilizada, consideramos os seguintes indicadores: uso do nome próprio do autor, pronomes pessoais, adjetivos possessivos e flexões verbais que evidenciam a pessoa assumida pelo enunciador. Deve ser levado em consideração que os pronomes pessoais não são obrigatórios em espanhol, já que as desinências verbais incluem marcas específicas para cada uma das pessoas gramaticais.

É evidente que tanto a idade dos alunos como a prática de revisão dos textos estão fortemente vinculadas com a possibilidade de resolver o problema colocado. Também há uns poucos textos que empregam ambas as pessoas ("oscilações"). O Gráfico 1 mostra que quase todas as versões iniciais das crianças de 7 anos estão em primeira pessoa (88%). Aos 9 anos, as versões iniciais em primeira pessoa se reduzem à metade (44%) mas a porcentagem é bastante elevada, o que mostra que a tarefa também não é simples para eles. Portanto, encontramo-nos ante um problema de escrita que evolui com a idade.

Adicionalmente, os processos de revisão favorecem notavelmente o tipo de reflexão necessária para conseguir se ajustar às exigências da tarefa. Em ambas as idades os textos em terceira pessoa se incrementam ao serem revisados: aos 7 anos a metade dos textos revisados (53%) estão em terceira pessoa; aos 9 anos, quase todos (85%). Se comparamos as versões revisadas do grupo de 7 anos com as versões iniciais do grupo de 9 anos, podemos observar que as crianças de 7 anos conseguem, através da revisão, a mesma porcentagem que as de 9 anos conseguem de início.

Vejamos alguns exemplos. Em todos os casos usamos Vi e Vr para indicar, respectivamente, versão inicial e versão revisada.[4]

Exemplo de texto em terceira pessoa:

El papá de Matias es el que tiene la remera verde que se llama Oscar, al lado del papá está Matias, la que esta al lado de Matias es la mamá, que se llama Marta, están en Brasil.

[O pai do Matias é o de camiseta verde que se chama Oscar, ao lado do pai está Matias, a que está ao lado do Matias é a mãe, que se chama Marta, estão no Brasil.]

(Matías, 7 anos, Vr).

Exemplo de texto em primeira pessoa:

Mi familia ellos son mi papá mi mamá y mis dos hermanos.
[Minha família eles são meu pai minha mãe e meus dois irmãos.]

(Nicolás, 7 anos, Vi)

Em alguns textos o autor oscila entre a primeira e a terceira pessoa. O próprio Nicolás melhora ao passar sua versão inicial para a terceira pessoa. No entanto, durante o mesmo processo de revisão, Nicolás decide acrescentar informação (o nome do lugar e as atividades que as pessoas realizam). O texto acrescentado à epígrafe aparece na primeira pessoa do plural (a mesma desinência verbal nos três verbos).

La familia ellos son el papá la mamá y los dos hermanos de Nico. Estamos en el zoológico de Buenos Aires. Vimos a los lobos marinos. a los patos y jugamos en unos juegos.

[A família eles são o pai a mãe e os dois irmãos de Nico. Estamos no zoológico de Buenos Aires. Vimos os lobos marinhos. os patos e brincamos em uns brinquedos.]

(Nicolás, 7 anos, Vr).

Os textos com oscilações aumentam durante a revisão com as crianças de 7 anos, o que mostra o quão difícil é para elas manter o atendimento às exigências da tarefa.[5] A análise das interações produzidas durante a revisão em equipe é sumamente valiosa para compreender esta dificuldade, como se pode ver no seguinte exemplo.

Inés, em versão inicial, escreve

*Acá estábamos en el cumpleaños de mi hermano que se llama Andrés
mi mamá Pamela y mi papá Gabriel
la torta era de Batman y cumplía dos años.*

[Aqui estávamos no aniversário do meu irmão que se chama Andrés
minha mãe Pamela e meu pai Gabriel
o bolo era do Batman e estava fazendo dois anos.]

Inés lê em voz alta seu texto e conclui: *Está bien, creo*. [Acho que está bom.]. No entanto, quando outra criança da equipe lê seu próprio texto, onde aparece a expressão *meu aniversário*, Inés faz uma objeção: *Tiene que hacer algo con el **mi** de mi cumpleaños. Poné el cumpleaños **mío***. [Tem que fazer algo com "meu" de meu aniversário. Põe o aniversário "meu".][i]

Inés volta, então, ao seu próprio texto e observa que escreveu três vezes o possessivo *mi*: *Mi, mi... el **mi** de mi hermano. Mi, mi, mi. Tres veces **mi** tiene. Me parece que habría que cambiarlo pero ¿qué pongo?* [Meu, meu... o "meu" de meu irmão. Meu, meu, meu. Tem "meu" três vezes. Acho que teria que mudar, mas o que ponho?] Um dos colegas, que acabava de resolver um problema similar em sua própria escrita, sugere: *Poné **el** hermano*. [Põe "o" irmão.] Inés aceita e muda *mi hermano* por *el hermano* ["meu" irmão por "o" irmão]. O problema parece resolvido, mas Daniel, outro membro da equipe, opõe-se: *¿El hermano de quién?* [*O irmão de quem?*]. *No dice **mi** pero ¿de quién es el hermano Andrés?* [*Não diz "meu" mas de quem é o irmão Andrés?*]. Inés aceita a objeção e acrescenta *"de Inés"* ao seu texto, obtendo o seguinte resultado: *el hermano de Inés que se llama Andrés* [o irmão de Inés que se chama Andrés].

O problema continua com os outros membros da família que aparecem no texto. Inés propõe substituir *mi* mamá por *la* mamá ["minha" mãe por "a" mãe], enquanto Francisco propõe *nuestra* mamá ["nossa" mãe], proposição que não é aceita por seus companheiros, embora não argumentem. Inés enuncia as mudanças que vai fazendo: *Acá pongo la mamá Pamela y pongo el, **el** papá Gabriel, en vez de **mi** papá Gabriel*. [Aqui ponho a mãe Pamela e ponho o, "o" pai Grabriel, ao invés de "meu" pai Gabriel.]

No entanto, realiza apenas a primeira das mudanças enunciadas. A professora chega e pede a Inés uma leitura em voz alta. Inés lê: *Acá*

---

[i] Observar que o possessivo anteposto (mi) ou posposto (mío) muda de forma, levando a criança a pensar que se trata de outra pessoa, esse traço se perde na tradução uma vez que essa diferença não existe em português. (N.T.)

estábamos en el cumpleaños de el hermano de Inés que se llama Andrés, la mamá Pamela y mi papá Gabriel. La torta era de Batman y cumplía dos años. [Aqui estávamos no aniversário do irmão de Inés que se chama Andrés, a mãe Pamela e meu pai Gabriel. O bolo era do Batman e estava fazendo dois anos.] Seu companheiro Daniel a elogia enfaticamente: ¡Está bárbaro! [Está fantástico!] Mas a professora se opõe: *Mas aí eu leio **meu** pai Gabriel e meu pai não é o que está na foto...* Inés muda *mi* por *el* ["meu" por "o"] embora não esteja totalmente satisfeita com tantas repetições da palavra *el* ["o"].

O exemplo mostra a distância que existe entre identificar o problema e encontrar uma solução para o problema identificado: mesmo quando as crianças parecem ser boas para reconhecer o que pode chegar a não ser entendido em seu texto, elas têm problemas tanto com o diagnóstico como com a solução dos problemas.[6] As crianças sabem que é preciso substituir o adjetivo possessivo *mi*, mas tentam soluções com um pronome possessivo da mesma pessoa gramatical (*mío*) ou com um adjetivo possessivo no plural, também em primeira pessoa (*nuestra*). A especificação do nexo de parentesco gera repetições da preposição *de* que também não satisfazem. Apesar de ter contado a quantidade de palavras que devem ser substituídas, as mudanças não são automáticas...

2) Tipos de epígrafes produzidas pelas crianças

A partir de um núcleo temático constituído pela cena fotografada, todos os alunos tiveram que resolver o problema de que elementos selecionar e como hierarquizá-los. As informações pertinentes são: quem está na foto, qual é o acontecimento que reúne essas pessoas, onde estão e, eventualmente, algum dado relativo à data. O problema é como organizar essas informações em um texto coerente. As crianças construíram *descrições da cena fotografada* utilizando algumas modalidades básicas.

2.1 Núcleos informativos

São textos que apresentam os traços mais relevantes do acontecimento fotografado. A informação refere-se ao acontecimento capturado na foto, e/ou o lugar e/ou o tempo em que o fato se deu. Em termos comparativos, estes são os textos mais breves do corpus, os que condensam a informação em poucos segmentos informativos ou dão informação mínima, como é o caso de Manuel.

Estoy en la puerta de mi abuela

[Estou na porta da minha avó]

(Manuel, 7 anos, Vi)

Gerardo, por sua vez, consegue condensar os dados mais significativos da cena em poucas palavras:

Gerardo y su familia están en Argentina festejando el cumple de Gerardo el día 19 de marzo de 1998.

[Gerardo e sua família estão na Argentina festejando o aniversário de Gerardo no dia 19 de março de 1998.]

(Gerardo, 9 anos, Vi)

2.2 Lista de pessoas

Basicamente são listas de construções que nomeiam as pessoas fotografadas, tomadas como referentes. As listas apresentam uma tendência à repetição de construções idênticas ou similares que se justapõem, conectam-se por conjunções ou se separam por pontuação. Distinguimos dois tipos de listas de pessoas. As listas simples e as complexas. Nas listas simples de pessoas os fotografados são identificados com nome ou parentesco. Um exemplo de lista mínima (em primeira pessoa):

Estoy con mi hermana y mi papá y mi mamá

[Estou com minha irmã e meu pai e minha mãe]

(Manuel, 7 anos, Vi)

Em muitos casos, as listas possuem ancoragens iniciais ou fechamentos, construções típicas dos núcleos que informam o acontecimento, lugar ou tempo, ou mesmo construções que servem para identificar coletivamente os indivíduos nomeados. Quando estas construções aparecem ao iniciar a lista, cumprem a função de colocar tema ou título à cena, orientando a interpretação e facilitando a legibilidade do enunciado. Um exemplo é Nicolás, já citado, em sua Vi, que utiliza a expressão *Mi familia* antes de iniciar a lista.

Mi familia ellos son mi papá mi mamá y mis dos hermanos.

[Minha família eles são meu pai minha mãe e meus dois irmãos.]

(Nicolás, 7 años, Vi)

Nas listas complexas de pessoas, as crianças acrescentam algo à identificação dos fotografados através do seu nome e/ou parentesco. As variantes registradas são: listas biográficas, listas de localização e listas combinadas.

2.2.1 Listas biográficas

São textos que apresentam dados biográficos das pessoas identificadas. Cada um dos indivíduos pode se pôr em relação com seu nome, sua ocupação, sua residência, sua data ou lugar de nascimento ou sua idade. Estas linhas biográficas também podem apresentar ancoragens iniciais ou fechamentos.

Em algumas listas biográficas, desdobra-se uma lista de indivíduos a respeito de quem se declara alguma propriedade, logo, reabre-se a mesma lista e a referência é a pessoa seguinte, até se esgotar toda a informação. Em outras, a partir de um indivíduo se afirma tudo o que pode ser informado sobre ele e, à continuação, passa-se ao seguinte, como no exemplo de Lucía (em primeira pessoa):

> Mi abuela se llama Ernestina no trabaja vive en Los Hornos y nació en La Plata. Yo me llamo Lucía estoy en la Anexa vivo en City Bell y nací en Neuquén. Mi papá se llama Eduardo se está por recibir de profesor de computadora vive en City Bell y nació en La Plata. Mi abuelo se llama Valentín hace tapices vive en Villa Gesel y nació.
> Mi otra abuela se llama Marta es veterinaria vive en Villa Gesel y nació.
> Mi bisabuela se llama Diana no trabaja vive en La Plata y nació. Mi tío se llama Julio.
>
> [Minha avó se chama Ernestina não trabalha mora em Los Hornos e nasceu em La Plata. Eu me chamo Lucía estou na Anexa moro em City Bell e nasci em Neuquén. Meu pai se chama Eduardo e esta a ponto de se formar professor de computador mora em City Bell e nasceu em La Plata. Meu avô se chama Valentín faz tapete mora em Villa Gesel e nasceu.
> Minha outra avó se chama Marta é veterinária mora em Villa Gesel e nasceu.
> Minha bisavó se chama Diana não trabalha mora em La Plata e nasceu. Meu tio se chama Julio.]
>
> (Lucía, 7 anos, Vi)

Quando Lucía não sabe o lugar de nascimento de alguém de sua família põe simplesmente que "nació" [nasceu]. Em duas ocasiões ocorre uma mudança de linha imediatamente após esse verbo, como se Lucía estivesse consciente de que falta um dado e deixasse lugar para preenchê-lo oportunamente.

2.2.2 Listas de localização

São textos organizados de tal forma que o leitor pode identificar quem é quem na foto; portanto, acabam ficando muito dependentes da imagem. Também podem apresentar ancoragens iniciais ou fechamentos. Ana exemplifica este caso, com um fechamento que expõe o acontecimento (*Estão no batizado de Ana*):

> *La que está a la derecha es Beatriz. El que tiene camisa a cuadritos es Franco. La que tiene vestido a cuadritos es Inés. El que está con corbata es el padrino de Ana. El que tiene pantalón celeste. Tania la prima de Ana está al medio de Inés, la de rulitos.*
> *La bebé es Ana.*
> *El que tiene camisa blanca es el hermano de Ana.*
> *La mamá de Ana tiene a upa a Ana.*
> *La que está a la izquierda es Amelia. El que tiene remera amarilla es el papá de Ana.*
> *La que tiene remera fucsia es Beatriz. Están en el bautismo de Ana.*

[A que está à direita é Beatriz. O que está com camisa xadrez é Franco. A de vestido xadrez é Inés. O que está de gravata é o padrinho de Ana. O que está de calça celeste. Tânia a prima de Ana está ao meio de Inés, a de cachinhos. O bebê é Ana. O de camisa branca é o irmão de Ana. A mãe de Ana está com a Ana no colo. A que está à esquerda é Amelia. O de camiseta amarela é o pai de Ana. A de camiseta rosa choque é Beatriz. Estão no batizado de Ana.]

Ana, 7 anos, Vr

2.2.3 Listas combinadas

Por último, há textos que constituem combinações dos dois tipos de listas precedentes. Por exemplo, Micaela abre uma lista biográfica referindo-se ao nascimento e parentesco com seu irmão; logo, refere-se ao lugar do acontecimento fotografado (*está en lo de sua abuela*); reabre uma lista mencionando dados que permitem localizar os fotografados; por último, reinicia uma lista biográfica, centralizada nas idades de três das pessoas fotografadas.

> *Nicolás nació el 28 de junio*
> *Nicolás es el hermano de Micaela*

están en lo de su abuela Nicolás es el que tiene una remera rayada con rayas azules y amarillas
el papá tiene gorra la mamá es la que tiene a upa a Micaela y ella está a upa de su madre
el hermano tiene 8 años la mamá 36 y el papá 36

[Nicolás nasceu em 28 de junho Nicolás é irmão de Micaela estão no da avó Nicolás é o que está de camiseta listrada com listas azuis e amarelas o pai tem boné a mãe é a que está com Micaela no colo e ela está no colo de sua mãe o irmão tem 8 anos a mãe 36 e o pai 36]

(Micaela, 7 anos, Vr)

2.3 Distribuição dos tipos de epígrafes entre Vi e Vr

O Gráfico 2 mostra que o processo de revisão não tem efeito no tipo de epígrafe produzida. Uma vez que as crianças escolhem determinado tipo de epígrafe, este permanece estável, mesmo quando as crianças acrescentam ou modificam informações.

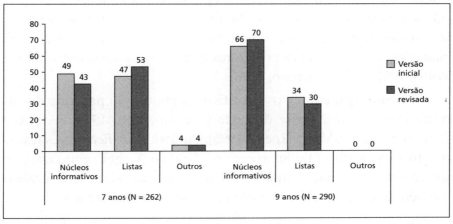

GRÁFICO 2
Distribuição dos tipos de epígrafe em versão inicial e versão revisada

NOTA: Os valores correspondem às porcentagens calculadas sobre o total de versões iniciais e de versões revisadas para cada grupo de idade, considerando as quatro fotos.

O Gráfico 2 mostra que as preferências das crianças de 7 anos estão distribuídas em porcentagens semelhantes entre os dois tipos de epígrafe: núcleos informativos e listas. As crianças de 9 anos, ao contrário, mostram preferência pelos núcleos informativos. Só 4% dos textos produzidos pelas crianças menores fica fora desta classificação dicotômica. A categoria "outros" não foi necessária para as crianças de 9 anos. É importante assinalar que não houve intervenção docente sobre este ponto, uma vez que no momento de desenvolver a sequência didática não tínhamos dados prévios que nos permitissem predizer a organização discursiva que os textos adotariam.

3) Sobre a pontuação

A pontuação foi motivo de atenção durante as revisões coletivas, conduzidas pela professora. Durante as revisões em equipe, as crianças também se dedicaram a incrementar e diversificar os sinais de pontuação utilizados. A vírgula de lista se impõe nos textos que são construídos sobre esse esquema e, quando várias informações são passadas, surge a preocupação em saber se é necessário indicar os limites entre um conteúdo e outro. O interesse na pontuação não só reside na qualidade do texto produzido, mas também na reflexão necessária para a introdução destes sinais: é preciso pensar em unidades palavras, frases, cláusulas, orações — em sua hierarquização e suas relações (Scholes e Willis, 1991, p. 304; Ferreiro, 1996).

Sabemos que em textos narrativos, a pontuação progride dos limites externos ao interior do texto (Ferreiro, 1991, 1996; Ferreiro e Pontecorvo, 1999; Vieira-Rocha, 1995). Por isso classificamos os textos nas três categorias que aparecem no Gráfico 3: sem pontuação, só ponto-final, pontuação interna (além de ponto-final). Esse gráfico também informa as diferenças de pontuação entre a Vi e a Vr.

GRÁFICO 3
A pontuação nos textos

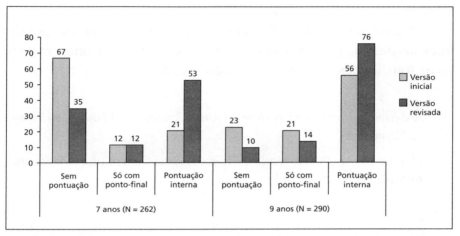

NOTA: Os valores correspondem às porcentagens calculadas sobre o total de versões iniciais e de versões revisadas para cada grupo de idade, considerando as quatro fotos.

O Gráfico 3 mostra que tanto a idade como a prática de revisão estão fortemente vinculadas à possibilidade de introduzir pontuação. Os textos sem pontuação são mais numerosos nas crianças de 7 anos (na Vi e na Vr), enquanto os textos com pontuação interna são mais frequentes aos 9 anos (tanto na Vi como na Vr). Os textos sem pontuação, por sua vez, diminuem entre a Vi e a Vr, tanto aos 7 quanto aos 9 anos, o que indica que a revisão contribui para aumentar a pontuação, nas duas idades. Isto é assim, independentemente do tipo de epígrafe. Mas é preciso considerar que uma epígrafe organizada como lista quase sempre exige pontuação interna, enquanto uma epígrafe breve, organizada como um núcleo informativo, pode ser resolvida sem pontuação interna.

A vírgula é o sinal que apresenta maior número de ocorrências, seguido em ordem de frequência pelos pontos. Isto é similar ao que foi expresso como uso de pontuação em narrativas. Mas nos parece interessante observar que nas epígrafes costumam aparecer sinais de pontuação pouco frequentes em uma narrativa: parêntesis e aspas.

Os parêntesis foram utilizados para especificar diversos tipos de informações: lugares do acontecimento, lugar que o personagem ocupa na foto, idades, parentescos, tempo. Exemplos:

Acá estoy en Puerto Madero (Buenos Aires) Con mi mamá Susana, mi hermana Noemí y yo.

[Aqui estou em Puerto Madero (Buenos Aires) Com minha mãe Susana, minha irmã Noemí e eu.]

(Marcela, 9 anos, Vi)

Acá está la madrina de Micaela que está al lado de la señora (madre de Micaela), la está alzando, está el padrino de Micaela que tiene una vela en la mano, y el papá que está después del padrino de Micaela.

[Aqui está a madrinha de Micaela que está ao lado da senhora (mãe de Micaela), está levantando-a, está o padrinho de Micaela que tem uma vela na mão, e o pai que está depois do padrinho de Micaela.]

(Micaela, 9 anos, Vr)

Marcela usa parêntesis para especificar que Puerto Madero é parte da cidade de Buenos Aires. Sua epígrafe está em primeira pessoa (é Vi). É uma lista com ancoragem inicial. Micaela redige uma epígrafe em terceira pessoa (é Vr) e utiliza os parêntesis para especificar uma relação de parentesco nada banal: sua própria mãe foi denominada *a senhora* e se impõe um esclarecimento. Trata-se basicamente de uma lista de pessoas que indica sua localização na foto. O único elemento biográfico é aquele que aparece entre parêntesis.

As aspas foram usadas para destacar nomes de lugares ou de pessoas:

Acá están en el "Restaurante Don Quijote". Está mi papá, mi mamá y mi abuelo. Están leyendo la carta

[Aquí estão no "Restaurante Don Quijote". Está meu pai, minha mãe e meu avô. Estão lendo a carta.]

(Julieta, 9 anos, Vi)

En esta foto estoy festejando mi cumpleaños cuando cumplí 6 años. La casa de fiesta se llama "El globo rojo".

[Nesta foto estou comemorando meu aniversário de 6 anos. A casa de festa se chama "El globo rojo".]

(Ezequiel, 9 anos, Vi)

Aquí esta la familia de Matías Gutiérrez en la comunión de su hija menor. "Jimena".

[Aqui está a família de Matias Gutiérrez na primeira comunhão de sua filha caçula: "Jimena".]

(Matías, 9 anos, Vr)

Julieta e Ezequiel utilizam as aspas para introduzir o nome de um restaurante ou de um salão de festas. Matías, ao contrário, as utiliza para introduzir um nome próprio precedido de outro sinal de pontuação (dois-pontos). A epígrafe de Julieta é uma lista em primeira pessoa com duas ancoragens (inicial e final) em terceira pessoa do plural. Nestas ancoragens Julieta não fala de si mesma. Ezequiel organiza sua epígrafe em núcleos temáticos e mantém a primeira pessoa. Matías, por sua vez, também trabalha com núcleos temáticos, mas redige em terceira pessoa.

Os dados indicam que a revisão é o momento privilegiado para refletir sobre a pontuação. Parece que, uma vez que as palavras estão voltadas ao texto, seria possível transformá-las em um objeto cujas relações entre partes podem ser analisadas e colocadas em relação de inclusão, de hierarquia, de sucessão.

4) Intervenções das crianças durante o processo de revisão em pequenos grupos

A análise das interações entre as crianças trabalhando em pequenos grupos mostra que prestam atenção ao uso sistemático da terceira pessoa, o que foi consistente com as intervenções da professora. As crianças também prestaram atenção nos sinais de pontuação. No entanto, prestaram atenção a outros aspectos da escrita que não foram objeto das intervenções da professora, evitando, por exemplo, repetições léxicas. No exemplo que segue exploramos com mais detalhe estes três aspectos

Natalia tem 7 anos. Em sua primeira versão, a epígrafe está inteiramente em primeira pessoa. Durante a revisão consegue passar tudo para terceira pessoa, sem modificar substancialmente a estrutura da epígrafe (o primeiro é uma lista de pessoas com ancoragem inicial no acontecimento; a epígrafe revisada continua sendo uma lista de pessoas, mas com duas ancoragens, de abertura e fechamento).

Aquí estoy en mi cumpleaños con mi mamá Amelia y mi papá Gustavo y mi hermana Graciela.

[Aqui estou em meu aniversário com minha mãe Amelia e meu pai Gustavo e minha irmã Graciela.]

(Vi)

Aquí está Natalia en su cumpleaños de 7 años con la mamá Amelia, papá Gustavo y Graciela La familia de Natalia.

[Aqui está Natalia em seu aniversário de 7 anos com a mãe Amelia, pai Gustavo e Graciela A família de Natalia.]

(Vr)

Como passou de uma versão a outra? Vejamos alguns fragmentos das interações que ocorrem no grupo do qual Natalia participa com seus companheiros Ignacio e Julieta; a professora também participa. Natalia relê seu texto e comenta:

Natalia	Bueno, yo creo que está mal los **mi**, **mi** está mal, **mi**, **mi**. (Dirigindo-se à professora) ¿se puede poner *aquí*? [Bom, eu acho que está errado os 'meu', meu está mal, meu, meu, pode-se pôr aqui?]
Professora	Sí. Se puede poner, depende. Hay que ver cómo queda. [Sim. Pode-se pôr, depende. Tem que ver como fica.]
Natalia	*Aquí en mi cumpleaños*, puede ser. [Aqui no meu aniversário, pode ser.]
Ignacio	¡No! No, porque no es en *mí cumpleaños*, eso no es **mi** cumpleaños. [Não! Não, porque não é 'meu' aniversário, isso não é 'meu' aniversário.]
Natalia	*Aquí está Natalia en **su**/festejando **su** cumpleaños.* [Aqui está Natalia no 'seu'/festejando 'seu' aniversário.]
Ignacio	*Ahí está.* [Tá aí.]

A primeira observação de Natalia se refere à repetição dos três adjetivos possessivos **mi**. Essa observação fica no ar, porque a própria Natalia refocaliza de imediato na primeira palavra do seu texto e se dirige à professora com uma pergunta explícita sobre o dêitico *aqui*. É Ignacio quem se contrapõe fortemente ao possessivo de primeira pessoa, argumentando que é relativo à pessoa do enunciador (*esto no es mi cumpleaños*, o sea, no es el cumpleaños de Ignacio). Natalia compreende rapidamente a objeção e reformula, com uma reação consecutiva de Ignacio que pode ser ao mesmo tempo de consentimento (*Ahí está* pode significar "assim está bem") ou de proposta de reformulação (mudar *Aquí está* por outro dêitico mais apropriado *Ahí está*). Natalia começa a escrever:

Docente	¿Lo vas a escribir todo de nuevo, Natalia?, ¿no vas a borrar y a arreglar ahí? [Você vai escrever tudo de novo, Natalia? Não vai apagar e arrumar aí?]
Natalia	No, yo no lo borro todavía. [Não, eu não vou apagar ainda.] (Refere-se à sua Vi, que deixa sem modificar)
(Enquanto Natalia escreve, Ignacio e Julieta falam de programas de televisão)	
Docente	Está todo muy divertido, pero Natalia está trabajando sola... [Está tudo muito divertido, mas Natalia está trabalhando sozinha...]
Ignacio	Ella no nos pide ayuda. [Ela não nos pede ajuda.]
Natalia	Tendrías que saber que necesito ayuda. [Você tem que saber que preciso de ajuda.]
(Julieta continua cantando uma canção da TV)	
Natalia	¡Bueno, trabajo sola y listo! [Bom, trabalho sozinha e pronto!] (Escreve AQUÍ ESTA NATALIA EN SU CUMPLEAÑOS DE 7 AÑOS) *Aquí está/Natalia/en su cumpleaños de siete años* [Aquí está/Natalia/em seu aniversário de 7 anos]
Julieta	¿Listo, terminaste? [Pronto. Terminou?]

Julieta, que não está muito disposta a se envolver com a escrita de sua colega, dá a tarefa por terminada. Efetivamente, a epígrafe poderia terminar assim, com um núcleo informativo que identifica o acontecimento que motiva a foto. No entanto, Ignacio intervém provavelmente se apoiando na epígrafe anterior (Vi que segue com os olhos), sugere incorporar os nomes das outras pessoas que aparecem na foto.

Ignacio	Tu papá se llama Gustavo ¿y tu mamá? [Seu pai chama Gustavo. E sua mãe?]
Natalia	Amelia (breve pausa) y mi hermana Graciela y yo Natalia (breve pausa) No se cómo poner para presentar a mi mamá *que se llama Amelia*, a mi hermana *que se llama Graciela* (com tom de enunciar um texto para ser escrito e enfatizando que se llama) [Amelia... e minha irmã Graciela e eu Natalia... Não sei como colocar para apresentar a minha mãe "que se chama" Amelia, a minha irmã "que se chama" Graciela]
Ignacio	Es una rima eso, lo que dijiste. [É um rima isso, o que você falou.]
Julieta	No importa, no lo pongas, algunos no lo pusieron. [Não importa, não coloque, alguns não puseram.] (referindo-se a alguns garotos da série)
Docente	Natalia dijo que no sabe cómo hacer para presentar a su papá que se llama tal, a su mamá que se llama tal, ¿cómo puede hacer? [Natalia disse que não sabe como fazer para apresentar o seu pai que se chama tal, sua mãe que se chama tal. Como pode fazer?]
Julieta	Y que ponga, bueno, *estoy con mi papá que se llama tal, estoy yo, está mi mamá, está mi hermana* [Que coloque, bom, estou com meu pai que se chama tal, estou eu, está minha mãe, está minha irmã]
Natalia	¿Puede ser *está Natalia con su papá, con su mamá, con su papá que se llama Gustavo, con su mamá que se llama Amelia, con su hermana que se llama Graciela*? [Pode ser está Natalia com seu pai, com sua mãe, com seu pai que se chama Gustavo, com sua mãe que se chama Amelia, com sua irmã que se chama Graciela?]
Ignacio	Ajá. Está pensando cómo poner (silencio) [Ahã. Está pensando como colocar]

Natalia se depara novamente com o problema das repetições. Não quer repetir três vezes **que se llama**. Julieta insiste em que a epígrafe está terminada e não é preciso acrescentar mais nada, mas a professora retoma a inquietação de Natalia e tenta envolver o grupo. Então, Julieta faz a primeira proposta completa, mas em primeira pessoa.

Natalia continua propondo oralmente um texto que incorpora os nomes, mas conserva as repetições que estava tentando evitar. Põe-se a escrever e completa a epígrafe.

Natalia	¡Listo! [Pronto!]
Docente	A ver... Aquí está Natalia en su cumpleaños de siete años/con la mamá Amelia/ papá Gustavo/ y Graciela /la familia de Natalia. [*Vamos ver* (lê a epígrafe em espanhol) *Aqui está Natalia no seu aniversário de sete anos/com a mãe Amelia/ pai Gustavo/ e Graciela /a família de Natalia* (breve pausa)].
Ignacio	*La mamá Amelia/el papá Gustavo* y coma, *Gustavo,* **coma,** *coma* [A mãe Amelia/o pai Gustavo e vírgula, Gustavo, vírgula, vírgula]
Natalia	¿Dónde? [Onde?]
Ignacio	*Gustavo*
Natalia	¡Ay, no te entiendo nada! [Ai, não te entendo nada!]
Julieta	¿Terminaste? ¿Terminaste? [Terminou? Terminou?]
Ignacio	¿Pusiste *mamá* con acento? *Mamá* va con acento. [Você colocou "mamá" como acento? Mamá leva acento.]
Natalia	¡Ah, cierto! [Ah, tá!]
Julieta	Para mí que ya terminaste. [Por mim você já terminou.]
Natalia	Le tengo que poner **punto** para terminar. [Tenho que colocar ponto para terminar.]

Ao passar à escrita, Natalia conseguiu uma solução para evitar as repetições que tanto a incomodavam. Essa solução não foi previamente verbalizada. Enquanto Julieta se limita a tentar dar a revisão por terminada o mais breve possível, Ignacio contribui com observações sobre a pontuação e os acentos, evidenciando seu compromisso com a escrita.

Neste breve fragmento, pode-se observar como os três assuntos frequentes nas interações no pequeno grupo de 7 anos aparecem: o uso da terceira pessoa (observação inicial de Ignacio, assumida por Natalia e ignorada por Julieta); evitar as repetições (inquietude inicial de Natalia, que resolve sem a ajuda de seus colegas); atenção à pontuação (introduzida por Ignacio e plenamente assumida por Natalia, que incorpora autonomamente o ponto-final).

As interações entre os pequenos vão muito além das exemplificadas nas passagens citadas. Salientamos aqui alguns dados recorrentes.

Durante as revisões, as crianças trabalham aspectos do texto que não foram desenvolvidos durante as aulas coletivas. Por exemplo, problemas gráficos e ortográficos: os alunos se ocupam de maiúsculas, acentos, ortografia de letras, traçado das mesmas e separação entre palavras. Poderíamos afirmar que muitas crianças já aprenderam que estas tarefas fazem parte da revisão de qualquer texto, em qualquer circunstância.

O docente sempre começa a aula relendo em voz alta a totalidade do texto produzido e as crianças, quando trabalham em equipes, fazem o mesmo, mas com algumas diferenças. Muitos alunos mais velhos fazem o mesmo que o docente: releem a totalidade do texto para seus ouvintes. Outros podem ler para si, ou ler parte do texto e começar a modificar ou comentar. Em geral, observa-se que, para começar a modificar, os pares demandam muitas vezes "escutar o texto completo". Inclusive, em alguns casos, os pares demandam não só escutar como também ver o escrito ao mesmo tempo.

As crianças sempre pedem para que quem lê adéque o ritmo de leitura à tarefa; a leitura para revisar é mais lenta que a leitura para saber o que o texto diz, porque é preciso, ao mesmo tempo, por atenção a como é dito. Também solicitam releitura dos segmentos modificados, assim como a releitura do texto completo modificado.

Nos intercâmbios entre colegas, é característica das aulas de revisão a reflexão sobre o que se diz para ser dito e o que se diz para ser escrito, o que se comenta e o que se dita. De forma que as crianças refletem muito sobre as semelhanças, diferenças, continuidades e rupturas entre oralidade e escrita. Quando um companheiro dita um segmento (esperando que o autor o aceite) pode ocorrer que também dite a pontuação. O fato de que a pontuação seja ditada mostra claramente que as crianças nunca confundem conversar com redigir.

A intensidade dos intercâmbios serve não só para melhorar o texto — se é que isto chega a ocorrer. Serve, sem nenhuma dúvida, para aprender a usar a linguagem e para refletir sobre algumas de suas propriedades.

CONCLUSÕES

Os dados que apresentamos mostram que, sob condições didáticas específicas, as crianças podem adotar "a posição do revisor" em relação com seus próprios textos e com as produções de seus colegas. Aprender a revisar é algo mais do que melhorar o resultado visível no escrito. É também promover processos de reflexão propriamente metalinguísticos.

Os intercâmbios durante a revisão em equipes mostram que as crianças refletem sobre as possibilidades alternativas de escrita para uma mesma ideia. Antonella, de 9 anos, disse isso com palavras precisas: "Para poder arrumar é preciso procurar outra forma de dizer o mesmo."

O desenho didático escolhido obriga as crianças a falar de si mesmas em terceira pessoa. Este é o tema principal das revisões coletivas, já que a versão inicial das epígrafes é em primeira pessoa (quase exclusivamente nas versões iniciais aos 7 anos e em quase a metade das versões iniciais aos 9 anos). Esta preocupação se mantém vigente nas revisões em equipes, mas apesar dos esforços despendidos, nem sempre os resultados procurados são alcançados (Gráfico 1). Neste ponto específico há uma clara interação entre as intervenções docentes, o trabalho de revisão e as diferenças evolutivas entre os dois grupos de idade e experiência escolar.

Há aspectos que não tiveram intervenção docente específica durante as revisões coletivas (as docentes não manifestaram preferência pelas listas ou pelos núcleos informativos). As crianças também não se preocuparam explicitamente com isto durante as revisões em equipes. Mas há dois dados interessantes: o tipo de texto escolhido inicialmente (listas ou núcleos informativos) mantém-se durante a revisão, com bem poucas exceções; a progressiva preferência pelos núcleos informativos, mais frequentes aos 9 que aos 7 anos (Gráfico 2).

Há aspectos sobre os quais houve intervenção docente durante as revisões coletivas, mas que foram objeto de atenção sustentada durante o trabalho de revisão em equipes: a pontuação, em particular, aumenta sensivelmente nas versões revisadas (Gráfico 3). Não apenas isso, mas aparecem outros requerimentos das crianças, em particular evitar repetições léxicas.

Portanto, há indicações interessantes que apontam a interações entre os aspectos evolutivos, a atividade de revisão e as intervenções docentes, bem como há indicadores que apontam à relativa independência desses três aspectos, que sugerem mais pesquisas.

Há muitas razões para enfatizar a necessidade de revisar cada rascunho produzido desde os primeiros anos de escolaridade. Se o professor é a única pessoa na classe com o poder de revisar (e fazer correções normativas), as crianças terão menos possibilidades de se converterem em escritores autônomos. Além disto, impede-se que a criança exerça uma série de atividades metalinguísticas, em particular o "refraseamento" para ajustar a intenção do produtor aos requerimentos específicos da situação comunicativa.

A revisão de um rascunho promove a responsabilidade individual com relação a uma plateia maior, na condição de que os textos a produzir façam parte de projetos em longo prazo, cujo produto final tenha destinatários fora da escola.

Notas

1. Ainda mais na escrita no monitor, onde as ferramentas de revisão, mais que nunca, ficam nas mãos do autor.

2. Castedo estudou previamente este complexo enfoque didático com outros gêneros textuais (Castedo, 1989, 1995; Castedo e Bello, 1999; Castedo e Waingort, 2003).

3. As intervenções do docente variam em função dos conhecimentos e estratégias que observa que as crianças manifestam. Como critérios gerais, podem ser assinalados os seguintes:
- Quando o docente apresenta uma escrita às crianças, elas observam problemas como o uso da primeira pessoa, a ambiguidade de uma expressão, a ausência de certa informação importante etc. O docente solicita, então, que proponham soluções ao problema, anota-as e/ou comenta, elas são avaliadas por todos e estes decidem que solução adotar (prévia consulta ao autor).
- Do contrário, se nenhuma das soluções propostas pelas crianças permite resolver satisfatoriamente o problema, uma vez que isto pode ser compreendido, o próprio docente oferece uma ou várias soluções possíveis para se discutir entre todos quais são adequadas e quais não são.
- Outro caso é quando as crianças observam problemas na produção, podem formulá-los, mas não encontram alternativas de solução, nem mesmo alternativas não pertinentes. Nesse caso, o docente pode propor várias soluções possíveis (podendo ser todas adequadas ou apenas algumas) e o trabalho das crianças consistirá em discutir e avaliar qual ou quais soluções são as melhores. Neste caso, pode ocorrer a situação extrema de que as crianças não possuam nenhum conhecimento nem estratégia para decidir com qual solução ficar. Se for assim, o docente informa (da maneira mais simples possível) como se pode resolver o problema apontado.
- Mas também pode ocorrer que o docente observe problemas que as crianças não detectem e considere que elas deveriam levá-los em consideração. Nesse caso, é o docente quem aponta para as crianças o problema referente à escrita que acaba de apresentar e sempre em relação com o leitor virtual. Novamente, solicita estratégias de solução às crianças, juntos eles as avaliam ou (se as crianças não conseguem propor) o docente as propõe para serem analisadas.

- Também faz parte da intervenção do docente resgatar (quando as crianças propõem) ou apontar (quando elas não o fazem) a relação entre problemas que já tenham aparecido no mesmo tipo de texto ou em outros, bem como estratégias de solução já utilizadas que podem ser adequadas ou adaptáveis para o problema colocado.

Por último, faz parte da intervenção do docente sistematizar as soluções aos problemas que tenham sido frequentemente tratados e que considere que tenham sido compreendidas pela maioria das crianças.

4. Modificamos os nomes dos membros da família e dos lugares para preservar a identidade das crianças. Os textos das crianças estão apresentados com ortografia convencional para facilitar sua leitura e análise. No entanto, mantivemos os sinais de pontuação original e as desinências sintáticas. Não acrescentamos palavras, mesmo nos casos em que há omissões evidentes. Só conservamos a linha gráfica original nos casos onde parecia ser usada como ferramenta para organizar a informação. Para uma discussão sobre as normas de transcrição ver Ferreiro et al. (1996, cap. 1); Ferreiro (2008, Anexo 2).

5. Béguelin (2000, p. 269) faz referência a textos de adolescentes franceses com mudanças de pessoa gramatical similares.

6. Os registros de observação nos dão algumas dicas para entender que as razões pelas quais as crianças advertem problemas podem ser totalmente alheias àquelas pelas quais um adulto perceberia um problema na mesma escrita.

PARTE 6

18

Acerca de rupturas ou continuidades na leitura e escrita

Emilia Ferreiro

Texto inédito com base na Conferência Inaugural das "Jornadas de Profesionales del Libro", "Feria del Libro Buenos Aires" — Abril 2006, com atualização dos dados e expansão da parte dedicada à escrita dos jovens através de meios informáticos.

Sobreviveu por 244 anos no papel, mas migrou para a internet em 14 de março de 2012, apesar de todo seu prestígio, dos admiráveis elogios recebidos e da reputação de seus autores. Estou falando, óbvio, da *Encyclopaedia Britannica*. Estou recordando o choque que tivemos ao ler essa notícia, nós que temos o costume de circular entre e intralivros. Era uma morte anunciada, mas era muito difícil aceitar que tivesse morrido assim, por maus motivos econômicos, sem que pudéssemos lhe render honras fúnebres.

Seis anos antes, em janeiro de 2006, a companhia Western Union, que havia mantido por mais de um século o monopólio dos telegramas nos EUA, anunciou que acabava de cancelar o envio dos mesmos. Esta notícia foi pouco divulgada. Apenas uma mensagem breve na página web da companhia. Esse objeto, o telegrama, associado a eventos importantes (nomeações ou demissões, nascimento ou mortes), materializado em um papel dobrado dentro de um envelope, com caracteres singulares impressos em letras de forma maiúsculas, desapareceu. O gênero — mensagem mínima que evita todo recurso retórico para economizar palavras — migrou para outros suportes (mensagem de texto de celular para celular ou outros dispositivos eletrônicos) e suas funções se trivializaram: as novas mensagens breves, repletas de abreviaturas, servem para fixar encontros, compartilhar estados de espírito momentâneos, ou simplesmente para se "conectar ou se comunicar", sem que o conteúdo a ser comunicado importe muito.

Junto com os telegramas também desapareceram as cartas pessoais. O correio eletrônico é muito mais eficiente. Essas mensagens não têm o mesmo formato da carta no papel. Também não devem acumular assuntos para facilitar o arquivo em pastas específicas. Quando é necessário, escaneia-se uma carta formal e se envia como anexo para que o destinatário possa convertê-la em objeto de papel.

Que outros gêneros estão migrando de suporte? Será que vai haver a desaparição de alguns gêneros e substituição de antigos suportes?

Há dez ou doze anos, no início do milênio, escutavam-se reiteradamente vozes premonitórias que apontavam, com data marcada, a última edição em papel do *The New York Times* e a desaparição definitiva do livro em papel. Algo disso está ocorrendo. O último exemplar impresso de *Newsweek* teve a data de 31 de dezembro de 2012, quando a revista completava quase 80 anos. No entanto, vaticínios catastrofistas são recebidos com certo ceticismo. Aposta-se numa coabitação do texto suportado pelo papel com o texto digitalizado e desmaterializado. Depois de tudo, os aviões não fizeram os grandes navios desaparecerem, nem a transmissão das partidas de futebol pela TV fez desaparecer o interesse em ver o jogo no estádio. As grandes feiras do livro se mantêm saudáveis, sem sinais de deterioração.

No entanto, muitas coisas estão mudando. Não se trata de fazer projeções do futuro sobre cada um desses indicadores nem de construir discursos apocalípticos, mas de refletir sobre sua possível significação, tentando manter em estado de alerta o espírito analítico porque as mudanças espetaculares que se iniciaram há 30 anos, com a chegada dos computadores pessoais, continuam dando espaço a novidades deslumbrantes. (Recordemos que em 12 de agosto de 1981 foi colocado no mercado o primeiro IBM 5150 Personal Computer. É certo que as vantagens tecnológicas geraram rapidamente seus próprios inconvenientes: os vírus da informática também acabam de completar seus primeiros 25 anos.)

Em apenas 30 anos as TICs mudaram radicalmente os modos de comunicação a distância, transformaram os controles empresariais, fizeram surgir novas profissões e desaparecer outras, penetraram profundamente na vida pública e privada.

Os senhores, profissionais do livro, sabem muito mais que eu sobre o impacto das novas tecnologias na indústria editorial. Infelizmente não possuo aptidões clarividentes e sei pouco, quase nada, sobre o funcionamento do mercado. Como autora, sei algo sobre os intrincados problemas enfrentados pelos contratos de edição e a instituição do *copyright*, ameaçada pelas fotocópias muito antes da ameaça da internet.

Meu ofício é a pesquisa e minha paixão intelectual é tentar compreender de que forma as novas gerações se aproximam e acabam se apropriando da cultura escrita própria de seu tempo. Como pesquisadora, tenho mais perguntas que respostas para lhes oferecer, mas talvez não seja inconveniente compartir com os senhores algumas dessas dúvidas, inquietudes e questionamentos nesta época de transição, em que a escrita transita entre o papel e os monitores, nesta época de fascinação por tecnologias que transformaram profundamente nossa relação com a escrita e com as imagens.

* * *

A potência das novas tecnologias da palavra e da imagem é tão inegável que não pareceria necessário contribuir para sua promoção com discursos sedutores. No entanto, são produtos que devem ser vendidos e não escapam às regras do jogo da propaganda. Uma das vertentes desses discursos fala da liberdade, a tal ponto que todos os produtos digitais parecem anunciar uma "tecnologia da libertação".[1] Dizem que o texto está se libertando da tecnologia do livro. Os textos circulam sem que circulem os suportes materiais que tradicionalmente lhes davam corpo, forma e substância. O leitor também estaria se libertando das ordens impostas pela tecnologia precedente: já não está obrigado a folhear páginas que se sucedem em certa ordem, pode saltar com facilidade de um texto a outro, justapor, compor. Não deve se deslocar fisicamente para encontrar uma informação. Os textos estão a distância de um clique.

Qual é o preço desta liberdade, para os textos e para o leitor? No objeto livro, o texto era um objeto fechado, acabado, com garantia de permanência. No espaço digital os textos são objetos abertos, em perpétuo movimento, sem garantias de que voltemos a encontrá-lo ali, onde o vimos há poucas horas. Textos pensados, refletidos, coexistem no espaço da internet com textos apressados, nem sequer revisados antes de serem colocados em circulação. Todos têm mais ou menos a mesma aparência. Melhor dito, na internet é muito fácil dar aparência de seriedade a textos precários, muito mais fácil que imprimir com prolixidade.

Portanto, há novas demandas ao leitor. O leitor em busca de uma informação carece dos indicadores, construídos durante séculos de prática editorial, que permitam dar confiabilidade a um texto antes de ser lido: o prestígio de uma casa editorial, o cuidado da edição, a pertença a certa coleção. No espaço da internet temos duas opções: confiar em sites cuja seriedade é anterior à internet ou construir novos índices de confiabilidade. O primeiro é o mais fácil e não constitui nenhuma novidade em si. Transferimos ao site de organizações nacionais ou internacionais previamente conhecidos a mesma confiança informativa que atribuímos à sua produção em papel. E fazemos o mesmo com a versão na internet dos jornais e das editoriais.

O difícil é construir índices de confiabilidade para a grande maioria dos sites que carecem de uma contrapartida institucional previamente dotada de legitimidade. Claro que é de praxe o botão com a legenda "quem somos", mas como é tão fácil criar aparências, a informação que se desdobra, por sua vez, deve ser criticamente avaliada. Os links que o site oferece a outros sites também são um indicador, tanto quanto o desenho da página e o recurso de imagens ou animações. Para nós, que nos preocupamos com a formação do leitor, é importante reconhecer a dificuldade desta tarefa. Devemos construir junto com os jovens esses indicadores. De fato, temos pouco que lhes ensinar.

O leitor ganha liberdade, mas deve aprender a selecionar com rigor. Os buscadores são muito potentes, mas as listas que respondem ao critério de busca costumam ser impressionantes. É preciso também apoiar-se em poucos indicadores para avaliar se a referência listada corresponde ao procurado. Seguir todas as indicações que um site de busca dá é correr o risco de esquecer o objetivo inicial e perder-se em múltiplas trilhas alternativas.

O novo leitor deve construir índices de confiabilidade, deve categorizar o que decide conservar, deve lembrar nomes e siglas momentâneas, rotas de acesso, chaves de identificação e senhas. Deve aprender novos modos de identificação de si mesmo e dos sites que quer ter acesso. As demandas ao leitor se dirigem a uma abrangência cada vez maior da quantidade de textos que, obviamente, serão lidos com menor profundidade. Muitos deles serão lidos rapidamente uma única vez.

* * *

Os profissionais do livro e da leitura se perguntam frequentemente: Qual é a ameaça contra a leitura dos livros? Há uma resposta óbvia para a leitura recreativa e outra, menos trivial, para a leitura do estudo. Para a leitura recreativa a resposta fácil é que há uma considerável quantidade de distrações, dentro e fora do âmbito doméstico, que competem com o livro. A televisão, como já sabemos, e os múltiplos dispositivos eletrônicos que permitem jogar, compartir música e imagens. E o que virá... Em termos de escolha, prefere-se a sedução imediata das imagens ao esforço sustentado que supõe a leitura de um livro. Sobretudo porque o livro coloca o leitor em isolamento, fazendo algo sozinho, por si mesmo, enquanto tudo o mais é fácil fazê-lo em grupo. Uma enquete realizada com jovens, em 1990, em sete capitais europeias indicava que a compra de livros não constava sequer em último lugar entre seus gastos. As prioridades para gastar dinheiro disponível, então, eram: comprar CDs, *fast-food*, pizzarias, discotecas, bares, cinemas, concertos de bandas ou grupos musicais da moda, quadrinhos, revistas. Tudo parece indicar que esta lista permanece tal qual, só que são acrescentados, agora, os novos dispositivos para transportar e compartir música, os iPhones e outros. Os livros não fazem parte do conjunto de objetos de consumo aspirados pelos jovens urbanos de sociedades modernas. Leem outras coisas. O que leem está em outros suportes. Tiveram uma escolaridade mais prolongada que seus pais, mas a cultura que os define como jovens não passa pelas prateleiras das bibliotecas.

As distrações da era tecnológica competem fortemente com a leitura recreativa. Mas talvez não seja conveniente pensar na tradicional distinção entre leitura de estudo e leitura recreativa. Há outras dicotomias possíveis. Por exemplo, há livros que sugerem, por seu conteúdo e organização, uma leitura fragmentada. Tipicamente, um dicionário ou uma enciclopédia, mas também uma antologia de contos, poesias ou ensaios, um livro de Galeano. Há livros que, ao contrário, exigem uma leitura continuada em um tempo relativamente longo, livros onde os capítulos não são independentes, obras cujas divisões internas indicam rupturas dentro da continuidade (um romance, uma biografia, um texto de estudo com um tema unificado).

Estes dois tipos de livros exigem atitudes diferentes por parte de leitor. Os primeiros, onde cada seção, alínea ou capítulo se fecha em si mesmo, prestam-se bem a períodos curtos de leitura, atenção momentânea, recordação fugaz ou fragmentada. Os outros, ao contrário, exigem um compromisso de longo prazo. Os de estudo, um compromisso de semanas ou meses. Um romance ou biografia volumosa podem nos prender ao ponto de devorá-lo em uma noite ou disputar espaço com as tarefas cotidianas. Mas, em qualquer caso, estes livros exigem um compromisso duradouro do leitor com a obra, consciente de que o texto o obrigará a guardar na memória uma série de nomes, dados e detalhes que vão sendo utilizados provavelmente "mais adiante".

Este tipo de leitura, que exige continuidade, compromisso com o texto, esforço de atenção e memória, é o que está sendo atacado — indiretamente — por alguns dos novos desenvolvimentos tecnológicos. Em particular, os dispositivos portáteis são o protótipo de tecnologia exitosa que ameaça a leitura continuada. Devo explicar por que digo isto e para tanto é preciso fazer uma breve incursão sobre outro assunto: **o silêncio e a solidão**.

* * *

Na antiguidade clássica (ocidental) a leitura em voz alta era considerada a "verdadeira leitura", porque o leitor era um intérprete de um texto não marcado (um texto sem espaços entre palavras e sem pontuação). O leitor se preparava para a interpretação, como hoje um músico (que pode ler perfeitamente uma partitura sem "tocá-la") se prepara para "fazê-la tocar", ou seja, para lê-la em voz alta, com a voz de um instrumento.

A leitura sem voz foi se impondo quando os dispositivos textuais mudaram: textos pontuados, com parágrafos ou seções claramente diferenciadas, com títulos e subtítulos, com números de páginas e, dentro da página, com incisos organizados, são textos que permitem a consulta, a recuperação de um fragmento e a citação. É evidente que isto não ocorreu de maneira isolada, mas é contemporâneo da aparição de novos modos de circulação de textos, da necessidade da leitura extensiva, além da leitura intensiva, e de novos modos de ensino, progressivamente desprendidos da vida monacal: as universidades. As bibliotecas, antes cheias de burburinho, fizeram-se silenciosas. **O silêncio se associou de maneira vinculante ao ato de leitura.**

Silêncio e solidão parecem ser termos "politicamente corretos" do mundo contemporâneo. Ninguém faz o elogio desses dois conceitos. Falam deles mais como "perigos a serem evitados". A interconexão é o antídoto para a solidão. "Comunique-se com qualquer um, não seja seletivo, comunique-se. Tenha seus dispositivos sempre ligados e sofra um novo tipo de inquietação se durante três horas consecutivas não receber ligações. Entre em qualquer uma das redes sociais e comunique-se com quem for, dizendo verdade ou mentiras, pouco importa. O que importa é que 'se comunique' (o conteúdo da comunicação já não importa). Não fique em silêncio. Procure jogadores na internet para compartir um videojogo. Ligue a televisão, faça o que for, mas evite o silêncio, por favor, que é deprimente. Se possível, desperte-se com a televisão ligada ou, melhor ainda, não a desligue nunca. Também não desligue seu computador e seus dispositivos, porque são garantia de conexão com o virtual."

Estar sozinho e em silêncio, com um livro entre as mãos, sempre foi uma atitude potencialmente perigosa Na primeira metade do século XX, em meios rurais, inclusive europeus, e franceses por acréscimo, era considerado *un vice solitaire*, ao mesmo nível que outros vícios solitários. A menos que se trate de um manual escolar ou de um livro de devoção religiosa, essa leitura silenciosa, para si mesmo, é considerada ainda hoje "tempo perdido" ou coisa de "ociosos" em muitos meios populares submetidos às urgências da sobrevivência cotidiana.

* * *

Os tempos apertados e a urgência dos resultados vão contra a leitura continuada. Já nos acostumamos a comprar tempo de comunicação adiantado, sob a forma de um cartão. **Os editores não vendem, junto com o livro, o tempo da desconexão.**

O iPhone, com suas múltiplas funções e sua vertiginosa disseminação, é um objeto emblemático que simboliza plenamente o ideal de "fazer parte da rede virtual de interconectados". Não é só o protótipo do valor da interconexão por cima do conteúdo da comunicação. É também o símbolo da fragmentação dos textos e da comunicação disruptiva. Espaços, antes fechados aos ruídos do exterior, são invadidos de repente por sons de alarme (musicais ou não). Não é a sirene da polícia nem das ambulâncias. Esses alarmes podem ser evitados, com a condição de ter o ouvido coberto e um cordão que o conecte com um aparelho. "Não posso me desconectar", um aluno explica a um professor. Está claro que, para o aluno, desconectar-se é como cortar o cordão umbilical que lhe permite respirar.

O celular e outros dispositivos tornaram natural a perda de intimidade. As conversas com os dispositivos portáteis são públicas. A conexão de internet entra na lista das condições básicas para moradia. Escuto uma aluna que, no pátio da minha instituição, está conversando com uma amiga sobre um alojamento e lhe diz: "que tenha o mínimo, fogão e internet". Portanto, estar conectado à internet está no mesmo nível de poder esquentar água para o café e poder cozinhar algo para comer.

A própria ideia de cabine telefônica está em vias de desaparição. O telefone fixo impunha restrições ao movimento do corpo. O celular e os novos dispositivos, ao contrário, parecem suscitar o movimento de todo o corpo. Falar caminhando, deslocando-se, mas levando consigo o interlocutor, é uma experiência à qual não se deve resistir.

É bom saber que a psicologia clínica norte-americana já fala de *specific learning disabilities* vinculadas com as novas tecnologias. Não me estranharia que a pergunta "de que redes sociais você participa?" seja incorporada ao questionário básico de diagnóstico psicológico para adolescentes. Estou preparada para imaginar que escolher o silêncio para ler (ou escrever) e preferir fazê-lo em solidão sejam considerados sintomas de patologia.

* * *

Mas esses dispositivos portáteis também permitem enviar mensagens de texto. De fato, os jovens (e também as crianças) escrevem nas telas minúsculas. Escrevem da tal forma que assustam os adultos: mensagens repletas de abreviaturas com um uso abundante da letra K. Que tipo de escrita é essa? Será que algum dia vão saber escrever "com todas as letras", como se deve?

Os jovens não estão inventando as abreviaturas. Colocar algumas letras no lugar de uma palavra completa é uma prática muito antiga. Os historiadores nos informam de que, desde o início do século II anterior à nossa era, as inscrições latinas apresentam uso abundante de abreviaturas. Os nomes próprios eram abreviados com as primeiras letras (**Aug**, para *Augustus*) ou com a simples inicial (**M** para *Marcus*, **C** para *Caius*). Nomes frequentes também eram abreviados, duplicando-se a letra para indicar o plural: **f** para *filius*, filho, e **ff** para *filii*, filhos (Desbordes, 1995). A duplicação de letras para indicar plural sobrevive em algumas abreviaturas arcaicas, por exemplo, AA.VV. para vários autores; FFAA para forças armadas. Durante a Idade Média proliferaram abreviaturas, exatamente pelo custo da superfície escrita (o pergaminho) e, antes da introdução do papel por meio dos árabes, devido à escassez de peles de boa qualidade.

"Não tem todas as letras, mas se pode ler." Em todos os casos pretende-se que o leitor reconstitua o não escrito; essa reconstituição está garantida por uma comunidade de leitores que comparte as informações necessárias. O mesmo ocorre com os jovens atuais. Brincam com as abreviaturas ao se comunicar entre eles. Os destinatários de suas mensagens não são os adultos "extracomunitários".

Mas as abreviaturas, em si mesmas, constituem um interessante problema teórico, que Françoise Desbordes (1995, p. 204-205) coloca em termos muito precisos:

> Em realidade, a ideia que se pode fazer da escrita varia consideravelmente conforme ela se relacione com o oral anterior que ela deve representar ou com o oral posterior que ela tem a missão de suscitar. No esquema [oral$_1$ → escritura → oral$_2$] a escrita se encontra entre duas funções: a de ser uma análise do oral$_1$, ou a de dar os meios para produzir o oral$_2$; contudo, esses meios podem ocorrer sem passar por uma análise detalhada do oral$_1$, e se as considerações práticas se impõem às considerações científicas, o ideal fonográfico já não tem sentido.

Na história da escrita encontramos um procedimento interessante que foi utilizado em várias ocasiões, por diferentes culturas. É o procedimento do *rebus*, que consiste em desenhar um objeto não para aludir a esse objeto, mas ao seu nome, enquanto padrão sonoro. É isso que os jovens fazem quando misturam números e letras: os números não têm valor numérico, só servem para aludir ao seu nome. Por exemplo, na composição **salu2** o número vale por seu nome, que é a sílaba *dos*, o que permite ler "saludos" [saudações], na composição **100pre** ocorre o mesmo, autorizando a leitura "sempre"; **a1q** equivale a "aunque" [ainda que], com a sílaba final abreviada de uma maneira muito generalizada (q = que).[i] Não só esta abreviatura está muito ge-

---

[i] Alguns exemplos em português seriam: qq = qualquer; obg = obrigado; ñ = não; vdd = verdade; ctz = certeza; blz = beleza; vc eh d + = você é demais; qtas xx = quantas vezes; d 1 tpo = dê um tempo. (N.T.)

neralizada, mas é muito antiga e parece abundantemente na primeira edição de Dom Quixote, de 1605.

Outros procedimentos que aparecem nas breves mensagens de texto dos jovens também são de uso muito generalizado: utilizar os sinais das operações aritméticas de multiplicação, soma ou subtração também para aludir ao nome dessas operações (xq = porque).

O uso da letra K, nas escritas juvenis, tem um claro sentido transgressor. É uma letra de uso restrito, que sobrevive graças ao *kilo*, mas que pertence ao abecedário oficial. Tanto usam essa letra que pode aparecer também no papel. Por exemplo, uma jovem mãe mexicana recebe de seu filho adolescente, depois de uma discussão, uma mensagem que termina assim:

Y kiero k nunk t olvides q aunke haya problemas ps siempre voy
a estar alli x1 simple y sencilla razón: soy tu Hijo[2]
[Kero k nunk se esqueça q msm q tenha probls ps vou estar aí por 1 pura e simples razão: sou seu fº.]

Com uma olhada normativa se poderia acusar o autor deste fragmento de inconsistência: de fato, o primeiro K substitui o dígrafo *qu*; o segundo substitui a palavra *que*; o terceiro representa a sílaba *ca*; o quarto é como o primeiro. Também há inconsistência entre o início e o que segue: o início repleto de abreviaturas (também inconsistentes, já que a palavra *que* aparece primeiro como K e logo como **q**) e um final claramente alfabético convencional (exceto pela abreviatura **x1**, equivalente a *por uma*). Nada menos atinado que pedir consistência a este tipo de escrita, baseada na imediatez e na espontaneidade, sem pretender acordos duradouros sobre "o que sim e o que não".

As telas são pequenas e isso, por si só, suscita as abreviaturas. Também abreviamos quando o que queremos publicar em um jornal custa mais segundo o número de caracteres. O que podemos dizer dos avisos classificados abaixo, publicados na seção de imóveis de um jornal de grande circulação de Buenos Aires?

(a) **3amb fte bcon corr**[ii]

(b) **2dorm c/plac toil ampl coc y com drio ptio recicl MB est**

(c) **Bcon lum lav r/pint**

(d) **PH m/b/est fte s/exp m/lum LC en L**

(e) **5amb Exc 4dor 3bño tza jdin pisc parr gge**

Estes anúncios são tão transparentes quanto a mensagem do jovem à mãe? Quando os apresentei aos meus alunos mexicanos acabaram ficando totalmente opacos. Por exemplo, a abreviatura **amb** (ambientes) não corresponde ao usado no México, onde se fala de "recámaras" para o que lá se abrevia como **dorm** (dormitórios). Aqui os números são usados no sentido quantitativo, mesmo que apareçam colados às letras. Adicionalmente, utilizam-se barras oblíquas com significados difíceis de interpretar para alguém de outras tradições culturais (mesmo que comparta a mesma língua). Por exemplo, c/plac equivale a

---

[ii] Observações sobre o que cada anúncio diz em espanhol e a tradução correspondente:
a) 3 ambientes frente balcón corrido [3 cômodos — que podem equivaler a sala de estar e 2 dormitórios — de frente, sacada única para quarto e sala];
b) 2 dormitorios con placard Toilete amplia cocina y comedor diario patio reciclado muy buen estado [2 dormitórios com *closet* lavabo ampla cozinha e copa quintal reformado muito bom estado];
c) balcón luminoso lavandería recién pintado [sacada luminoso área de serviço pintura nova];
d) PH (Propiedad Horizontal) Muy buen estado frente sin expensas muy luminoso, living comedor en forma de L [Apartamento — em um sobrado que foi dividido verticalmente em mais de uma moradia — muito bom estado frente sem condomínio muito luminoso salas de estar e jantar em forma de L];
e) 5 ambientes Excelente 4 dormitorios 3 baños terraza jardin piscina parrilla garaje [5 cômodos Excelente 4 dormitórios 3 banheiros varanda/terraço jardim piscina churrasqueira garagem] (N.T.)

"con placard" [com *closet*], algo que no México se chama "closed"; r/ pint equivale a "recién pintado" [recém-pintado] e m/lum deve ser interpretado como "muy luminoso" [muito luminoso]. Uma expressão particularmente difícil é "LC en L", que deve ser interpretada como "living-comedor en forma de L" [sala de estar/jantar em L], com um primeiro L que abrevia uma palavra e um segundo que se refere à forma de distribuição dos ambientes, distribuição que se deve supor como particularmente desejável e por isso é anunciada. Inconsistência nos recursos utilizados? Evidentemente, os anúncios classificados não resistem a uma prova de consistência. Sirvam os exemplos e estes acréscimos para mostrar que as abreviaturas são relativas a uma comunidade de leitores (comunidades nacionais, profissionais, de idade ou o que for).

Valham estas indagações, comparativas e históricas, para sustentar a seguinte conclusão. Há até bem pouco tempo os educadores se assustavam ao constatar que os jovens só escreviam "por obrigação". Agora ocorre que acabam escrevendo muito mais que antes, só que não escrevem "como deveriam fazê-lo". Decididamente, as expectativas de uns e outros diferem radicalmente. Assim, nunca vão se encontrar. A língua escrita, assim como a língua oral, responde a registros comunicativos que se deve aprender a distinguir. Falar com um juiz como se fosse um colega tem consequências nefastas, e as mesmas consequências ocorrem por não saber como "falar por escrito" com diferentes interlocutores. Os que abreviam excessivamente e usam demais a letra K, de alguma maneira, sabem que poderiam usar "todas as letras" e usar C ou S no lugar de K. Tanto os procedimentos de abreviação (em sua sucessão histórica) como os usos normativos de K (e sua origem) poderiam ser objeto de reflexão inteligente em sala de aula. Talvez isto reduzisse o abismo atual.

* * *

As novas tecnologias são maravilhosas e não estou tentando, de forma nenhuma, negar sua utilidade para as aprendizagens. Talvez não para TODAS as aprendizagens e para qualquer idade. Mas se deve assumir que fazem parte do cotidiano da vida das crianças e jovens em processo de crescimento. Trata-se também de distinguir entre os objetivos do desmedido negócio que geraram, entender minimamente a guerra desatada entre Apple e Microsoft, e fazer frente à propaganda da tecnologia digital com o mesmo distanciamento que temos frente à propaganda de qualquer outro produto. Assim, se não acreditamos que uma mulher ou um homem se converterão em símbolos sexuais por utilizar tal ou qual perfume, também podemos duvidar das aprendizagens instantâneas que se podem produzir quando a tela substituir os livros nas mesas escolares.

De fato, não dispomos ainda de evidências que mostrem que a aprendizagem de certo conteúdo curricular através da internet seja superior (em algum sentido) às aprendizagens através dos livros (no plural), no nível de educação básica obrigatória. No nível universitário é outra coisa.

Estas tecnologias se instalam em um mundo profundamente desigual. Apresentam-se como "todo-poderosas" e também vão contribuir, dizem, a reduzir as desigualdades. Os *laptops* de 100 dólares (os que irão em cada mochila escolar) vão ajudar a reduzir as mortes infantis por causas tão previsíveis quanto as infecções por falta de água potável? Os vendedores dizem que sim, porque as informações pertinentes sobre os riscos da água contaminada serão colocadas à disposição de todos. Se você tem informação, já tem tudo de que necessita.

Este é o ponto: confundir o acesso à informação com o acesso às condições que vão mudar o modo de vida das pessoas. Antes se dizia: são subdesenvolvidos porque não sabem o suficiente (a educação como chave do conhecimento). Agora se diz: são subdesenvolvidos porque não têm acesso à informação suficiente (a informação como chave para o êxito individual e de associações empresariais seja de que tamanho for).

Ser líder, ser propositivo, arriscar na tomada de decisões... e ter informação atualizada no minuto. Conhecer? O que é isso? Conhecer é, quando muito, integrar informações. Outra acepção do verbo "conhecer" parece que nos remete à história da epistemologia, uma história que não comove nem perturba os exitosos do mercado informático.

* * *

O espaço da internet não é um espaço para analfabetos. Ao contrário, a internet exige, como disse antes, competências adicionais às que estávamos acostumados a exigir no caso dos livros. A definição de analfabetismo não é estática, mas histórica. Muda segundo mudam as exigências sociais, em virtude de novas práticas relacionadas com os padrões escritos. Estar alfabetizado para o mundo contemporâneo exige muito mais do que há 50 anos.

Ficaram atrás, felizmente, os tempos em que certos grupos sociais eram proibidos de ter acesso à cultura escrita, tempos em que uns poucos escravos dos EUA se alfabetizavam às escondidas, para ter acesso à Bíblia. Tempos em que um escravo, ou mesmo um liberto, podia ser castigado em praça pública caso fosse descoberto que sabia ler.

Os tempos mudaram. Em 2005, um empregado de um armazém de uma instituição é despedido — ou seja, castigado com a dispensa — por não poder utilizar o programa informático que controla entradas e saídas da mercadoria. O que é penalizado não é o acesso a um texto sagrado (mas proibido aos escravos), mas o acesso obrigatório (e, ao que parece, espontâneo) a uma tecnologia vinculada aos custos e lucros.

Efetivamente, a alfabetização digital invade todas as profissões, das que têm mais requisitos de qualificação às que têm menos. Sabemos definir com bastante precisão o comportamento de um indivíduo altamente ou medianamente alfabetizado frente a um conjunto de livros. Um indivíduo altamente alfabetizado é independente, não precisa ajuda suplementar para escolher, ordenar, comparar e encontrar as informações requeridas. Frente a um computador, a maioria dos que se consideram alfabetizados o são em menor grau. São parcialmente independentes porque ignoram muitas das funções dos programas, porque se movem com dificuldade naqueles programas que manejam com pouca frequência, porque entram em crise facilmente quando algo não funciona como esperado. Aprendemos a ter tutores muito jovens, que funcionam como próteses temporais, assistentes técnicos que solucionam os problemas momentâneos dos usuários. Esses personagens se tornaram indispensáveis nas instituições. Ajudam a simular que todos têm competências informáticas quando na realidade a maioria tem uma alfabetização digital básica, quase equivalente a soletrar.

Quem vai se encarregar da alfabetização digital? Como medida de emergência, instituições e empresas oferecem cursos de reciclagem. Em longo prazo, existe a expectativa de que o sistema escolar, em algum dos níveis da educação básica obrigatória (de 4 a 15 anos), assuma essa função.

A educação básica é o reservatório de todas as expectativas sociais. Basta com que um tema requeira urgência social através dos meios para que aterrisse de imediato no currículo escolar. A escola deve se ocupar de educação sexual (quem tem dúvida, com a disseminação da Aids), da educação para a preservação do meio ambiente (apesar de que ninguém controla as empresas contaminantes ou depredadoras). Deve participar das campanhas de vacinação (não há duvida). Deve dar instrução cívica, com ênfase no exercício democrático do voto (visto o incremento do absentismo nos países desenvolvidos). Deve lutar contra todas as discriminações (de gênero, religião ou cor da pele). Deve criar o prazer pela leitura (apesar de que nunca soube criar o prazer do descobrimento). E agora, a alfabetização digital, além do currículo tradicional. Tudo isso em poucas horas de aula por dia, em poucas semanas do ano, com professores mal pagos, pior capacitados e com baixíssimo prestígio social.

E, no entanto, é ali onde muitas crianças descobrem o livro. Um livro que a professora não vai ler por mero gosto de ler, mas para ensinar a ler. Neste mundo desigual e dicotômico há duas classes sociais em função do livro e dos modos de ler: as crianças de um grupo social descobrem no âmbito familiar o prazer da leitura antes, muito antes de enfrentar a leitura de estudo; para as crianças do outro grupo social o escrito é apresentado como objeto de estudo, sem que nada lhes permita imaginar que há outras maneiras de ler e, muito menos, que alguém possa sorrir — inclusive rir — enquanto lê.

* * *

Sabemos que os livros, contrariamente a outros objetos, podem estar nas mãos das crianças muito antes de serem leitoras autônomas. Ter "seus próprios livros", sua pequena biblioteca antes dos três anos, é algo bem diferente de ter seus próprios brinquedos. Porque esses primeiros livros são a possibilidade certa de ter acesso ao prazer da leitura, antes de saber ler.

Estar rodeado de carinho, no colo de um adulto acolhedor, enquanto se escuta uma história que surge misteriosamente das letras. Escutar de novo a mesma história, essa que o adulto e a criança sabem quase de memória, é assistir à fascinação da repetição: a escrita fixa as palavras de tal maneira que não se desorganizam nem se confundem. Não há paráfrases na leitura. Não há sinonímia. O ritual é executado uma e outra vez, com rigor implacável da sucessão das letras, os parágrafos e as páginas.

Sabemos da importância das primeiras experiências para moldar o imaginário pessoal e podemos acreditar, com fundamento, que uma precoce e prazerosa aproximação ao livro terá efeitos duradouros. Talvez não garanta um leitor consequente ao longo da vida, mas já é muito se o livro se localizar junto com as mais apreciadas recordações da época em que tudo são descobrimento e espanto.

* * *

A tendência a tornar obrigatória a educação das crianças de 4-5 anos deve ser complementada com a organização das bibliotecas de cada sala de aula. Uma biblioteca escolar à qual as crianças vão de vez em quando (uma vez por semana, no melhor dos casos) não é o mesmo que uma biblioteca de sala à qual a educadora pode recorrer diariamente (várias vezes por dia, no melhor dos casos) para procurar informação, para selecionar um livro que será lido em voz alta, para organizar e comparar os livros, para organizar o empréstimo a domicílio...

O México é, pelo que sei, o país da região que tem uma tradição de mais de 50 anos de produzir e distribuir oportunamente livros de texto gratuitos a uma população de 15 milhões de alunos de fundamental. Este país já tem as bibliotecas de sala de aula bem instaladas, além das bibliotecas escolares, para todos os níveis da educação básica (pré-escola, fundamental e ensino médio, o que nos leva a uma população de mais de 25 milhões de estudantes). Trata-se de um acervo de livros recreativos bem como informativos. Para as bibliotecas de sala de aula e as bibliotecas escolares os editores são convocados, através de concorrências públicas anuais. Mas não é fácil manter o impulso inicial de tais programas, quando se esperam resultados imediatos.

* * *

É esperável que estas ações de acesso ao livro com crianças de 4-5 anos ofereçam resultados imediatos? Claro que não. Todas as ações referidas a consolidar comportamentos leitores devem se concebidas em longo prazo. As bibliotecas de sala de aula geram sentimentos opostos nos professores que não estão preparados para alfabetizar com livros, no plural. Muitos consideram a presença dos livros como uma sobrecarga de trabalho: devem lê-los (ou ao menos explorá-los), organizá-los, classificá-los, organizar o serviço de empréstimo e garantir a integridade da coleção. O que raramente descobrem por si mesmos — mas através de um processo de capacitação que desperte sua inteligência — é que todas essas atividades podem ser feitas com as crianças, que organizar a biblioteca de sala é um projeto em longo prazo no qual todos podem participar e em que todos aprendem muito participando.

* * *

O que nós, profissionais envolvidos com os processos de alfabetização dentro e fora da escola, esperamos dos editores?

Sabemos que as casas editoriais sofreram profundas transformações nos últimos anos e que algumas dessas transformações apontam inexoravelmente no sentido da rentabilidade dos produtos. Mas sabemos também que os editores — à diferença dos outros produtores e empresários — são parte de uma linhagem de "homens de cultura" que procuraram e procuram incidir nos parâmetros que definem o nível de cultura de uma população, no trânsito a uma cultura letrada de populações alheias à tradição escrita, na memória histórica dos povos, no acesso ao livro e à cultura escrita das crianças de hoje que serão pais de outras crianças em um futuro previsível.

Digo aos senhores, herdeiros de uma tradição humanística: as crianças, todas as crianças deste planeta, estão ávidas de livros inteligentes, bem pensados, desafiantes, livros que possam levar consigo, bem colados ao corpo. Livros que são ouvidos, olhados, livros com textura e cheiro. Livros cativantes, que passam pelo corpo todo.

Não basta produzir livros. É preciso garantir o acesso ao livro. Como é preciso garantir o acesso ao alimento, aos serviços de saúde, à educação e à água potável. No mesmo nível.

Os primeiros leitores são formados nas famílias, quando há livros e leitores ao seu redor. Por agora, e até que sejamos capazes de reduzir a desigualdade social que caracteriza a América Latina como região, a educação básica, a escola pública, é o lugar onde se formam os primeiros leitores dos outros grupos. Ali é necessário que haja livros, muitos, variados e atraentes. Também lousas e, melhor ainda, se houver um ou vários computadores. Mas, sobretudo, deve haver livros.

Não estou sugerindo que os editores publiquem preferencialmente livros para crianças. Estou enfatizando que os leitores são formados desde o início e que nada pode substituir uma primeira experiência amistosa, corpo a corpo, com a letra impressa materializada em um livro.

Chegou a hora de deixar de especular sobre as novas tecnologias com uma mescla de surpresa e temor. Estamos, de fato, convivendo com elas. Convivência difícil, reconheçamos, já que mal compreendemos uma, a substituição por outras se faz iminente. Em épocas de rápidos e frequentes deslocamentos é extraordinário poder transportar a música, as imagens e os textos de que necessitamos em um minúsculo dispositivo eletrônico. Mas continuamos dando lugar privilegiado aos livros, que não competem com os textos eletrônicos porque cumprem outras funções.

As mudanças são muito rápidas e toda previsão é arriscada. No entanto, o objeto livro tem virtudes intrínsecas. Nas palavras de Umberto Eco (2010), o livro é como a roda e a colher: objetos perfeitos que se reproduzem sem cessar. Mas à diferença desses objetos perfeitos, o livro está carregado de história e a História funda nosso presente apostando no futuro.

Notas

1. Paul Duguid é o autor desta expressão. Ele é um dos novos intelectuais da informação, afiliado às Escolas de Informação ou às Escolas de "Management" de universidades britânicas e dos EUA, que incursiona também em temas históricos (história das marcas comerciais, por exemplo) e em temas sociais.

2. Reproduzido com autorização.

19

Alfabetização Digital.
Do que estamos falando?

Emilia Ferreiro

Conferência Inaugural das Jornadas organizadas pela "Fundación Germán Sánchez Ruipérez" sobre o tema: ¿Qué leen los adolescentes? Salamanca, Espanha, maio 2004.

Os PCs acabam de completar 20 anos (falo dos PCs, não dos computadores).

Há 20 anos começou a incorporação maciça da informática ao espaço laboral e, em seguida, ao espaço familiar.

A ideia de "personal computer" parecia insólita no início. Vinte anos depois, falamos com toda naturalidade do computador do *meu* escritório, da *minha* casa, *meu notebook*. Ou seja, achamos natural que uma pessoa tenha, à sua disposição, três computadores diferentes para usos parcialmente coincidentes.

Há dez anos se podia herdar um computador. Hoje, os jovens da família reivindicam processadores poderosos, alta velocidade de navegação. Os computadores dos adultos já não são herdáveis. A reciclagem de computadores — por óbvias razões de economia de mercado — está pouco desenvolvida e, pelo que sei, limitada a algumas ONGs de apoio ao chamado "terceiro mundo" e a alguns projetos de informática de uns poucos países.

Isto serve como introdução mínima para dizer que já temos, no nível da educação básica, "crianças informatizadas", como antes tivemos "crianças televisivas". Entendo por isto: crianças que nasceram e cresceram sabendo que essa tecnologia estava instalada na sociedade. Para alguns, essa tecnologia estava instalada e visível em suas casas (mesmo que não necessariamente "à sua disposição"). Para outros, a imensa maioria, tratava-se de uma das tantas tecnologias "objeto de desejo", mas fora do alcance. Nos dois casos, e isto é o que me importa, nasceram com a tecnologia instalada na sociedade. Ver chegar uma tecnologia não é o mesmo que nascer com ela instalada. Nós aqui presentes, ao menos a maioria apesar da óbvia diferença de idades, pertencemos à geração que "viu chegar essa tecnologia". Pertence-nos a surpresa, o espanto, o não saber se "isso" ia ser objeto de curiosidade ou de necessidade; logo veio a aprendizagem obrigatória e agora a constatação de que estabelecemos uma nova relação de dependência tecnológica, até então desconhecida.

Não é nada disto para as crianças informatizadas da nova geração. Para elas é tão normal enviar uma mensagem à Austrália apertando uma tecla, como é para nós fazer uma ligação telefônica utilizando uma série de números. O verbo "discar" foi desaparecendo do nosso léxico à medida que os discos dos aparelhos telefônicos foram substituídos por teclas para pressionar. As novas crianças informatizadas nunca "discaram" e muito rapidamente "usaram *chat*".

Quando se ensina história, quase nunca se pensa no difícil que acaba sendo, para estas crianças e jovens, imaginar mundos onde algumas das tecnologias mais difundidas não estavam presentes. Na história oficial do México existem algumas mulheres que são figuras emblemáticas: a Malinche (Malitzin) durante a conquista; a Corregedora, durante a independência. Em uma tarefa escolar, um aluno resume: "A Corregedora telefonou para os Insurgentes". O texto escolar diz "comunicou-se" e é preciso ser capaz de pensar que em 1810 não existiam telefones. Dentro de poucos anos dirão: "mandou um *e-mail*" — ou um "emilio", como dizem aqui na Espanha.

Porque o verbo "comunicar", para esta nova geração, quer dizer telefonar (de preferência com o celular) ou usar o *chat*. ("Comunique-se!", dizem insistentemente as propagandas de telefones celulares.) O verbo comunicar já não remete, de maneira espontânea, à escrita sobre papel. Anotemos isto.

Quando se fala de novas crianças informatizadas costuma-se pensar em jovens. Permitam-me apresentar dois exemplos de como se comportam crianças de 5 anos. Primeiro caso. Cidade do México, lugar público com propagandas iluminadas e protegidas por plástico flexível. Paco aperta diferentes pontos sobre a imagem e conclui: "Não funciona." Não é preciso mais para saber que Paco, com seus parcos anos, já tem experiência com telas sensíveis ao toque. As outras também são potencialmente sensíveis, só que "não funcionam".

Segundo caso. Buenos Aires, missa dominical. À saída, Andrés, 5 anos, diz à sua mãe: "Já entendi o que quer dizer Amém." A mãe, intrigada: "Vejamos, o que quer dizer?" Andrés: "Quer dizer Enter."

Ambos me parecem reveladores para ilustrar o que entendo por "crianças informatizadas": crianças cujos esquemas interpretativos para entender o mundo social e para gerar expectativas sobre o comportamento dos objetos culturais estão construídos a partir de "saberes informáticos", por incipientes que sejam estes saberes.

Quero me ocupar dessas crianças e jovens. Os da América Latina em primeiro lugar, porque venho de lá. Algumas dessas crianças e jovens têm um conhecimento de primeira mão porque existe PC em suas casas, enquanto outras têm um conhecimento social difuso, com pouco, escasso ou nenhum contato direto. No entanto, não desprezamos certos indicadores: existem cibercafés ao lado da padaria em bairros marginalizados, tanto quanto em zonas turísticas; o uso de celulares alcança profissões de baixa qualificação (por ex., um engenheiro ou arquiteto fornece aos operários para controlar a obra de longe; caminhoneiros devem levá-los na estrada, também para controle a distância); as séries de TV e os filmes mostram, com frequência cada vez maior, personagens usando PCs; o gesto já habitual de um bancário, recepcionista de hotel ou de linhas aéreas, ou mesmo o caixa de supermercado, não consiste em olhar para o cliente, mas para o monitor do computador.

* * *

Estamos diante de uma revolução nas práticas de escrita e leitura? Não sou muito original ao dizer que SIM. No entanto, não deriva disto a necessidade de recorrermos à noção de "alfabetização digital".

Vamos por partes.

É inegável que há uma revolução nas práticas de escrita. Dita revolução foi preparada pela escrita através de um teclado, invenção que está disponível desde 1874, quando a companhia Remington (fabricante de armas) colocou no mercado as primeiras máquinas de escrever.

O ponto é importante porque mostra que, às vezes, há uma brecha temporal importante entre a disponibilidade da tecnologia e o impacto social de dita tecnologia.

Quanto tempo levaram para se impor algumas das recentes tecnologias da comunicação?

Em seu Relatório 1999, o Programa das Nações Unidas para o Desenvolvimento informa o seguinte:

- O rádio demorou 38 anos para chegar a ter 50 milhões de usuários.
- A televisão demorou 13 anos para chegar ao mesmo número de usuários.
- A internet alcançou essa cifra em apenas quatro anos.

(O computador, sobre o qual se situa a internet, demorou 16 anos para alcançar os 50 milhões de usuários.)

Claro que as TICs (abreviatura usual para Tecnologias da Informação e da Comunicação) são muito mais que um teclado. Mas incorporam o teclado e isto nem sempre se destaca. Parece-me importante porque, em poucos anos, a escrita através de um teclado passou de um ofício a ser parte dos "saberes do escritor", que ninguém assume como instância transmissora.

Antes, o teclado para escrever definia uma instância de aprendizagem específica chamada "datilografia". Hoje não há nenhuma instituição, sequer de qualidade duvidosa, que promova a datilografia. A escola não se encarrega, porque nunca se encarregou do teclado como instrumento de escrita. É como se assumíssemos, implicitamente, que "tanto faz" enfrentar o teclado de um computador com as duas mãos e com dez dedos ou com alguns dedos, sempre em combinação com o *mouse*.

No entanto, não dá no mesmo. O ir e vir do olhar entre o monitor e o teclado multiplica os erros e contribui com a preferência pelo *mouse* ao teclado, que, por sua vez, contribui para menosprezar as enormes vantagens desse teclado associado a um processador de texto.

(Falando de dedos... As novas tecnologias valorizaram um de nossos dedos: o polegar. Evidente, este dedo é a peça-chave da capacidade de preensão de nossa mão, mas a beleza da mão é cantada através dos dedos longos, não através deste dedo curto e rechonchudo privilegiado para as digitais. As novas gerações estão pondo à prova a mobilidade deste dedo, nos minúsculos aparelhos digitais portáteis e nos controles remotos. Os jovens têm uma mobilidade invejável nos polegares.)

Claro que a revolução informática é muito mais que a escrita através de um teclado. O importante é tudo o que muda ao mesmo tempo: *os modos de produção dos textos, sua circulação e a materialidade dos objetos portadores das marcas escritas.*

Os modos de produção atuais supõem uma concentração de funções em uma mesma pessoa, funções que antes eram distribuídas entre vários ofícios. Houve uma época, na Antiguidade e boa parte da Idade Média, em que as funções de autor e escriba estavam dissociadas. O autor do texto não era o autor das marcas; o autor das marcas executava um trabalho manual. Para que o texto circulasse, os copistas intervinham. Se o texto precisasse de um tratamento gráfico peculiar, intervinha um novo personagem: o iluminista.

À medida que a tecnologia avançou (na preparação de superfícies e nos instrumentos de marcar — ou seja, escrever — nessas superfícies), o autor do texto e o autor das marcas se fundiram em uma mesma pessoa. Mas para sua circulação intervinha uma série de profissionais. Com o passar dos séculos, todos esses profissionais de edição ficaram agrupados sob um selo editorial. Agora, pela primeira vez, estão criadas as condições para o desaparecimento de todos esses personagens. (Não digo que vão desaparecer, mas que é criada uma possibilidade de desaparição que lhes concerne... sobretudo depois do episódio Stephen King que, em 2000, fez tremer todos os editores.)

Agora, pela primeira vez, um autor pode ser seu próprio editor em dois sentidos: primeiro porque pode dar ao seu texto o formato gráfico que deseja (incluindo a incorporação de sons e imagens em movimento), segundo, porque pode distribuir seu texto através da internet. (Que possa obter renda econômica desta distribuição já é algo mais difícil, mas este é um problema vinculado aos direitos autorais, dos quais não vou falar.)

Da organização monacal dos copistas à organização mercantil da edição a partir da imprensa existe um salto qualitativo. Outro salto qualitativo se produz agora e ninguém deve minimizá-lo. O modo de produção e de distribuição dos textos muda radicalmente em cada um destes períodos.

Também mudam as ideias de "unidade da obra" e "identidade do autor", ideias às quais nos acostumamos a partir da época moderna. Ambas estão intimamente relacionadas a um suporte material que contribui para tornar tangíveis ditas noções. Ainda que a página de título incluísse um nome de autor desde o século XVII, o *status* jurídico do autor só será reconhecido no final do século XVIII. Por mais enraizada que nos pareça a ideia de autor, ela está plenamente constituída há apenas dois séculos. A ideia de autor não é uma "ideia medieval".[1]

Concomitante à ideia de autor está a de obra fechada, concluída, publicada. Voltaremos à instabilidade própria do texto medieval? Cerquiglini, em sua provocativa obra *Eloge de la variante*, discute os efeitos que as edições modernas acarretam aos textos medievais, particularmente em relação à segmentação de palavras, à pontuação e à busca de UM original do qual os outros exemplares seriam cópias com diferentes graus de fidelidade ou falsidade. O essencial dos textos medievais, segundo Cerquiglini, é a variação, precisamente pela ausência da ideia de autor. (Os sete manuscritos completos da *Chanson de Roland* são diferentes versões ou realizações da epopeia, segundo Cerquiglini, que acrescenta: "É difícil aceitar a ideia de que haveria mais de uma *Chanson de Roland*, todas elas autênticas", p. 63).

Em termos de práticas sociais da escrita, o que é novidade e o que é retorno a épocas precedentes? No monitor, os textos se desdobram na vertical. O desdobramento do texto na vertical é, de certo modo, retorno ao rolo (anterior ao códex). Não há nada semelhante ao gesto de folhear nas novas tecnologias, um gesto instituído pelas folhas ensambladas no códex. A instabilidade do texto pode ser concebida como uma volta às práticas medievais, assim como a fragilidade da autoria. Antes da imprensa não há unidade temática necessária nos códices. Pelo contrário, o mais comum é que o conteúdo do códex seja uma antologia, um conjunto de textos reunidos por diversas razões, sem uma unidade temática necessária. A perda de unicidade temática não seria, então, um ataque ao livro, mas um retorno ao códex anterior à imprensa. Colocadas na perspectiva histórica, as TICs adquirem nova dimensão. O exercício não é banal e tem consequências, conforme veremos.[2]

* * *

Estamos em um domínio onde as coisas são ditas em inglês e logo traduzidas, com pouca ou nenhuma sorte, às outras línguas. Não há uma boa equivalência entre o inglês "literacy" e o espanhol "alfabetización" [alfabetização]. "Literacy" é mais indicado para designar a aprendizagem das práticas sociais vinculadas à produção, uso e circulação do escrito, enquanto o espanhol "alfabetización" remete mais diretamente à aprendizagem do alfabeto como tal.

No entanto, as palavras designam o que os usuários, sempre mutantes, fazem com elas. Uma busca na internet nos informará rapidamente que o termo "literacy" aparece frequentemente associado a expressões vinculadas com as TICs: *information literacy; computer literacy; digital literacy; media literacy; Web literacy* (termos bastante intercambiáveis, ainda que se tenha tentado sistematizações diferenciadoras que ainda não se consolidam no uso).

Mas também encontramos: *scientific literacy; technology literacy; environmental literacy; cultural literacy; health literacy; visual literacy* (como a capacidade de "ler a linguagem corporal e gestual").

Ficamos ainda mais distantes do escrito com expressões como: *economic literacy; finantial literacy; baseball literacy*. Por exemplo, esta última expressão (*baseball literacy*) não se refere a alguém que lê muito sobre beisebol, mas a alguém que tem certa competência (*proficiency*) nos saberes práticos associados a esse esporte.

Que significados queremos transmitir quando, a partir do inglês, falamos de "alfabetização informática, digital ou multimídia"? No ambiente biblioteconômico há menos dificuldade para utilizar estas expressões porque assumem que estão ligadas à busca da informação, e os modos de obtenção de informação mudaram drasticamente. Já não se procura informação nos índices dos livros, nas enciclopédias ou dicionários e muito menos nos fichários que foram ou estão sendo destruídos. Busca-se informação em bases de dados digitalizados, e é preciso aprender a usar "palavras-chave" e operadores lógicos elementares para orientar a busca. No ambiente biblioteconômico, definir quais são as habilidades requeridas para a busca informática é tema de debate, mas é muito mais simples do que quando falamos aparentemente "da mesma coisa" no âmbito educativo.[3]

No âmbito educativo não se trata unicamente de procurar informação, mas de fazer algo com ela, transformando a informação em conhecimento. Ao bibliotecário não importa o que o usuário vai fazer com a informação obtida. Também não lhe importa se a informação que o usuário obteve, e que parece satisfazê-lo, é a que realmente precisava para o problema que tenta resolver.

Para o educador, ao contrário, o processo de busca de informação é apenas uma etapa entre os dois momentos cruciais, que são elaborar a pergunta que justifique a busca e concluir, construindo um novo conhecimento.[4]

* * *

No contexto educativo, o que podemos entender por "alfabetização informática, digital ou multimídia"?

Para responder, é útil traçar uma breve trajetória pelas relações entre tecnologia e educação. Obviamente, falo da educação como instituição social, formalmente organizada. É claro que não ignoro que a escola está longe de ser o único âmbito educativo, mas estamos em uma época em que ocorrem fenômenos que magnificaram o "efeito escolar": por um lado, a idade de ingresso foi caindo progressivamente — nos países mais desenvolvidos, praticamente todas as crianças estão escolarizadas aos três anos, e os outros países aprovam legislações que vão na mesma direção, sem fazer uma análise mínima das condições de viabilidade de tais legislações. Por outro lado, a chamada educação fundamental obrigatória foi estendida até os 15 anos, absorvendo parte do que antes se chamava "a escola secundária ou de segundo grau". Mas, além disto, a importância que adquiriram os diplomas é tal que justifica a controversa e recente declaração da OCDE, segundo a qual a educação se converteu em "um serviço objeto do comércio".

Por todas estas razões, faz-se pertinente focar as relações entre tecnologia e educação, pensando especificamente nas instituições escolares e na educação básica. Da educação superior não vou falar por várias razões. Porque nela é muito evidente o uso intensivo das novas tecnologias, seja nos cursos *on-line* ou na renovação das bibliotecas, as redes de pesquisadores trabalhando conjuntamente a partir de vários países, a transmissão de algumas técnicas especializadas através da realidade virtual, e uma longa lista de etc.

No âmbito da educação básica, ao contrário, aparecem resistências, dificuldades, em todo caso baixa utilização, inclusive nos países mais avançados. (Na França, o Ministério de Educação se inquieta porque apenas 20% dos professores utilizam ferramentas multimídia em sala, outubro de 2003.)[5] Tudo isto contrasta com a enorme propaganda feita pelas agências internacionais sobre os imediatos benefícios educativos que poderiam derivar do uso das novas tecnologias e os investimentos igualmente enormes feitos pelos governos respectivos. (Todos os ministros de educação da América Latina estão conscientes de que a internet é prioridade em todas as escolas. Declaram metas de compras de equipamento em ocasiões solenes, por exemplo, no início do ano escolar.)[6]

* * *

A instituição escolar conta com tecnologias próprias, herdadas por tradição, que conserva como se fossem símbolos pátrios: a lousa, onde se escreve com giz (lousa que em francês continua chamando "tableau noir" [quadro-negro], ainda que a cor da maioria seja verde-escuro; lousa que em ambiente universitário é uma superfície branca, na qual se escreve com pincel; mas que continua sendo, invariavelmente, uma superfície de madeira, pintada de preto ou verde-escuro, na imensa maioria das escolas da América Latina e, suponho, de muitas outras partes do mundo). A instituição escolar também conserva, cuidadosamente, a tecnologia do caderno escolar, herdeiro das pequenas lousas individuais.

A instituição escolar adotou (junto com inovações em seu modo de organização) uma tecnologia alheia: o bico de pena, que substituía com êxito a pena (pluma) de ave, que devia ser talhada constantemente. Suponho que o êxito do bico de pena, que fez cair drasticamente a idade de utilização da escrita com tinta, estava vinculado à semelhança com o instrumento anterior. Por alguma razão, ambas chamam "pena", ainda que a segunda não guarde sequer semelhança aparente com a pena de ave. O tinteiro subsistia. O gesto de ir com a pena, do tinteiro à folha, com precauções extremas para evitar que uma mancha estragasse tudo, subsistia. A inovação consistia, no fundo, na extinção de uma arma no contexto escolar, o instrumento que ainda hoje chamamos, em espanhol, de "cortaplumas" [canivete]. E sobre a proibição de armas no espaço escolar existe um consenso prévio.

Mas essa mesma instituição reagiu com forte rejeição ao aparecimento do avanço tecnológico seguinte: a esferográfica, instrumento de escrita que trazia a tinta incorporada, evitando, portanto, o gesto arriscado de ir do tinteiro ao papel que, de fato, tornava inútil o buraco deixado nas carteiras para o famoso tinteiro e que, como acréscimo, substituía a ponta afiada da pena metálica (muitas vezes instrumento de agressão) por uma ponta arredondada. Diante destas vantagens a escola-instituição reagiu com um NÃO rotundo, usando argumentos que hoje soam ridículos, como o de que o novo instrumento (a esferográfica) ia "arruinar a letra" dos estudantes. Claro, estávamos então na transição entre a caligrafia como objetivo escolar e a cursiva legível (mas não necessariamente caligráfica) que acabou se impondo.

A instituição escolar frequentemente aposta em batalhas perdidas de antemão, mas o faz com o propósito de manter "suas próprias tecnologias". Lutou também contra as calculadoras pelo mesmo motivo, porque iam "arruinar o cálculo" dos estudantes. Penosamente e a contragosto, teve que ir aceitando e com maior sacrifício ainda aprendeu a utilizá-las inteligentemente, quando descobriu que a mecânica do cálculo podia ser delegada ao instrumento, já que o cálculo aproximativo inteligente ficava sempre a cargo do aluno, que era o único capaz de avaliar se o resultado era plausível ou um disparate ocasionado por erro de digitação. A reintrodução do cálculo estimativo como atividade inteligente, delegando o cálculo exato à atividade mecânica, ainda hoje é característica de algumas boas escolas ao redor do planeta, mas de maneira nenhuma um sinal de adoção de uma nova tecnologia pela instituição escolar.

Outra das tecnologias da escrita, às que fiz referência — as chamadas "máquinas de escrever" (mecânicas ou elétricas) — sempre foram rechaçadas pela instituição escolar. Em múltiplas pesquisas feitas com professores da América Latina, recebi sempre a mesma resposta: "fazem muito barulho", razão suficiente para mantê-las fora do âmbito escolar. Na realidade, as máquinas de escrever entraram na burocracia escolar, mas não nas salas de aula. Sequer existiram as "oficinas de máquina de escrever", tal como temos agora "oficinas de computação", o que quer dizer espaços separados que nada têm a ver com o recinto sagrado chamado sala de aula. As máquinas de escrever, embora sem dúvida fossem instrumentos de escrita muito poderosos (e tivessem entrado no aparato burocrático escolar), foram mantidas longe do âmbito docente por várias razões que suponho estarem ligadas aos seguintes aspectos: primeiro, uma ruptura muito evidente com formas anteriores de escrita (duas mãos que escrevem no lugar de uma); segundo, como já disse, a associação desta forma de escrita a um saber técnico específico (o saber das secretárias, que aprendiam em escolas de datilografia, ou o saber dos escribas públicos que atendem aos usuários em lugares predeterminados). A progressiva necessidade de "preencher à máquina" os formulários não foi suficiente para que a escola se ocupasse desta tecnologia, que jamais entrou realmente para o âmbito da docência elementar ou básica, apesar de suas vantagens inegáveis.

Passemos à tecnologia mais moderna, a TV. Esta tecnologia foi alvo de discursos inflamados em dois sentidos. Alguns celebraram as vantagens educativas (e, de fato, apareceram programas educativos compensatórios para zonas distantes, que ainda subsistem, sustentados pela televisão, para jovens, mas não para crianças, como a "Telesecundaria" mexicana). Outros, a partir de um discurso de esquerda e diante da invasão do espaço familiar pela TV comercial, exigiam uma "alfabetização" específica, destinada à "leitura crítica" das mensagens televisivas. O debate encerra com os fatos: a TV educativa tem seu âmbito próprio em programas para zonas rurais ou isoladas, principalmente para jovens ou adultos; e algumas escolas têm TV, cujo uso está vinculado ao videocassete. Ou seja, as transmissões diretas são pouco ou nada usadas, pois constituem uma interrupção para o apertado calendário escolar. A biblioteca escolar se ampliou, eventualmente, com um acervo de fitas de vídeo para apoiar o ensino de conteúdos específicos como língua estrangeira ou contatos com espaços geográficos distantes ou espécies animais de todo tipo (por exemplo, as séries da *National Geographic*).

Em resumo, a relação entre o desenvolvimento de tecnologias de uso social e a instituição educativa é um tema complexo. Em geral, as tecnologias vinculadas ao ato de escrever tiveram repercussões (nem sempre positivas, como foi o caso da esferográfica e a máquina de escrever). Mas a instituição escolar é altamente conservadora, resistente à incorporação de novas tecnologias que signifiquem uma ruptura radical com práticas anteriores. A tecnologia dos PCs e da internet dá acesso a um espaço incerto, incontrolável; monitor e teclado servem para ver, ler, escrever, ouvir e brincar. Muitas mudanças simultâneas para uma instituição tão conservadora como a escola.

Aqui se justifica uma pergunta: não serão exatamente as TICs que farão eclodir a instituição escolar? Efetivamente, alguns apostam nisto. Supõem que, em curto prazo, cada criança estará conectada, a partir de sua casa, à melhor oferta educativa *on-line*, seguindo seu próprio ritmo de estudo, sem necessidade de se deslocar em nossas megacidades perigosas. Claro, lembremos estes "visionários" de que a escolar é também uma instância importante de socialização em anos cruciais da formação da personalidade. A objeção não os amedronta. Reconheçamos que o espaço fundamental de socialização é o intervalo. Pois bem, clubes esportivos substituem as escolas no relativo à socialização e às atividades físicas, com mais êxito, segundo esta visão ao mesmo tempo alarmista e otimista, que constitui a aposta máxima com relação ao impacto das TICs na educação.

* * *

A situação é conflitante demais porque, como já assinalei, há enormes expectativas sociais colocadas na educação para resolver todo tipo de coisas que obviamente nenhum sistema educativo, em si, poderá resolver enquanto continuem as desigualdades sociais, enquanto aumente a pobreza nos países tachados de "sul em desenvolvimento", enquanto o desemprego ou o subemprego for uma das expectativas mais realistas apesar da acumulação de diplomas, enquanto a lista dos escolhidos pela Forbes nos informe de que uma só família (ou uma só pessoa) tem receita superior ao PIB de vários dos pequenos países do planeta, enquanto os *experts* internacionais vivam produzindo informes e "avaliações externas" que pouco ou nenhum impacto terão nos fenômenos que os ocupam: a redução da pobreza, a qualidade da educação, a equidade, a transparência, a eficiência e a eficácia dos sistemas educativos.

Os países mais pobres, os "subdesenvolvidos", atados aos mecanismos reprodutores da dívida externa, continuam se endividando para "colocar computadores em todas as escolas", sem que haja o menor debate propriamente educativo sobre o que isto significa. Colocar bancos e sanitários em todas as escolas não é a mesma coisa que colocar computadores. Computadores requerem suporte técnico permanente; atualizações de software, linha telefônica e cabeamento que viabilize a conexão de internet. Colocar computadores em todas as escolas, sem pensar na infraestrutura necessária é fazer algo inútil, que se tornará obsoleto aos poucos meses de instalado. (Além disto, a reciclagem, a cada três anos, contribuirá de forma incisiva ao endividamento autorreprodutivo, uma vez que não há um debate extenso e intenso sobre as vantagens do "*software* livre".)

Porque o sistema educativo, assim como a burocracia estatal, possui múltiplos "mecanismos de defesa" para lutar contra as intromissões. Um destes mecanismos consiste em "faire semblant": faz parecer que aceita quando em realidade rejeita. Pudemos comprovar detalhadamente a partir da instalação das bibliotecas de sala de aula no México. Mas não é só no México (líder latino americano na produção de obras de grande qualidade para distribuição gratuita nas escolas). A própria ideia de bibliotecas escolares é muito antiga, com múltiplos e coincidentes testemunhos de que essas bibliotecas são espaços fechados e delimitados — "a bibliotecária não veio" —, são espaços de custódia, mas não de empréstimo, como se a tradição monástica medieval fosse perpetuada no espaço escolar, em pleno século XXI. O mesmo ocorre com os equipamentos de informática: localizados em sala separada, trancada para "proteger os aparelhos", cuja chave fica a cargo de um "professor de computação que não veio hoje", com uma utilização delimitada que às vezes é usada como prêmio para os alunos que se sobressaem.

Poucos são os professores disponíveis para deixar os livros entrarem (ou seja, adotar uma biblioteca de classe); menos ainda são os professores disponíveis para deixar entrar o computador na aula (elemento de distração, bem como os livros). Já é lugar-comum dizer que o professor se sente substituído por uma tecnologia que, como sabemos, suscita atitudes lúdicas e não necessariamente atitudes de aprendizagem. E quando os docentes as utilizam, constatamos um uso acidental e limitado, como uma busca em um site determinado.

* * *

Vários "cenários possíveis" em curto prazo.

Cenário 1 (idealizado pela Microsoft) — Todas as crianças irão à escola com seu *notebook* (muitos deles doados pela fundação de Bill Gates). Carregarão no equipamento toda a bibliografia de todas as matérias, terminando com as repugnantes fotocópias, uma tecnologia que destruiu o gosto pelos livros, que deu o mesmo aspecto físico a todas as páginas e que fragmentou os textos, muito antes que a internet o fizesse. Que também atentou contra os direitos de autor, muito antes que a internet. Atentando, inclusive, contra a identidade dos autores, que desapareciam nas fotocópias de fotocópias que circulavam pelos países subdesenvolvidos. Os professores serão tutores, "advisors", conselheiros... Farão muitas coisas, exceto dar aulas. Os verdadeiros "mestres" estarão ausentes ou, melhor dizendo, virtualmente presentes. Alguns companheiros também terão presença virtual. E, como sabemos, o *chat* serve para tudo, inclusive para iniciar relações amorosas, não menos exitosas que as que começam pelo contato presencial. O "cara a cara" e "corpo a corpo", que teve um papel nada desprezível nos contatos educativos de épocas precedentes, tende a desaparecer. Assim evitaremos também os contatos corporais, potencialmente perigosos, entre os membros da comunidade educativa. Os únicos cursos presenciais serão reduzidos aos introdutórios de "nivelação" para garantir que todos os alunos tenham habilidades informáticas similares. (Ainda que seja possível imaginar que a pré-escola e talvez os primeiros anos do ensino fundamental sejam do tipo presencial, ao menos até que se descubra como ensinar a ler e escrever sem a presença de um humano...)

Cenário 2 (conservador) — Algumas crianças terão seus espaços TIC fora da escola. A escola vai considerar esses saberes "extraescolares" (como assume que os alunos sabem usar uma TV, gravar um programa etc.). No fim das contas, a escola nunca ensinou explicitamente a usar celulares e a criança sabe, pois aprendeu em casa ou com seus colegas. Também não ensinou como usar o controle remoto da TV. Em todo caso, a escola se limita a dizer "vejam hoje, às 6 da tarde no canal 11, um programa sobre os ursos-polares; amanhã vamos comentar na aula". A escola não ensina "a linguagem das imagens". Da mesma forma, poderá dizer que procurem informação sobre esta ou aquela coisa na internet, inclusive com recomendação de site, assumindo implicitamente que a rápida disseminação desta tecnologia a exime de ensinar um "saber fazer" meramente tecnológico. A brecha digital? Bem, obrigada. A escola não a criou; é um dos tantos males sociais que afetam seu próprio funcionamento, mas está fora de suas capacidades a modificação desses males sociais. Como se pode pretender que a maioria dos docentes, mal pagos e pior capacitados, ensine a navegar pelos mais de 50 milhões de sites identificados em abril de 2004?

Cenário 3 (perigosamente idealista) — As TICs constituem uma revolução de tal magnitude que muda radicalmente os processos de leitura e escrita e, particularmente, marca o desaparecimento da "linearidade alfabética". O conhecimento já não será transmitido através da linguagem escrita, mas através de complexas relações entre imagens (de preferência em movimento), gráficos, cápsulas informativas (em áudio ou escritas). O essencial é aprender a interpretar mensagens transmitidas por todos estes meios simultaneamente, mas também produzir mensagens utilizando tecnologia de ponta. A escola assume como função primordial esta nova "alfabetização digital multimídia" e relega os conteúdos tradicionais ao segundo plano, já que a velocidade das mudanças nos saberes que devem ser incorporados "para a vida" torna qualquer currículo rapidamente obsoleto. Além disto, a velocidade das mudanças nas próprias tecnologias obriga a dedicar um tempo considerável à reciclagem permanente dos próprios usuários (mesmo os *experts*). Os professores serão substituídos por técnicos em informática, com formação atualizada em comunicação já que, segundo alguns de seus promotores, "a alfabetização multimídia [...] ocupa-se do ensino para ler e escrever com texto, som e imagens em documentos não lineares e interativos".[7] Quando lemos os *Information Literacy Standards*,[8] que estão sendo promovidos nos Estados Unidos — a partir do "Pre-K" até "Grade 12" — é evidente que "eles" não estão pensando em escolas, como as da América Latina, onde os alunos têm apenas 4 horas de aula por dia: todo o tempo escolar seria dedicado a adquirir essas técnicas de comunicação, sem mais tempo disponível para os conteúdos substantivos do currículo (e supondo que haja 20 alunos por sala, ao invés dos 35 ou 40 de agora; supondo que haja muitas máquinas disponíveis, acesso gratuito à internet, suporte técnico, atualização de equipamentos, programas e tudo o mais).

* * *

Este cenário 3 às vezes vem apresentado com um discurso progressista e boas intenções; outras vezes, simplesmente com o futurismo implacável dos visionários. Mas, qualquer que seja o tipo de discurso apresentado, o certo é que se funde muito bem com a ideologia da "sociedade do conhecimento" promovida pelo World Bank e agências associadas. Aqui é preciso deter-se um pouco para refletir.

A nova economia é caracterizada como uma *knowledge economics*. De fato, James Wolfensohn, presidente do World Bank (WB), propôs em 1996, e reiterou em 1999, que o WB se redefinisse com um Knowledge Bank. A expressão *knowledge management* aparece regularmente em documentos recentes dessa agência e de outras, como a Organização para Cooperação e Desenvolvimento Econômico (OCDE). De que "conhecimento" se trata? De um conhecimento prático, imediatamente aplicável, rapidamente perecível (estão convencidos de que estes conhecimentos terão uma vida útil de três anos, em média), uma mercadoria como qualquer outra, com um valor no mercado. Óbvio que todos dizem que o conhecimento não deve ser confundido com informação, mas no discurso todos os termos se confundem e, curiosamente, *learning* fica frequentemente dissociado de *knowledge*.

As instituições que tradicionalmente se associavam ao *knowledge* (ou seja, as universidades) ficam deslocadas, a menos que se ajustem a este modelo, o que obviamente está acontecendo. Em princípio, este novo knowledge estará disponível em outros lugares como já está, ao menos em parte, nas autoestradas da informação.

Onde serão adquiridos os conhecimentos necessários para esta nova dinâmica econômica? A expressão-chave é *learning communities*. Esta expressão é extremamente ambígua e, talvez, deliberadamente ambígua. Uma comunidade de aprendizagem pode ter existência local (uma empresa, uma família, uma comunidade rural, ou o que for) ou pode ter existência virtual (grupos conectados pela internet). Uma escola também poderia se caracterizar como uma comunidade de aprendizagem. Mas a escola deixa de ser o lugar das aprendizagens por excelência e isto é o que importa.

Não nos enganemos: não se trata do conhecimento científico, aquele que procura inteligibilidade, que cria sistemas compreensivos (que chamamos *teorias)*, que exige demonstrações, contraste e discussão, que fornece provas de validade de suas afirmações e constantemente formula perguntas em função de "buracos na inteligibilidade". Esse conhecimento fica fora deste novo *knowledge*. Não se trata de discutir se o conhecimento científico é complementar, oposto ou o que seja com relação a outros conhecimentos (o conhecimento popular, o conhecimento tecnológico etc.). Grave é o monopólio das palavras. Os novos economistas se apropriaram da palavra *knowledge*. Este *konwledge* é concebido como encapsulado e encapsulável, descartável e perecível. Por isso, aprender a descartar, para certos ideólogos, parece tão importante como aprender a "carregar informação"; os indivíduos humanos não vêm equipados com uma tecla *"delete"* e, por isto, falam da necessidade de treinar *"forgetting habilities"* (habilidades para esquecer).

Como estamos em uma economia de mercado, a velocidade conta e tem preço. Nas palavras de um alto dirigente do World Bank: "A educação tradicional é uma educação *just in case*; precisamos substituí-la por uma educação *just on time*."[9] (É preciso conservar estas expressões em inglês para apreciar adequadamente o impacto que a valorização da velocidade imediata tem no discurso dominante.) Em outro contexto, um alto executivo da Microsoft, ao fazer elogio ao *e-book* e anunciar, aproveitando a ocasião, a morte da escrita em papel, pronuncia estas palavras-chave, que encerram um claro conteúdo ideológico: "Já não há distinção entre ricos e pobres, grandes e pequenos. A única distinção é entre rápidos e lentos".[10]

Em toda esta discussão existe uma grande ausência, que é da própria noção de aprendizagem que está sendo usada. Qual a velocidade máxima que se pode produzir aprendizagem? O que se pode aprender através dos monitores? A aprendizagem é um processo, um processo que leva tempo. É muito provável que as idades tradicionais para iniciar este ou aquele tipo de aprendizagem devam ser revisadas. Mas certamente há aprendizagens que exigem o "cara a cara e corpo a corpo", tanto quanto aprendizagens fundamentais que exigem o contato efetivo com os objetos. Uma grande tarefa da psicologia e da psicopedagogia do futuro imediato será descobrir quais são as aprendizagens que NÃO podem ser feitas através do monitor.

As TICs chegaram envoltas em um discurso ideologizante, do qual devemos tentar despojá-las para valorizá-las por si mesmas.

* * *

A *interconectividade* é sinônimo de economia global. Por isto, em julho de 2000, em Okinawa, Japão, durante a reunião do G-8, foi tomada a decisão de se estabelecer um *Dot Force* (=*Digital Opportunity Taskforce*) para superar o *Digital Divide*, assim que forem pontuadas informações deste tipo: naquele momento, havia (e provavelmente continua havendo) mais conexões de internet em Manhatam que em toda a África. (Vale ressaltar em linguagem militar a denominação: "Taskforce".) A *Digital Divide* preocupa hoje mais que todas as outras desigualdades já conhecidas e, por isto, serão destinados (ao menos foi o que foi dito) 60 bilhões de dólares ao ano para infraestrutura em comunicações (o que não inclui computadores).

A brecha digital existe e se sobrepõe à brecha da alfabetização que já conhecíamos, essa dívida eterna que arrastamos. Estamos na década da alfabetização, segundo a Unesco, cujo diretor-geral (em 2004) teve a estranha ideia de nomear a Sra. Bush "embaixadora especial" de dita década, sem dúvida, para comemorar o reingresso dos EUA à Unesco, depois de uns 20 anos de ausência.

Mas na famosa reunião de Jomtien, Tailândia, em 1990, quando o World Bank assinou, juntamente com a Unesco, a declaração de prioridade absoluta para a educação básica, já haviam sido estabelecidas as metas para os últimos dez anos do século XX: educação para todos e, obviamente, alfabetização para todos.

E muito antes, em 1979, os ministros de educação e os encarregados do planejamento econômico da América Latina e o Caribe foram convocados pela própria Unesco, na cidade do México, onde se comprometeram a conseguir, antes de 2000, a escolarização de todas as crianças, uma educação geral básica com duração de oito a dez anos e a eliminação do analfabetismo. Foi o início do que se conheceu com o nome de Projeto Principal de Educação para América Latina e o Caribe. Claro que reuniões similares foram realizadas em outras regiões.

E assim vamos, de declaração em declaração, de comemoração em comemoração, enquanto um grupo cada vez mais numeroso de *experts* vive folgadamente da pobreza que denunciam (por isto as avaliações "externas" que garantem a homogeneização das políticas, muito mais que a tão mencionada "transparência").

Assim vamos, de um compromisso prévio não cumprido ao seguinte, sem tomarmos consciência de nossa própria história de fracassos, enquanto a Europa e o norte do continente americano são invadidos por imigrantes indesejados, enquanto os órfãos da Aids e das novas "guerras preventivas" clamam justiça com olhos desorbitados, enquanto aumenta o número dos que sobrevivem (e mal vivem) com menos de um dólar ao dia, enquanto o incremento da concentração de riqueza em poucas famílias e poucas empresas é tão escandaloso como o número de crianças que nascem com uma expectativa de vida abaixo dos cinco anos.[11]

Como alfabetizar neste mundo desigual? Continuaremos fazendo propostas para 20% da população deste planeta? A alfabetização digital é a resposta?

* * *

Como pesquisadora, há 25 anos venho lutando para alargar o conceito de "alfabetização" com um olhar que é, ao mesmo tempo, evolutivo, social e histórico. Posso dizer e sustentar com evidências empíricas que alfabetizar não é franquear a "barreira do código". Não o é, **primeiro**, porque nenhuma análise linguística séria permite concluir que as escritas historicamente desenvolvidas são códigos (no sentido que são algumas linguagens artificiais como o código Morse e o código binário). **Segundo**, porque o essencial do processo de alfabetização consiste em uma reconversão conceitual: a linguagem, aprendida como instrumento de comunicação, deve se converter em um objeto independente do ato de elocução, um objeto sobre o qual se pode pensar, um objeto a ser analisado. **Terceiro**, porque a escrita historicamente constituída não é um reflexo da oralidade, mas um sistema de representação em vários níveis, que deixa de lado — ou seja, não representa — distinções essenciais para a comunicação oral (ênfase, modulações entonativas, reiterações, pausas intencionais, esboços e emendas), tanto como introduz distinções alheias à oralidade (por exemplo, palavras que "têm o mesmo som" são escritas de forma diferente se há mudança de significação referencial ou sintática). **Quarto**, porque entre "a língua que se escreve" e a oralidade há sensíveis diferenças em todos os planos (pragmático, lexical, sintático e mesmo fonológico). Fico por aqui, ainda que pudesse seguir com a lista.[12]

As dificuldades de passagem do oral ao escrito subsistem, com ou sem TICs. O que as TICs fazem, sem saber, é contribuir para:

- Tornar obsoleta a ideia de alfabetizar com um único texto (mas há décadas que somos muitos os que insistimos na vantagem da diversidade de textos desde o início).
- Tornar obsoleta a obsessão pedagógica pela ortografia (é preciso aprender a usar com inteligência os corretores ortográficos, da mesma forma que as calculadoras portáteis).
- Tornar obsoleta a ideia de uma única fonte de informação: o professor ou o livro-texto (mas há décadas que as boas bibliotecas e os bons bibliotecários vêm trabalhando nesta direção).

Em síntese, há múltiplos pontos de convergência entre o que se proclama como "novidades introduzidas pelas TICs" (em termos propriamente educativos) e o que as tendências progressistas em alfabetização (por chamá-las de algum nome) vêm reivindicando há décadas. Neste sentido, bem-vindas as TICs!

* * *

Voltemos ao tema das "novidades absolutas".

Há uma novidade absoluta na relação entre imagens e texto? Sim, porque é possível introduzir uma imagem em um texto com uma facilidade antes desconhecida. Sim, porque é possível tratar um texto como imagem e digitalizar ambos. No entanto, não exageremos. Desde a Idade Média, e com força decisiva desde a Ilustração, as imagens acompanham os textos e às vezes os substituem. (Depois de tudo, durante a conquista da América, a doutrina católica foi frequentemente transmitida através de imagens, como prova o Catecismo em pictogramas do Frei Pedro de Gante, inspirado nos códices do México pré-hispânico).[13]

Assistimos a uma superação, desaparição ou ruptura da linearidade? Uma vez mais; do que estamos falando? A busca de informação em um livro, um dicionário, uma enciclopédia, uma lista telefônica, ou onde quer que seja, nunca foi linear. Sempre foi um processo com idas e vindas, coletando pedaços de informação "aos pulos" e, com essa informação fragmentada, ir tomando decisões. Mas no momento em que se decide que a informação procurada foi encontrada e, se essa informação se apresenta na forma de um texto escrito contínuo, por breve que seja, a leitura é linear. Internet faz circular textos sem transformá-los em não textos.

Há recursos disponíveis que permitem incorporar, na escrita, elementos ausentes na escrita alfabética? De acordo. Mas isto também não é totalmente novo. A propaganda comercial explorou muitos desses recursos bem antes.

A maior novidade, atrevo-me a prognosticar, é a possibilidade de fragmentação, com tudo que ela significa. O vídeo experimentou, com grande êxito, a fragmentação e superposição de imagens. O controle remoto deu aos usuários, e mais particularmente aos jovens, a possibilidade de mudar rápida e continuamente de canal ou de faixa, com uma exploração mínima da imagem visual ou do estímulo sonoro. Os recursos informáticos permitem fragmentar e sobrepor, à vontade, imagens e textos. Talvez estejamos assistindo, sem saber, a uma nova estética textual, na qual as tradicionais análises em termos de coerência e coesão já não têm muito sentido. Não posso afirmar. Mas estou convencida de que algumas tecnologias periféricas — como o controle remoto — tiveram, nas novas gerações, mais efeito que os inicialmente esperados.

* * *

Para deixar clara minha posição, permitam-me resumi-la nestes termos. Eu não posso falar de alfabetização no vazio, mas em um espaço-tempo determinado. Quando os computadores começavam a surgir, convencida do poder do teclado nas tecnologias em desenvolvimento, comecei uma campanha de recuperação das velhas máquinas de escrever para colocá-las nas escolas rurais do México. Não tivemos muito êxito na campanha, mas foi um grande sucesso social, entre jovens e adultos, nas escolas onde pudemos levá-las. As imagens de crianças de 5 e 6 anos, tratando de compreender o funcionamento desse objeto mágico, ainda me comovem.

Agora luto também pelo acesso aos livros e às TICs em todas as escolas.[14]

Mas não falo porque acredito que não corresponda falar de educação digital ou de alfabetização digital. Falo de alfabetização simplesmente. A que corresponde ao nosso espaço e tempo.

Precisamos de leitores críticos, que duvidem da veracidade do texto e imagem visíveis tanto no papel como se desdobrando no monitor. Leitores que procurem compreender outras línguas (tão mais fácil agora, com internet!) sem menosprezar nem exaltar o inglês hegemônico; mas que tenham uma visão global dos problemas sociais e políticos sem se fecharem em localismos menores. Leitores e produtores da língua escrita inteligentes, alertas e críticos. O que sempre buscamos. Difícil tarefa, antes e agora. Não cabe dúvida de que a internet ajuda. Os livros e as bibliotecas também. Frente ao conservadorismo da instituição escolar, as bibliotecas e os bibliotecários podem assumir um papel de vanguarda, bem diferente do papel compensador que alguns lhes atribuem.

Precisamos de crianças e jovens que saibam dizer suas palavras por escrito, de maneira convincente (tão mais fácil agora, com internet!); que não se comuniquem porque "têm que estar em comunicação permanente", mas que tenham algo para comunicar; que o conteúdo da mensagem conte, ao menos, tanto quanto a forma. Porque as novas gerações deverão ser particularmente criativas. Terão ao seu cargo, nada mais nem menos, que a invenção de uma nova ordem mundial, onde a vida valha a pena ser vivida.

Notas

1. CERQUIGLINI, B. *Éloge de la variante*: histoire critique de la philologie Paris: Éditions du Seuil, 1989.

CHARTIER, R. Libros, lecturas y lectores en la Edad Moderna. Barcelona: Alianza Universidad, 1992. (cap. 3: ¿Qué es un autor?). CHARTIER, R. *Entre poder y placer*. Madrid: Ediciones Cátedra, 2000. (cap. V: La invención del autor.)

2. Ver FERREIRO, E. *Pasado y presente de los verbos "leer" y "escribir"*. Buenos Aires e México: Fondo de Cultura Económica, 2001.

3. Ver sites da American Library Association.

4. A construção de conhecimento não se reduz a "dar sentido" a fragmentos de informação (em inglês, "to make sense"). Tentar dar sentido à informação é próprio da cognição humana. Mas, para dizê-lo em termos da teoria de Piaget, a simples assimilação sem acomodação não é suficiente. Isto é muito evidente no caso do conhecimento da História, em que as tentativas de ligar informações dispersas, vagamente relacionadas, dá espaço aos disparates mais soberbos.

5. Dossier "L'édition scolaire numérique", suplemento de *La Lettre de L'éducation*, n. 426, 6 out. 2003, *Le Monde*.

6. Ao início do ano escolar, setembro de 2003, o Secretário de Educação do México anuncia a intenção oficial de adquirir 815.000 computadores. Também ao início do ano escolar, março de 2004, o Ministro de Educação da Argentina anuncia um plano para adquirir 50.000 computadores nos 3 anos seguintes. A diferença nas cifras corresponde ao tamanho da população escolar de referência, não às intenções. Ver páginas oficiais de ambos países na *web*.

7. A citação é da p. 65 do livro de A. Guitiérrez Martín, *Alfabetización digital* (Barcelona: Gedisa, 2003). Claro que há uma profusão de textos dedicados a este tema e não é minha intenção fazer uma revisão bibliográfica crítica.

8. Disponível em: <http://cnets.iste.org/currstands/cstands-il.html>.

9. Registrado pela autora, participante de um "Global Dialogue", organizado conjuntamente pela Unesco e o World Bank, na Alemanha, em 2000.

10. Registrado pela autora, participante do Congresso Mundial de Editores, realizado em Buenos Aires, 2000.

11. Relatório anual da Unicef, apresentado em Berlim, em 7 de maio de 2004: "A miséria crônica mata um milhão e meio de crianças antes de completarem cinco anos, nos 10 países mais necessitados do mundo." No Afeganistão, por exemplo, 25% das crianças não chegam a completar cinco anos.

12. Ver FERREIRO, E. (Comp.). *Relaciones de (in)dependencia entre oralidad y escritura*. Barcelona: Gedisa, 2002.

13. CORTES CASTELLANOS, J. *El catecismo en pictogramas de Fray Pedro de Gante*. Madrid: Fundación Universitaria Española, 1987.

14. Lutar pelo acesso às TICs significa também abrir o debate: quantos computadores para cada escola? Em que tipo de redes? Equipados com que tipo de *software*? E assim por diante.

Bibliografia

ABDALLAH-PRETCEILLE, M. Pour une éducation à l'altérité. *Revue des Sciences de l'Èducation*, v. 3, n. 1, p. 123-132, 1997. Disponível em: <http://www.erudit.org/revue/rse/1997/v23/n1/031907ar.html>.

ADAM, J. M.; PETITJEAN, A. *Le text descriptif*. Paris: Nathan, 1989.

ALARCOS, E. *Fonología española*. Madrid: Gredos, 1965/1983.

ALATORRE, A. *Los 1001 años de la lengua española*. México: Fondo de Cultura Económica, 1989.

ALCINA, J.; BLECUA, J. M. *Gramática española*. Barcelona: Ariel, 1998.

ALVARADO, M.; FERREIRO E. El análisis del nombre de números de dos dígitos en niños de 4 y 5 años. *Revista Latinoamericana de Lectura. (Lectura y Vida)*, v. XXI, n. 1, p. 6-17, 2000.

ÁLVAREZ, C.; CARREIRAS, M.; VEGA, M. de. Estudio estadístico de la ortografía castellana: (1) La frecuencia silábica. *Cognitiva*, v. 4, n. 1, p. 75-105, 1993.

ALVES-MARTINS, M. Évolution des conceptualisations d'un groupe d'enfants d'âge préscolaire sur l'écriture portugaise. *Études de Linguistique Appliquée*, n. 91, p. 60-69, 1993.

_____; SILVA, C. The impact of invented spelling on phonemic awareness. *Learning and Instruction*, n. 16, p. 41-56, 2006.

ALLAL, L.; CHANQUOY, L. Revision revisited [Introduction]. In: ALLAL, L.; CHANQUOY, L.; LARGY, P. (Eds.). Revision: cognitive and instructional processes. *Studies in Writing*, Boston and Dordrecht, Kluwer, v. 13, p. 1-7, 2004.

BARTHES, R. *L'aventure sémiologique*. Paris: Éditions du Seuil, 1985.

BARRERA, C. *Historia del periodismo universal*. Madrid: Ariel, 2004.

BARRIGA, F. *Los sistemas de numeración indoamericanos*. México: Universidad Nacional Autónoma de México, 1998.

BÉGUELIN, M. J. (Org.). *De la phrase aux énoncés*: grammaire scolaire et descriptions linguistiques. Bruxelas: De Boeck-Duculot, 2000.

BEREITER, C.; SCARDAMALIA, M. *The psychology of written composition*. Hillsdale, N.J.: Lawrence Erlbaum, 1987.

BERTHOUD-PAPANDROPOULOU, I. *La réflexion métalinguistique chez l'enfant* (Thése n. 79, Faculté de Psychologie et des Sciences de l'Education). Genève: Imprimerie Nationale, 1980.

BLANCHE-BENVENISTE, C. *Approches de la langue parlée en français*. Paris: Ophrys, 1997.

_____. *Estudios linguísticos sobre la relación entre oralidad y escritura*. Barcelona: Gedisa, 1998. (Col. LeA.)

_____; CHERVEL, A. *L'orthographe*. Paris: Maspero, 1974.

BLANCHMAN, B. Language analysis skills and early reading acquisition. In: WALLACH, G.; BUTLER, K. (Eds.). *Language learning disabilities in school-age children*. Baltimore: Williams y Wilkins, 1984. p. 271-287.

BOWEY, J.; TUNMER, W.; PRATT, C. Development of children's understanding of the metalinguistic term word. *Journal of Educational Psychology*, v. 76, n. 3, p. 500-512, 1984.

BRADLEY, D.; SÁNCHEZ-CASAS, R.; GARCÍA-ALBEA, J. The status of the syllable in the perception of Spanish and English. *Language and Cognitive Processes*, v. 8, n. 2, p. 197-233, 1993.

BRADLEY, L.; BRYANT, P. E. Categorizing sounds and learning to read: a causal connection. *Nature*, n. 301, p. 419-421, 1983.

_____. *Rhyme and reason in reading and spelling*. Ann Arbor: University of Michigan Press, 1985.

_____. Phonological skills before and after learning to read. In: BRADY, S.; SHANKWEILER, D. (Eds.). *Phonological processes in literacy*: a tribute to Isabelle Y. Liberman. Hillsdale, N.J.: Lawrence Erlbaum, 1991. p. 37-46.

BRADY, S.; SHANKWEILER, D. (Eds.). *Phonological processes in literacy*: a tribute to Isabelle Y. Liberman. Hillsdale, N.J.: Lawrence Erlbaum, 1991.

BRIZUELA, B. Inventions and conventions: a story about capital numbers. *For the Learning of Mathematics*, v. 17, n. 1, p. 2-6, 1997.

BROWN, R. *A first language*: the early stages. Cambridge, MA: Harvard University Press, 1973.

BRUCE, I. J. The analysis of sounds by young children. *British Journal of Educational Psychology*, n. 34, p. 158-170, 1964.

CAMPS, A. Modelos del proceso de redacción: algunas implicancias para la enseñanza. *Infancia y Aprendizaje*, n. 49, p. 3-19, 1989.

_____. Proyectos de lengua entre la teoría y la práctica. *Cultura y Educación*, n. 2, p. 43-57, 1996.

_____. Miradas diversas a la enseñanza y el aprendizaje de la composición escrita. *Revista Latinoamericana de Lectura (Lectura y Vida)*, v. 24, n. 4, p. 14-23, 2003.

CARRILLO, M. Development of phonological awareness and reading acquisition: a study in Spanish language. *Reading and Writing*: an Interdisciplinary Journal, v. 6, n. 3, p. 279-298, 1994.

CASSAR, M.; TREIMAN, R. The beginnings of orthographic knowledge: children's knowledge of double letters in words. *Journal of Educational Psychology*, v. 89, n. 4, p. 631-644, 1997.

CASTEDO, M. Construcción de un texto dramático. *Revista Latinoamericana de Lectura (Lectura y Vida)*, v. 10, n. 1, p. 14-23, 1989.

_____. Construcción de lectores y escritores. *Revista Latinoamericana de Lectura (Lectura y Vida)*, v. 16, n. 3, p. 5-24, 1995.

_____; BELLO, A. Escribir cosas que corresponden a la verdad o se asemejan a la verdad. *Cuadernos de Investigación Educativa*, v. 1, n. 4, p. 7-31, 1999.

_____; WAINGORT, C. Escribir, revisar y reescribir cuentos repetitivos. *Revista Latinoamericana de Lectura (Lectura y Vida)*, v. 24, n. 1, p. 31-35, 2003.

CATACH, N. La ponctuation. *Langue Française*, n. 45, p. 16-27, 1980.

_____. *Pour une théorie de la langue écrite*. Paris: Editions du Centre National de la Recherche Scientifique, 1988. [*Para uma teoria da língua escrita*. São Paulo: Ática, 1996.]

CATACH, N. *La ponctuation*. Paris: Presses Universitaires de France, 1994.

CAVALLO, G.; CHARTIER, R. (Orgs.). *Histoire de la lecture dans le monde occidental*. Paris: Seuil, 1997. [*História da leitura no mundo ocidental*. São Paulo: Ática, 1999. 2 v.]

CERQUIGLINI, B. La parole médiévale. In: _____. *Discours, syntaxe, texte*. Paris: Editions de Minuit, 1981.

_____. Éloge de la variante: histoire critique de la philologie. Paris: Éditions du Seuil, 1989.

CHALL, J. *Learning to read*: the great debate. New York: McGraw-Hill, 1967.

_____. Some thoughts on reading research: revisiting the first-grade studies. *Reading Research Quarterly*, v. 34, n. 1, p. 8-11, 1999.

CHARTIER, A. M. *Enseñar a leer y a escribir*: una aproximación histórica. México: Fondo de Cultura Económica, 2004.

_____; HÉBRARD, J. *La lectura de un siglo a otro*: discursos sobre la lectura, 1980-2000. Barcelona: Gedisa, 2002. (Col. LeA.) [*Discursos sobre a leitura —* 1880-1980. São Paulo: Ática, 1995.]

CHARTIER, R. ¿Qué es un autor? In: _____. *Libros, lecturas y lectores en la edad moderna*. Barcelona: Alianza Universidad, 1992.

_____. *El orden de los libros*: lectores, autores, bibliotecas en Europa entre los siglos XIV y XVIII. Barcelona: Gedisa, 1994. (Col. LeA.)

_____. *Pluma de ganso, libro de letras, ojo viajero*. México: Universidad Iberoamericana, 1997.

_____. La invención del autor. In: _____. *Entre poder y placer*: cultura escrita y literatura en la edad moderna. Madrid: Ediciones Cátedra, 2000.

_____. *Las revoluciones de la cultura escrita*. Barcelona: Gedisa, 2000. (Col. LeA.)

CHRISTIN, A. M. *Poétique du blanc*: vide et intervalle dans la civilisation de l'alphabet. Leuven, Belgique: Peeters Vrin, 2000.

CORTES CASTELLANOS, J. *El catecismo en pictogramas de Fray Pedro de Gante*. Madrid: Fundación Universitaria Española, 1987.

CRYSTAL, D. *A dictionary of linguistics and phonetics*. Oxford: Blackwell, 1991.

DEFIOR, S. Una clasificación de las tareas utilizadas en la evaluación de las habilidades fonológicas y algunas ideas para su mejora. *Infancia y Aprendizaje*, n. 73, p. 49-63, 1996.

_____. Phonological awareness and learning to read: a cross-linguistic perspective. In: NUNES, T.; BRYANT, P. (Eds.). *Handbook of children's literacy*. Dordrecht: Kluwer, 2004. p. 631-649.

_____; TUDELA, P. Effect of phonological training on reading and writing acquisition. *Reading and Writing*: an Interdisciplinary Journal, v. 6, n. 3, p. 299-320, 1994.

DELORD, A. Avant-propos. In: _____; DEDAME, R. (Eds.). *Mémoire des métiers du livre à l'usage de la publication assistée par ordinateur*: histoire, notions élémentaires de technologie et avenir de la mise en page. Paris: Cercle d'Art, 2001. p. 5-32.

DESBORDES, F. *Idées romaines sur l'écriture*. Lille: Presses Universitaires de Lille, 1990. [*Concepções sobre a escrita na Roma Antiga*. São Paulo: Ática, 1995.]

DÍAZ, C. Ideas infantiles acerca de la ortografía del español. *Revista Mexicana de Investigación Educativa*, v. 1, n. 1, p. 70-87, 1996.

DOLZ, J.; SCHNEUWLY, B. *Pour un enseignement de l'oral*. Paris: ESF, 1998.

DORRA, R. *Hablar en literatura*. México: Fondo de Cultura Económica, 1989.

DOWNING, J. How children think about reading. *Reading Teacher*, n. 23, p. 217-130, 1969.

_____. Children's developing concepts of spoken and written language. *Journal of Reading Behavior*, n. 4, p. 1-19, 1971.

_____; VALTIN, R. (Eds.). *Language awareness and learning to read*. New York: Springer-Verlag, 1984.

DUCROT, O. La valeur argumentative de la phrase interrogative. In: BERRENDONNER A.; GRIZE, J. B. (Orgs.). *Logique, argumentation, conversation*. Berne/Francfort: Peter Lang, 1981. p. 79-110.

_____; TODOROV, T. [1987]. *Diccionario enciclopédico de las ciencias del lenguaje*. 13. ed. México: Siglo XXI, 1974.

ECO, U. *Lector in fabula*. Barcelona: Lumen, 1979. [*Lector in fabula*: a cooperação interpretativa nos textos narrativos. São Paulo: Perspectiva, 2012.]

ECO, U.; CARRIÉRE, J.-C. *Nadie acabará con los libros*. México: Lumen/Random House/Mondadori, 2010. [*Não contem com o fim do livro*. Rio de Janeiro: Record, s/d.]

EHRI, L. How orthography alters spoken language competencies in children learning to read and spell. In: DOWNING, L.; VALTIN, R. (Eds.). *Language awareness and learning to read*. New York: Springer-Verlag, 1984. p. 119-147.

FABRE-COLS, C. (Org.). *Apprendre à lire des textes d'enfants*. Bruxelas: De Boeck-Duculot, 2000.

FERREIRO, E. *Les relations temporelles dans le langage de l'enfant*. Genève/Paris: Droz, 1971.

_____. Los procesos constructivos de apropiación de la escritura. In: _____; GÓMEZ-PALACIO, M. (Comps.). *Nuevas perspectivas sobre los procesos de lectura y escritura*. México: Siglo XXI, 1982. p. 128-154.

_____. The underlying logic of literacy development. In: GOELMAN, H.; OBERG, A.; SMITH, F. (Eds.). *Awakening to literacy*. Exeter, N.H.: Heinemann, 1984. p. 154-173.

_____. The interplay between information and assimilation in beginning literacy. In: TEALE, W.; SULZBY, E. (Eds.). *Emergent literacy*: writing and reading, Norwood, N.J.: Ablex, 1986. p. 15-49.

_____. La complejidad conceptual de la escritura. In: LARA, L. F.; GARRIDO, F. (Eds.). *Escritura y alfabetización*. México: Ediciones del Ermitaño, 1986. p. 60-81.

_____. L'écriture avant la letter. In: SINCLAIR, H. (Ed.). *La production de notations chez le jeune enfant*. Paris: Presses Universitaires de France, 1988. p. 17-70. [SINCLAIR, H. (Org.). *A produção de notações na criança*: linguagem, número, ritmos e melodias. São Paulo: Cortez, 1990.]

_____. Psychological and epistemological problems on written representation of language. In: CARRETERO, M. et al. (Eds.). *Learning and instruction*: European research in an international context. Oxford: Pergamon, 1991a. p. 157-173.

_____. L'uso della punteggiatura nella scrittura di storie di bambini di seconda e terza elementare. In: ORSOLINI, M.; PONTECORVO, C. (Eds.). *La costruzione del testo scritto nei bambini*. Firenze: La Nuova Italia, 1991b. p. 233-257.

FERREIRO, E. Los límites del discurso: puntuación y organización textual [Capítulo 4]. In: _____ et al. *Caperucita Roja aprende a escribir*: estudios psicolinguísticos comparativos en tres lenguas. Barcelona: Gedisa, 1996. p. 129-161. [Os limites do discurso: pontuação e organização textual. In: _____. *Chapeuzinho Vermelho aprende a escrever*. São Paulo: Ática, 1996.]

_____. *Alfabetización. Teoría y práctica*. México: Siglo XXI, 1997.

_____. La noción de palabra y su relación con la escritura. In: BARRIGA, R.; BUTRAGUEÑO, P. (Eds.). *Varia linguística y literaria*. México: El Colegio de México, 1997b. v. 1, p. 43-361.

_____. Le mot à l'oral et le mot à l'écrit: une perspective évolutive. In: BILGER, M.; VAN DEN EYNDE, K.; GADET, F. (Eds.). *Analyse linguistique et approches de l'oral*. Leuven/Paris: Peeters, 1998. p. 155-165.

_____. *L'ecriture avant la lettre*. Paris: Hachette, 2000.

_____. *Pasado y presente de los verbos leer y escribir*. Buenos Aires/México: Fondo de Cultura Económica, 2001. [*Passado e presente dos verbos ler e escrever*. São Paulo: Cortez, 2002].

_____ (Comp.). *Relaciones de (in)dependencia entre oralidad y escritura*. Barcelona: Gedisa, 2002. (Col. LeA.) [*Relações de (in)dependência entre oralidade e escrita*. Porto Alegre: Artmed, s/d.]

_____. Alfabetización digital. ¿De qué estamos hablando? In: JORNADAS DE BIBLIOTECAS INFANTILES, JUVENILES Y ESCOLARES, 12., Salamanca: Fundación Germán Sánchez Ruipérez, 2004. p. 13-32.

_____. Nuevas tecnologías y escritura. *Docencia* (revista del Colegio de Profesores de Chile), año XI, n. 30, p. 46-53, 2006.

_____. Criterios para la transcripción de los textos [Anexo 2]. In: _____; SIRO, A. *Narrar por escrito desde un personaje*. Buenos Aires: Fondo de Cultura Económica, 2008. p. 233-241. [Critérios de transcrição dos textos. In: _____. *Narrar por escrito do ponto de vista de um personagem*: uma experiência de criação literária com crianças. São Paulo: Ática, 2010.]

_____; TEBEROSKY, A. *Los sistemas de escritura en el desarrollo del niño*. México: Siglo XXI, 1979. [*Psicogênese da língua escrita*. Porto Alegre: Artes Médicas, 1985.]

_____; PONTECORVO, C.; ZUCCHERMAGLIO, C. Doppie o dopie? Come i bambini interpretano le duplicazioni di lettere. *Età Evolutiva*, n. 27, p. 24-38, 1987.

FERREIRO, E.; RIBEIRO-MOREIRA, N. Las repeticiones y sus funciones en la evolución de la contrucción textual [Capítulo 5]. In: _____ et al. *Caperucita Roja aprende a escribir*: estudios psicolinguísticos comparativos en tres lenguas. Barcelona: Gedisa, 1996. p. 163-201. [As repetições e suas funções na evolução da construção textual. In: _____. *Chapeuzinho Vermelho aprende a escrever*. São Paulo: Ática, 1996.]

_____; PONTECORVO, C. Managing the written text: the beginning of punctuation in children's writing, *Learning and Instruction*, n. 9, p. 543-564, 1999.

_____ et al. *Caperucita Roja aprende a escribir*: estudios psicolinguísticos comparativos en tres lenguas. Barcelona, Gedisa, 1996. (Col. LeA.) [*Chapeuzinho Vermelho aprende a escrever*. São Paulo: Ática, 1996.]

_____; KRISCAUTZKY, M. Del texto continuo al formato gráfico: soluciones de los niños para la poesía tradicional. *Rivista di Psicolinguistica Applicata*, v. III, n. 1, p. 91-107, 2003.

FILINICH, M. I. *La voz y la mirada*: teoría y análisis de la enunciación literaria. México: Plaza y Valdés/Benemérita Universidad Autónoma de Puebla, 1997.

_____. *Enunciación*. Buenos Aires: Eudeba, 1998. (Col. Enciclopedia Semiológica.)

_____. Figuras de manipulação. *Galáxia*, revista transdisciplinar de Comunicação, Semiótica, Cultura, n. 10, p. 67-86, 2005.

FOORMAN, B.; FRANCIS, D. Exploring connections among reading, spelling, and phonemic segmentation during first grade. *Reading and Writing*, n. 6, p. 65-91, 1994.

FOX, B.; ROUTH, D. Analyzing spoken language into words, syllables, and phonemes: a developmental study. *Journal of Psycholinguistic Research*, n. 4, p. 331-342, 1975.

FOZ, C. *El traductor, la Iglesia y el rey*: la traducción en España en los siglos XII y XIII. Barcelona: Gedisa, 2000. (Col. LeA.)

FRENK, M. Una escritura problemática: las canciones de la tradición oral antigua. In: FERREIRO, E. (Comp.). *Relaciones de (in)dependencia entre oralidad y escritura*. Barcelona: Gedisa, 2002. p. 63-76. [Uma escrita problemática: as canções da tradição oral antiga. In: _____. *Relações de (in)dependência entre oralidade e escrita*. Porto Alegre: Artmed, 2003.]

FRUYT, M.; REICHLER-BÉGUELIN, M. J. La notion de "mot" en latin et dans d'autres langues indoeuropéennes anciennes. *Modèles Linguistiques*, v. 12, n. 1, p. 21-46, 1990.

FUJIMURA, O.; ERICKSON, D. Acoustic phonetics. In: HARDCASTLE, W. J.; LAVER, J. (Eds.). *The handbook of phonetic science*. Oxford: Blackwell, 1999. p. 65-115.

GADET, F. Une distinction bien fragile: oral/écrit. *Tranel* (Institut de Linguistique, Université de Neuchâtel), n. 25, p. 13-27, 1996.

GAK, V. G. *L'orthographe du Français*: essai de description théorique et pratique. Paris: Selaf, 1976.

GARCIA-DBANC, C. Intérêts des modèles du processus rédactionnel pour une pédagogie de l'écriture. *Pratiques*, n. 49, p. 23-49, 1986.

GARCÍA-HIDALGO, I. El sistema Textus [Capítulo 6]. In: FERREIRO, E. et al. *Caperucita Roja aprende a escribir*: estudios psicolinguísticos comparativos en tres lenguas. Barcelona: Gedisa, 1996. p. 203-235. [O sistema Textus. In: _____. *Chapeuzinho Vermelho aprende a escrever*. São Paulo: Ática, 1996.]

GOMBERT, J. *Le développement métalinguistique*. Paris: Presses Universitaires de France, 1990.

GUTIÉRREZ MARTÍN, A. *Alfabetización digital*. Barcelona: Gedisa, 2003.

HALL, N. Young children's use of graphic punctuation. *Language and Education*, v. 13, n. 3, p. 178-193, 1999.

HALLIDAY, M. A. K. *El lenguaje como semiótica social*. México: Fondo de Cultura Económica, 1982.

_____. *Spoken and written language*. Oxford: Oxford University Press, 1985.

HAMON, P. *Introducción al análisis de lo descriptivo*. Buenos Aires: Edicial, 1991.

HARRIS, J. W. *Syllable structure and stress in Spanish*. Massachusetts: MIT Press, 1983.

HARRIS, R. *The origin of writing*. London: Gerald Duckworth, 1986.

HASENOHR, G. Le rythme et la versification. In: MARTIN, H. J.; VEZIN, J. (Orgs.). *Mise en page et mise en texte du livre manuscript*. Paris: Editions du Cercle de la Libraire/Promodis, 1990. p. 235-264.

HAYES, J.; FLOWER, L. Identifying the organization of writing processes. In: LEVY, C. M.; STEINBERG, R. (Eds.). *Cognitive processes in writing*: an interdisciplinary approach. Hillsdale, N.J.: Lawrence Erlbaum, 1980. p. 3-30.

HOHN, W. E.; EHRI, L. C. Do alphabet letters help pre-readers acquire phonemic segmentation skill? *Journal of Educational Psychology*, n. 75, p. 752-762, 1983.

HUGHES, M. *Children and number*: difficulties in learning mathematics. Oxford: Basil Blackwell, 1986.

ILLICH, I. *In the vineyard of the text*: a commentary to Hugh's Didascalion. Chicago: University of Chicago Press, 1993.

JIMÉNEZ-GONZÁLEZ, J. E.; ORTIZ, M. Phonological awareness in learning literacy. *Cognitiva*, v. 5, n. 2, p. 153-170, 1993.

JODELET, D. Formes et figures de l'altérité. In: SÁNCHEZ-MAZAS, M.; LICATA, L. (Orgs.). *L'autre*: regards psychosociaux. Grenoble: Presses de l'Université de Grenoble, 2005. p. 23-46. Disponível em: <http://bibliotheque.uqac.ca/>.

JUSTICIA, J. et al. La frecuencia silábica del español escrito por niños: estudio estadístico. *Cognitiva*, v. 8, n. 2, p. 131-168, 1996.

KENSTOWICZ, M. *Phonology in generative gramar*. Cambridge: Blackwell, 1993.

KERBRAT-ORECCHIONI, C. *La connotación*. Buenos Aires: Hachette, 1983.

KIRTLEY, C. et al. Rhyme, rime and the onset of reading. *Journal of Experimental Child Psychology*, n. 48, p. 224-245, 1989.

LADEFOGED, P. *Vowels and consonants*. Oxford: Blackwell, 2005.

LARA, L. F. (Org.). *Diccionario del Español de México*. Resultados numéricos del vocabulario fundamental del Español de México. México: Centro de Estudios Lingüísticos y Literarios, El Colegio de México, 2007.

LERNER, D.; SADOVSKY, P. El sistema de numeración: un problema didáctico. In: PARRA, C.; SAIZ, I. (Eds.). *Didáctica de las matemáticas*: aportes y reflexiones. Buenos Aires: Paidós, 1994. p. 95-184.

LEJEUNE, P. El pacto autobiográfico. *Suplementos Anthropos*, n. 29, p. 47-61, 1991.

LIBERMAN, I. Y. Segmentation of the spoken word and reading acquisition. *Bulletin of the Orton Society*, n. 23, p. 65-67, 1973.

_____ et al. Explicit syllable and phoneme segmentation in the young child. *Journal of Experimental Child Psychology*, n. 18, p. 201-212, 1974.

_____; SHANKWEILER, D.; LIBERMAN, A. M. The alphabetic principle and learning to read. In: SHANKWEILER, D.; LIBERMAN, I. Y. (Eds.). *Phonology and reading disability*. Ann Arbor: University of Michigan Press, 1992. p. 1-33.

LUNDBERG, I. Phonemic awareness can be developed without reading instruction. In: BRADY, S.; SHANKWEILER, D. (Eds.). *Phonological processes in literacy*: a tribute to Isabelle Y. Liberman. Hillsdale, N.J.: Lawrence Erlbaum, 1991. p. 47-53.

_____; FROST, J.; PETERSEN, O. P. Effects of an extensive program for stimulating phonological awareness in preschool children. *Reading Research Quarterly*, n. 23, p. 263-284, 1988.

LUQUEZ, S.; FERREIRO, E. La revisión de un texto ajeno utilizando un procesador de palabras. *Revista Latinoamericana de Lectura (Lectura y Vida)*, v. 24, n. 2, p. 50-61, 2003.

MACLEAN, M.; BRYANT, P. E.; BRADLEY, L. Rhymes, nursery rhymes and reading in early childhood. *Merril-Palmer Quarterly*, n. 33, p. 255-282, 1987.

MAINGUENEAU, D.; CHARAUDEAU, P. (Eds.). *Diccionario de análisis del discurso*. Madrid: Amorrortu, 2005.

MALKIEL, Y. Genetic analysis of word formation. *Current Trends in Linguistics*, n. 3, p. 305-364, 1970.

MANN, V. A. Phonological awareness: the role of reading experience. *Cognition*, n. 24, p. 65-92, 1989.

_____. Phonological abilities: effective predictors of future reading ability. In: RIEBEN, L.; PERFETTI, C. (Eds.). *Learning to read*: basic research and its implications. Hillsdale, N.J.: Lawrence Erlbaum, 1991. p. 121-133.

MARSH, G.; MINEO, R. Training preschool children to recognize phonemes in words. *Journal of Educational Psychology*, n. 69, p. 748-753, 1977.

MARTIN, H. J.; VEZIN, J. (Orgs.). *Mise en page et mise en texte du livre manuscrit*. Paris: Editions du Cercle de la Librairie/Promodis, 1990.

MARTINET, A. Le mot. In: BENVENISTE, E. et al. *Problémes du langage*. Paris: Gallimard, 1966. p. 39-53.

MARTÍNEZ DE SOUSA, J. *Ortografía y ortotipografía del español actual*. Madrid: Trea, 2008.

MASSONE, M. Estudio acústico y perceptivo de las consonantes nasales y líquidas del español. *Estudios de Fonética Experimental*, n. 3, p. 13-34, 1998.

MENNINGER, K. *Number words and number symbols*: a cultural history of numbers. Cambridge: MIT Press, 1969 [reimpr. 1992 por Dover Publisher].

MEY, K. Comics. In: MEY, J. L. (Ed.). *Concise encyclopedia of pragmatics*. Oxford: Elsevier, 1998. p. 136-140.

MILLER, K. F.; STINGLER, J. W. Counting in Chinese: cultural variation in a basic skill. *Cognitive Development*, n. 2, p. 279-305, 1987.

MIURA, I. Mathematics achievement as a function of language. *Journal of Educational Psychology*, n. 79, p. 79-82, 1987.

MORAIS, J. (Ed.). Literacy onset in romance language [special issue]. *Reading and Writing*: an Interdisciplinary Journal, v. 7, n. 1, 1995.

_____. *L'art de lire*. Paris: Odile Jacob, 1999.

_____ et al. Does awareness of speech as a sequence of phones arise spontaneously? *Cognition*, n. 7, p. 323-331, 1979.

_____; KOLINSKY, R. The consequences of phonemic awareness. In: _____; GELDER, B. de (Eds.). *Speech and reading*: a comparative approach. East Sussex: Erlbaum, 1995. p. 317-334.

_____; ALEGRÍA, J.; CONTENT, A. The relationships between segmental analysis and alphabetic literacy: an interactive view. *Cahiers de Psychologie Cognitive*, n. 7, p. 415-438, 1987.

MORRISON, K. Fijación del texto: la institucionalización del conocimiento en formas históricas y filosóficas de la argumentación. In: BOTTÉRO, J. et al. *Cultura, pensamiento, escritura*. Barcelona: Gedisa, 1995. p. 133-182. (Col. LeA.) [BOTTÉRO, J. et al. *Cultura, pensamento e escrita*. São Paulo: Ática, 1995.]

MURRONE, A. La rappresentazione scritta del nome del numero in bambini prescolari e le sue relazioni con la notazione della quantità e con l'acquisizione del sistema scritto. *Rivista di Psicolinguistica Applicata*, año I, n. 1, p. 53-69, 2001.

NATION, K.; HULME, C. Phonemic segmentation, not onset-rime segmentation, predicts early reading and spelling skills. *Reading Research Quarterly*, v. 32, n. 2, p. 154-167, 1997.

NAVARRO TOMÁS, T. *Manual de pronunciación española*. Madrid: Consejo Superior de Investigaciones Científicas/Instituto Miguel de Cervantes, 1977.

NEGRO, I.; CHANQUOY, L. The effect of psycholinguistic research on the teaching of writing. *Educational Studies in Language and Literature*, v. 5, n. 2, p. 105-111, 2005.

NUNBERG, G. (Comp.). *El futuro del libro*. Barcelona: Paidós, 1998.

NUNES, T.; BRYANT, P. *Children doing mathematics*. Oxford: Blackwell, 1996.

OLSON, D. *El mundo sobre papel*. Barcelona: Gedisa, 1998. (Col. LeA.) [*O mundo no papel*: as implicações conceituais e cognitivas da leitura e da escrita. São Paulo: Ática, 1996.]

OUANE, A. (Org.). *Vers une culture multilingue de l'éducation*. Hambourg: Institut Unesco pour l'Éducation, 1995.

PERFETTI, C. Représentions et prise de conscience au cours de l'apprentissage de la lectura. In: _____; RIEBEN, L. (Eds.). *L'apprenti lecteur*: recherches empiriques et implications pédagogiques. Neuchâtel: Delachaux/Niestlé, 1989. p. 61-82.

PARKES, M. B. *Pause and effect*: an introduction to the history of punctuation in the West. Berkeley: University of California Press, 1993.

_____. Lire, écrire, interpréter le texte: pratiques monastiques dans le haut Moyen Age. In: CAVALLO, G.; CHARTIER, R. (Orgs.). *Histoire de la lecture dans le monde occidental*. Paris: Seuil, 1997. p. 109-124. [Ler, escrever, interpretar o texto: práticas monásticas na Alta Idade Média. In: _____. *História da leitura no mundo ocidental* (1). São Paulo: Ática, 1999.]

PÉNINOU, G. *Semiótica de la publicidad*. Barcelona: Gustavo Pili, 1976.

_____. Lecture d'images: de l'image de publicité. In: BENTOLILA, A. (Coord.). *Parole, écrit, image*: les entretiens Nathan (Actes III). Paris: Nathan, 1993. p. 215-224.

PERGNIER, M. *Le mot*. Paris: Presses Universitaires de France, 1986.

PIAGET, J. *La représentation du monde chez l'enfant*. Paris: Alcan, 1926. [*A representação do mundo na criança*. 2. ed. São Paulo: Ideias e Letras, 2008.]

_____; SZEMINSKA, A. *La genèse du nombre chez l'enfant*. Neuchatel/Paris: Delachaux/Niestlé, 1941. [*A gênese do número na criança*. Rio de Janeiro: Guanabara, s/d.]

PONTECORVO, C. Figure, parole, numeri: un problema de simbolizzazione. *Età Evolutiva*, n. 22, p. 5-33, 1985.

_____; ZUCCHERMAGLIO, C. Modes of differentiation in children's writing construction. *European Journal of Psychology of Education*, v. 111, n. 4, p. 371-384, 1988.

QUINTEROS, G. *El uso y función de las letras en el periodo pre-alfabético*. Tesis de Maestría. México: Centro de Investigación y de Estudios Avanzados, n. 27, 1997.

READ, C. Effects of phonology on beginning spelling: some cross-linguistic evidence. In: OLSON, D.; TORRANCE, N.; HILDYARD, A. (Eds.). *Literacy, language, and learning*. Cambridge: Cambridge University Press, 1985. p. 389-403.

_____. *Children's creative spelling*. London: Routledge and Kegan Paul, 1986.

_____ et al. The ability to manipulate speech sounds depends on knowing alphabetic writing. *Cognition*, n. 24, p. 31-44, 1986.

REAL ACADEMIA ESPAÑOLA. *Diccionario de la lengua española*. 22. ed., 2001. Disponível em: <http://lema.rae.es/drae/>.

REAL ACADEMIA ESPAÑOLA Y ASOCIACIÓN DE ACADEMIAS DE LA LENGUA ESPAÑOLA. *Ortografía de la lengua española*. Madrid: Espasa, 2010.

REICHLER-BÉGUELIN, M. J. Perception du mot graphique dans quelques systèmes syllabiques et alphabétiques. *Lalies* (revista da Sorbonne Nouvelle), n. 10, p. 143-158, 1992.

RIBAS, T. La regulación del proceso de composición escrita en grupo: análisis de la utilización de pautas de revisión. In: CAMPS, A. (Ed.). *El aula como espacio de investigación y reflexión*. Barcelona: Graò, 2001. p. 51-68.

RIBEIRO-MOREIRA, N.; PONTECORVO, C. Chapeuzinho/Cappuccetto: variaciones gráficas y norma ortográfica [Capítulo 3]. In: FERREIRO, E. et al. *Caperucita Roja aprende a escribir*: estudios psicolinguísticos comparativos en tres lenguas. Barcelona: Gedisa, 1996. p. 87-125. [Chapeuzinho/cappucetto: as variações gráficas e a norma ortográfica. In: _____. *Chapeuzinho Vermelho aprende a escrever*. São Paulo: Ática, 1996.]

RICHARDS, J. C.; PLATT, J.; PLATT, H. *Dictionary of language teaching and applied linguistics*. Essex: Longman, 1992.

ROZIN, P.; GLEITMAN, L. R. The structure and acquisition of reading: the reading process and the acquisition of alphabetic principle. In: REBER, A. S.; SCARBOROUGH, D. L. (Eds.). *Towards a psychology of reading*: the Proceedings of the *Cuny* Conferences. Hillsdale, N.J.: Lawrence Erlbaum, 1977. p. 55-141.

SAENGER, P. *Space between words*: the origins of silent reading. Stanford: Stanford University Press, 1997.

SAMPSON, G. *Writing systems*. London: Hutchinson, 1985. [*Sistemas de escrita*: tipologia, história e psicologia. São Paulo: Ática, 1996.]

SATUÉ, E. *El diseño gráfico desde los orígenes hasta nuestros días*. Madrid: Alianza Editorial, 1992.

SCHNEUWLY, B.; BAIN, D. Mecanismos de regulación de las actividades textuales. Estrategias de intervención en las secuencias didácticas. *Textos de Didáctica de la Lengua y la Literatura*, n. 16, p. 25-48, 1998.

SCHOLES, R. J. The case against phonemic awareness. *Journal of Research in Reading*, v. 21, n. 3, p. 177-188, 1998.

_____; WILLIS, B. J. Linguists, literacy and the intensionality of Marshall McLuhan's Western man. In: OLSON, D.; TORRANCE, N. (Comps.). *Literacy and orality*. Cambridge: Cambridge University Press, 1991. p. 215-235. [Linguistas, escrita e intensionalidade no conceito de homem ocidental em McLuhan. In: _____. *Cultura escrita e oralidade*. São Paulo: Ática, 1995.]

SIMONE, R. Riflessioni sulla virgola. In: ORSOLINI, M.; PONTECORVO, C. (Orgs.). *La costruzione del testo scritto nei bambini*. Florencia: La Nuova Italia, 1991. p. 219-231.

SINCLAIR, A. La notation numérique chez l'enfant. In: SINCLAIR, H. (Ed.). *La production de notations chez le jeune enfant*: langage, nombre, rythmes et mélodies. Paris: Presses Universitaires de France, 1988. p. 71-98.

SPRENGER-CHAROLLES, L. Word identification strategies in a picture context: comparisons between "good" and "poor" readers. In: RIEBEN, L.; PERFETTI, C. (Eds.). *Learning to read*: basic research and its implications. Hillsdale, N.J.: Lawrence Erlbaum, 1991. p. 175-187.

_____. Linguistic processes in reading and spelling: the case of alphabetic writing systems: English, French, German and Spanish. In: NUNES, T.; BRYANT, P. (Eds.). *Handbook of children's literacy*. Dordrecht: Kluwer, 2004. p. 43-66.

STANOVICH, K.; CUNNINGHAM, A.; CRAMER, B. Assessing phonological awareness in kindergarten children: issues of task comparability. *Journal of Experimental Child Psychology*, n. 38, p. 175-190, 1984.

_____; STANOVICH, P. J. How research might inform the debate about early reading acquisition. *Journal of Research in Reading*, v. 18, n. 2, p. 87-105, 1995.

TAYLOR, I.; TAYLOR, M. *Writing and literacy in Chinese, Korean and Japanese*. Philadelphia: John Benjamins, 1995.

TEALE, W.; SULZBY, E. (Eds.). *Emergent literacy*: writing and reading. Norwood, N.J.: Ablex, 1986.

TEBEROSKY, A. *Aprendiendo a escribir*. Barcelona: ICE/Universidad de Barcelona, 1992. [*Aprendendo a escrever*. São Paulo: Ática, s/d.]

TOLCHINSKY, L. Nuevas investigaciones sobre la adquisición de la lengua escrita. *Revista Latinoamericana de Lectura* (*Lectura y Vida*), v. 11, n. 3, p. 29-35, 1990.

_____. *Aprendizaje del lenguaje escrito*. Barcelona: Anthropos, 1993. [*Aprendizagem da linguagem escrita*. São Paulo: Ática, s/d. — Col. Fundamentos.]

_____. *The cradle of culture and what children know about writing and numbers before being taught*. Mahwah, N.J.: Lawrence Erlbaum, 2003.

TREIMAN, R. The role of intrasyllabic units in learning to read and spell. In: _____; GOUGH, P., EHRI, L. (Eds.). *Reading acquisition*. Hillsdale, N.J.: Lawrence Erlbaum, 1992. p. 65-105.

_____. Children's sensitivity to syllables, onsets, rimes and phonemes. *Journal of Experimental Child Psychology*, n. 61, p. 193-215, 1996.

TREIMAN, R.; CASSAR, M. Can children and adults focus on sound as opposed to spelling in a phoneme counting task? *Developmental Psychology*, v. 33, n. 5, p. 771-780, 1997.

_____; ZUKOWSKI, A. Levels of phonological awareness. In: BRADY, S.; SHANKWEILER, D. (Eds.). *Phonological processes in literacy*: a tribute to Y. Liberman. Hillsdale, N.J.: Lawrence Erlbaum, 1991. p. 67-83.

_____; _____. Children's sensitivity to syllables, onsets, rimes and phonemes. *Journal of Experimental Child Psychology*, n. 61, p. 193-215, 1996.

TUNNER, W. E.; NESDALE, A. R. Phonemic segmentation skill and beginning reading. *Journal of Educational Psychology*, n. 77, p. 417-427, 1985.

TUNNER, W.; PRATT, C.; HERRIMAN, M. *Metalinguistic awareness in children*. Berlin: Springer-Verlag, 1984.

VACHEK, J. *Written language revisited*. Amsterdam/Philadelphia: John Benjamins, 1989.

VAN BON, W.; UIT DE HAAG, I. Difficulties in the spelling and segmentation of CCVCC pseudowords: differences among Dutch first graders. *Reading and Writing*: an Interdisciplinary Journal, n. 9, p. 363-386, 1997.

VÉDÉNINA, L. *Pertinence linguistique de la présentation typographique*. Paris: Peeters-Selaf, 1989.

VELLUTINO, F.; SCANLON, D. The preeminence of phonologically based skills in learning to read. In: BRADY, S.; SHANKWEILER, D. (Eds.). *Phonological processes in literacy*: a tribute to Isabelle Y. Liberman. Hillsdale, N.J.: Lawrence Erlbaum, 1991. p. 237-252.

VERNON, M. D. Varieties of deficiencies in the reading process. *Harvard Educational Review*, v. 47, n. 3, p. 396-410, 1977.

VERNON, S. Initial sound/letter correspondences in children's early written productions. *Journal of Research in Childhood Education*, v. 8, n. 1, p. 12-22, 1993.

VIEIRA-ROCHA, I. Adquisición de la puntuación: usos y saberes de los niños en la escritura de narraciones. *Revista Latinoamericana de Lectura (Lectura y Vida)*, v. 16, n. 4, p. 41-46, 1995.

WAGNER, R. Phonological processing abilities and reading: implications for disabled readers. *Journal of Learning Disabilities*, n. 19, p. 623-630, 1986.

WEISZ, T. *Relações entre aspectos gráficos e textuais*: a maiúscula e segmentação do texto na escrita de narrativas infantis, 1998. Tese (Doutorado) — Instituto de Psicologia, Universidade de São Paulo, São Paulo.

WILLIAMS, J. P. Teaching decoding with an emphasis on phoneme analysis and phoneme blending. *Journal of Educational Psychology*, n. 72, p. 1-15, 1980.

YADEN, D.; TEMPLETON, S. (Eds.). *Metalinguistic awareness and beginning literacy*. Portsmouth, N.H.: Heinemann, 1986.

YOPP, H. K. The validity and reliability of phonemic awareness tests. *Reading Research Quarterly*, n. 23, p. 159-177, 1988.

ZAMUDIO, C. *Las consecuencias de la escritura alfabética en la teoría lingüística*. México: El Colegio de México, 2010.